ALICE IM MÄNNERLAND

ALICE IM MÄNNERLAND

EINE ZWISCHENBILANZ VON ALICE SCHWARZER

Kiepenheuer & Witsch

1. Auflage 2002

Umschlaggestaltung: Katja Stuke, Düsseldorf
Umschlagfoto: © Bettina Flitner
Umschlagfoto Rückseite: © Walter Vogel
Reproduktionen: repro acht, Köln
Gesetzt aus der Times und DIN bei Kalle Giese, Overath
Druck und Bindearbeiten: Pustet, Regensburg
ISBN 3-462-03143-0

INHALT

VORWORT

Über Frauen habe ich schon immer geschrieben. Schon als Volontärin der *Düsseldorfer Nachrichten*, als Reporterin bei *Pardon* oder als Korrespondentin in Paris: über Prostituierte im Bordell von Mönchengladbach, Mädchen-Mütter im Heim und Fließbandarbeiterinnen bei VDO in Frankfurt oder die Kindsmörderin in der französischen Provinz. Aber aus meiner Rolle als Berichterstatterin fiel ich dabei nie. Das tat ich erst, nachdem ich im Herbst 1970 zusammen mit einem Dutzend Französinnen die Pariser Frauenbewegung angezettelt hatte: das Mouvement pour la Libération des Femmes, kurz MLF genannt. Allerdings vermischte ich nicht gleich Schreiben & Handeln und beim ersten Mal in Wahrheit eher zufällig.

Zunächst begnügte ich mich damit, mein Schreibtalent in die Flugblätter des MLF zu investieren. Gleichzeitig machte ich meine Arbeit als Journalistin weiter, ging ins Pariser WDR-Studio zum Aufzeichnen meiner Beiträge, schickte meine Texte an den *stern* in Hamburg, die *Vrij Nederland* in Amsterdam oder das *Neue Forum* in Wien. Darin ging es um Themen wie wilde Streiks in Fabriken oder den Studentenprotest, manchmal aber auch um die neue Mode oder die deutsch-französische Hassliebe. Meine Berichte müssen wohl so informiert geklungen haben, dass sowohl die Stasi aus der fernen DDR als auch der französische Geheimdienst nebenan versuchten, mich als Informantin anzuwerben. Vergebens.

In den Dienst der Sache habe ich meinen Beruf nur für die Frauen gestellt. Es begann an einem Tag im April des Jahres 1971. Da klingelte in meiner Hinterhofwohnung im 13. Arrondissement das Telefon. Am Apparat war Jean Moreau, ein Kollege vom *Nouvel Observateur*, mit dem zusammen wir das provokante »Bekenntnis der 343« Französinnen organisiert hatten (»Ich habe abgetrieben. Und ich fordere dieses Recht für jede Frau.«). Die kollektive Selbstbezichtigung der 343 schlug in Frankreich ein wie eine Bombe.

Und nun hatte sich bei meinem Kollegen eine Zeitschrift aus Deutschland gemeldet, um die ganze Aktion »nachzumachen«: *Jasmin*, ein bonbonrosa Partnerschaftsmagazin aus der Retorte, das es schon lange nicht mehr gibt. Meinem französischen Kollegen war die Anfrage nicht geheuer, er fürchtete um die Seriosität und den politischen Gehalt der Aktion. Ob ich da nicht etwas tun könnte?

Ich überlegte nur kurz – griff zum Telefon und rief den *stern* an. Ob er bereit wäre, unter bestimmten Bedingungen die deutsche Variante einer solchen Aktion zu veröffentlichen? Der *stern* griff zu, obwohl er wohl eher nicht daran glaubte, dass ich es schaffen würde. Ein paar Wochen später erschien der »Appell der 374« Deutschen. Und für mich begann ein Abenteuer, dessen Ende auch heute, nach über 30 Jahren, noch nicht abzusehen ist.

Im April 1971 war ich nach Deutschland in der Hoffnung gereist, auch diesseits des Rheins auf erste Anfänge einer Frauenbewegung zu treffen, mit der zusammen ich die Aktion starten könnte. Denn schließlich gab es damals in Holland längst die *Dollen Minnas* und in Amerika die *Women's Lib*. Doch im Land der Ex-BDM-Mädchen und ihrer Töchter herrschte – nach einem ersten Aufflackern der studentischen »Weiberräte« während der 68er-Revolte – disziplinierte Ruhe. Erst nach langem Suchen gewann ich hie und da eine Splittergruppe zum Mitmachen. Vor allem aber waren es einzelne Frauen, die in diesem Frühling 1971 den Appell weitergaben: an Freundinnen, Kolleginnen, Nachbarinnen.

Und ich? Ich recherchierte und argumentierte ein paar Wochen lang und sammelte die Unterschriften. Dann war es so weit. Am Tag des Redaktionsschlusses blieb ich bis spät in die Nacht in Hamburg. Erst als alles stand – Text, Layout, Titel –, rückte ich die 374 Namen raus. Schließlich war ich für jede Einzelne verantwortlich. Und mir als Journalistin war sonnenklar, wie riskant die Zusammenarbeit mit einem kommerzorientierten Blatt bei einer so politischen wie provokanten Aktion war. Später musste ich dann solche Risiken nicht mehr eingehen, da hatte ich die *EMMA*. Aber damals, da habe ich von einem eigenen Blatt noch nicht einmal geträumt.

Als am 6. Juni 1971 der *stern* erschien, war ich schon längst wieder in Paris, wo meine Arbeit und mein Leben mich erwarteten. Unter dem Bericht im *stern* stand zwar mein Name, aber ansonsten wusste niemand etwas von meiner Rolle bei der Aktion, ich hatte sie auch in meinem Text bewusst verschleiert, denn ich begriff mich nur als Vermittlerin der Frauen zwischen zwei Ländern. Wer das Ganze initiiert hatte, das schien mir ohne Bedeutung – dass es passierte, war wichtig. Auf der turbulenten Pressekonferenz in Hamburg stand dann Henri Nannen Rede und Antwort (der nie mit mir gesprochen hatte). Für mich war die Sache erledigt – und konnte ihren Weg gehen.

In den Wochen und Monaten danach jedoch bekam ich aus der Ferne mit, dass das so mutige Bekenntnis der 374 zwar zu einer Lawine anschwoll, die alle mitriss und so zur Initialzündung für die neue Frauenbewegung in Deutschland wurde; dass aber gleichzeitig die Medien die Kritik an dem repressiven Abtreibungsverbot zu einer Herrenrunde über ethische, juristische oder bevölkerungspolitische Aspekte verkommen ließen. Also beschloss ich, nochmals einzugreifen. Nicht mit einer zweiten Aktion, sondern mit meinem ersten Buch.

Vielleicht hätte ich nie Bücher geschrieben, wenn ich als Journalistin nicht plötzlich auf eine Art Schreibverbot in den Medien gestoßen wäre. Das war neu für mich, denn obwohl ich überwiegend gesellschaftskritische Themen behandelte, waren meine Texte bis dahin immer gerne genommen worden. Doch nicht nur mir ging es so. Alle Journalistinnen, die über die bis dahin so verachteten und jetzt brisanten »Frauenthemen« berichten wollten, stießen in den Redaktionen plötzlich auf verschlossene Türen. Wir seien »nicht objektiv«, ließen uns die Herren Kollegen wissen. Frauenthemen waren ab sofort Männersache.

So kam es also zu meinem ersten Buch, das im Herbst 1971 in der damals politisch sehr geachteten Reihe *edition suhrkamp* erschien. In *Frauen gegen den § 218* spürte ich den gesellschaftspolitischen Dimensionen des Abtreibungsverbotes nach – und den ganz persönlichen Folgen für die Frauen. Dazu war ich wieder nach Deutschland gefahren und hatte landauf, landab mit Frauen gesprochen: von der 18-Jährigen, deren Freund seit drei Wochen weg und die in der siebten Woche schwanger war, bis zu der 55-Jährigen, die »einen sehr lieben Mann«, sechs Kinder – und 16 Abtreibungen hatte. Es waren die Gespräche mit diesen Frauen, die ich später für mein zweites Buch über Arbeit und das dritte Buch über Sexualität fortführte, die mir die Augen geöffnet haben über das Leben von Frauen.

Ich selbst – und da bin ich typisch für die Pionierinnengeneration – war ja nicht aus Demütigung und Verzweiflung, sondern eher aus Stolz und Empörung Feministin geworden. »Hast *du* das denn nötig?«, sagte ein Kollege in Paris zu mir, als er 1971 bemerkte, dass ich in der Frauenbewegung engagiert war. Nötig? Nein, eigentlich nicht. Mir ging es gut. Ich hatte meinen Traumberuf, eine glückliche Beziehung, Spaß am Leben. Aber da war etwas, was mich seit meiner Pubertät irritierte: Frauen wurden anders behandelt als Männer. Das war ich nicht gewohnt in meiner Familie, und das wollte ich nicht hinnehmen in der Welt. Doch hatte ich zunächst keine Worte für meine Irritation – die fanden wir erst zusammen in der Frauenbewegung.

Das Ausmaß des Elends von Frauen – diese Gewalt, diese Abhängigkeit, diese Unsicherheit –, das war mir bis dahin fremd gewesen. Erst in diesem Sommer 1971, in dem ich den Frauen mehr zuhörte denn je zuvor, begann ich, die wirkliche Verzweiflung der Frauen und Entfremdung der Geschlechter zu ahnen. Durch Sätze wie »Währenddessen denke ich nur daran« (während des Sex an die Gefahr der ungewollten Schwangerschaft) begriff ich Zusammenhänge.

Es war damals einfach selbstverständlich für mich, dass ich in mein erstes Buch einen Kollektivtext mit hineinnahm: »Das Ende der Resignation« von der besonders aktiven Münchener Frauengruppe. Und es war ebenfalls selbstverständlich, dass ich in mein zweites Buch (*Frauenarbeit – Frauenbefreiung*) zwei Jahre später eine Adressenliste der ersten 45 autonomen Frauengruppen im deutschsprachigen Raum aufnahm. Denn es war ja mein Bestreben, auch mit meiner individuellen Arbeit als Autorin ganz direkt zu der beginnenden Frauenbewegung beizutragen. Und noch war ich übrigens keine öffentliche Person, sondern nur in Frauenbewegungskreisen bekannt; noch galt ich nicht als »Star«, und alles war relativ unkompliziert.

In den vergangenen Jahren nun haben etliche Ex-Aktivisten der 68er- und Nach-68er-Generation ihre eigene Geschichte geschrieben und die der Frauen dabei gleich en passant mit. Manchmal sind diese Texte aufschlussreich, weniger wegen der Fakten, eher wegen der Phantasien: die zeigen, dass diese Ex-Genossen auch 30 Jahre danach nur sehr wenig von dem begriffen haben, was wir Frauen wollten.

Einer dieser kurzsichtigen Chronisten, Gerd Koenen, früher Mitglied im linkssektiererischen KBW (Kommunistischer Bund Westdeutschland), schreibt in seinem Kapitel über »die Frauen« auch über »die Schwarzer«. Da heißt es dann unter anderem über die *stern*-Aktion: »Die Schwarzer hatte im Handstreich alle linken Bewegungsfrauen rechts überholt und sich als die mediale Galionsfigur und Sprecherin eines ›Feminismus‹ platziert, den sie nun in erheblichem Maße definieren und dominieren konnte – auch wenn sie bald auf scharfen Widerspruch und lebhafte Konkurrenz innerhalb der entstehenden feministischen Bewegung stieß.«

Ignoranter kann eine Interpretation meiner Rolle und der Frauenbewegung kaum sein. Denn weder war ich zu dieser Zeit eine »mediale Galionsfigur«, das kam erst Jahre später, noch wollte oder konnte irgendeine von uns »Sprecherin des Feminismus« sein. Mit ihrer dezentralisierten, antihierarchischen Struktur antwortete die Frauenbewegung ja gerade auf die traditionell männlichen Machtstrukturen, auch innerhalb der Linken. Dass genau diese Abwesenheit von institutionalisierten Strukturen und persönlicher Verantwortung später von so manchen Feministinnen – die zwar im Namen des Kollektivs agierten, aber Ich meinten, wenn sie Wir sagten – missbraucht wurde, das steht auf einem anderen Blatt.

Ich jedenfalls lebte in Wahrheit damals gar nicht in Deutschland, sondern führte eine Art Doppelleben in Frankreich. Ich arbeitete weiter brav als Korrespondentin in Paris und war privat engagiert in der Frauenbewegung. Ab und an fuhr ich nach Deutschland, um Aktivistinnen der »Aktion 218«, unter denen ich inzwischen einige Freundinnen hatte, zu treffen oder um für meine Bücher zu recherchieren, die von nun an im Zwei-Jahres-Rhythmus erschienen. Das Wort »Karriere« war noch nicht erfunden für Frauen, und es wäre damals auch eher peinlich gewesen, eine solche anzustreben. Angesagt war nicht Eigennutz, sondern Gemeinnutz; nicht Selbstverwirklichung, sondern Kollektiv.

Vergegenwärtigen wir uns den Zeitgeist der frühen 70er Jahre. In Paris schlug die bunt zusammengewürfelte und eher anarchisch gestimmte Frauenbewegung vor Kreativität und Übermut jeden Tag neu über die Stränge. Spielregeln waren da, um gebrochen zu werden. Die Phantasie an die Macht! lautete die Parole. Sicher, oft haben wir bis in die Nacht gestritten, Flugblätter getippt oder mit streikenden Arbeiterinnen in den Fabriken und protestierenden Prostituierten in den Kneipen gehockt. Aber wir haben uns vor allem wie Bolle amüsiert. Störaktionen im Parlament oder bei Pressekonferenzen, Sit-ins in Redaktionen oder Modehäusern, vor allem aber: Feste, Feste, Feste, alle Tage und allerorten.

Warum ich trotzdem nach Deutschland zurückging? Da war das Heimweh, trotz meiner starken Verbundenheit mit Frankreich. Und da war meine Sprache, der Stoff, mit dem ich arbeite. Und da war, trotz alledem, das Gefühl, dass ich in Deutschland dichter dran sein würde. Da war jedoch nicht die Absicht, wieder im Stil der Selbstbezichtigung der 374 aktiv zu werden. Und da war schon gar nicht die Ahnung, dass ich eines Tages eine eigene Zeitschrift machen könnte – auch wenn ich mich schon 1973 erstmals mit Gloria Steinem, der Herausgeberin des amerikanischen Feministinnen-Magazins *Ms.*, in Paris getroffen hatte. Denn das lag einfach in der Luft, dass es so nicht weiterging und wir Frauen eine eigene öffentliche Stimme brauchten.

Doch als ich dann in Berlin landete, erlitt ich, gelinde gesagt, einen wahren Kulturschock. Die deutsche 68er-Bewegung war in ein Sammelsurium sektiererischer Splittergruppen zerfallen, und die sich gerade in Deutschland vor allem aus diesem Milieu rekrutierende Frauenbewegung war trotz neuer Impulse diesem rigiden Geist von Schulungen, Geschäftsordnungen und Stellvertreter-Denken eng verhaftet. Und diese selbst ernannte Avantgarde wusste immer besser als das Volk, was »die Basis« bzw. »die Frauen« wollten. Es war in der deutschen Frauenbewegung also vieles so ganz, ganz anders als im MLF.

In meiner Not besann ich mich meiner guten Pariser Tradition und organisierte gleich in den ersten Monaten zusammen mit einer Hand voll Frauen das erste öffentliche Frauenfest in Deutschland, das »Rockfest im Rock« in Berlin – übrigens gegen den verbiesterten Widerstand der Hüterinnen des Frauenzentrums Hornstraße 2 (»Für so was hat die Basis kein Verständnis«). Am 9. Mai 1974, dem Muttertag, rauschte »die Basis« mit über 2.000 Frauen in die von uns bunt geschmückte Mensa der Technischen Universität und tanzte bis zum frühen Morgen. Gezeigt wurde auf diesem Fest unter anderem mein allerorten heiß diskutierter, aber verbotener *Panorama*-Film. Denn inzwischen hatte ich auch in Sachen § 218 die Ärmel wieder hochgekrempelt.

Denn obwohl es zunächst so ausgesehen hatte, als werde der überfällige § 218 endlich abgeschafft oder zumindest reformiert, dachte inzwischen die SPD/FDP-Regierung offensichtlich im Traum nicht mehr daran. Nur die Liberalen waren noch für die Fristenlösung, die CDU/CSU war immer dagegen – und die SPD hielt sich (wie so oft in Frauenfragen) bedeckt. Im Herbst 1974 sollten Wahlen sein, es war klar, dass gehandelt werden musste. Wir Feministinnen schafften es, im Frühling eine Welle des Protests zu initiieren, an dessen Ende die Zustimmung der Sozialdemokraten zur Fristenlösung stand (das Recht auf Abtreibung in den ersten drei Monaten). Die wurde dann einige Monate später zwar auf die Verfassungsklage der CDU/CSU hin von sechs alten Männern in Karlsruhe wieder gekippt. Aber immerhin: Der alte § 218 war gefallen.

Da diese Aktion vom Frühling 1974 besonders charakteristisch ist, will ich sie ein wenig genauer schildern: Ich entwarf, mit der tatkräftigen Unterstützung von Freundinnen, das Konzept eines Drei-Stufen-Plans, von dem die Stufe 1 von Anfang an öffentlich bekannt war, die Stufen 2 und 3 aber zunächst klammheimlich anliefen.

Stufe 1: die »Aktion letzter Versuch«. Sie bestand in der Informierung und Mobilisierung aller autonomer Frauengruppen in Deutschland von Berlin aus. Von dort aus schrieben wir alle an (damals gab es noch kein Fax und keinen Fotokopierer: alles wurde von uns auf Matritze getippt und abgezogen). Die Gruppen schrieben zurück, ihre Reaktionen gingen wieder an alle, und nach vier-, fünfmaligem Hin und Her stand der Tag: Am 9. Mai 1974, einem Samstag, würden in ganz Deutschland Frauen gegen den § 218 auf die Straße gehen. Schon fünf Tage zuvor titelte der (von uns wohl informierte) *Spiegel* mit dem »Aufstand der Schwestern«.

Gleichzeitig bereiteten wir zu zweit klammheimlich die Stufe 2 vor, eine Selbstbezichtigung von 328 ÄrztInnen, die öffentlich erklärten: »Wir meinen, dass wir als Ärzte verpflichtet sind, Frauen unser Wissen zur Verfügung zu stellen.« Auch das eine *Spiegel*-Titelgeschichte, und zwar eine Woche nach dem »Aufstand der Schwestern«, am 11. Mai. Wochenlang hatten wir dazu Klinken geputzt bei den Ärzten. Erst als das erste Dutzend unterzeichnet hatte, wurde die Sache zum Selbstläufer.

Aufbauend auf dieser, in aller Heimlichkeit vorbereiteten Ärzteaktion, zündete ich gleichzeitig die Stufe 3: meinen *Panorama*-Beitrag – dessen *Nicht*ausstrahlung zum eigentlichen Skandal wurde. Damals arbeitete ich als freie Journalistin auch für Funk und Fernsehen, darunter das TV-Magazin *Panorama*. Dem Chef der Sendung, Peter Merseburger, bot ich einen Beitrag über die (in Wahrheit von mir initiierte, was ich verschwieg) Ärzte-Aktion an und die damals in Deutschland noch unbekannte Absaug-Methode.

Merseburger sagte zu, und ich lieferte meinen Beitrag pünktlich ab. Der 10-Minuten-Film dokumentierte den Ärzte-Protest und zeigte eine Abtreibung nach der schonenden Absaug-Methode. Die Abtreibende war eine von mir im letzten Augenblick angesprochene Hausfrau aus Hildesheim, die zum Schwangerschaftsabbruch nach Berlin gereist war und durch Brille und Perücke unkenntlich gemacht wurde. Während des gefilmten Eingriffs saß ich neben ihr.

Am Abend vor der Ausstrahlung war der Beitrag von Chefredakteur und Programmchef persönlich abgenommen worden. Doch dank des Frauenprotests und Ärzteprotests war die Nation schon vorab alarmiert und der Beitrag noch vor seiner Ausstrahlung zum Politikum und *Bild*-Aufmacher geworden. Wenige Stunden vor der Sendung passierte etwas noch nie Dagewesenes: Die ARD-Intendanten schlossen sich via Schaltkonferenz kurz – und kippten den Beitrag. Der so zensierte *Panorama*-Chef Merseburger ließ sich das nicht bieten – und sendete am Abend des 11. Mai ab 20.15 Uhr 45 Minuten lang live ein leeres Studio. Nun war der Skandal komplett.

Welche Rolle ich dabei gespielt hatte, wusste niemand. Und ich hatte auch diesmal überhaupt kein Interesse daran, meine Aktivitäten hinter den Kulissen offen zu legen. Mir ging es ja vor allem um eine Stärkung der gemeinsamen Sache. Auf die Bühne der Ereignisse trat ich erst durch mein TV-Duell mit Esther Vilar am 6. Februar 1975.

Ich wohnte in Berlin, als mich die WDR-Frauenredaktion anrief und zu dem Streitgespräch einlud. Erst viel später nach der Sendung wurde mir klar, dass das Ganze am Tag von Weiberfastnacht geplant und wohl eher als Karnevalsscherz gedacht gewesen war. Doch es sollte ganz anders kommen.

Bereits zuvor war ich mehrfach gefragt worden, Vilars durch eine Talkshow berühmt gewordenes Buch *Der dressierte Mann* zu rezensieren. Ich hatte immer abgelehnt. Mir schien das Niveau des Buches nun doch gar zu niedrig und der Kalkül der Autorin gar zu durchsichtig. Langsam aber wurde mir klar, dass die Vilar-Sprüche (Alle Frauen beuten alle Männer aus. Frauen sind nichts als Löcher. Etc. etc.) in diesen Zeiten der aufbrechenden Frauenpower zu geflügelten Worten an Stammtischen und in Kantinen geworden waren. Die Männer feixten und die Frauen waren sauer.

Erst nach dem Anruf des WDR las ich endlich das Buch – und war entsetzt. Hätte in diesem Buch an Stelle von »Frauen« jedes Mal das Wort »Schwarze« oder »Juden« gestanden, das Pamphlet wäre umgehend als rassistisch bzw. antisemitisch auf den Index gekommen. Aber hier ging es ja nur gegen Frauen.

Ich nahm mir darum sehr bewusst vor, die in mich gesetzten Erwartungen – die Intellektuelle, die mit Sachargumenten pariert – nicht zu erfüllen, sondern das, was Millionen Frauen angesichts dieser plumpen Provokation empfanden, auszudrücken: das heißt, Betroffenheit zu zeigen statt Professionalität. Und genau das war, glaube ich, das Geheimnis des Erfolges dieses Streitgesprächs. Der Bruch der Spielregeln. Die Authentizität. Die Ernsthaftigkeit. Wir spielten den Disput nicht, wir lebten ihn. Für den *Spiegel* war es eine »Sendung, deren Informationsgehalt Dutzende abgewiegelte Magazinbeiträge ersetzt, deren Show-Wert das gängige Moderato der Talkshows blamiert, deren schonungslose Direktheit noch in der Aufzeichnung high-live war«.

Genau 26 Jahre später machte eine andere Sendung ähnlich Furore, auch wenn es nun keine ernsthaften Reaktionen mehr in den Medien gab. Wieder war es eine Begegnung, in der ich gegen eine Frau antrat: die Kerner-Talkshow mit Verona Feldbusch. Diesmal – zeitgeistgemäß – allerdings weniger im Gespräch und eher als Inszenierung. Beide Sendungen haben, trotz ihrer Unterschiedlichkeit, nicht zufällig die Menschen so beschäftigt: Sie haben viel gemeinsam. Unter anderem, dass ich in beiden Fällen die Erwartungen nicht erfüllte, sondern die Spielregeln brach: indem ich im Falle Vilar nicht im Polit-Stil argumentierte und im Falle Feldbusch nicht im Spaßgesellschafts-Stil agierte, sondern beide Male Situation und Person ernst nahm. Und mich selber auch.

Bei Vilar wie bei Feldbusch war die Mehrheit der Medien gegen mich und die Mehrheit der Menschen für mich. 1975 allerdings gab es noch eine Polarisierung der Geschlechter (*HörZu*: »Alle Frauen waren für Alice – alle Männer für Esther«), 2001 jedoch liefen die Sympathien und Antipathien für die so unterschiedlichen Lebenskonzepte der beiden Protagonistinnen quer durch beide Geschlechter und alle Generationen, auch wenn vor allem die Jüngeren scheinbar stärker pro Schwarzer waren.

Charakteristisch ist, dass diesmal zum Beispiel im *Spiegel* von einem Journalisten meiner Generation ein Schwarzer-Verriss erschien (»Punktsieg für Pumps«) und von einem jungen Journalisten ein Feldbusch-Verriss (»Junge Alice trifft alte Verona«). Und nicht zufällig stand der Pro-Feldbusch-Artikel im *Spiegel*-Magazin und der Pro-Schwarzer-Artikel in *Spiegel-Online.* Die Verknüpfung der Medien mit der Welt der Werbung, deren direktes Produkt die Marke Feldbusch ja ist, wurde gerade bei der Rezeption der Kerner-Sendung überdeutlich. Und nur die relativ werbefreien Online-Medien erfreuen sich heute noch einer gewissen Unabhängigkeit.

Die Medien haben sich in noch einem Punkt geändert. Reagierten sie auf die Vilar/Schwarzer-Sendung noch fast sympathisch offen aggressiv (*Bild* über Schwarzer: »Mit dem stechenden Blick einer Hexe durch die Brille«), händelten sie die Feldbusch/Schwarzer-Sendung geschickt scheinobjektiv (*Bild*: »Punktesieg für Feldbusch«). Und: Mann lässt die Feministin heutzutage durch Journalist*innen* verreißen. Frau gegen Frau lautet schon seit Ende der 70er die Devise in den Medien. Die Männer sind sich längst viel zu schade für grobe Attacken gegen Feministinnen.

Doch kehren wir noch einmal zurück zu dem auch für mich so entscheidenden Jahr 1975, dem von der UNO proklamierten »Jahr der Frau«. Durch die Sendung mit Esther Vilar war ich also jetzt eine öffentliche Person geworden. Ein halbes Jahr später, im September, erschien mein drittes Buch: *Der kleine Unterschied und seine großen Folgen*. Es geht darin um die Rolle von Sexualität und Liebe bei der Unterdrückung der Frauen in einer Männergesellschaft und durch den »eigenen« Mann. Erst dieses Buch machte mich zu dem, was ich seither bin: ein Symbol für die Sache der Frauen – mit allen Vor- und Nachteilen einer solchen Rolle.

Einer der Vorteile ist, dass dieser Part mir eine öffentliche Stimme gibt, obwohl ich keine Institution oder Partei hinter mir habe und mein Leben lang ohne jegliche offizielle Funktion bin. Einer der Nachteile ist, dass diese Rolle das, was ich tatsächlich mache, meine Artikel und Bücher, oft überschattet: Meine eigene Realität verschwindet seit 1975 nicht selten unter den Projektionen und Klischees der anderen.

Doch das Erscheinen vom *Kleinen Unterschied* wurde nicht nur für mein Leben zu einem entscheidenden Einschnitt. Selten hat ein einzelnes Buch das Glück, regelrecht Geschichte machen zu können. Anscheinend waren es die richtigen Anstöße im richtigen Moment. Die Frauen waren kritischer und selbstbewusster geworden. Über vieles war öffentlich debattiert worden: über Abtreibung, Kinder, Arbeit, auch über Sexualität – aber meist aus Männersicht. Kolles »Sexwelle« in Wohnzimmern oder Partykellern und der Genossen »sexuelle Revolution« in WGs oder Republikanischen Clubs hatten zwar den Männern neue Freiheiten, den Frauen aber vor allem neue Zwänge gebracht. Hinzu kam die so genannte »neue Zärtlichkeit« (*Spiegel*), ein neu aufflammendes Interesse von Frauen für Frauen, das nicht selten auch erotische Züge annahm. Und da schlug nun der *Kleine Unterschied* rein. Er ließ endlich die Frauen zu Wort kommen, nahm in unverblümtem Ton die Liebe zwischen Frauen und Männern kritisch unter die

Lupe und stellte die Liebe zwischen Frauen und Frauen als selbstverständlich hin.

Ehrlich gesagt, wenn ich mir heute den *Kleinen Unterschied* durchlese, wundere ich mich überhaupt nicht mehr über den Ärger, den ich gekriegt habe. Sehr diplomatisch war ich damals nicht gerade. Ich habe einfach drauflosgeschrieben. Was mich von einem Tag zum anderen zur Buhfrau der Nation machte. Für die einen. Dass die anderen hunderttausendfach den *Kleinen Unterschied* verschlangen und mir oft auch noch Recht gaben – das machte die Sache nicht gerade besser für mich. »Es ist das bundesweite ›Hau ab!‹, das den Mann erschüttert«, schrieb damals Volker Pilgrim. Und in der Tat, das Buch lag auf den Küchen- und Nachttischen und wirkte direkt auf das Leben der Menschen ein, bei Ehestreits saß ich sozusagen auf der Ritze. Oft waren die Folgen positiv, klärend, ermutigend, auch für Männer. So manches Mal aber waren sie auch entlarvend: Wo bisher Konflikte nur geschwelt hatten, sprachen die Frauen sie nun aus – und zogen so manches Mal Konsequenzen.

In den Medien war ich nun gänzlich vogelfrei. Wäre ich nicht eine erwachsene, erfahrene Frau gewesen, hätten diese Töne mich schon umhauen können: Ich hatte den »Sex einer Straßenlaterne« (*AZ*), war »grobschlächtig bis zur Idiotie« (*Stuttgarter Zeitung*), eine »frustrierte Tucke« (*SZ*) oder einfach: Schwanz-ab-Schwarzer! In Überlebensgröße stülpten sich nun die kollektiven Kastrationsängste der Männer in dieser Zeit des Aufbruchs der Frauen über mich. Ich ganz allein schien verantwortlich dafür zu sein, dass auch die Frauen in Deutschland unbequemer und selbstbewusster wurden – dabei war das natürlich ein Teil der historischen Entwicklung, die im letzten Viertel des 20. Jahrhunderts die ganze westliche Welt erschütterte, und bei der ich zwar eine Rolle gespielt habe, aber eben doch nur eine.

Die Absicht war eindeutig. Die Brandmarkung meiner Person sollte ein Exempel statuieren, mich isolieren und zur Unberührbaren machen: Mit *so* einer bist du doch nicht etwa einer Meinung?! Zugegeben, es war nicht immer leicht. Doch mein schlechter Ruf hatte auch Vorteile: Persönlich konnte ich nur noch angenehm überraschen. Meine Veranstaltungen nach Erscheinen des *Kleinen Unter-*

schieds wurden zu regelrechten Volksversammlungen, aus denen Frauen wie Männer nachdenklicher nach Hause gingen, als sie gekommen waren. Und nicht selten war das sehr konkrete Resultat die Gründung einer örtlichen Frauengruppe: Zu der rief ich am Ende jeder Diskussion auf und setzte mich noch am selben Abend mit den Interessentinnen zusammen, damit es weiterging.

Diese Lesungen, zu denen meine Anhänger ebenso strömten wie meine Gegner, haben mich für den Rest meines Lebens geschult. Und sie haben mich in vielem bestätigt. Wie an dem Abend im Bürgersaal von Büdingen, wo in der Diskussion eine etwa 40-jährige Frau, weiße Bluse, Löckchen, vor etwa 600 Menschen – vermutlich zum ersten Mal in ihrem Leben öffentlich – das Wort ergriff und in die zunehmende Stille hinein sagte: »Ich bin seit 20 Jahren Hausfrau und habe drei Kinder großgezogen. Mein Mann verdient ganz gut, aber ich habe nie eigenes Geld gehabt. Ich schäme mich nicht zu sagen, dass ich seit einigen Monaten putzen gehe. Dafür kriege ich Geld. Zu Hause mache ich das umsonst. Von meinem ersten Geld habe ich mir eine Stereoanlage gekauft – das ist das Einzige, was ich besitze. Und die Kinder.«

Folgte der pikierte Kommentar einer Genossin, die schon zuvor den Frauen beizubringen versucht hatte, dass nicht der Mann, sondern der Kapitalismus sie unterdrücke, und die nun die »Konsumhaltung« der Frau rügte: »Eine Stereoanlage ist nun wirklich nicht das richtige Bewusstsein.« Daraufhin ergriff die Frau noch einmal das Wort und sagte: »Ob es das richtige Bewusstsein ist, weiß ich nicht. Aber vom nächsten Geld, da kaufe ich mir ein Auto, das hat Räder und trägt mich raus …«

Es sind diese Erfahrungen, die mir immer wieder die Kluft zwischen den Medien und den Menschen klargemacht haben. Wo die Medien oft eine Einheitsfront der Häme bildeten, begegnete ich bei den Menschen einer Vielfalt von Erfahrungen und Nachdenklichkeit. Diese Kluft ist übrigens in den letzten Jahrzehnten eher größer geworden und meiner Meinung nach einer der Gründe für die Entpolitisierung der »Spaßgesellschaft«. Damals blieben die Medienkampagnen gegen mich trotz ihrer häufigen Gehässigkeit dennoch nicht folgenlos. Von einer regelrechten »Menschenhatz« auf Schwarzer, ja einem »Pogrom« sprach 1976 mein Kollege Christian Schulz-Gerstein in der *Zeit*. Wie sich das dann bei den Menschen auswirkte, schrieb mir in der Zeit ein Lehrer aus Ostfriesland, der mit 14-Jährigen das Thema Emanzipation durchgenommen und dabei einen Text von mir über Hausfrauen hatte lesen lassen:

»Die Stunden, in denen wir den Text behandelten, waren sehr chaotisch. Schon der Name Alice Schwarzer löste einen ungeheuren Tumult in der Klasse aus. Zunächst musste ich mich gegen den Vorwurf wehren, überhaupt einen Text von Schwarzer vorzulesen. Besonders die Jungen waren von einer riesigen Aggressivität, die sich auch in weiteren Gesprächen nicht legte. Ganz ähnlich reagierten die Mädchen. Nur eine war begeistert. (Sie wird schon seit langem immer ›Alice‹ genannt, ist aber darüber gar nicht froh, beklagt sich häufig bei mir, sie würde aufgezogen. Sie hat sich seit einiger Zeit auch noch einen zweiten Ehrennamen zugezogen: ›lesbische Sau‹, ein gängiges Schimpfwort an unserer Schule.) Keiner der Jungen war in der Lage, seine Aggressivität zu verbalisieren. Als Beobachter fiel mir auf, dass die Stunden, in denen wir den Text besprachen, erstens eine gesteigerte sexuelle Aggressivität der Jungen untereinander brachten (in die Eier treten etc.) und zweitens eine intensive Protzerei mit dem späteren Beruf und dem späteren Geldverdienen einsetzte. Die Mädchen reagierten differenzierter.« – Tja, so war das damals. Diese Jungs müssen jetzt Männer um die 40 sein.

Heute stehen in vielen Schulbüchern zahlreiche Texte von mir. Ich weiß nicht, wie sie inzwischen rezipiert werden, aber ich vermute, es gibt noch immer unterschiedliche Arten der Reaktion: von der neuen Gelassenheit bis zur alten Angespanntheit. Denn ich gelte zwar inzwischen quasi als »Klassikerin«, gleichzeitig aber ist das meiste, was ich vertrete, weiterhin heiß umstritten.

Ich persönlich bekam ab Sommer 1976 nicht mehr so viel mit von dem ganzen Theater. Denn da ging ich nach Köln, um die *EMMA* vorzubereiten, und zog mich zurück in die noch leeren Redaktionsstuben. Mein Kapital für den Start einer eigenen Zeitschrift war mein Name – der Kalkül ging auf. Mit der vergleichsweise lächerlichen Summe von einer viertel Million Mark (dem Honorar vom *Kleinen Unterschied*), einem Zwanzigstel von dem, was für das Minimum für so eine Magazin-Gründung gehalten wurde, und dem Label Schwarzer gründete ich als Journalistin die in der Bundesrepublik bis heute einzige unabhängige Zeitschrift, die sich so lange behaupten konnte. *EMMA* erschien erstmals am 26. Januar 1977 – und wird heute längst auch von den Töchtern ihrer frühen Leserinnen gelesen.

Die Geschichte von *EMMA* würde den Rahmen dieses Textes sprengen. Nur so viel sei gesagt: Ab jetzt hatte ich die uneingeschränkte Möglichkeit, nicht nur alles zu veröffentlichen, was ich wollte, sondern auch, Schreiben & Handeln direkt zu verbinden. Und genau das ist bis heute charakteristisch für *EMMA*: Sie informiert *und* interveniert, wenn es nötig ist. Diskret und hinter den Kulissen, wie zum Beispiel bei den ersten Dossiers über den Frauentod Nr. 1 Brustkrebs (1996 und 1999), der Forderung Ganztagsschule (2000) oder der Idee »TöchterTag« (seit 1997), wo wir nicht nur die LeserInnen, sondern auch gezielt ExpertInnen und PolitikerInnen informierten – in allen drei Fällen mit Erfolg. Oder Hand in Hand mit den Betroffenen, wie bei unserer Serie zum Frauenfußball, Motto: »Die Hälfte vom Ball für die Frauen!« (1998). Oder im Verbund mit Männern, wie bei der Ächtung der Verleihung des Friedenspreises des deutschen Buchhandels 1995 ausgerechnet an die Islamisten-Freundin Annemarie Schimmel. Oder offensiv und provokant wie bei *EMMA*s zahlreichen Kampagnen gegen Klitorisverstümmelung (ab 1977), Vergewaltigung (ab 1977) und Pornografie (ab 1979).

In dieses Buch jedoch habe ich ausschließlich Texte und Themen aufgenommen, die ich nicht nur als *EMMA*-Macherin verantworte, sondern die typisch sind für mich als Autorin und bei denen ich ganz persönlich das Prinzip von Schreiben & Handeln verbinde. Beim Blick zurück und bei der Auswahl der (manchmal gekürzten, weil sich überschneidenden) Texte haben mich zwei Aspekte selber überrascht: Erstens, wie früh ich manche Themen behandelt habe, die oft noch Jahre oder Jahrzehnte lang tabu blieben. Zweitens, wie oft ich mit diesen Themen in der direkten Kontroverse mit anderen Feministinnen gestanden habe und stehe.

Da ist es nicht ohne Ironie, dass ausgerechnet ich zum Symbol für »die« deutsche Frauenbewegung stilisiert wurde – habe ich doch an vielen Punkten immer wieder ganz anders gedacht und gehandelt als deren Mehrheit. Was nicht nur mit mir als Person zu tun hat, sondern auch mit der politischen Tradition, in der ich stehe. Wie alle meine Texte dokumentieren, bin ich Universalistin, also Anti-Biologistin. Das heißt, ich glaube nicht an die Natur des Menschen – weder an die der Geschlechter noch an die der Rassen oder Hautfarben –, sondern daran, dass der Mensch frei geboren ist und alle Menschen die gleichen Chancen haben sollten. Die Antibiologistinnen wurden immer schon heftig bekämpft, auch von Frauen: das ging Olympe de Gouges nicht anders als Hedwig Dohm oder Simone de Beauvoir. In der historischen Frauenbewegung nannten sie sich »Radikale«, im Gegensatz zu den Reformistinnen (darum haben auch wir neuen Feministinnen uns zeitweise »Radikalfeministinnen« genannt). Heute grenzen sie sich durch die Begriffe Universalistinnen oder Gleichheits-Feministinnen von den Differenzialistinnen bzw. Partikularistinnen ab, die an einen irreversiblen, wenn auch positiven Unterschied zwischen den Geschlechtern glauben.

Eines der hartnäckigsten Klischees – alle Feministinnen seien der Auffassung, dass Frauen von Natur aus die besseren Menschen sind (und Männer die schlechteren) – ist also in Bezug auf mich ganz falsch. Ich vertrete genau das Gegenteil. Für mich sind die Unterschiede zwischen den Geschlechtern keine biologische Frage, sondern eine Machtfrage. Jede mit der »Natur« begründete angebliche Differenz ist mir suspekt, denn immer nur der/die *Eine* hat das Defitionsmonopol und kann bestimmen, wer der/die *Andere* ist – und immer beinhaltet dieser Unterschied auch eine Wertung. So wenig wie ich glaube, dass Frauen »von Natur aus besser« sind, so wenig glaube ich also, dass Männer »von Natur aus schlechter« sind.

Natürlich hat auch meine (eher »männliche«) Konfliktfähigkeit und haben meine (eher »unweiblichen«) Provokationen mir nicht immer nur Freunde und Freundinnen gemacht, ganz wie meine frühe Kritik am islamischen Fundamentalismus und an Pornografie & Frauenhass oder die Benennung des weiblichen Selbsthasses. Gleichzeitig allerdings habe ich immer den Schulterschluss mit Andersdenkenden gesucht (wie etablierten Frauenorganisationen oder Politikerinnen aller Parteien). Und vor allem: Ich habe versucht, mir trotz alledem nie den Spaß an den Frauen verderben zu lassen. Der Teil meiner Arbeit, der das dokumentiert – meine Porträts und Interviews mit Frauen –, fehlt leider ganz in diesem Buch, er würde das Konzept sprengen. Doch gerade in diesen Porträts spiegelt sich ein ganz zentrales Motiv meiner Arbeit: das Interesse an Menschen und die Freude an starken Frauen – inklusive dem Verständnis für ihre Schwächen.

Von Anfang an habe ich meine theoretischen Erkenntnisse immer am Stoff des Lebens überprüft, bzw. sie daraus gewonnen. Dass ich, trotz späterem Studium, einen autodidaktischen Lebensweg habe, hat auch mein Denken und Schreiben geprägt: Ich lerne mehr vom Leben, und ich arbeite auch in meinen theoretischen Schriften vorzugsweise mit dem lebendigen Stoff. Bei den »Protokollen« in den frühen 70ern habe ich meine Gespräche mit Frauen zu bestimmten Fragestellungen – wie Abtreibung, Arbeit, Sexualität, Liebe – zu Monologen verdichtet und exemplarisch für Lebenskonstellationen gesetzt. Später habe ich in *EMMA* begonnen, auch systematisch weibliche Idole analytisch zu porträtieren, ihrer »typischen« Lage als Frauen ebenso nachzuspüren wie den Abweichungen in ihrem Lebenslauf, sowie der Frage, was den Ausbruch aus der traditionellen Rolle gefördert hatte. Da war es nur konsequent, dass ich diese journalistischen Porträts irgendwann erweitert habe auf umfassendere essayistisch-literarische Biografien, wie im Falle von Romy Schneider oder Marion Gräfin Dönhoff.

Seit 1977 aber bin ich vor allem die Herausgeberin von *EMMA*, eine Verantwortung, die mich als Autorin bis heute oft am Schreiben hindert. Bücher kann ich seither nur zwischen den Redaktionsschlüssen schreiben. Noch frisst *EMMA* 90 Prozent meiner Arbeitskraft. Doch ich hoffe, das bleibt nicht immer so, denn mir scheint es weiterhin nicht nur politisch richtig, auch außerhalb von *EMMA* zu agieren, es entspricht auch meinem Bedürfnis.

Genau darum bin ich zum Beispiel noch heute in Frieden damit, dass ich in den 90ern sieben Jahre lang die Unterhaltungssendung »Ja oder Nein?« mit Blacky Fuchsberger und Sepp Maier (mit dem ich den Sinn für Humor teile) gemacht habe. Auch wenn meinen intellektuellen Freundinnen und Freunden, die angeblich »so was«

nie sehen, meine Teilnahme an dem harmlosen Ratespiel am Anfang arg peinlich war. »Muss das denn sein?«, hieß es immer wieder. Nein, es muss nicht sein, aber es kann sein. Denn dass eine wie ich bei einer solchen Sendung mitmacht, das ist genau die Art von Spielregelverletzung, die ich so liebe – und ohne die ich einfach anfange, mich zu langweilen. Da war es ein schöner Nebenaffekt (den ich erst im Nachhinein begriff), dass wenig so beigetragen hat zur Image-Korrektur der »Hexe mit dem stechenden Blick« wie diese Unterhaltungssendung.

Doch trotz der bis heute immer wieder aufflackernden Erregungen über mich bereue ich nicht, immer geschrieben und gesagt zu haben, was ich denke. Und fühle.

Köln, Juli 2002

ABTREIBUNG, DIE UNENDLICHE GESCHICHTE

■ ■ ■ Nicht der *FAZ*, nein der *taz*-Autorin Mariam Lau blieb es vorbehalten, Ende der 90er zu schreiben: „Der Ton, in dem Frauen über Abtreibung berichten", sei „nicht mehr ganz so triumphal wie noch in den 70er Jahren, als auf einem *stern*-Titelblatt stolz bekannt wurde: ›Ich habe abgetrieben‹." – Damals muss die Autorin noch ein Kind gewesen sein. Ein Kind übrigens, deren Mutter eine dieser Bekennerinnen gewesen ist (was die Erwachsene verschweigt).

Handelt es sich hier also um die persönliche Verletzung bzw. Rache einer Tochter? Um das schlichte Missverständnis einer schlecht Informierten? Oder ist es Ausdruck eines Zeitgeistes, der es geschafft hat, die Geschichte zu manipulieren und die Befürworterinnen des Rechtes auf eine selbst bestimmte Mutterschaft wieder in die Defensive zu drängen? Denn längst sind die religiös motivierten Abtreibungsgegner ja wieder diskussionsführend, reden sie unwidersprochen von einem „Kind", wenn der Fötus gemeint ist, und firmiert die maximal 0,01 Millimeter messende Stammzelle unter dem Etikett „werdendes Leben".

Doch wie war das wirklich, damals, 1971? Der Ton war alles andere als „triumphal". Der Ton dieser 374 war verzweifelt, entschlossen und todesmutig. Sie wagten es zu einer Zeit, in der eine Frau noch nicht einmal mit der eigenen Mutter oder besten Freundin über ihre Abtreibungsnot sprach, öffentlich das Schweigen zu brechen. Und nicht eine dieser 374 – darunter ein Dutzend Prominenter und hunderte Unbekannter (wie eben auch Barbara Nirumand, die Mutter von Mariam Lau): Sekretärinnen, Hausfrauen, Studentinnen – wusste, was morgen geschehen würde. Würde ihr Mann sich scheiden lassen? Würden ihre Nachbarn noch mit ihr reden? Würde ihr Chef ihr kündigen, der Produzent dem Star keine Rolle mehr geben? Würde sie ins Gefängnis kommen?

Ich habe damals unter abenteuerlichen Umständen den Appell der 374 und die Zusammenarbeit mit dem *stern* eingefädelt. Die Veröffentlichung trat eine Lawine los. Hunderttausende Frauen folgten, schickten Unterschriftenlisten, gingen auf die Straße. Der Bann war gebrochen. Unter dem Druck der Mehrheit der Bevölkerung musste die sozial-liberale Regierung das entmündigende Gesetz reformieren – sie wäre sonst 1974 nicht wieder gewählt worden.

Doch erst die Gespräche mit betroffenen Frauen für mein erstes

Buch (*Frauen gegen den § 218*), das im Herbst 1971 erschien, haben mir wirklich die Augen geöffnet. Das Ausmaß des heimlichen Elends der Frauen – die destruktiven Folgen der Angst vor der ungewollten Schwangerschaft für die Sexualität, die Beziehung zu Männern und das ganze Leben – war mir bis dahin nicht klar gewesen. Das Thema hat mich weiter verfolgt. Bis heute habe ich über kein Problem so oft geschrieben, in keiner Sache so oft gehandelt.

30 Jahre nach dem dramatischen Appell der 374 haben in Deutschland im Jahre 2001 genau 134.964 Frauen legal und mit medizinischem Beistand abgetrieben, drei von vier waren bereits Mutter. Ist das Problem also heute von gestern? Leider nein. Zu Beginn des 21. Jahrhunderts sind die Abtreibungsgegner in der ganzen Welt in der Offensive, von der Vatikan-Connection bis zu den terroristischen Lebensrechtlern, die schon Dutzende von Menschen abballerten. Auf ihr Konto geht es auch, dass Jahr für Jahr weltweit noch immer 200.000 Frauen sterben: an unsachgemäßen weil illegalen Abtreibungen. Und in Amerika lernen MedizinstudentInnen unter dem Druck der Lebensrechtler heute diesen meist praktizierten medizinischen Eingriff nicht mehr. Solche Verhältnisse könnten eines Tages in Deutschland wieder herrschen. Das Recht auf selbst bestimmte Mutterschaft steht auch mitten in Europa auf sehr wackeligen Füßen. ■ ■ ■

Jährlich treiben in der Bundesrepublik rund eine Million Frauen ab. Hunderte sterben, zehntausende bleiben krank und steril, weil der Eingriff von Laien vorgenommen wird. Von Fachärzten gemacht, ist die Schwangerschaftsunterbrechung ein einfacher Eingriff.

Frauen mit Geld können gefahrlos im In- und Ausland abtreiben. Frauen ohne Geld zwingt der Paragraf 218 auf die Küchentische der Kurpfuscher. Er stempelt sie zu Verbrecherinnen und droht ihnen mit Gefängnis bis zu fünf Jahren.

Trotzdem treiben Millionen Frauen ab – unter erniedrigenden und lebensgefährlichen Umständen. Ich gehöre dazu. – Ich habe abgetrieben.

Ich bin gegen den Paragrafen 218 und für Wunschkinder. Wir Frauen wollen keine Almosen vom Gesetzgeber und keine Reform auf Raten. Wir fordern die ersatzlose Streichung des Paragrafen 218! Wir fordern umfassende sexuelle Aufklärung für alle und freien Zugang zu Verhütungsmitteln! Wir fordern das Recht auf die von den Krankenkassen getragene Schwangerschaftsunterbrechung!

Veröffentlicht am 6. Juni 1971 im *stern*

UND EWIG ZITTERE DAS WEIB – 1990

Ich bin gegen Abtreibung. Und ich bin gegen den Paragrafen 218. Das widerspricht sich? Keineswegs. Denn ich kenne das Leben, und mir geht es wie den meisten Frauen: Wir haben fast alle im Leben schon einmal abgetrieben – oder aber es zumindest ernsthaft erwogen. Niemand ist darum so gegen Abtreibung wie wir Frauen selbst. Denn wir sind es, die den Schritt tun müssen, wenn er dann unumgänglich ist – wissen wir doch nur zu gut, was es bedeutet, ein ungewolltes Kind zu bekommen (für das Kind wie für die Mutter).

Darum kämpfe ich dafür, dass eine Frau, die sich in dieser Notsituation befindet, nicht auch noch bedroht, belästigt und krank gemacht wird. Bedroht von einem Gesetz, nach dem (zumindest theoretisch) mit bis zu drei Jahren Gefängnis für die Abtreibende zu rechnen ist. Belästigt von Dritten, die – obwohl sie oft keine Ahnung haben und die Letzten wären, die Verantwortung für das Kinder übernehmen würden – uns zwingen wollen, Mutter zu werden. Und krank gemacht von Ärzten, die das medizinische Monopol haben, aber es trotzdem wagen, uns bei diesem Eingriff ihren ärztlichen Beistand zu verweigern.

Auch eine bewusste und aufgeklärte Frau kann ungewollt schwanger werden, selbst das sicherste Verhütungsmittel, die Pille, birgt ein Risiko. Von der Verantwortung der Erzeuger bei der Sache ganz zu schweigen ... Doch je größer das Wissen um den eigenen Körper und die eigene Lust ist und je geringer die Selbstverständlichkeit, sexuell zur Verfügung zu stehen und auf Befehl die Beine breit zu machen – umso weniger werden Frauen ungewollt schwanger. Darum hat in den letzen 20 Jahren niemand so zur realen Senkung der Abtreibungszahlen beigetragen wie die Neue Frauenbewegung.

Wir waren es, die das dumpfe Schweigen um die sexuelle Beherrschung von Frauen brachen. Wir haben öffentlich ausgesprochen, was jede Frau heimlich wusste: nämlich, dass Sexualität oft mehr ist als oben/unten und rein/raus. Wirkliche Erotik kann nur wachsen zwischen Gleichen und nicht zwischen Ungleichen. Ein Stück sind wir Frauen auf diesem Weg zu einer selbst bestimmten Lust in den letzten Jahrzehnten weitergekommen – jetzt sollen uns Würde und Autonomie wieder ausgetrieben werden. Mit Pornografie, Arbeitslosigkeit und dem § 218. Und das gerade auch von den Kräften, die angeblich für den so genannten Schutz des ungeborenen Lebens sind.

Ein Widerspruch? Keineswegs. Bei der ganzen Abtreibungsdebatte geht es in Wahrheit herzlich wenig um »ungeborenes Leben«, ja es geht noch nicht einmal wirklich um die Abtreibung. Denn Frauen treiben ab, egal wie die Gesetze sind. Die Frage ist also nicht, *ob* abgetrieben wird, sondern nur, *wie* abgetrieben wird. Ob heimlich, gedemütigt und bevormundet – oder offen, mit schonenden Methoden und selbst bestimmt.

Es geht um Emanzipation. Denn das Recht, eine ungewollte Schwangerschaft nicht austragen zu müssen, ist eine Voraussetzung dafür. Wie sonst sollte eine Frau ihr Leben planen können, wie den aufrechten Gang überhaupt wagen, wenn über ihr permanent das Damoklesschwert einer Zwangsmutterschaft schwebt?! Und genau das wissen die scheinheiligen Befürworter und Befürworterinnen des § 218 oder einer Zwangsberatung nur zu gut. Sie wollen nicht, dass Frauen die Freiheit haben, über ihren Körper und ihr Leben selbst zu bestimmen. Sie wollen nicht, dass Frauen den Kopf heben. Sie wollen, dass die Sexualität von Frauen weiterhin verknüpft ist mit der Angst vor der ungewollten Schwangerschaft, dem schlechten Gewissen bei der Abtreibung. Frauen sollen weiterhin schön bitte, bitte machen. Unsere Bestimmung sei das Wochenbett und nicht die Welt. Ewig zittere das Weib.

Veröffentlicht im August 1990 in *EMMA* (9/1990)

GESAMTDEUTSCHES RECHT – ODER UNRECHT? – **1990**

Der *Spiegel* vor den DDR-Wahlen listete alle Parteien und Gruppierungen auf, die sich zur Wahl stellten, dazu ihre Forderungen: zur »deutschen Einheit«, zu »Sicherheitspolitik« und zur »Wirtschaftsreform«. Soziale Rechte waren kein Thema. Kein Thema war auch ein Problem, das vermutlich nicht nur den *Spiegel* in den kommenden Monaten mehr beschäftigen wird, als uns lieb sein kann. Die Rede ist von der Abtreibung.

Obwohl es jedem Politik- und Rechtskundigen klar sein muss, was da auf uns zukommt, herrscht Schweigen im einig Vaterland der Männer. Warum sollten sie auch reden. Die Chose müssen schließlich wir Frauen ausbaden, und den meisten Männern ist es, hüben wie drüben, nicht nur egal, sondern eher recht, wenn Frauen mal wieder gezeigt kriegen, was Sache ist: Kinder statt Quoten!

Aber die Bombe tickt. Und spätestens jetzt, nach den DDR-Wahlen, wird sie nicht mehr zu überhören sein. Denn schon rüsten die bundesdeutschen Mannschaften zur gesamtdeutschen Entmündigung der Frauen. Was für die Frauen in Frankfurt am Main Gesetz ist, soll es bald auch für die Frauen in Frankfurt an der Oder wieder werden.

Werden die beiden deutschen Männergesellschaften es wirklich schaffen, das gesamtdeutsche Abtreibungsverbot durchzusetzen? Oder wird dieser historische Augenblick zu einer Chance? Werden wir Frauen es schaffen, eine gesamtdeutsche Abtreibungsfreiheit durchzusetzen?

Unsere Sache steht nicht schlecht. Es sieht ganz so aus, als hätten sich die Frauen in der DDR nicht ganz so blenden lassen vom kapitalistischen Glamour. Das Selbstbewusstsein der zu 93 % Berufstätigen und ihr Engagement für soziale Gerechtigkeit sind auffallend. Diese Frauen werden nicht alles hinnehmen. Diese Frauen werden kämpfen.

Vielleicht sind es auch die Frauen in der BRD jetzt endlich leid mit dem § 218. 15 Jahre lang haben sie in der Tat versucht, aus der so genannten Indikationsregelung eine »heimliche Fristenlösung« zu machen, 15 Jahre lang haben sie sich durchgemauschelt. Jetzt aber geht das Hintertürchen allmählich zu. Der § 218 soll wieder rigoros angewandt werden. Mehr noch: Er soll für alle deutschen Frauen gelten.

Nicht zufällig wurde der Zwang zum Austragen einer ungewollten Schwangerschaft Anfang der 70er Jahre zum Auslöser der neuen Frauenbewegungen in der ganzen westlichen Welt. Denn fast jede heterosexuell lebende Frau hat schon einmal abgetrieben oder hat es zumindest erwogen – unabhängig von ihren ethischen oder religiösen Überzeugungen. In der BRD sind, laut Umfragen, zwei von drei Katholikinnen für die freie Abtreibung. Sie wissen, warum. Nirgendwo wird so viel abgetrieben wie in den katholischen Ländern. Denn aus Rom kommt das Dogma: Verhütung ist Todsünde! Und Abtreibung ist Mord.

Doch es geht Klerikern und Politikern nicht wirklich um die Verhinderung von Abtreibung, sondern es geht um die Schaffung eines Schuldbewusstseins, um die Demütigung und Entmündigung von Frauen. Die Zerstörung der weiblichen Sexualität, die von der Angst vor den Folgen überschattet wird, gehört dazu.

Das Recht auf den eigenen Körper und eine selbst bestimmte Lebensplanung sind unabdingbarer Teil der Menschenwürde. Das Recht auf Abtreibung ist darum ein elementares Menschenrecht und ganz wie das Recht auf Berufstätigkeit Voraussetzung – nicht Erfüllung, aber Voraussetzung – für jede Emanzipation. Wir Frauen wissen das. Auch wenn wir im Westen in den letzten 10, 15 Jahren ein wenig eingeschlafen waren.

Der harte Kampf um die Fristenlösung in der ersten Hälfte der 70er hatte uns müde gemacht. Zu groß war der Schock, als am 25. Februar 1975 die so demokratisch erstrittene (und von der damaligen SPD/FDP-Koalition verabschiedete) Fristenregelung vom Bundesverfassungsgericht mit einem Handstreich wieder vom Tisch gewischt wurde. Der »Schutz des ungeborenen Lebens« habe Vorrang, die Fristenregelung sei darum »verfassungswidrig«, entschieden sechs alte Männer in Karlsruhe.

Der Beschluss fiel jedoch nicht einstimmig. Eine Verfassungsrichterin und ein Richter (beide SPD) argumentierten in einem von ihnen veröffentlichten »Minderheitenvotum« genau umgekehrt. Sie gaben der »Würde des Menschen« und dem »Recht auf freie Entfaltung der Person« den Vorrang und erklärten die Fristenregelung für verfassungskonform.

Aber die Rechten setzten sich durch – nicht zuletzt, weil die Linken schwiegen. Ihnen hatten die Frauen die Fristenregelung 1974 zwar in der Vorwahlzeit abgerungen, aber sie hatten in Wahrheit nie dazu gestanden. Und die Grünen? Die reden nur, aber handeln nicht. Und SPD und FDP gaben zehn Jahre nach der so genannten Reform sogar die Parole aus: »Hände weg vom § 218«.

Hände weg von einem Gesetz, das die Zwangsmutterschaft festschreibt? Hände weg von einem Gesetz, das den Frauen kein Recht gibt, sondern höchstenfalls Gnade gewährt? Hände weg von einem Gesetz, nach dem zum Beispiel eine Ärztin oder Psychologin als Gutachterin für eine andere Frau entscheiden darf, ob sie abtreiben kann oder nicht – aber für sich selbst Dritte um Erlaubnis fragen muss? Der bestehende § 218 öffnete der Willkür Tür und Tor. Es war vorherzusehen, dass die Konservativen die Schlinge zuziehen würden, sobald der Zeitgeist ihnen das erlaubt.

Ich selbst gehörte in all den Jahren immer zu der Minderheit von Feministinnen, die nie aufgehört haben, den herrschenden § 218 zu bekämpfen. 1986 lancierte *EMMA* eine erneute Kampagne gegen den § 218. Ziel: die SPD, FDP und die Grünen zum Vorgehen gegen das entmündigende Gesetz zu bewegen. Konkret gibt es dafür rein rechtlich nur einen Weg: den einer Verfassungsklage. Die *EMMA*-Kampagne: »Weg mit dem § 218! – Wir fordern eine Verfassungsklage!« wurde damals von Sozialdemokraten und Grünen hart abgewürgt.

1988 kam dann der Schock von Memmingen. Die öffentliche Hexenjagd auf abtreibende Frauen und Ärzte wurde eröffnet. Heute ist Memmingen überall. Ein Prozess jagt den anderen in dem bei uns herrschenden Denunzianten-Klima. Auch aufgeschlossene Ärzte haben Angst. Und der Abtreibungstourismus blüht wieder. Sehr weit müssen deutsche Frauen nicht fahren: In quasi allen Nachbarländern der BRD ist die Abtreibung in den ersten drei Monaten legal, selbst im katholischen Frankreich.

Aber nicht Memmingen ist der eigentliche Skandal, sondern der § 218, der Prozesse wie Memmingen überhaupt möglich macht. Dieser § 218 muss endlich weg! Erst dann können wir Frauen nicht mehr öffentlich vor den Kadi gezerrt und können hilfreiche Ärzte nicht länger diffamiert und ruiniert werden.

Wer ist für ein gesamtdeutsches Abtreibungsverbot – und wer für eine gesamtdeutsche Abtreibungsfreiheit? Werden wir »zusammenwachsen« im Recht oder in der Rechtlosigkeit? Soll für hüben wie drüben der § 218 gelten – oder der § 153? Der DDR-§ 153 erlaubt die Abtreibung in den ersten drei Monaten. Diese realsozialistische Fristenregelung war damals eine direkte Folge der neuen Frauenbewegung in der BRD. Denn die Genossen führten sie auf dem Höhepunkt des westlichen Protests, im Jahre 1972, ein – wohl fürchtend, dass sonst auch die Ost-Frauen Randale machen könnten.

Die Ex-Genossinnen könnten sich nun revanchieren und uns jetzt ihrerseits die Fristenregelung bringen.

Wir Frauen aus den kapitalistischen und (ex)sozialistischen Gesellschaften haben mehr gemein, als uns lieb sein kann. Aber wir haben, aufgrund der unterschiedlichen Bedingungen, auch unterschiedliche Stärken und Schwächen. Die Westlerinnen bringen ein differenzierteres Wissen um die Machtstruktur zwischen den Geschlechtern mit, aber auch ein Stück Resignation. Die Ostlerinnen haben ein solides gesellschaftliches Selbstbewusstsein, aber auch ein Stück Illusion. Tun wir uns zusammen! Denn gemeinsam sind wir stärker.

Veröffentlicht im März 1990 in *EMMA* (4/1990)

NUR EIN HALBER SIEG – 1993

Haben wir dafür 22 Jahre gekämpft? Für diesen scheinheiligen Kompromiss, der es dem Papst genauso recht machen will wie der mündigen Bürgerin? Gewiss nicht! Aber – unter den herrschenden Umständen hätte es in der Tat noch schlimmer kommen können. Und darum mischt sich in meinen Zorn eine gewisse Erleichterung.

Das Bundesverfassungsgericht hat lange gezögert mit dem Urteil, vermutlich weil starke Kräfte eigentlich die ganze Reform kippen wollten. Was jetzt herausgekommen ist, ist für uns Frauen ein halber Sieg und eine halbe Niederlage zugleich. Der halbe Sieg ist wieder einmal ausschließlich dem Druck von Frauen zu verdanken.

Das Entscheidende am jetzigen Verfassungsurteil: Abtreibung ist kein Recht, sondern eine Gnade. Frauen dürfen abtreiben, aber sie sollen ein schlechtes Gewissen haben und schön Bittebitte machen. Und: Zur Strafe müssen sie auch noch selbst zahlen – was die Frauen ohne eigenes Geld treffen wird, vor allem junge Frauen und Hausfrauen. Der Karlsruher Spruch ist also eine Verbesserung der westlichen Indikationslösung von 1975 und eine Verschlechterung der östlichen Fristenlösung von 1972.

Die Verschlechterung für den Osten: Ungewollt Schwangere müssen sich für einen Schwangerschaftsabbruch in den ersten zwölf Wochen in Zukunft eine formale Erlaubnis holen. Diese Zwangsberatung kann allerdings auch anonym stattfinden, was nicht unwichtig ist. Und sie müssen den Abbruch selbst bezahlen – was die noch häufiger arbeitslosen und noch unterbezahlteren Frauen im Osten noch härter treffen wird.

Die Verbesserung für den Westen: Bei der so genannten Indikationsregelung lag es nicht in der Hand der Schwangeren, sondern in der Hand der Beratenden, ob die Abtreibung gemacht werden durfte oder nicht. Je nach Bundesland und Beratungsstelle wurde der ungewollt Schwangeren bisher die Gnade gewährt oder auch verwehrt. Jetzt kann die Frau, nach erfolgter Beratung, selbst bestimmen, ob sie Mutter werden will oder nicht.

Sehr aufschlussreich ist, dass bei diesem Urteil genau das, worauf es den BefürworterInnen des § 218 in all den Jahren ankam, erhalten bleibt: nämlich die Entmündigung und Bevormundung von Frauen. Denn genau darum geht es ja seit den 122 Jahren, in denen Frauen in Deutschland unter allen Umständen (sogar bei drohender Todesstrafe im Nazireich) abgetrieben haben. Der Streit um den § 218 ging in Wahrheit noch nie darum, *ob* abgetrieben wurde, sondern wie abgetrieben wird. Tun wir es selbst bestimmt, in Würde und mit maximalem medizinischen Beistand? Oder tun wir es bevormundet und gedemütigt mit widerwilligen oder gar sich verweigernden Ärzten?

Das Weib soll in Schmerzen gebären, und es soll in Demut und mit schlechtem Gewissen abtreiben – das ist die Moral von der Geschicht'. Sie wollen uns Frauen auch noch an der Schwelle des 21. Jahrhunderts eine selbst bestimmte Mutterschaft verbieten. De jure werden wir nun erst einmal mit diesem Urteil leben müssen. Doch den symbolischen Gehalt dieses hohen Richterspruchs – Gnade statt Recht – dürfen wir nicht hinnehmen. Schließlich ist Deutschland kein Gottesstaat, sondern eine Demokratie. Und Abtreibung ist keine Gnade, sondern unser Recht.

Wann eigentlich dürfen wir Frauen endlich weiterdenken, über die Mutterschaft, gewollt oder nicht gewollt hinaus? Ist das eines der Motive dieser nicht endenden Abtreibungsdebatte: dass wir ewiglich auf der Stelle treten, statt endlich nach neuen Horizonten zu blicken?

Veröffentlicht im Juni 1993 in *EMMA* (4/1993)

NEUE OFFENSIVE DER DUNKELMÄNNER – 1998

Wäre es nicht so nervend, es wäre ziemlich komisch. Denn ginge es nach dem Vatikan, sollten wir Frauen: 1. über unseren Körper nicht selbst verfügen, 2. die Finger von der Verhütung lassen und 3. zwangsläufig auch ungewollt schwanger werden, 4. gezwungenermaßen austragen und 5. und am allerliebsten: Es gar nicht erst treiben und gleich jungfräulich Mutter werden wie die so hochverehrte Mutter Gottes von Papst Woytila.

Seit 25 Jahren spielt die Vatikan-Connection Katz und Maus nicht nur mit den Frauen in Deutschland. Sie schreckt vor nichts zurück, um die Frauen an einem ihrer elementarsten Menschenrechte zu hindern: an einer selbst bestimmten Mutterschaft. Die katholische Kirche, und niemand sonst, hat es in Deutschland erreicht, dass der Gesetzgeber die längst beschlossene – und im Ausland, auch in Italien, selbstverständliche – Fristenlösung (also das Recht auf Abbruch in den ersten drei Monaten) zurückgenommen und die sehr halbherzige 218-Reform verabschiedet hat. Nach diesem geltenden Gesetz haben deutsche Frauen auch am Ende des 20. Jahrhunderts nicht das uneingeschränkte Recht auf den Abbruch einer ungewollten Schwangerschaft: Sie müssen sich beraten lassen – und dürfen erst dann abtreiben.

Doch selbst das ist den Hardlinern vom Vatikan noch zu viel. Verfassungsgerichts-Urteil? Na und. Rom versucht jetzt in Bonn eine erneute Debatte zu erzwingen, bei der es um viel mehr geht als nur um die paar hundert Beratungsstellen und die Frage, ob die nun einen Schein ausstellen oder nicht. In dieser fundamentalistischen Offensive geht es – mal wieder – um die Beeinflussung und Manipulation des Klimas im ganzen Land. Und um eine Kraftprobe. Eine Kraftprobe zwischen Kirche und Staat.

Es geht um die Einschüchterung aller KatholikInnen, es geht um die Bevormundung katholischer Krankenhäuser und ÄrztInnen, es geht um die Beeinflussung katholischer WählerInnen und PolitikerInnen im Wahljahr. Mehr noch: Es geht um die (Wieder-)Verschiebung der Fronten, den Rückgewinn verlorenen Terrains.

Längst haben die selbst ernannten »Lebensschützer« es geschafft, im allgemeinen Sprachgebrauch aus einem Fötus ein »Kind« zu machen. Und nur noch ein sehr kurzes Stöhnen geht durchs Land, wenn ein Bischof abtreibende Frauen allen Ernstes mit Sexualmördern vergleicht. Jüngst war sogar in der liberalen *Süddeutschen Zeitung* zu lesen, die Zeiten hätten sich zum Glück geändert, über Abtreibung würde heutzutage differenziert argumentiert. Ein »geschmackloser Protest« wie der der Frauen, die 1971 öffentlich erklärten, sie hätten abgetrieben und ihr Bauch gehöre ihnen, so was sei heutzutage gottlob nicht mehr denkbar.

Sieh an. Hier ist von den Frauen die Rede, die mit ihrem unerhört mutigen Geständnis »Ich habe abgetrieben« und dem Postulat »Und ich fordere das Recht dazu für jede Frau« das blutige Schweigen von einst zerrissen haben. Erst dieses öffentliche Geständnis löste überhaupt die Lawine aus, die – gegen den Widerstand aller Parteien (bis auf die FDP) – 1974 zur Fristenlösung führte. Kurzfristig.

Seither sind 23 Jahre vergangen. 23 ermüdende Jahre, in denen niemand so viel beigetragen hat zu weniger Abtreibungen und mehr gewollter Kinder, als die Feministinnen. Denn Frauen treiben nur ab, wenn sie ungewollt schwanger sind. Dann allerdings kann niemand sie daran hindern. Auch der Papst nicht. Übrigens treiben nirgendwo in Europa so viele Frauen ab wie in den katholischen Ländern. Logisch. Da werden sie ja auch am häufigsten ungewollt schwanger. Dank Papst. Und in solchen Zeiten versucht dieser Papst auch noch, in unserem Zeitalter von Sexualgewalt und Aids, Präservativ und Pille zu verbieten. Und das im Namen der »Würde der Frau«.

Denn eine wirklich aufgeklärte, selbst bestimmte Frau braucht noch nicht einmal zu verhüten. Sie wird schon die Sexualpraktiken so beeinflussen, dass sie nicht ungewollt schwanger werden kann. Mindestens aber wird sie verhüten. Und meistens wird sie Glück damit haben.

Das ist der Idealfall. Dass das Leben oft anders aussieht, das verantworten die religiösen Fundamentalisten jeder Couleur. Im Leben nämlich sind Frauen oft noch immer abhängig statt selbst bestimmt, unaufgeklärt statt wissend, romantisch statt realistisch – oder einfach auch Opfer einer Vergewaltigung auf der Straße oder im Ehebett.

Was hierzulande manchmal in Vergessenheit zu geraten scheint, ist: Wir sind hier in Deutschland und nicht im Iran. Wir sind kein Gottesstaat, sondern eine Demokratie. Glaubensfragen sind keine Gesetzestexte.

Veröffentlicht im Februar 1998 in *EMMA* (2/1998)

ARBEIT & LIEBE

■ ■ ■ Ich werde diesen Moment nie vergessen: Als in einer Wohnung im 14. Pariser Arrondissement Margret, die Amerikanerin, uns das neueste Flugblatt aus New York vorlas: Es zählte die zehn klassischen Argumente von Männern auf, die sich vor der Hausarbeit drücken. Unsere Gesichter wurden von Punkt zu Punkt länger. Denn da stand exakt das, was diejenigen unter uns, die mit Männern lebten, Tag für Tag zu Hause zu hören bekamen (Ich kann das nicht so gut wie du. – Mich stört der Dreck nicht. – Wo steht denn der Staubsauger? etc.). Dabei hielten wir uns doch für ziemlich emanzipiert.

Hausarbeit? Die existierte bis Anfang der 70er Jahre einfach nicht. Die wurde von den Frauen erledigt wie von Heinzelmännchen. Noch als ich 1973 die Stundenzahl der Hausarbeit für mein zweites Buch (*Frauenarbeit – Frauenbefreiung*) recherchierte, musste ich sehr lange suchen, bis ich die etwa 50 Milliarden Stunden pro Jahr in Deutschland herausgefunden hatte. Denn die Arbeit im Haushalt und mit Kindern interessierte niemanden – schon gar nicht die angeblichen Freunde der Mütter.

Es waren wir Feministinnen, die mit der Forderung nach Teilung der Hausarbeit und Entlastung der Kinderarbeit offene Türen bei den Frauen einrannten und geschlossene Türen bei den Vätern und bei Vater Staat aufstemmten. Trotz aller Hindernisse sind inzwischen 43 % aller Berufstätigen in Deutschland Frauen – was bedeutet: im Westen mehr denn je zuvor, im Osten weniger als früher. Aber dennoch klafft die Lohnschere zwischen den Geschlechtern noch immer um 25 % auseinander und hat der Trend zur 24-Stunden-Mutter zugenommen. Im Beruf stoßen die Frauen an die gläserne Decke (über der die männlichen Chefs thronen), im Haus gegen die gläserne Wand (hinter der die Väter stehen).

Zur ultimativen Falle für die modernen Frauen wurde der 1986 von der CDU eingeführte – und auch von so mancher Feministin begrüßte – „Mutterschaftsurlaub" (heute »Elternzeit«). 96 % aller angestellten Mütter nehmen ihn – und kehren oft gar nicht oder geknickt in den Beruf zurück. Während die Mütter die Familie managen, machen die Väter Karriere – unterstützt von der Frau zu Hause und befreit von der Konkurrenz im Beruf. Im Namen der Liebe. ■ ■ ■

DIE UNSICHTBARE ARBEIT – 1973

Im Zentrum meiner Gespräche sollte eigentlich die Erwerbstätigkeit stehen. Doch es hat sich gezeigt, dass für Frauen Kinderzimmer, Küche und Schlafzimmer noch immer weit vor Büro und Fließband rangieren. Der Preis für die Frauenerwerbstätigkeit ist die Doppelbelastung. Unter solchen Umständen kann Berufstätigkeit nicht zwangsläufig emanzipieren, sie bleibt aber dennoch fundamentale Voraussetzung, denn: Nur die entlohnte Arbeit gewährt der Frau eine relative materielle Unabhängigkeit, auch vom Ehemann. Und nur die Arbeit außer Haus kann die soziale Isolation der Frauen lindern und ihr Selbstwertgefühl steigern.

»Darf eine Mutter berufstätig sein?«, fragte *Eltern* seine Leser im Sommer 1972 und gab auch gleich die Antwort: Die 34-jährige Margit Karl zum Beispiel breitete ihren zur Nachahmung empfohlenen, nach Minuten abgestoppten Tag chronologisch aus. Er beginnt um 5 Uhr: »Ich mache das Frühstück, bereite die Bügelwäsche für den Abend vor, stopfe oder flicke ein bisschen.« Und er endet nach 21 Uhr: »Ich koche das Mittagessen für Armin und Christa und das Abendessen für die Familie vor. Ich lege den Kindern die Kleidung für den nächsten Tag heraus und bügle ein bisschen oder mache Handarbeiten.«

Das ist das neue Frauenleitbild: Frauen dürfen nicht nur berufstätig sein, sie sollen es sein. Aber sie dürfen – zum Nutzen von Kapital und Patriarchat – ihr KKK-Leitbild dabei nicht aus den Augen verlieren. In Küche und Kinderzimmer arbeiten Frauen ohne Widerspruch und schuldbewusst (weil berufstätig) weiterhin allein; im Büro und am Fließband bleiben sie das willig-billige Potenzial (weil vor allem Mutter und Ehefrau), auf das die Wirtschaft längst nicht mehr verzichten kann.

Dazu ein paar Zahlen: Jede zweite Frau im erwerbsfähigen Alter ist in der Bundesrepublik erwerbstätig, die Hälfte ist verheiratet.

50 % aller berufstätigen Frauen lassen sich mit weniger als 600 DM Monatslohn abspeisen – nur jeder 33. Mann wird mit einem solchen Entgelt beschieden. Von rund 5.000 Plätzen im Topmanagement waren 1971 lediglich 16 mit Frauen besetzt.

»In der aktuellen arbeitsmarktpolitischen Diskussion besteht Übereinstimmung darüber, dass allein bei den Frauen ein bemerkenswertes ungenutztes inländisches Arbeitskräftepotenzial besteht. In der Beurteilung der Frage, wie weit dieses Potenzial genutzt werden kann oder soll, gehen die Meinungen allerdings auseinander«, schreibt Günter Buttler in der Broschüre *Beiträge des deutschen Industrieinstituts*, und er fährt fort: »Es geht im Nachfolgenden um die Möglichkeiten und Voraussetzungen zur Förderung der Frauenerwerbsarbeit, die geeignet sein können, latente Beschäftigungsreserven für das Wirtschaftswachstum zu erschließen, ohne dass dadurch die spezifische Rolle der Frau und ihre Funktion im Rahmen der Familie beeinträchtigt oder gar in Frage gestellt werden.«

Selbst das Gesetz stützt in der Bundesrepublik sowohl die geschlechtsspezifische Arbeitsteilung als auch die Doppelbelastung. Die §§ 1356 und 1360 des BGB untersagen der Frau einerseits die Berufstätigkeit, wenn sie ihren Haushaltspflichten nicht voll nachkommt, und verpflichten sie andererseits zur Berufstätigkeit, wenn die wirtschaftliche Lage der Familie es erfordert: § 1356: »Die Frau ist berechtigt, berufstätig zu sein, soweit dies mit ihren Pflichten in Ehe und Familie vereinbar ist.«

Die *Süddeutsche Zeitung* am 21. Oktober 1971 gönnerhaft: »Um der Frau mit Familienpflichten die Anpassung an die Arbeitswelt nach längerer oder kürzerer Berufspause zu erleichtern, regte der Präsident der Bundesanstalt an, einige Stunden Haushaltstechnik und Haushaltsrationalisierung in das berufliche Fortbildungsprogramm aufzunehmen, damit eine Überbeanspruchung der Frau und Mutter durch die beiden Aufgabenkreise Familie und Beruf möglichst vermieden wird.« Frauen sollten nicht entlastet werden, Arbeit soll nicht gleichmäßig auf beide Geschlechter verteilt werden, die Doppelbelastung soll nur diskreter bewältigt werden. Dafür hat das Essener Arbeitsamt Lehrgänge, in denen Koch- und Schreibmaschinenkurse gekoppelt werden, bereits eingerichtet. »Ich arbeite nicht«, sagen bezeichnenderweise die »Nur«-Hausfrauen, die ohne Kind mindestens 16 Stunden, mit Kind bis zu 100 Stunden in der Woche arbeiten. Sie bekunden damit, wie sehr sie selbst die Missachtung der Hausarbeit durch die Gesellschaft verinnerlicht haben.

Die Deutsche Gesellschaft für Ernährung e.V. in Frankfurt errechnete, dass in der BRD für private Haushalte rund 45 bis 50 Milliarden Arbeitsstunden im Jahr aufgewendet werden, für die Erwerbswirtschaft 52 Milliarden. Die Zahl der nicht entlohnten Arbeitsstunden ist also nur geringfügig niedriger als die der entlohnten. Für die »nicht arbeitenden« Frauen mit Kindern vermeldet die Studie »Die Lage der Mütter in der BRD« einen Arbeitstag von 13,5 Stunden – mit 7-Tage-Woche.

Nur dank dieser unentlohnten Frauenarbeit können Männerlöhne ganze Familien ernähren. Und nur dank der psychischen Regeneration in der Familie können Männer dem Leistungsdruck »draußen« standhalten. Zwei Karrieren, nämlich die von Mann und Frau, in einer Familie sind unmöglich.

Solange Frauen es billigen, aus metaphysischen Gründen fürs Spülen und Windeln-Waschen als allein zuständig angesehen zu werden, und, vor allem, solange sie sich für allein zuständig halten, ändert sich da nichts. Gerechte Arbeitsteilung im Haushalt? »Nein«, antwortete mir Gisela A., geschiedene Karrierefrau und Gewerkschaftlerin, »wenn ein Mann Staub wischt, da käme ich mir doch albern vor – man sollte doch auch Frau bleiben.«

Eine im Herbst 1972 in *Brigitte* veröffentlichte repräsentative Untersuchung ergab, dass ein Drittel der Ehemänner erwerbstätiger Frauen nie bei der Hausarbeit helfen; ein Drittel hilft öfter – aber wie häufig auch immer, alle *helfen* Frauen bei *ihrer* Hausarbeit: Hausarbeit gleich Frauenarbeit. »Frauen sind Gastarbeiterinnen in einer Männergesellschaft«, kommentierte die Soziologin Helge Pross diese von ihr geleitete Untersuchung. Sie sind noch weniger: Sie sind Sklavinnen in einer Männergesellschaft. Im Haus wie außer Haus, wo die männerdominierte Berufswelt nicht mehr ist als ein Schauplatzwechsel. Frauen bleiben auch im Beruf die machtlosen Exekutantinnen der Männer.

Eine Analyse der Gratis- und der minderwertigen Frauenberufsarbeit wurde auch von den sozialkritischen Gruppen in Gewerkschaften und Parteien bisher nicht geleistet. Und auch in den sozialistischen Staaten sind die Frauen eine niedere Kaste geblieben. Das Problem der Kindererziehung ist dort zwar weitgehend gesamtgesellschaftlich gelöst (da die Frauen auch stärker in den außerhäuslichen Produktionsprozess eingespannt sind), aber die Frauen blieben zusätzlich für Haus- und Erziehungsarbeit zuständig.

Mutterschaft bedeutet heute nicht etwa Gebären mit gemeinsamer Verantwortung von Eltern und Gesellschaft, sondern 20 Jahre Zuständigkeit der Frau für das Kind. Es sind die berufstätigen Mütter, die zu Hause bleiben, wenn Kinder krank sind. Es sind die Mütter, die beim Ton der Krankenwagen-Sirene aufschrecken am Arbeitsplatz, weil sie fürchten, *ihr* Kind sei betroffen. Es sind die Mütter, die sich einen Arbeitsplatz »gleich um die Ecke« suchen, damit sie ihre Kinder vom Kindergarten oder nach Schulschluss abholen können. Es sind die Mütter, die Teilzeitarbeit machen. Es sind die Frauen, die von Kindesbeinen an auf die Mutterschaft vorbereitet werden.

Da ist es nicht ohne Hohn, dass ein Buch wie *Der dressierte Mann* von Esther Vilar als »Emanzipationsbuch« zum Bestseller aufrücken konnte. Esther Vilar verwechselt Ursache und Wirkung. Sie arbeitet mit einem grob sexistischen Muster. Vergleichbar rassistische Sprüche – wie »Neger sind dumm«, »Neger stinken« – würde heute niemand mehr widerspruchslos hinnehmen. Vilar aber kann schreiben: »Wie ist es nur möglich, dass die Männer nicht bemerken, dass an den Frauen außer zwei Brüsten und ein paar Lochkarten mit dummen stereotypen Redensarten nichts, aber auch wirklich nichts ist? (...) Die Frauen können wählen, und das ist es, was sie den Männern so unendlich überlegen macht. Jede von ihnen hat die Wahl zwischen der Lebensform eines Mannes und der eines dummen parasitären Luxusgeschöpfes – und so gut wie jede wählt für sich die zweite Möglichkeit. Der Mann hat diese Wahl nicht.« Esther Vilar wurde für solche Sätze von der FDP auch noch im Herbst 1972 für eine »Frauenwahlkampagne« eingespannt.

Doch auch die fatalistischen Sprüche von der »Doppelbelastung« wirken längst eher einschläfernd als alarmierend. Denn nichts davon zielt auf die Aufhebung der Doppelbelastung, alles auf ihre diskrete Bewältigung. Und eher hüten müssen Frauen sich vor Scheinlösungen, wie: der Teilzeitarbeit, die zwar eine Übergangs-Lösung sein kann, aber nur in unqualifizierten Berufen praktikabel ist; dem Drei-Phasen-Modell (Beruf-Mutterschaft-Beruf), das in qualifizierten Berufen nicht praktikabel ist; dem Hausfrauengehalt, das die Abhängigkeit der Frau vom Ehepartner und ihre Zuständigkeit für Haus und Kinder nur zementieren würde; den Sackgassenberufen (wie Sekretärin, Assistentin, Stewardess etc.), die die Möglichkeit eines beruflichen Aufstiegs ausschließen.

Was aber sollten Frauen heute anstreben?

Die Erziehungs- und Hausarbeit müsste weitgehend vom Kollektiv übernommen werden. Was heißt: ausreichend 24-Stunden-Krippen und -Kindergärten, die von Frauen und Männern betrieben werden; sowie Kinderhorte und Ganztagsschulen, in denen die Geschlechterrollen nicht perpetuiert werden. Denn es ist nicht einzusehen, warum die Kindererziehung ausschließlich den Frauen aufgebürdet werden soll. Und die Hausarbeit in der heutigen Form ist ein schlichter Anachronismus. Auch das Brot wird schließlich längst nicht mehr im Haus gebacken. Großküchen mit vorbereiteten Gerichten müssten zur Verfügung stehen, wenn beide Partner berufstätig sind. Und schon beim Häuserbau muss die Rationalität der Hausarbeit eine Rolle spielen. Die verbleibende Hausarbeit müsste gerecht mit den Männern geteilt werden. Fernziel wäre eine Teilzeitarbeit für beide Geschlechter.

Die Frauen müssten lernen, eine berufliche Zukunft von 30, 40 Jahren zu planen. Und sie müssen zusätzliche Förderungs- und Bildungsmaßnahmen für Frauen fordern. Bei ihrer spezifischen Benachteiligung wäre selbst bei gleicher Ausgangsbasis – wovon heute nicht die Rede sein kann – ihr über Jahrhunderte gewachsener Rückstand sonst nicht aufzuholen.

In dieser Auseinandersetzung müssen Frauen zum Machtfaktor werden. Sie müssen miteinander reden und handeln, überall: im Wohnblock, im Büro, an der Uni. Denn diese ersten Schritte werden gegen alle von der Diskriminierung der Frauen Profitierenden, das heißt auch gegen die Männer erzwungen werden müssen. Erst in einer zweiten Phase könnte von Gemeinsamkeit die Rede sein – dann, wenn die Männer begriffen haben, dass sie lediglich vordergründig etwas zu verlieren, langfristig aber etwas zu gewinnen haben: nämlich menschenwürdigere Beziehungen zwischen den Geschlechtern und nicht zuletzt auch eine Milderung des Karrieredrucks, den frustrierte Frauen nicht selten aus Existenzangst und sozialer Abhängigkeit auf die Männer ausüben.

Denn nicht die Integration der Frauen in das Bestehende ist wünschenswert, nicht die Vermännlichung der Frauen, sondern die Vermenschlichung der Geschlechter.

Auszug aus dem Buch »Frauenarbeit – Frauenbefreiung« (edition Suhrkamp, 1973)

WIE ZUFRIEDEN SIND HAUSFRAUEN? – 1975

Feierabendhausfrauen arbeiten an beiden Fronten zusammen 80 bis 100 Stunden in der Woche, Vollhausfrauen 60 bis 80 Stunden. Wissenschaftliche Untersuchungen ergaben: Eine Hausfrau spült bis zu ihrem Lebensende einen Geschirrberg, der dreimal so hoch ist wie der Kölner Dom, und verbraucht beim Arbeiten mehr Sauerstoff als ein Maurer. Die Gesellschaft für Hauswirtschaft errechnete für die Durchschnittshausfrau ein Gehalt von 1.800 DM monatlich – aber niemand zahlt dieses Gehalt. Denn Hausfrauen arbeiten gratis. Hausfrauen arbeiten aus Liebe.

Doch abgesehen von einem diffusen Gerede über die so genannte »Weiblichkeit« ist die Männergesellschaft bisher noch die Antworten schuldig geblieben, warum ein Mensch mit Vagina mehr arbeiten kann und eher bestimmt ist zum Windelwaschen und Geschirrspülen als ein Mensch mit Penis ...

»Die Verwandlung der Frauen in eine heimliche Dienstklasse war eine ökonomische Leistung ersten Ranges. Diener für niedere Arbeiten konnte sich nur eine Minderheit der vorindustriellen Gesellschaft leisten, im Zuge der Demokratisierung steht heute fast dem gesamten männlichen Bevölkerungsanteil eine Ehefrau als Dienerin zur Verfügung.« So argumentiert nicht etwa eine Feministin, sondern der Wirtschaftswissenschaftler John Kenneth Galbraith in seinem Buch *Wirtschaft für Staat und Gesellschaft*.

Diesen Dienerinnen nun scheint das Dienen keinen Spaß mehr zu machen und hat es wahrscheinlich auch noch nie gemacht. Die Unruhe unter den Frauen wächst spürbar. Steigende Selbstmordraten bei Hausfrauen (sie stehen in Amerika an erster Stelle vor allen anderen Bevölkerungsgruppen), zunehmende Unfälle im Haushalt (allein 1973 in der BRD 7.433 tödliche) und eine neue Krankheit, das so genannte Hausfrauensyndrom, sind die aufbrechenden Geschwüre einer schon lange schwelenden Krankheit.

Diese Hausfrauen-Malaise geht alle Frauen an, denn alle Frauen sind, waren oder werden Hausfrauen sein. 90 Prozent aller Vollhausfrauen waren in einer früheren Lebensphase berufstätig, und die meisten wollen es auch wieder werden. Doch die Doppelbelastung ist der Preis für jede weibliche Berufstätigkeit. Darum müssen die murrenden Hausfrauen beschwichtigt werden. Das nennt sich dann Hausfrauen-Renaissance. Hausfrauen werden in ihrem Selbstwertgefühl nur gestärkt, damit sie für die drei Phasen fit bleiben und nicht etwa auf den Gedanken kommen, Heim und Herd seien – Emanzipation hin, Emanzipation her – doch letztlich nicht das höchste Glück.

Vor diesem Hintergrund ist die viel zitierte Untersuchung der Lage deutscher Hausfrauen zu sehen, die die Soziologin Helge Pross mit der »Konzeptionshilfe« der Frauenzeitschrift *Brigitte* durchführte. Sie interessierte sich dabei weniger für das Sein und mehr für das Bewusstsein, weniger für die Realität und mehr für die Illusionen, die abhängige Hausfrauen sich machen (müssen). Prompt ergab die Enquete: Deutschlands Hausfrauen sind zufrieden. »Die Kritik am Hausfrauenberuf scheint mehr von außen zu kommen als von den Hausfrauen selbst!«, titelte die *Berliner Fleischerpost.* Die *Bild*-Zeitung triumphierte: »Das wahre Glück der Frauen!«. Und die *Süddeutsche Zeitung* räsonierte: »Eine Umfrage widerlegt gründlich das Bild vom unbefriedigten Dasein in Küche und Kinderzimmer!«

Nur kann eben leider von gründlich nicht die Rede sein und von Widerlegen schon gar nicht, denn ein Ja oder Nein auf die schlichte Frage: Sind sie zufrieden? will nicht viel besagen. Das weiß selbstverständlich auch die Soziologin Pross. Fragebogen-Antworten sind beeinflusst von der Fragestellung und der Erwünschtheit einer Antwort. Die subjektive »Zufriedenheit« orientiert sich an dem, was Frauen heute erwarten *dürfen* – und das ist nicht viel. Eine Hausfrau mit zwei kleinen Kindern zum Beispiel kann kaum wagen, sich und anderen Unzufriedenheit einzugestehen, wenn sie ihre Situation doch nicht ändern kann.

Wissenschaftliche Sorgfaltspflicht hätte geboten, durch präzise Kontrollfragen aufzuzeigen, was diese subjektive »Zufriedenheit«

objektiv beinhaltet. Dann hätte Helge Pross vielleicht auch die Gründe für die ihr so unerklärlich gebliebene gleichzeitige »Malaise« der Hausfrauen finden können. Aber das war wohl nicht die Absicht der Untersuchung. Wo zufällig doch einmal präziser gefragt wurde, verschieben sich die Resultate gleich beachtlich. So antworten auf die pauschale Frage: »Hilft Ihnen Ihr Mann im Haushalt?« 38 % mit Nein. Beim anschließenden Abfragen seiner Mithilfe bei den gängigen Hausarbeiten stellte sich heraus, dass nicht 38 % sondern 48 % der Ehemänner nie »helfen«. Aber wie auch immer: Alle Männer helfen Frauen bestenfalls bei der Hausarbeit. Hausarbeit bleibt Frauenarbeit, auch wenn Frauen berufstätig sind.

Mindestens jede zehnte Hausfrau – so schätzt das Müttergenesungswerk – steht heute am Rande eines physischen und psychischen Zusammenbruchs. Mediziner wie der Holländer Prof. van der Velden definieren dieses so genannte »Hausfrauensyndrom« als »eigenständiges Leiden, das zu Depressionen und somatischen Beschwerden führt«. Das Hausfrauendasein und der Rollenkonflikt in unserer Gesellschaft seien Ursache der Krankheit.

Und die deutsche Soziologin Pross? Sie unterstellt den Hausfrauen, ihre zunehmenden Krankheiten hätten »weniger mit dem tatsächlichen Gesundheitszustand und mehr mit einer anerzogenen Klagebereitschaft« der Frauen zu tun. Beweis: Berufstätige Frauen seien schließlich ebenso krank wie Hausfrauen. Daraus folgert die Soziologin nicht etwa, Hausfrauen und Berufstätige seien kränker als Männer, weil stärker belastet, sondern: Beide würden nur simulieren. Frauen stellen sich laut Pross nur an und verwechseln aufgrund ihrer »anerzogenen Weiblichkeit« gern »Mücken mit Elefanten«. Anscheinend seien sie »nicht so krank, wie Interviewauskünfte sagen«, denn: »Sie nutzen zwar jede Gelegenheit zur Klage, gehen dann aber selbstverständlich zur Tagesordnung der Arbeit und Pflichten über.«

Ja, warum wohl? Weil zwar ein Aktenordner mal ein paar Tage liegen bleiben kann, ein Kind aber einfach versorgt werden muss. Hinzu kommt das anerzogene Pflichtgefühl der Frauen, die auch krank den Haushalt weiter versorgen: Sie fühlen sich unentbehrlich. Mann und Kinder brauchen sie – das begründet ihre ganze Existenzberechtigung.

Im Namen der Mutterschaft – dieser an sich positiven Fähigkeit, gebären zu können – werden Frauen dazu verurteilt, ihr Leben lang für andere zu kochen, zu putzen, zu waschen und zu trösten. Aus der Fähigkeit zur biologischen Mutterschaft folgert die Pflicht zur sozialen Mutterschaft. Und das im Namen des »Mutterinstiktes«, der uns angeblich nicht nur zum Kindergebären, sondern auch zum Kinderaufziehen besonders prädestiniert. Seine Propagandisten sind auch fortschrittliche Psychologen und Analytiker wie Alexander Mitscherlich, der behauptet:

»Die prägenden Einflüsse der Mutter sind die älteren. Sie entstehen in der intimsten Zwei-Personen-Beziehung. So sehr sich durch die Entwicklung in der spezialisierten Großgesellschaft die Berufsrollen von Mann und Frau angleichen mögen, es bleibt ein natürlicher, biologisch bedingter Unterschied. Soweit Nützlichkeitserwägungen diesen Unterschied verwischen wollen, bedingen sie unweigerlich eine pathologische Entwicklung des Einzelnen. Andere gesellschaftliche Einrichtungen können die Intimsphäre zwischen Mutter und Kind niemals gleichwertig ersetzen: Urvertrauen erwirbt das Kind nur im Umgang mit ihr und sonst niemandem.«

Doch weder Forschung noch Praxis rechtfertigen solche Spekulationen. Ein Kind braucht Zuneigung, Fürsorge und Sicherheit – von wem das kommt, ist gleichgültig. Das können eine oder mehrere Bezugspersonen sein, und es ist egal, ob es die biologischen Eltern oder andere Erwachsene sind. Auch auf das Geschlecht der Person kommt es nicht an.

Dass Kinder, die in einem Kollektiv aufwachsen, also von mehreren Personen gleichzeitig betreut werden, sich nicht nur nicht schlechter, sondern besser entwickeln, zeigen unter anderem die israelischen Kibbuz-Erfahrungen. Dazu Prof. Ursula Lehr (Anm. der Autorin: die spätere CDU-Familienministerin): »Bei Zehnjährigen zeigen sich bei den Kibbuz-Kindern höhere Werte in Intelligenz- und Anpassungstests, die man auf eine stärker stimulierende Umgebung zurückführt (O'Connor 1968). Gerwitz (1965), der experimentelle Untersuchungen in Israel durchführte und dabei Familienkinder, Heimkinder, Tageskrippenkinder und Kibbuz-Kinder miteinander verglich, sah die günstigsten Sozialisierungseinflüsse der Kibbuz-Erziehung darin, dass die Kinder sehr früh bereits zwei ›Zuhause‹ hatten, in denen sie sich wohl fühlten. Denn jedes Kibbuz-Kind hatte außer seinem festen Platz im Kinderheim auch in der Wohnung seiner Eltern seine eigene Ecke. Gerade davon gingen – nach Gerwitz – erhöhte Stimulationswirkungen aus ... Im Hinblick auf die Eigenständigkeit und Selbständigkeit, auf das eigene Urteil und die Fähigkeit, Initiative zu ergreifen, waren – auch nach Bettelheim und anderen Autoren – die Kibbuz-Kinder den Familienkindern sogar weit überlegen.«

»Um die Frauen zur Gratisarbeit zu bringen, kann man ihnen nicht die Schönheit und Mystik zum Beispiel des Geschirrspülens preisen oder des Wäschewaschens. Also predigt man ihnen die Schönheit der Mutterschaft!«, spottete Simone de Beauvoir 1976 in einem Interview mit mir. Und die Amerikanerin McBride, selbst Hausfrau und Mutter, schreibt in ihrem Buch »Das normal verrückte Dasein als Hausfrau und Mutter«: »Es bleibt ein ebenso gefährliches wie albernes Unterfangen, aus Körperfunktionen soziale Normen abzuleiten. Die Frau kann Kinder kriegen, an dieser Tatsache ist nicht zu rütteln. Doch ist es ebenfalls eine biologische Tatsache, dass das Kind seinen halben Chromosomensatz dem Vater verdankt. Ich ziehe daraus die Schlussfolgerung, dass die ersten neun Monate zwar die Mutter eine nicht austauschbare Rolle übernimmt, dass aber vom Augenblick der Geburt an beide Eltern gleichermaßen sich die Freuden und Sorgen um ein Kind teilen können. Nur weil die Frau einen Uterus besitzt, ist die Konklusion noch lange nicht statthaft, das Vollgießen von Suppenterrinen sei deswegen a priori eine urweibliche Tätigkeit.«

So urweiblich wie die Arbeit von Frau Borchert, verehelicht mit *Bild*-Reporter Borchert. Ihr Mann tauschte eine Woche lang die Rolle mit seiner Frau: Sie arbeitete in einem Hotel, er blieb zu Hause und hielt *Bild*-Leserinnen und -Leser über das Experiment auf dem Laufenden. Der Zeitungsserie war zu entnehmen, dass Hannelore Borchert sich von Tag zu Tag wohler fühlte. Bisher Vollhausfrau, saß sie nun in der Rezeption einen großen Hotels, ging schon mal mit Kollegen abends einen trinken und hätte es wohl gern ein Leben lang so weiter gemacht – wäre nicht die ach so originelle Reportage ihres Mannes zu Ende gewesen.

Zum krönenden Abschluss schrieb Herr Borchert seiner Frau einen offenen Brief (Überschrift: »Liebling, ich danke dir!«): »Die Milch ist angebrannt, die Waschmaschine ist kaputt, der Große hat in die Hose gemacht – bitte bleibe zu Hause, mein Schatz, und übernimm wieder das Kommando über Kinder, Kochtopf und Kühlschrank!« Denn: »Vor vierzehn Tagen wollte ich dir beweisen, dass man einen Haushalt mit der linken Hand machen und nach dem Putzen noch putzmunter sein kann, dass Kindererziehung ein Kinderspiel ist und vom Haushaltsgeld eigentlich noch was übrig bleiben müsste. Jetzt steht unser Haushalt kurz vor der Auflösung. Mein Rücken tut vom Putzen weh und das Geld ist auch alle.«

Scharfsinnig schließt der geplagte Hausmann: »Wenn ich dich noch mal heiraten sollte, würde ich dich zweimal um deine Hand bitten: Um die linke fürs Herz und die rechte für die fürchterliche Arbeit, die du dir da aufgeladen hast ... Doch nun zu dir und deinem Ausflug in die Freiheit. Ich weiß, du würdest beides gerne tun wollen: Den Haushalt und die Kinder – und die Abwechslung im Beruf. Ich liebe dich dafür, dass du dich für dein Heim und die Kinder entschieden hast. Noch brauchen sie dich – aber sie werden auch mal größer, und dann können wir noch einmal darüber sprechen.«

In zehn Jahren darf Frau Borchert also mal nachfragen. Bis dahin zeigt Herr Borchert sich von der sensiblen Seite: »Eines werde ich nicht vergessen: Die Freiheit, die du geschnuppert hast in diesen vierzehn Tagen, hat dich zu deinem Vorteil verändert. Deshalb verspreche ich dir in Zukunft öfter einen freien Tag! Schließlich muss ich doch hin und wieder mal zeigen, was ich in diesen vierzehn Tagen gelernt habe. Tschüss, ich bin einkaufen gegangen. Dein Uli.«

Nachdem der clevere Uli seinen journalistischen Gag verkauft hatte, durfte die auch noch dafür funktionalisierte Ehefrau wieder zurück zu Kindern, Kochtopf und Kühlschrank. Ihr »Ausflug in die Freiheit« – wie er selbst in unbekümmerter Offenheit sagt – endet wieder im familiären Gefängnis ... Nicht ohne dass er wohlwollend bescheinigt hätte, dass die Freiheit ihr gut steht. Öfter mal ein Happen Freiheit für Frauchen macht die Ehenächte wieder spannend. Und wenn er Lust hat, wird er ihr in Zukunft also hier und da mal wieder einen freien Tag bescheren. Hat er keine, hat sie Pech gehabt.

Ein Feudalherr könnte nicht netter mit seinen Sklaven umgehen. Und eine Feministin könnte nicht treffender ein Beispiel für modernes Patriarchat erfinden: So werden aus gezwungenen Sklavinnen freie Sklavinnen.

Trotz Doppelbelastung und auch bei schlechter Qualifikation fördert jede Berufstätigkeit die Unabhängigkeit der Frauen. Das beweist auch die französische Soziologin Andrée Michel in ihrer Studie (»Statut professionnel féminin et structure du couple français urbain«). Berufstätige Frauen sind nicht mehr ganz so unterworfen, ihre Männer nicht mehr ganz so selbstherrlich. Nur eine Kategorie von Frauen ist laut Michel noch schwächer innerhalb und außerhalb der Familie als die Hausfrauen: Das sind die so genannten »mithelfenden Familienangehörigen«, die Ehefrauen von Geschäftsleuten oder Handwerkern, die in eigenen Unternehmen mitarbeiten. Denn ihr Mann ist Ehemann und Chef in Personalunion. Diese Frauen haben zwar eine Tätigkeit außerhalb ihres Haushaltes, die Bedingungen aber, unter denen sie sie ausführen, bleiben dieselben: Sie bleiben direkt abhängig vom eigenen Mann. Diese »mithelfenden Familienangehörigen« wären in ihrem ökonomischen und psychologischen Status Hausfrauen mit einem Hausfrauengehalt vergleichbar.

Was bedeuten würde, dass ein Hausfrauenlohn Frauen nicht nur nicht freier, sondern noch abhängiger vom Mann macht.

Auszug aus einem NDR-Funkfeature, 1975

DER LOHN IST LIEBE – 1985

Nie waren so viele Frauen in der Bundesrepublik erwerbstätig wie heute. Inzwischen sind es über 10 Millionen. Und das trotz Arbeitslosigkeit. Das heißt: Arbeitslos sind Frauen quasi nie. Höchstens erwerbslos. Denn der Löwenanteil der Frauenarbeit spielt sich außerhalb der Lohnarbeit, spielt sich im Bereich der gratis geleisteten Haus- und Familienarbeit ab.

Frauen arbeiten nicht nur für Geld, sie arbeiten auch aus Liebe. Nicht aus Liebe zur Arbeit, sondern aus Liebe zum Mann, zum Kind, zum Nächsten. Und genau diese fleißige Liebe wird heute wieder verstärkt von Frauen erwartet. Wachsender Frauenunmut, entsprechende Männerwut und steigende Erwerbslosigkeit verleihen der so billigen Parole von der Mutter, die »die Beste« sein soll, wohlfeile Aktualität.

Als mein Buch unter dem Titel *Frauenarbeit – Frauenbefreiung* 1973 erstmals erschien, war Hausarbeit in der Öffentlichkeit noch kein Thema. Nur eine Minderheit der frühen Feministinnen beschäftigte sich (wieder einmal: ganz wie die Feministinnen im 19. Jahrhundert es schon getan hatten) mit der Frage. Unsere frühen Feministinnen-Texte leisteten in den 70er Jahren Pionierarbeit: Sie hoben die im Dunkeln verrichtete Frauenarbeit wieder ans Licht; sie stellten die Frage nach der Natur/Beschaffenheit der Hausarbeit und die nach ihren Profiteuren; und sie zeigten auf, in welchem Maße die Geschlechterrollen Frauenarbeit im Privaten, im Erwerbsbereich und in der Öffentlichkeit prägen.

Die vor allem in der Bundesrepublik damals kurz darauf geführte Debatte um einen »Lohn für Hausarbeit« ist rückblickend als Reaktion auf diese frühen feministischen Forderungen zu verstehen. Sie klammerte den Kern der feministischen Hausarbeitsanalyse aus und versuchte, das steigende Unbehagen von Frauen in die reformistische Forderung nach »Lohn für Hausarbeit« zu kanalisieren. Eine Vorgehensweise, die wir auch von den Gewerkschaften kennen, die Arbeitskämpfe um andere Arbeitsbedingungen oder mehr Menschenwürde oft auf die verflachende Forderung nach »mehr Lohn« beschränken. Dabei ging es auch den Feministinnen genau um das Gegenteil: Die Drinnen/draußen-Arbeitsteilung sollte aufgehoben, nicht aber durch Entlohnung der Frauen auch noch verfestigt werden.

Prompt versuchen die Geißlers in diesem unserem Lande nun, Frauen durch ein rein ideelles Aufwerten der Haus- und Mutterarbeit und den Wink mit einem kleinen Taschengeld (Erziehungsgeld) wieder an die traditionelle Frauenrolle anzubinden (und damit aus dem Erwerbsleben herauszulocken).

Doch nicht nur die Gegenseite verkehrt feministische Forderungen ins glatte Gegenteil. Auch so manche Feministin tut das. Frauen, so heißt es nun in manchen Frauengruppen und Friedenszirkeln (ganz wie im Parteiprogramm der Christdemokraten), seien doch irgendwie die besseren Menschen, nicht gemacht für das Gerangel um Männerkarrieren und -kriege, eher geschaffen für Frieden und (Nächsten)Liebe.

Was all das mit Arbeit zu tun hat? Viel. Wenn nicht alles. Denn im Namen des (häuslichen) Friedens dringen Frauen nicht auf gerechte Aufteilung der Haus-/Kinderarbeit. Im Namen des (betrieblichen) Friedens bestehen sie nicht auf eigener Qualifikation und Karriere. Im Namen der Liebe (für Mann oder Kind) stecken sie zurück im Beruf und in ihren Interessen. Genauer: sollen sie zurückstecken. Dass das heute nicht mehr ganz so klappt, zeigen die Realitäten. Der Frauen-Widerstand steigt. Und mit ihm steigt gleichzeitig die beschwörende Weiblichkeitspropaganda.

Bei genauem Hinsehen entpuppt sich also die »neue Weiblichkeit« als eine Propagandalüge der Männergesellschaft. Nur eine weibliche Minderheit scheint da mitzuziehen, darunter auch politische Kämpferinnen von einst, die plötzlich Mutterschaft, Weiblichkeit und Liebe wieder verklären. – Müdigkeit? Resignation? Opportunismus? Vielleicht von allem ein bisschen.

Derweil verbreitert sich die Lohnschere zwischen Männern und Frauen: Weibliche Angestellte verdienten 1980 genau 35,63 % weniger als ihre männlichen Kollegen, 1983 waren es schon 36,50 %; Arbeiterinnen verdienten im Jahr 1980 27,61 % weniger, 1983 dann 27,85 %. Dennoch nimmt die Zahl der berufstätigen Frauen zu. Und die der Eheschließungen steigt nicht, wie gern behauptet wird, sondern sie sinkt, relativ gesehen zur Zahl der heiratsfähigen Jahrgänge. Es steigt auch die Zahl der von Frauen eingereichten Scheidungen. Zwei von drei aller heute geschlossenen Ehen werden wieder geschieden – zwei Drittel bis drei Viertel davon auf Verlangen der Frauen.

Auszug aus dem Vorwort zur Neuauflage von »Frauenarbeit – Frauenbefreiung« unter dem Titel »Lohn: Liebe« (edition Suhrkamp, 1985)

DAS TV-GESPRÄCH MIT ESTHER VILAR – 1975

■ ■ ■ Das Ganze war eigentlich als Karnevalsscherz gemeint, aber ich hatte von Berlin aus gar nicht gemerkt, dass am Sendenachmittag im Rheinland Weiberfastnacht war. Das Gespräch lief auch nur im 3. Programm, es hat dennoch Fernsehgeschichte gemacht. Warum? Das hat mit der Authentizität der 45 Minuten zu tun: Ich inszenierte das Gespräch nicht, ich lebte es. Ich trat in dieser Konfrontation nicht als Journalistin an, sondern als Frau. Millionen Frauen fühlten sich dadurch angesprochen und vertreten (*Gong*: „Die Frauen stimmten für Alice – die Männer für Esther").

Wir schrieben das Jahr 1975, das „Jahr der Frau". In Deutschland aber hatte bis dahin noch keine Feministin, sondern nur eine deklarierte Anti-Feministin Furore gemacht: Esther Vilar mit ihrem *Dressierten Mann*, dessen These lautete, die Männer seien arme Schweine, weil sie von den Frauen so ausgebeutet würden. Der politische Gegenschlag war auf medialer Ebene also noch vor dem Schlag angekommen. Das Buch war voller Klischees und Beleidigungen von Frauen, die so über Schwarze oder Juden zum Beispiel sofort auf den Index gekommen wären.

Der Trick bei der Sache war, dass eine Frau die Frauen angriff – was seither längst zur Masche geworden ist (siehe auch das Vilar-Revival mit Feldbusch). Regt eine Frau sich dann über die Angriffe der anderen Frau auf, wird das als „Weiberzank" abgetan, damals wie heute.

Zuvor hatte ich es wiederholt abgelehnt, das Vilar-Buch, das mir nur ein plumpes Pamphlet schien, zu rezensieren. Dann aber erlebte ich, wie verletzt die Frauen durch das Buch waren – und welche Steilvorlage es den Stammtischen und Redaktionsstuben lieferte. Also akzeptierte ich das Streitgespräch. Und nahm es ernst. Sehr ernst.

So kam es, dass diese 45 Minuten zum ersten öffentlich ausgetragenen Geschlechterkampf in Deutschland wurden – ausgetragen nicht etwa zwischen einem Mann und einer Frau, sondern zwischen zwei Frauen. Auch für mich war dieses Streitgespräch ein Einschnitt: Es begründete meinen Medien-Ruf als „Hexe". ■ ■ ■

SEXUALITÄT & IDENTITÄT

■ ■ ■ Mit meinen Positionen zu Sex und Gender, dem biologischen Geschlecht und der sozialen Geschlechterrolle, saß ich von Anfang an zwischen zwei Stühlen: zwischen hie der Mehrheitsmeinung der Männerwelt und da der Mehrheitsmeinung der Frauenbewegung. Für meine Auffassung von Sexualität im *Kleinen Unterschied* wurde ich auch innerhalb der Frauenbewegung scharf angegriffen. Und für meine Plädoyers zur Akzeptanz von Transsexualität und Homoehe sowieso.

Denn auch in der frühen Frauenbewegung überwog die Auffassung von einer quasi „natürlichen", einer „angeborenen" Sexualität. Und manche Feministinnen drehten das Diktat einfach um. Dominierte in der Welt die Zwangsheterosexualität, so war im Frauenzentrum die Zwangshomosexualität angesagt. War in der Welt das Frausein weniger wert, so galt im Frauenzentrum das Als-Frau-geboren-Sein als besonders wertvoll. Wurde die heterosexuelle Ehe von Feministinnen als repressiv analysiert, so schien darum auch die homosexuelle Ehe ein Rückschritt.

Ich jedoch ging von Anfang an, ganz in der Tradition von Sigmund Freud und Teilen der Sexualwissenschaft, von einer „polymorphen", einer von Natur aus nicht festgelegten Sexualität des Menschen aus, die im Patriarchat zur „Zwangsheterosexualität" eingeengt wird. Ich plädierte als Kritikerin der (Frauen bis vor kurzem auch noch rechtlich entmündigenden) heterosexuellen Ehe gleichzeitig für das Menschenrecht auf die Ehe auch für homosexuelle Männer und Frauen. Und ich stellte mich früh an die Seite der Transsexuellen, weil ich der Auffassung bin, dass nicht der Körper, sondern die Psyche die sexuelle Identität des Menschen prägt.

Doch welche Position auch immer wir hatten, die wahre sexuelle Revolution haben wir Feministinnen in den 70er Jahren gemacht. Und was hat sich seither getan? Wir haben es heute mit einem Rückschritt und Fortschritt zugleich zu tun. In Sexualität und Identität spiegeln sich die Annäherung und Fremdheit der Geschlechter gleichzeitig, die Liberalisierung wie Polarisierung: auf hie „wahre Weiblichkeit" und da „echte Männlichkeit". ■ ■ ■

DER KLEINE UNTERSCHIED – 1975

Fast immer wenn ich in den letzten Jahren mit Frauen geredet habe, egal worüber und egal mit wem, ob mit Hausfrauen, Karrierefrauen oder Feministinnen, fast immer landeten diese Gespräche bei der Sexualität und bei den Männerbeziehungen dieser Frauen. Auch und gerade Frauen, die sich in anderen Bereichen scheinbar weitgehend emanzipiert hatten, bleiben in ihrem Privatleben hilflos. Am schlimmsten ist es in der Sexualität: die »Sexwelle«, Oswald Kolle und Wilhelm Reich, brachte den Frauen nicht mehr Freiheit und Befriedigung, sondern – mehr Selbstverleugnung und Frigidität.

Mir ist heute klar, dass die Sexualität der Angelpunkt der Frauenfrage ist: Spiegel und Instrument der Unterdrückung der Frauen. Hier fallen die Würfel. Hier liegen Unterwerfung, Schuldbewusstsein und Männerfixierung von Frauen verankert. Hier steht das Fundament der männlichen Macht und der weiblichen Ohnmacht. Hier entzieht sich scheinbar »Privates« jeglicher gesellschaftlichen Reflexion. Hier wird die heimliche Wahrheit mit der öffentlichen Lüge zum Schweigen gebracht.

Das aufzubrechen, Frauen zu zeigen, dass ihre angeblich persönlichen Probleme zu großem Teil unvermeidliches Resultat ihrer Unterdrückung in einer Männergesellschaft sind, ist mein Anliegen. Viele Frauen werden sich in den 17 Protokollen wieder erkennen und vermutlich entsetzt und erleichtert zugleich sein: entsetzt, weil andere das aussprechen, was sie selbst sich oft nicht eingestehen können und wollen; und erleichtert, weil sie nicht länger allein sind, weil andere Frauen ähnliche Probleme haben.

Und Männer? Viele werden es sich einfach machen, werden sagen, bei ihnen und ihrer Frau/Freundin sei alles ganz anders. Einige aber werden erschüttert sein über den Preis, den auch sie für den »kleinen Unterschied« zahlen. Am schlimmsten ist es da, wo wir dank des Unterschiedes angeblich füreinander geschaffen sind: in der Sexualität. Da spiegeln sich Männergesichter in den Augen gedemütigter Frauen als unmenschliche Fratzen.

Fast immer wenn ich in den letzten Jahren versucht habe, mit Männern über Emanzipation zu reden, landeten diese Gespräche beim kleinen Unterschied. Das sei ja alles schön und gut mit der Emanzipation, und es läge auch noch so manches im Argen (so die Fortschrittlichen), aber den kleinen Unterschied – den wollten wir doch hoffentlich nicht auch noch abschaffen? Oh nein! Nie würden wir uns erkühnen! Selbstverständlich nicht.

Aber Zeit, endlich einmal zu fragen, worin er eigentlich besteht, dieser gern zitierte kleine Unterschied. Und, ob er tatsächlich rechtfertigt, dass aus Menschen nicht schlicht Menschen, sondern Männer und Frauen gemacht werden.

Lange muss man in dieser potenzwütigen Männergesellschaft nach besagtem Unterschied nicht suchen: tatsächlich nicht sehr groß. Im schlaffen Zustand, so versichern Experten, acht bis neun Zentimeter, im erigierten sechs bis acht Zentimeter mehr. Und in diesem Zipfel liegt das Mannestum? Liegt die magische Kraft, Frauen Lust zu machen und die Welt zu beherrschen? Die Zipfelträger zumindest scheinen davon überzeugt zu sein ...

Doch Biologie ist nicht Schicksal, sondern wird erst dazu gemacht. Männlichkeit und Weiblichkeit sind nicht Natur, sondern Kultur. Sie sind die in jeder Generation neu erzwungene Identifikation mit Herrschaft und Unterwerfung. Nicht Penis und Uterus machen uns zu Männern und Frauen, sondern Macht und Ohnmacht. Die Ideologie vom Unterschied und den zwei Hälften, die sich angeblich so gut ergänzen, hat uns verstümmelt und eine Kluft zwischen uns geschaffen, die heute kaum überwindbar scheint.

Frauen und Männer fühlen unterschiedlich, denken unterschiedlich, bewegen sich unterschiedlich, arbeiten unterschiedlich, leben unterschiedlich. Nichts, weder Rasse noch Klasse, bestimmt so sehr ein Menschenleben wie das Geschlecht. Und dabei sind Frauen und Männer Opfer ihrer Rollen – aber Frauen sind noch die Opfer der Opfer.

Je genauer wir hinschauen, umso tiefer wird die Kluft zwischen den Geschlechtern. Nur wer es wagt, diese Kluft auszuloten, wird sie eines fernen Tages vielleicht auch überwinden. Nur wer Existierendes eingesteht, wird es auch verändern können. Langfristig haben dabei beide Geschlechter zu gewinnen, kurzfristig aber haben Frauen vor allem ihre Ketten und Männer ihre Privilegien zu verlieren.

Bei meinen zahlreichen Gesprächen in den letzten Jahren habe ich den Eindruck gewonnen, dass zwei Drittel aller Frauen akut oder zeitweise »frigide« sind, genauer: frigide gemacht worden sind. Die Schätzungen der Sexualwissenschaft sind trotz Tabuisierung des Themas und großer Dunkelziffer nicht weit davon entfernt. Experten vermuten, dass jede dritte oder zweite Frau akut frigide ist und fast alle Frauen massive Schwierigkeiten in der Sexualität kennen.

Mit solchen Zahlen vor Augen wird erst richtig klar, wie makaber die so genannte Sexwelle für Frauen ist. Früher konnten Frauen sich aus Prüderie oder Angst vor unerwünschter Schwangerschaft wenigstens weigern, wenn sie keine Lust hatten, heute haben sie dank Aufklärung und Pille zur Verfügung zu stehen. Frauen müssen nicht vorhandene Lust nun auch noch vorspielen. Nach ihren Bedürfnissen fragt niemand.

Prof. Bell veröffentlichte 1974 in den USA eine Untersuchung bei 2.373 Frauen und resümierte: Die Frauen sind so frigide wie vor 20 Jahren. Nur behaupten sie heute, im Unterschied zu früher, »in überwältigender Mehrheit«, das sexuelle Zusammensein »nicht mehr als Pflicht zu empfinden, sondern Spaß daran zu haben«.

Vom Hamburger Institut für Sexualforschung berichten Prof. Schorch und Gunter Schmidt, dass Männer zunehmend ihre Frauen in die Sexualberatung schicken, damit sie »richtig funktionieren«: »Immer wieder sind in den letzten Jahren Frauen in die Sprechstunde gekommen mit Erklärungen wie: Mein Mann hat mich aufgefordert etwas zu unternehmen, damit ich einen Orgasmus bekomme. Er verlangt von mir, dass ich richtig reagiere.«

Und auf Vorstadtbällen ist es schon lange üblich, dass Jungen Mädchen vor dem Tanz frage: »Hast du heute schon geschluckt?« – die Pille nämlich. Hat sie noch nicht geschluckt, wird gar nicht erst mit ihr getanzt – sie ist ja doch nicht zu gebrauchen ... Eine 15-jährige Schülerin, die noch keine sexuelle Beziehung hatte, antwortete einem Journalisten auf die Frage, warum sie die Pille nehme: »Damit ich vielleicht auch einmal einen Jungen kennen lerne, mit dem ich ein wenig länger zusammen sein kann.« »Wie lange?« »Na, vielleicht ein paar Wochen, das wäre schön.«

Was bedeutet: Frauen erkaufen sich menschliche Nähe, Hautkontakt, Zärtlichkeit und soziale Anerkennung durch Sex. Auch wünschenswerte Freiheiten wie Verhütung oder legaler Schwangerschaftsabbruch können manche Frauen noch unfreier machen, als Bumerang auf die Frauen zurückschlagen. Darum muss jede Liberalisierung gerade auch in der Sexualität Hand in Hand gehen mit mehr Bewusstsein und mehr Unabhängigkeit. Damit die Frauen die neuen Freiheiten für sich selbst nutzen können, anstatt sich wieder nur benutzen zu lassen.

Noch im 19. Jahrhundert schrieb der damals berühmte englische Arzt Acton: »Der Gedanke an sexuelle Lust bei Frauen ist eine niederträchtige Verleumdung.« Mädchen, Ehefrauen und Mütter hatten keine Sexualität zu haben. Die wenigen, die eine hatten, waren Huren und wurden von Männern, die es sich leisten konnten, dafür bezahlt. Im Zuge der Demokratisierung steht heute jedem Mann eine Hure, Mutter, Gefährtin und Dienstmagd zu, in Personalunion. Wer zweimal mit derselben pennt, gehört schon zum Establishment!, so lautete einer der 68er-Slogans.

Als »frigide« gilt heute eine Frau, die keinen »vaginalen Orgasmus« bekommt, das heißt, einen Orgasmus, der ausschließlich durch das Eindringen eines Penis in die Scheide ausgelöst wird. Das ist die wissenschaftliche Definition. Gleichzeitig aber weiß diese Wissenschaft, dass es den vaginalen Orgasmus gar nicht gibt. Der Kinsey-Report basiert auf der Befragung von 6.000 Frauen und ebenso vielen Männern in den 50er Jahren und ist die bisher umfassendste Studie der herrschenden Sexualpraktiken und konstatiert in nüchternen Zahlen und Fakten: Es gibt keinen vaginalen Orgasmus, es gibt nur einen klitoralen, das heißt einen körperlich durch die Klitoris ausgelösten Orgasmus. Die Klitoris ist das weibliche Pendant zum männlichen Penis, das erotische Zentrum des weiblichen Körpers.

In den 60er Jahren untermauerten Masters und Johnson (*Die sexuelle Revolution*) Kinseys Befragungen mit präzisen physiologischen Messungen und Laborbeobachtungen. Auch sie kamen zu dem Schluss: Es gibt keinen vaginalen Orgasmus. Er wäre eine physiologische Absurdität, denn die Vagina hat so viele Nerven wie der Dickdarm, das heißt: fast keine. Ihr Hauptteil kann ohne Betäubung operiert werden. Auch Frauen selbst wissen, dass sie zum Beispiel ein Tampon gar nicht spüren. In der Vagina spielt sich schlicht nichts ab.

Zur physischen sexuellen Stimulierung muss der klitoriale Bereich direkt oder indirekt gereizt werden – abgesehen von den psychischen Komponenten eines Orgasmus, der rein körperlich letztendlich jedoch auch in der Klitoris ausgelöst wird. Bei der Penetration, dem Eindringen eines Penis in die Scheide, findet die körperliche Stimulierung meistens nicht statt: die Klitoris liegt zu sehr vorne, um automatisch mit berührt zu werden. Masturbierende Frauen wissen das. Sie berühren sich fast immer nur außen, also an der Klitoris, und selten innen in der Scheide und kommen so zu 85 % zum Orgasmus (Sexualforscher Giese). Die Frauen spüren instinktiv, wo ihr Lustzentrum liegt.

»Gleichzeitig aber wächst makabererweise die Zahl der Frauen (und Männer), welche die Gleichung Vaginalorgasmus-Normalität bedingungslos akzeptieren. Die Folge davon ist ein stetig wachsendes Schuldgefühl, ein Bewusstsein der Furcht und des Ressentiments bei in jeder Beziehung durchaus gesunden Frauen, denen es aber nicht gelingen will, jenen so schwer greifbaren Preis zu erringen« (klagt die Sexualforscherin Mary Jane Sherfey in ihrem Buch *Die Potenz der Frau* 1973).

Die Amerikanerin geht dem »Unterschied« bis in den Mutterleib nach. Sie erinnert daran, dass, rein embryologisch gesehen, die biologische Weiblichkeit und Männlichkeit nur leichte Varianten ein und desselben Grundmusters sind. Und am Anfang ist nicht Adam, sondern Eva. Zwar liegt bei jeder Befruchtung das Geschlecht fest, doch ist zunächst jeder Embryo weiblich. Erst in der fünften Woche »maskulinisieren« Androgene die ursprünglich weiblichen Fortpflanzungsanlagen und Sexualorgane des zukünftig männlichen Embryos. Sherfey: »Embryologisch gesehen ist es durchaus richtig, im Penis eine wuchernde Klitoris, im Skrotum eine übertrieben wuchernde Schamlippe, in der weiblichen Libido die ursprüngliche zu sehen! Die moderne Embryologie müsste für alle Säugetiere den Adam-und-Eva-Mythos umkehren.«

Wie aber konnte es dann überhaupt zu diesem offenbar absurden Dogma vom vaginalen Orgasmus kommen? Wie zu der zentralen Bedeutung einer Sexualpraktik, die Frauen frigide und oft genug ungewollt schwanger macht und auch für Männer nicht zwangsläufig die körperlich befriedigendste Praktik sein muss? Was spricht für die Penetration? Nichts bei den Frauen, viel bei den Männern. Denn der die Frau zur Passivität verdammende Koitus ist für Männer die unkomplizierteste und bequemste Sexualpraktik: Sie müssen sich nicht mit der Frau auseinander setzen, müssen sie weder seelisch noch körperlich stimulieren – Reinstecken genügt. Hinzu kommt die psychologische Bedeutung für diesen Akt des Eindringens: Bumsen, wie es im Volksmund so treffend heißt, als Demonstration männlicher Potenz.

Aber das allein erklärt noch nicht diesen absoluten Zwang zu einer sexuellen Norm, die konträr zu den Bedürfnissen der Hälfte der Menschheit steht und zusätzlich die Belastung der Verhütung nach sich zieht. Man stelle sich das vor: Das ganze Grauen der ungewollten Schwangerschaften und Abtreibungen, die Nebenwirkungen der Pille, die Entzündungen durch Pessare – alles wäre mit einem Schlag überflüssig, wenn Frauen Sexualität ihren natürlichen Bedürfnissen entsprechend erleben könnten. Die Penetration in der Heterosexualität wäre dann keine Liebespraktik mehr, sondern dem Zeugungsakt vorbehalten. Die Gründe für das unrealistische Dogma vom vaginalen Orgasmus müssen gewichtig sein.

Ich meine: Nur der Mythos vom vaginalen Orgasmus (und damit von der Bedeutung der Penetration) sichert den Männern das Sexmonopol über Frauen. Und nur das Sexmonopol sichert den Männern auch das private Monopol über Frauen, das wiederum das Fundament des öffentlichen Monopols der Männergesellschaft über alle Frauen ist.

In unserer Kultur, in der Menschen einsam sind, wenn sie keine Liebesbeziehungen haben, in der sie sich Gefühl und Zärtlichkeit mit Sex erkaufen müssen, sind Frauen wie Männer auf sexuelle Beziehungen angewiesen. Wenn diese Sexualität nur unter den Vorzeichen des »Unterschiedes« möglich ist, ist Heterosexualität absolut vorrangig und sind Frauen und Männer aufeinander angewiesen. Das Monopol ist also scheinbar unumkehrbar. Aber nur scheinbar.

Denn ein Mann ohne Frau ist in unserer Gesellschaft allemal ein Mann, eine Frau ohne Mann aber keine Frau. Männer finden ihre Existenzberechtigung nicht nur in der privaten Beziehung, sie haben noch andere Bereiche der Bestätigung. Ein Mann, der im Privatleben scheitert, es aber im Beruf schafft, ist anerkannt. Eine Frau kann im Beruf noch so tüchtig sein, sie wird immer an ihrem Privatleben gemessen werden. So ist einer Simone de Beauvoir ein Leben lang die verweigerte Mutterschaft vorgeworfen worden. Wer käme darauf, Sartre nach der verpassten Vaterschaft zu fragen?

Eine Frau hat keine Existenzberechtigung als autonomes Wesen, sondern nur in Bezug auf den Mann. Ihre Definition ist die eines Geschlechtswesens. Das Sexmonopol von Männern über Frauen sichert ihnen also gleichzeitig das emotionale Monopol: Frauen verlieben sich selbstverständlich nur in Männer; das soziale Monopol: Frauen sind zur sozialen Anerkennung auf Männer angewiesen; und das ökonomische Monopol: Frauen akzeptieren aus »Liebe zum Mann« die Gratisarbeit im Haus und Zuverdiener-Jobs im Beruf. Darum kann nur die Erschütterung des männlichen Sexmonopols auch von Grund auf die Geschlechterrolle ins Wanken bringen.

Kategorien wie Heterosexualität und Homosexualität sind kultureller Natur und nicht biologisch zu rechtfertigen. Die herrschende Heterosexualität ist eine kulturell erzwungene, eine Zwangsheterosexualiät. Wie unhaltbar sie von Natur aus ist, legte schon Kinsey in seinem Report über *Das sexuelle Verhalten der Frau* dar: »Man kann nicht häufig genug betonen, dass das Verhalten eines jeden Lebewesens von der Art des Reizes, der es trifft, von seinen anatomischen und physiologischen Fähigkeiten und von seinen früheren Erfahrungen abhängig ist. Die Klassifizierung des sexuellen Verhaltens als onanistisch, heterosexuell und homosexuell ist daher sehr unglücklich, wenn dies den Gedanken nahe legt, dass drei verschiedene Reaktionstypen beteiligt seien oder dass nur verschiedene Typen von

Menschen je eine dieser sexuellen Betätigungen suchen oder bejahen. Es ist uns in der Anatomie oder Physiologie der sexuellen Reaktion und des Orgasmus nicht bekannt geworden, wodurch sich onanistische, heterosexuelle und homosexuelle Reaktionen unterscheiden. Die Ausdrücke sind nur deshalb von Wert, weil sie die Quelle der sexuellen Reize angeben, sollten aber nicht zur Charakterisierung der Personen verwendet werden, die auf die jeweiligen Reize reagieren. Unser Denken wäre klarer, wenn die Ausdrücke vollständig aus unserem Wortschatz verschwänden, denn dann könnte das zwischenmenschliche Sexualverhalten als Betätigung zwischen Mann und Frau oder zwischen zwei Frauen oder zwischen zwei Männern beschrieben werden, was eine objektive Darstellung der Tatbestände wäre.«

In einer Kultur, in der Zeugung nicht länger primärer Impuls für menschliche Sexualität ist, müsste also bei freien Entfaltungsmöglichkeiten die Homosexualität ebenso selbstverständlich sein wie Heterosexualität und Eigensexualität. Dass sie das nicht ist, hat politische Gründe. Nur eine zum Dogma erhobene Heterosexualität kann das männliche Sexmonopol sichern – ihr Vorwand ist der »kleine Unterschied«: Er stellt die Weichen für die Abhängigkeit der Frauen von Männern.

Wenn Frauenliebe für Männer kein selbstverständliches Privileg mehr wäre, würden sie sich anstrengen müssen. Um mithalten zu können, müssten sie sich umstellen. »Ihn einfach reinstecken« wäre dann kein lebensfüllendes Programm mehr. Darum und aus keinem anderen Grund klammern sie sich so an ihren kleinen Unterschied. »Eine wirklich befreiende Ethik auf diesem Gebiet muss das Dogma der Vorrangigkeit der Heterosexualität verwerfen. Eine nicht repressive Gesellschaft, eine Gesellschaft, in der Frauen subjektiv und objektiv Männern gleich sind, wird zwangsläufig eine androgyne, eine zweigeschlechtliche Gesellschaft sein«, schreibt Susan Sontag 1972 in ihren *Reflexionen über die Befreiung der Frau*. Und Shulamith Firestone fordert 1974 in *Frauenbefreiung und sexuelle Revolution*: »Die feministische Revolution darf nicht einfach auf die Beseitigung männlicher Privilegien, sondern muss auf die Beseitigung des Geschlechtsunterschiedes selbst zielen: Genitale Unterschiede zwischen den Geschlechtern hätten dann keine gesellschaftliche Bedeutung mehr.«

Geschlecht wäre nicht mehr Schicksal. Menschen wären in erster Linie Menschen und nur in zweiter biologisch weiblich oder männlich. Frauen und Männern würde kein Rollenverhalten mehr aufgezwungen, der Männlichkeitswahn wäre so überflüssig wie der Weiblichkeitskomplex. Die geschlechtsspezifische Arbeitsteilung und Ausbeutung wäre aufgehoben. Nur die biologische Mutterschaft bliebe Frauensache, die soziale Mutterschaft aber ginge Männer ebenso an wie Frauen. Das Leben von weiblichen und männlichen Menschen verliefe nicht länger nach Rollenzwängen, sondern nach individuell unterschiedlichen Fähigkeiten und Bedürfnissen – unabhängig vom Geschlecht.

Doch bei diesen Veränderungen kann und darf es nicht um neue Normen gehen. Nicht alle Frauen sollen bisexuell oder lesbisch werden. Aber alle Frauen sollen die Möglichkeit haben, bisher Selbstverständliches in Frage zu stellen. Und Frauen sollten ihre Wahrheit sagen, endlich von ihren Ängsten, Abhängigkeiten, Widersprüchen und Hoffnungen reden können.

Auszug aus dem Vorwort zu »Der kleine Unterschied – und seine großen Folgen« (S. Fischer Verlag, 1975)

25 JAHRE DANACH – **2002**

Im Jahr 2001 erhielt ich Post aus Süd-Korea. Die Redaktion der Frauenzeitschrift *if* war entschlossen, den *Kleinen Unterschied* auf Koreanisch herauszugeben. Die Übersetzerin Kim Zaehi stand kurz vor dem Abschluss und hatte das Manuskript schon in der Redaktion herumgereicht. Die Reaktionen hatten sie überrascht. Sie schrieb mir: »Meine Kolleginnen können kaum glauben, dass die Geschichten in dem Buch ›übersetzt‹ sind. Alle sagen: ›Ich kenne Hildegard‹ – ›Ich bin Alexandra‹ – ›Ich bin Dorothea, nur mit zwei Kindern‹ usw. Und sie wundern sich sehr, dass die Situation der deutschen Frauen der ihren so ähnlich ist. Sie dachten immer, denen ginge es gut und die hätten keine Probleme.«

Etwa zwanzig Jahre zuvor hatte ich in Griechenland eine ganz ähnliche Erfahrung gemacht. Dort war *Der kleine Unterschied*, ganz wie in Spanien, Anfang der 80er Jahre eines der ersten feministischen Bücher gewesen, die nach dem Ende der rechten Diktaturen übersetzt worden waren. Nach meinem Vortrag in Athen sprach mich eine Soziologin an und erzählte: »Auf Zypern treffen sich einmal in der Woche die Fischersfrauen und diskutieren über dein Buch. Ihr Code bei diesen Gesprächen lautet: Ich bin Fall 2 – oder Fall 5 – oder Fall 9 ...«

Als ich 1974 das Buch konzipierte, da habe ich alle 17 Fälle in der Tat so ausgewählt, dass eine Mehrheit der Frauen sich darin wieder erkennen könnte: in Bezug auf Alter, Bewusstsein, soziale Lage, sexuelle Identität usw. Der Kalkül ging auf. *Der kleine Unterschied* löste Mitte der 70er Jahre in Deutschland eine Art kollektiven Aufschrei aus: der Zustimmung oder der Ablehnung, dazwischen gab es wenig. Die meisten Frauen (wenn auch nicht alle) waren dafür, die meisten Männer (wenn auch nicht alle) waren dagegen. Folge: die Hexenjagd auf die Überbringerin von der schlechten

Nachricht von der Misere der Geschlechter, auf »Schwanz-ab-Schwarzer«.

Die internationale Rezeption des *Kleinen Unterschiedes* und Übersetzung in 13 Sprachen bestätigt meine politische Überzeugung, dass die scheinbar so individuellen »weiblichen Schicksale« strukturell bedingt und universell sind. Sicher, es gibt Unterschiede zwischen Frauen, die gibt es schon innerhalb der 17 exemplarischen Fälle. Und es kann nicht darum gehen, diese Unterschiede zu glätten oder gar zu negieren; schon gar nicht von der privilegierten Position aus, in der wir Frauen im Herzen Europas uns heute befinden. Aber: Es gibt auch Gemeinsamkeiten – und die sind größer als die Unterschiede. Egal, wie arm oder reich, wie weiß oder schwarz, wie gebildet oder ungebildet eine Frau ist: Da, wo es um Liebe und Gewalt, um Männer und Kinder geht, um Beruf und Macht, da sind alle Frauen in einer ähnlichen Lage. Die Indizien dafür sind überwältigend. So vermeldeten zum Beispiel vor einigen Jahren amerikanische ForscherInnen, dass die Träume weißer Amerikanerinnen und die australischer Aborigines-Frauen sich ähnlicher sind als die weißer amerikanischer Frauen und Männer.

Die Zuweisung der Geschlechterrollen ist universell, und auch ihre Folgen sind es. Darum muss auch der Feminismus universell sein. Vor dreißig Jahren trat in der westlichen Welt die Neue Frauenbewegung erneut in die Arena. Seither gibt es einen Fortschritt und einen Rückschritt zugleich, auch im Bereich von Liebe und Sexualität. Denn die Grundprobleme bestehen weiterhin für Frauen: der Zwang zur Wahl zwischen Freiheit und Liebe, zwischen Selbstbehauptung und Mitgefühl, zwischen Beruf und Familie. Und es verstärkt sich, dank Werbung und Medien, weltweit der Druck auf Frauen, »sexy« zu sein. Begehrenswert oder nicht? Das ist noch immer die Gretchenfrage. Doch ob eine Frau als begehrenswert gilt, das bestimmt weiterhin die Männerwelt. Und nichts macht Frauen in den Augen der Machos garstiger als Emanzipation.

Gleichzeitig klaffen die öffentliche Darstellung und das persönliche Leben von Frauen und Männern immer stärker auseinander: Gelebt wird zunehmend Gleichheit, dargestellt wird zunehmend Unterschiedlichkeit. Real ist heute jeder dritte Mann bereit, an der Seite seiner Freundin/Frau ein echter Partner zu sein. Gleichzeitig wird der kleine Unterschied wieder groß geredet. Die Mauern, die von der Frauenbewegung in den siebziger Jahren niedergerissen wurden – Das Private ist politisch! –, werden von Medien und Politik Stein für Stein wieder hochgezogen. Und hinter ihnen verbirgt sich erneute Isolation und Vereinzelung. Liebe ist wieder Privatsache. Als erstrebenswert gilt nicht mehr objektive Gerechtigkeit, sondern subjektives Glück.

Wir erleben eine öffentliche Sexualisierung aller Lebensbereiche durch Werbung, Medien und Kultur; aber privat eine zunehmende sexuelle Zurückhaltung und die Flucht von Männern in den anonymen Sex. Gummipuppen sind geduldiger als lebendige Frauen. »Dabei ist das Symptom ›Lustlosigkeit‹ vermutlich nur die klinifizierte Spitze eines erotischen Eisberges«, schreibt der Hamburger Sexualtherapeut Gunter Schmidt. Ironie der Geschichte: Klagten Frauen früher über zu viel Sex, klagen sie heute über zu wenig.

Schlittern wir also auf eine sexuelle Eiszeit zu? Ganz so schlimm wird es nicht werden, aber es ist spürbar kühler geworden. An den Frauen liegt das nicht, die haben eher mehr Lust als früher. Sie spielen nur bei Unlust keine Lust mehr vor. Und sie sind auch nicht länger bereit, jeden Preis für Zärtlichkeit zu zahlen.

Es waren wir Frauen, die die gute alte Oben-unten-Weltordnung aufkündigten, öffentlich wie privat. Männer müssen lernen, den Frauen in die Augen zu sehen. Und das fällt so manchem nicht immer leicht. Und die Angst vor der körperlichen Potenz der Frauen erhöht die Verunsicherung des Mannes, der sich so lange im alleinigen Besitz des Phallus wähnen konnte. Die amerikanische Sexualwissenschaftlerin Mary Jane Sherfey hatte schon 1973 in *Die Potenz der Frau* akribisch bewiesen, dass der männliche und der weibliche Körper bis hin in die Sexualorgane gleich gebaut sind und dem männlichen Penis die Klitoris entspricht, die sich bei Erregung durch Blutstau nicht minder versteift.

Es sollte über ein Vierteljahrhundert vergehen, bis *Der Spiegel* im Februar 2002 in einer Titelgeschichte über »Die Chemie der Lust« Ähnliches zu vermelden wusste: 1999 hat die australische Chirurgin Helene O'Connell zehn weibliche Leichen seziert und die inneren Ausmaße der weiblichen Sexualorgane dokumentiert. Ergebnis:

»Der Schwellkörperanteil ist sogar größer als beim Mann« (O'Connell). Die zwei Fortsätze der Klitoris reichen bis zu neun Zentimeter tief in den weiblichen Körper, verbunden durch zwei weitere zwiebelförmige Schwellkörper, die sich an die Vorderwand der Vagina schmiegen.

Sind also Frauen das potentere Geschlecht? Körperlich ja, seelisch jedoch scheinen sie komplizierter als Männer. Das sexuelle Zentrum liegt bei beiden Geschlechtern ja nicht in der Klitoris/dem Penis, sondern im Kopf. Und wie eng das Begehren der Frauen mit dem Leben der Frauen zusammenhängt, das beweisen nicht nur neuere wissenschaftliche Untersuchungen, das haben wir Feministinnen schon in den 70ern bewiesen.

Bei den Männern ist es nicht anders. Auch ihnen kann die Lust vergehen. Starken Frauen ist der sexuelle Entzug von Männern zum Beispiel als »Strafe« für zu viel Emanzipation schon seit längerem ein bekanntes Phänomen. Eigentlich ist eine solche sexuelle Verweigerung ein traditionell weibliches Mittel im Clinch der Geschlechter. Es ist darum vielleicht keineswegs nur negativ, dass jetzt auch Männer danach greifen. Vor einer Neuorientierung steht eben Irritation und Besinnung.

In der Sexualforschung ist inzwischen von einem neuen »Sexualkodex«, einer »Konsensmoral« die Rede. »Der sexuelle Umgang wird friedlicher, kommunikativer, berechenbarer, rationaler und verhandelbarer«, sagt Gunter Schmidt, eben »herrschaftsfreier«. Dabei scheint sich der heute 63-jährige Sexualforscher noch nicht so recht entscheiden zu können, ob er das gut finden soll oder nicht. Nur eines ist auch für ihn klar: Es war die »feministische Debatte«, die das alles ins Rollen gebracht hat.

In der Tat. Und die Reaktion ließ nicht lange auf sich warten. Es ist selbstverständlich alles andere als ein Zufall, dass ab Mitte der 70er Pornografie verstärkt propagiert und salonfähig wurde. Pornografie propagiert die Verknüpfung von Lust an Erniedrigung und Gewalt mit Lust auf Sex und zerstört so nicht nur ihre Opfer, die Kinder und Frauen, sie tötet auch die Erotik.

In einer Zeit, in der die Geschlechterhierarchie ins Wanken gerät, scheint es nötig, dass wenigstens in der Sexualität der Mann noch ein

»Herr« und die Frau noch eine »Sklavin« ist – oder auch die vom Mann bestellte und bezahlte »Herrin« auf Zeit, solange es *ihm* gefällt. Angeblich ist sexueller Sadomasochismus bei jungen Leuten heute »total in«. Aber stimmt das wirklich? Umfragen und Forschungen geben ein ganz anderes Bild. So gaben bei einer Umfrage von *Psychologie heute* im Sommer 2000 nur ein Prozent aller Männer und Frauen an, sadomasochistische Praktiken in der Sexualität zu haben. Und in dem Kinsey-Nachfolge-Report von 1996 sagt gar nur eine von 1000 jungen Amerikanerinnen, sie fände es »reizvoll«, zum Sex gezwungen zu werden. Auch der angebliche Trend zum Sadomasochismus scheint also eher Propaganda als Realität. Zumindest bei Frauen.

Bei einem Teil der Männer allerdings zeichnet sich durchaus ein sadistischer Trend ab. Seit Jahren klagen Prostituierte zunehmend darüber, dass vor allem die jungen Freier immer brutaler werden. War SM früher ein Special, so werden heute von quasi jeder Prostituierten Sadomaso-Praktiken erwartet – und die Freier wollen dabei immer die Sadisten sein.

Die Entwicklung des Verhältnisses der Geschlechter ist heute also Fortschritt und Rückschritt zugleich, auch in der Sexualität. Ein Teil der sexuellen Beziehungen wird gleicher, ein anderer Teil noch ungleicher.

Auszug aus dem Vorwort zur Neuauflage des »Kleinen Unterschieds« (Fischer Taschenbuch Verlag, 2002)

Welt verkehrt? Plädieren nun auch Feministinnen für die Ehe? Ausgerechnet die, die sich bisher eher durch eine harsche Kritik an dieser Ehe hervortaten? Nein, aber … lautet die Antwort. Denn es ist eine Sache, aus eigener Entscheidung gegen die Institution Ehe zu sein – aber es ist eine andere Sache, Menschen zu *verbieten* zu heiraten.

Gegen die Ehe, die aus zwei eigenständigen Menschen zwei Hälften und aus Frauen ein Anhängsel, »die Frau von«, macht, habe ich als Feministin viele stichhaltige Argumente. Dennoch käme es mir nie in den Sinn, eine Frau, die geheiratet hat oder heiraten will, dafür zu verlachen oder gar zu verachten, geschweige denn, ihr das Heiraten verbieten zu wollen. Zu berechtigt sind die Gefühle, Zwänge und Hoffnungen, die Frauen wie Männer zum Standesamt drängen können.

Doch als jüngst die Nachricht von der kirchlichen Trauung zweier Frauen bekannt wurde, hatten auch unter meinen fortschrittlichen Freundinnen etliche nur ein Schulterzucken nebst Kommentaren à la: »So was Spießiges« oder »Auch das noch«. Frauen, die selbst manchmal ledig, sehr oft aber auch geschieden, nicht selten sogar verheiratet sind. Sie scheinen von homosexuellen Frauen (und Männern) zu erwarten, dass ausgerechnet die gefeiter sind, gegen den Traum von der Ehe.

Ich gehöre dir. Du gehörst mir. Wir gehören zusammen. Für alle Welt und alle Ewigkeit. – Schön, oder? Leider zu schön, um wahr zu sein. Aber das ist wieder ein ganz anderes Kapitel. Ausgerechnet Homosexuelle, die sich jeden Kuss, jede Liebe heimlich stehlen müssen; ausgerechnet Homosexuelle, die ihre ganze Phantasie und ihr ganzes Begehren mobilisieren müssen gegen das alltägliche Trommelfeuer des Bollwerks Zwangsheterosexualität – ausgerechnet

Homosexuelle sollen nicht träumen dürfen von der höchsten Weihe für ihre Liebe, vom heiligen Stand der Ehe?

Die in ihrer heutigen Form historisch sehr junge Ehe ist eine emotionale und soziale Demonstration sowie ein ökonomisches und juristisches Kalkül: in der patriarchalen Ehe zum Vorteil des Mannes und zum Nachteil der Frau. Denn Legionen von Männern, die als Freund oder Lebensgefährte noch selbst spülten und stopften, hören am Tag nach dem Standesamt schlagartig damit auf und pochen auf ihre ehelichen Rechte.

Gleichzeitig und genau darum ist die heterosexuelle Ehe dem Männerstaat heilig. Er schützt und hätschelt sie, denn sie nutzt ihm. Für Eheleute gibt es Vergünstigungen bei den Steuern, bei der Krankenversicherung, bei der Rente, im Erbrecht. Es gibt die Möglichkeit der Zeugnisverweigerung im Strafverfahren, sowie das Recht, nach dem Tod des/der anderen das Mietverhältnis fortzusetzen; bei der Vergabe von Studienplätzen werden Ehepartner/innen berücksichtigt; selbst beim Asyl- und Ausländerrecht kann es von Vorteil sein, verheiratet zu sein. Das ist alles nicht zu verachten.

Aber mehr noch: Die Eheschließung ist ganz einfach ein elementares Menschenrecht. Ein Menschenrecht, das im Dritten Reich nur »unwertem Leben« versagt wurde. Doch das Verbot der Homosexuellen-Ehe kann sich in der Bundesrepublik nicht auf das Grundgesetz berufen. Denn das Grundgesetz stellt zwar mit Artikel 6 die Ehe unter den »besonderen Schutze der rechtsstaatlichen Ordnung«, redet in dem Zusammenhang aber nicht von Mann und Frau, sondern von »Eltern«; deren »zuvörderst ihnen obliegende Pflicht« sei die »Pflege und Erziehung der Kinder«. Gleichzeitig gebietet Artikel 3 des Grundgesetzes: »Alle Menschen sind vor dem Gesetz gleich.«

Längst ist es Usus, dass Ehen nicht nur mit dem Motiv Kinder geschlossen werden, sondern auch, um so die Bindung zwischen zwei Menschen zu manifestieren. Aus Liebe. Auch der Gesetzgeber schließt Ehen, ohne nach dem Kinderwunsch zu fragen, und versagt folgerichtig auch zeugungs- oder gebärunfähigen Menschen den staatlichen Segen nicht. Doch selbst wenn das so wäre: auch zwei Frauen bzw. zwei Männer können Eltern sein, können Kinder aufziehen.

»Ich stehe mit der Rechtsauffassung, dass bereits die jetzige Rechtslage die homosexuelle Ehe zulässt, wohl ziemlich allein«, schreibt die von *EMMA* nach ihrer Einschätzung befragte Münchener Anwältin Maria Sabine Augstein. »Doch wenn nicht mehr nur die Fortpflanzung, sondern die personale Bindung und Selbstverwirklichung zwischen zwei Menschen ebenso Zweck der Ehe ist, wie dies für Mann und Frau längst anerkannt ist, dann gibt es keinen Grund, gleichgeschlechtliche Paare vom Wesen der Ehe auszunehmen. Dann ist es sogar verfassungsrechtlich geboten, das Ehegesetz im Sinne der Zulässigkeit der homosexuellen Ehe zu interpretieren. Der Artikel 6 des Grundgesetzes enthält ein Recht auf Eheschließung mit der/dem gewünschten Partner/in.«

Ich sehe das genauso, auch wenn ich sicher bin, dass diese Gesellschaft homosexuellen Frauen und Männern nie das uneingeschränkte Eherecht zugestehen wird. Was jedoch ehewillige Homosexuelle nicht hindern sollte, dafür zu kämpfen! Denn die Sehnsucht nach der Ehe scheint mir in einer homosexuellen Liebe individuell zwar durchaus konform, strukturell aber gleichzeitig glatt revolutionär. In einer zwangsheterosexualisierten Welt wie der unseren ist und bleibt es einfach eine Unerhörtheit, die homosexuelle Liebe so ernst zu nehmen wie die heterosexuelle.

Veröffentlicht im Juni 1984 in *EMMA* (7/1984)

EIN PLÄDOYER GEGEN DAS OUTING – 1990

Vor einigen Monaten schrieb *EMMA* über eine deutsche Künstlerin, die als engagierte Nazigegnerin und Jüdin 1939 ins Ausland emigriert und seither nicht zurückgekehrt war. Ich kenne sie seit langem, doch als ich sie jüngst wieder sah, war sie kühl, ja regelrecht ablehnend mit mir. Ich fragte, insistierte – und dann brach es heraus: Wie ich es wagen könne, sie in *EMMA* als »Jüdin« zu bezeichnen! Ja, aber ... Unerhört sei das! Ihre Familie habe schließlich seit Generationen in Berlin gelebt. Ja, aber ... Was ich eigentlich damit sagen wolle? Ob demnächst wieder der gelbe Stern in Deutschland eingeführt würde? Nein, aber ...

Es fiel mir schwer, ihr klarzumachen – besser, sie zumindest ahnen zu lassen –, dass mir nichts ferner lag, als ihre Denunzierung. Ich hatte lediglich etwas über ihre bitteren Erfahrungen mit dem Antisemitismus und ihre guten Gründe mitteilen wollen, im Ausland zu bleiben. Zu spät. Auch ich hatte ihr damit das stigmatisierende Etikett angeheftet – so wie zuvor nur ihre Feinde.

Ob ein Mensch eine Frau ist oder ein Mann, ob jüdisch oder christlich, homosexuell oder heterosexuell – all das prägt und bestimmt sein Leben in einer Rassen-/Klassen-/Männer-Gesellschaft. Es verdient also Beachtung. Bei historischen Personen ist darum die Herausarbeitung dieser Faktoren eine Selbstverständlichkeit. Nur, wie ist das bei den Lebenden? Darf auch da alles gesagt werden? Selbst ohne Einverständnis der Betroffenen? Und wenn ja, wer entscheidet das und nach welchen Kriterien?

Outing – unter diesem Schlagwort wird neuerdings das erzwungene »Rauskommen« bisher versteckt lebender Homosexueller diskutiert. Erzwungen nicht etwa von hämischen Heterosexuellen, sondern von einigen diskriminierten Homosexuellen selbst. Angefangen hat es, wie so vieles, in Amerika. Da titelte die Homosexuellen-Zeitschrift *Outweek* mit dem »heimlichen schwulen Leben« des jüngst verstorbenen Verleger-Moguls Malcolm Forbes. Hier war die von den Medien breitgetretene Sedlmayr-Affäre der Auslöser. Namen wurden in Deutschland bisher noch keine genannt, aber schon detaillierte Berufsbezeichnungen, die den Spekulationen freien Lauf geben.

In den USA sind längst auch Namen dran, und die Massenmedien ziehen prompt lüstern nach. Wenn die Schwulen selber es tun, dann wird's ja wohl erlaubt sein. Schon 1987 riefen amerikanische Schwulengruppen auf einem »Nationalen Kriegskongress« zur »Mobilmachung« auf. Mit welchen Argumenten? Vielleicht trug die Verzweiflung der anonym an Aids Krepierenden zur Radikalisierung bei, die Wut auf die Überlebenden, die ihre Homosexualität kaschieren und damit auch noch Erfolg haben. Auch die sollen endlich bekennen!

Explizit die Rede ist vom Fehlen der »Vorbilder« für homosexuelle Jugendliche und vom ermutigenden Beispiel einer Martina Navratilova. Auch der Tennisstar wurde denunziert, doch ging in die Offensive und tritt heute offen, stolz und unbehelligt mit Lebensgefährtin auf. Navratilova hat die Kraft, es durchzustehen.

Aber können Menschen zur Einsicht und zum Bekennen gezwungen werden? Und wenn überhaupt – wer bitte hätte dann das Recht, es zu tun? Und wie edel wären die jeweiligen Motive dafür wirklich? Spielt im Fall des Outings gerade von Prominenten nicht auch Neid eine Rolle? Und vielleicht sogar Selbsthass, der die so lange Gedemütigten ausgerechnet gegen die eigenen Leute vorgehen lässt? Selbstgerechtigkeit ist auf jeden Fall im Spiel. Und wie unerbittlich gerade diejenigen, die für eine gerechte Sache zu handeln glauben, sein können – das wissen wir Deutschen aus unserer jüngeren und jüngsten Geschichte nur zu gut.

Darf also im Namen der »guten Sache« ein Homosexueller zum Bekennen gezwungen werden? Und was soll eigentlich dabei herauskommen? Homosexuelle, die andere ermutigen? Lesben und Schwule, auf die Jugendliche stolz sein können? – Sicher nicht, denn die so Genötigten werden eher Menschen sein, die sich kläglich winden, die Ausreden suchen, um Verzeihung bitten, jammern. Es stimmt nicht; es war doch nur ein Fehltritt, nur eine Jugendsünde …

Outing bringt also nichts, worauf wir stolz sein könnten. Im Gegenteil: Die von erzwungenen Geständnissen in die Enge getriebenen Menschen haben meist (noch?) gar nicht die Kraft, etwas so Herausforderndes erhobenen Hauptes zu vertreten. Sie würden um *Toleranz* flehen und so zum Bumerang werden gegen das *Recht* auf Homosexualität.

Homosexualität sollte ein Menschenrecht sein. Aber es ist nur 50 Jahre nach dem rosa Winkel in den KZs noch keines. Homosexuelle, Frauen und Männer, werden in dieser heterosexuellen Welt noch immer diffamiert. Dennoch wagen es allein in Deutschland heute Millionen »so« zu sein. Und sie tun es auf sehr vielfältige, ihnen jeweils gemäße Weise. Nur einige zehntausend leben offen. Die Mehrheit ist versteckt, mit Grund.

In der tiefsten Nacht befinden sich allemal diejenigen, die ihre homosexuellen Sehnsüchte noch nicht einmal sich selbst eingestehen. Die Folgen sind nicht selten homophobe Heteros mit Hass auf alle, die es dennoch wagen. Ziemlich im Dustern hocken auch die, die ein Doppelleben führen: Offiziell sind sie nicht selten sogar verheiratet und haben Kinder, heimlich aber schleichen sie sich in den Sub oder in die Parks. Ein kleiner Lichtstrahl fällt in das Leben derjenigen, die es leben, aber außerhalb ihrer Intimsphäre noch nicht einmal aussprechen: Die meisten Menschen in ihrer Umgebung ahnen es, aber niemand sagt ein Wort.

Erst dann folgen die, die es nur ausgewählten Vertrauten gestehen: der besten Freundin, den Nachbarn in Kreuzberg – aber Muttern in Schwaben weiß von nichts. Ins volle Licht stellt sich bisher nur eine Minderheit, die geradeheraus antwortet, wenn sie gefragt wird. Sie hat den Mut und die Kraft dazu, und das ist gut so!

Diese offensiv Bekennenden haben in den letzten 20 Jahren viel bewegt. Ohne die Frauen- und Schwulenbewegung wäre so manche/r Ex-Heterosexuelle noch immer nicht darauf gekommen und hätte noch mehr homosexuelle Alpträume. Denn wir leben, trotz Liberalisierung, noch immer in einer Welt, in der Homosexualität kein Recht ist. Die ÖTV sah sich jüngst veranlasst, für eine gesetzliche Verankerung des Verbots der beruflichen Diskriminierung Homosexueller zu plädieren. Die meisten Ächtungen aber sind mit dem Gesetz gar nicht zu fassen. Das sind die schief guckenden Nachbarn, die enterbenden Eltern, die schweigend auf Abstand gehenden Freunde und die pöbelnden Typen.

Und der Papst ging schon vor Jahren in die Gegenoffensive: In den Augen der Vatikan-Fundis sind längst nicht mehr nur homosexuelle Taten Sünde, sondern neuerdings sogar schon homosexuelle Gedanken des Teufels. Die Angst der Homosexuellen vor der Entdeckung hat also sehr reale Motive. Und dann ist da auch noch die Scham, diese im tiefsten Inneren empfundene »Schande«. Ich rede von der verinnerlichten Entwertung, die sowohl in der totalen Selbstverleugnung als auch durch ein laut tönendes Coming-out überdeckt werden kann.

Nur ein Mensch hat darum das Recht, eine versteckt lebende Lesbe, einen versteckt lebenden Schwulen *raus*zuzwingen – die/der Betroffene selbst. Alle anderen können zur Veränderung der Verhältnisse beitragen und damit Bedingungen schaffen, die immer mehr Homosexuellen die Ängste vor ihrer Wahrheit nehmen.

Spätestens seit der Reform des § 175 im Jahre 1969 gehörte es zu den Spielregeln der Medien, Homosexuelle nicht mehr öffentlich zu denunzieren. Jetzt aber hat auch hierzulande die Presse die neue Hemmungslosigkeit rasch aufgegriffen. Es blieb allerdings den alternativen Medien, à la *taz* und *Pflasterstrand*, vorbehalten, schon vor Jahren schnoddrig die ersten Namen zu nennen – selbstverständlich über die Betroffenen hinweg.

Soll ausgerechnet im Namen der von Homosexuellen erkämpften Freiheit nun das Feuer auf Homosexuelle eröffnet werden? Und wer hat dann die Finger am Abzug – im Namen der gerechten Sache?

Veröffentlicht im Oktober 1990 in *EMMA* (11/1990)

EIN BRIEF FÜR MEINE TRANSSEXUELLE SCHWESTER – 1984

Liebe Irene, als wir gestern Abend in unserem Stammlokal saßen, gerieten wir uns plötzlich in die Haare. Zu unser beider Überraschung. Denn eigentlich sind wir uns in politischen Fragen fast immer einig. Unser Gespräch wurde rasch heftig, und wir trennten uns abrupt. Darum heute mein Brief. Es geht mir immer noch um Transsexuelle.

Anlass unserer Differenz: Ich erzählte dir, dass *EMMA* die Kontaktanzeige einer Transsexuellen bringt, »Carmen (ehemals männlich) sucht Freundin«. Du fandest das »reichlich daneben«. »So was hat doch in *EMMA* nichts zu suchen. Das sind doch gar keine richtigen Frauen!« Ich war nicht deiner Meinung und versuchte dir zu erklären, warum. Das will ich jetzt noch einmal tun. Weil ich weiß, dass du mit deiner Meinung in der Frauenbewegung nicht allein stehst.

Der Kern meines feministischen Bewusstseins ist und bleibt die Erkenntnis, dass »Weiblichkeit« und »Männlichkeit« nicht Natur, sondern Kultur sind; nicht Produkt irgendwelcher Gene und Hormone, sondern Resultat einer zutiefst unterschiedlichen Prägung und Lebensrealität der Geschlechter. Dennoch schafft das Rollendiktat es nie, Menschen, die ja eigentlich individuell die jeweils ganze Palette von »männlich« und »weiblich« zur Verfügung haben könnten, ganz festzunageln auf das eine oder das andere. Frauen haben immer, trotz alledem auch »männliche« Anteile, Männer »weibliche«. Wir Feministinnen haben eben dieses Diktat als Einengung und Verstümmelung erkannt. Unser Ziel ist die Menschwerdung von Frauen und Männern. Endlich männlich *und* weiblich zugleich sein können und dürfen! Dafür kämpfe ich.

Nun gibt es Lebensläufe, in die ein sehr früher, sehr tiefer Zweifel in Bezug auf die Geschlechtsidentität gepflanzt wurde. Irgendeine

Weiche ist da »falsch« gestellt worden. Resultat: ein biologisch »männlicher« Mensch mit einer »weiblichen« Seele – oder ein biologisch »weiblicher« Mensch mit einer »männlichen« Seele. Menschen also, in deren Körper eine »falsche« Seele steckt, Menschen, die zwischen den Geschlechtern sind: eben Transsexuelle.

Diese Transsexuellen, von denen heute in der Bundesrepublik etwa 3.000 leben, haben nichts mit Transvestiten gemein. Transvestiten – eine Bezeichnung, die man gemeinhin auf Männer anwendet, die Frauenkleider tragen – lieben den Reiz der Kleider des *anderen* Geschlechts auf ihrem Körper, mit ihrem Körper selbst sind sie durchaus in Frieden. Transsexuelle aber wollen sich nicht verkleiden. Transsexuelle wollen nur eines: endlich ihren Körper in Einklang bringen mit ihrer Seele.

In unserer Kultur gibt es eine Schublade »Frau« und eine Schublade »Mann«, dazwischen nichts. Darunter leiden nicht nur die Transsexuellen, darunter leiden die meisten Frauen (und einige Männer). Für Transsexuelle aber eskaliert der Konflikt bis ins Pathologische: Sie wenden sich selbstzerstörerisch gegen den eigenen Körper. Ihr Konflikt beweist: Die Seele ist stärker als der Körper – sie ist es, die die Geschlechtsidentität bestimmt. Der Körper ist nur Vorwand für diese Zuweisung.

Lebensläufe von Transsexuellen sind Schicksale voller Heimlichkeit, Demütigung, Verzweiflung. Erst seit 1981 ist es in der Bundesrepublik für eine/n Transsexuelle/n rechtlich möglich, die Identität zu ändern: aus Karl wird nun auch im Ausweis Carmen, aus Michaela Michael. Dass den meisten Transsexuellen der neue Ausweis nicht genügt, sondern dass sie auch einen »neuen« Körper wollen, ja das ihnen dieser Voraussetzung zum Weiterlebenkönnen scheint – das ist schlimm. Denn in einer vom Terror der Geschlechtsrollenzuweisung befreiten Gesellschaft wäre Transsexualismus nicht denkbar.

Transsexualismus scheint mir der dramatischste Konflikt überhaupt, in den ein Mensch auf dem Weg zum »Mannsein« oder »Frausein« in einer sexistischen Welt geraten kann. In diesem Konflikt haben die Transsexuellen subjektiv keine Wahlmöglichkeit mehr: Ihr Hass auf den »falschen« Körper ist weder durch Argumente noch durch Therapien zu lösen. Einziger Ausweg scheint ihnen die körperliche Angleichung von Seele und Körper. Der Preis: die Verstümmelung des eigenen Körpers. Und damit gleichzeitig meist die Zerschlagung aller sozialen Zusammenhänge.

Seit Ende der 70er Jahre nun sind Transsexuelle auch in Frauenzentren aufgetaucht, genauer: Frauen, die einst einen Männer-Körper hatten. Oft sind sie engagierte Feministinnen. Was nicht überrascht. Wer schließlich hätte schmerzlicher am eigenen Leibe erfahren, was es heißt, »keine richtige Frau« zu sein?

Der Feminismus scheint auch bei vielen Transsexuellen etwas verändert zu haben. Die »Frauen«, die einst einen Männerkörper hatten, spielen heute weniger das Super-Weibchen, um ihre Weiblichkeit zu demonstrieren, und wagen öfter, auch in Hosen Frau zu sein. Und die Männer, die einst einen Frauenkörper hatten, nehmen zu. Sei es, dass sie sich früher noch weniger getraut haben, ihren Konflikt zu Ende auszuagieren; sei es, dass sich zunehmend Frauen auf diese Art aus ihrer Rolle hinauskatapultieren wollen: der Ausstieg ursprünglich weiblicher »Transen« scheint mir auf jeden Fall auch Ausdruck sich ändernden Bewusstseins.

Doch in den Frauenzentren, vor allem in den Lesbengruppen, reagierten viele abwehrend auf die Transsexuellen. Nein, »solche« hätten in der Frauenbewegung nichts zu suchen, das wären ja gar keine richtigen Frauen, die hätten schließlich Jahrzehnte männlicher Sozialisation hinter sich (Letzteres ist richtig). So lautete der Tenor heftiger, interner Debatten Anfang der 80er Jahre. Inzwischen haben sich die Ex-Transsexuellen und Neu-Frauen zum Teil selbst organisiert. Sie geben sogar eine eigene Zeitung raus.

Ich selbst war nie einverstanden mit der abweisenden Reaktion mancher Feministinnen. Mehr noch: Ich war und bin darüber empört. So wie über dich gestern Abend, Irene. Die hätten nichts »bei uns« zu suchen, sagst du, und wendest dich ab.

Doch wer sind wir? Siehst du denn nicht, dass Carmen nicht nur eine Schwester ist, sondern sogar eine, die zu uns herabgestiegen ist? Denn ein Mann, der Frau wird, hat einiges zu verlieren in einer Männergesellschaft, das weißt du doch nur zu genau. Und eine biologisch männliche Transsexuelle ist ab dann objektiv Frau, wenn sie Körper und/oder Pass geändert hat. Sie kann ihr Frausein von nun an ebenso wenig aufkündigen wie du und ich. Und wenn du sie zurückstößt, machst du genau dasselbe wie der Rest der Gesellschaft: Du denkst in den unerbittlichen und selbstgerechten Kategorien »Mann« und »Frau«.

Und darum gehören Carmen, Michaela oder Maria zu uns. Und ich würde mir wünschen, dass auch du in Zukunft weiter konsequent mit mir kämpfst gegen Verhältnisse, die aus Körpern Gefängnisse machen, in denen nur maßgeschlagene Seelen Platz haben.

Veröffentlicht im Dezember 1983 in *EMMA* (1/1984)

SEELE STICHT KÖRPER – 1994

100 bis 150 Transsexuelle lassen sich allein in Deutschland jährlich operieren. Ebenso viele aber behalten ihren Körper und wechseln nur die soziale Identität. Dabei steigen die Fälle von Frauen, die Männer werden. Vor 20 Jahren lautete die Schätzung noch: eine Frau-zu-Mann auf vier bis fünf Mann-zu-Frau. Heute lautet die Schätzung: eine auf ein bis zwei.

In Deutschland leben zur Zeit etwa 3000 bis 6000 Transsexuelle, vermutet Prof. Pfäfflin, der in den letzten 14 Jahren selbst über 600 therapiert hat. Aber was wird da eigentlich therapiert und operiert? Was ist ein Mann? Und was eine Frau?

Den meisten Menschen ist eine, zumindest phasenweise, Geschlechtsirritation nicht fremd – kein Wunder in einer Gesellschaft, in der Menschen nicht einfach Menschen sein dürfen, sondern Frau oder Mann sein müssen. Die Sehnsucht von Frauen, ein Mann zu sein, wird auch von Experten keineswegs zwangsläufig als krankhaft angesehen. Es gilt im Patriarchat als verständlich, aus der weiblichen Enge zu männlichen Freiheiten zu streben. Was einer der Gründe dafür sein wird, warum die (aufsteigenden) Frau-zu-Mann-Transsexuellen den Schritt im Schnitt etliche Jahre früher tun als die (absteigenden) Mann-zu-Frau-Transsexuellen.

Dennoch waren bis vor kurzem vor allem Männer, die Frauen werden, als Transsexuelle im öffentlichen Bewusstsein. Es ist neu, dass auch von Mann gewordenen Frauen die Rede ist. Und ganz neu ist, dass Feministinnen, die Männer wurden, sich auch danach noch zu Wort melden. Denn bisher hatten die Frau-zu-Mann-Transsexuellen es schwerer, auch bei den Experten: »Die wollen den Frauen einfach keinen Penis geben«, konstatiert Marjorie Garber trocken in ihrem Buch über den Cross dressing, den Kleidertausch.

Doch warum genügt nicht das Cross dressing, warum muss ein Body cross sein? Und gäbe es überhaupt Transsexuelle, wenn die Geschlechterrollen nicht so enge Käfige wären und die moderne Medizin den Körperwechsel überhaupt erst möglich und damit denkbar gemacht hätte? Aus vergangenen Jahrhunderten sind uns viele Fälle überliefert von Männern, die als Frauen gelebt haben; ebenso von Frauen, die als Männer gelebt haben. Die Gründe sind vielfältig.

Frauen sind in Männerkleider geschlüpft, um den Gefahren des Frauseins zu entgehen; um Männerberufe auszuüben oder auf Abenteuerreisen zu gehen; oder einfach, um Frauen lieben oder sogar heiraten zu können. Wie Bill Tipton vom Tipton-Trio, dessen wahres Geschlecht zur Fassungslosigkeit von Ehefrau und seiner drei (Adoptiv)Söhne erst bei seinem Tod 1988 entdeckt wurde. Und der, wie viele andere, den genitalen Kontakt mit seinen Frauen unter dem Vorwand einer Krankheit lebenslang gemieden hatte.

Frauen schlüpfen manchmal aber auch in Männerkleider, weil sie sich einfach als Mann fühlen. Ist das schon der Beginn von Transsexualität? Prof. Goren, der in Holland einen Lehrstuhl für Transsexualität hat, ortet die ersten Anzeichen schon viel früher. Er sagte zum *Spiegel*: »Wenn ein Mädchen seine Puppen verschenkt, mit Autos und technischen Baukästen spielt und Jungenbücher liest, sollten die Eltern beim Psychologen vorsprechen.«

Ein solches Zitat macht schlagartig die Gefahren der Rehabilitierung des Transsexualismus klar. Die richtige Seele im richtigen Körper. Und wenn was nicht passt, dann wird nicht der Seele Raum gegeben, sondern der Körper wird zurechtgestutzt. Ruckediguh, ruckediguh, Blut ist im Schuh …

Das »transsexuelle Imperium« nennt Janice Raymond die Psychologen und Ärzte, die den Schritt von einem Geschlecht ins andere begleiten und möglich machen. Ein Imperium, das dafür sorgt, dass Frauen Frauen bleiben und Männer Männer, notfalls mit Hilfe des Messers. »Wenn ein Mädchen seine Puppe verschenkt …« Da müssten aber viele Mädchen unters Messer. Den meisten wird der Griff zum Jungenspielzeug vermutlich schon vorher austherapiert. Und den puppenspielenden Jungen nicht minder …

Vor einigen Jahrzehnten stand die Geschlechtsidentitätsforschung noch an der Spitze des Fortschritts, denn sie war bereit, die Abweichung der seelischen Geschlechtsidentität (gender) von der biologischen Identität (sex) zu tolerieren. Heute läuft dieselbe Wissenschaft Gefahr, sich vor den Karren des Rückschritts spannen zu lassen: indem sie ihre Kenntnisse zur Geschlechterdressur statt zur Geschlechterbefreiung einsetzt.

Dabei sollte es endlich erlaubt bleiben, zu leben, wie's gefällt, denn die Palette der Abweichungen ist breit. Manchen genügt die Freiheit zur »Unweiblichkeit« oder »Unmännlichkeit«, andere genießen die Ausflüge ins andere Geschlecht. Wobei die männlichen Transvestiten (von denen die meisten übrigens heterosexuell sind) ihren Schlupf in die Frauenkleider erotisch besetzen; die weiblichen Transvestiten ihren Ausflug in den Männerhabit jedoch eher sozial genießen. Wen wundert's.

Veröffentlicht im Februar 1994 in *EMMA* (2/1994)

PORNOGRAFIE & FRAUENHASS

■ ■ ■ Dieser Text wird wenige Wochen nach Erfurt geschrieben. Ein frustrierter 19-Jähriger, der seit Jahren in dem virtuellen Gewaltuniversum von Fernsehen, Videos und Internet lebte, erschoss 16 Menschen. Im Fernsehen sagt der jetzige Kuturminister: „Selbstverständlich gibt es einen Zusammenhang zwischen dem Konsum von Gewaltvideos und solchen Taten." Selbstverständlich.

Seit der weitgehenden Legalisierung von Pornografie durch die Sexualstrafrechtsreform 1975 werden wir von einer stetig steigenden Flut von Gewaltpornos und einer durchgehenden Pornografisierung der Medien überrollt. Dabei sind Gewalt propagierende Pornografie und sexualisierte Gewalt schier unlösbar miteinander verknüpft. Auf den frühen Protest von Feministinnen dagegen wurde stereotyp erwidert, die Pornografie sei nicht nur ein unverzichtbarer Teil von „Meinungsfreiheit" bzw. „Kunst", sie sei auch eine Art Ventil zur „Triebabfuhr". Es gäbe also nicht nur keinen Zusammenhang zwischen Pornokonsum und sexueller Gewalt, es gäbe, dank Pornos, sogar weniger sexuelle Gewalt.

1978 ging *EMMA* mit der *stern*-Klage, deren Anfänge nachfolgend geschildert werden, erstmals in die Offensive. Seit den 80ern veröffentlichte *EMMA* zahllose Berichte über einschlägige Erfahrungen und wissenschaftliche Untersuchungen, die die destruktiven Folgen von Gewaltpornografie vor allem in den noch so formbaren Köpfen der jungen Männer nachwiesen. 1987 forderte *EMMA* mit ihrer PorNo-Kampagne ein neues Anti-Porno-Gesetz, doch das dadurch ausgelöste Hearing in Bonn blieb folgenlos. Die Wellen schlugen erneut hoch, als ich 1993 meine exemplarische Analyse der Fotos von Helmut Newton veröffentlichte.

Ist die (Gewalt)Pornografie dank solcher Kampagnen weniger geworden? Nein. Sie ist – dank neuer Medien, Milliardengewinnen der Pornoindustrie und Indifferenz (wenn nicht Komplizität) der Macher in Medien und Politik – mehr geworden. Aber eines haben wir erreicht: In keinem vergleichbaren Land wird heute so relativ differenziert und kritisch über Pornografie diskutiert wie in Deutschland. ■ ■ ■

DIE STERN-KLAGE – 1978

Der Bonner Korrespondent der *Washington Post* ließ am 9. Juni 1978 bei *EMMA* anfragen, was wir von dem neuen *stern*-Titel halten würden; er nähme doch an, dass sich die deutschen Frauen – ganz wie die Amerikanerinnen – gegen diese Art von krassem Sexismus wehren würden.

Seine Nachfrage kam im rechten Augenblick. Wir hatten gerade beschlossen, nun aber endlich etwas zu unternehmen. Denn dieser Titel, auf dem uns – wie auf so zahlreichen *stern*-Covern in den vergangenen Monaten – mal wieder ein praller Frauenhintern entgegengestreckt wurde, übertraf das Maß des Gewohnten: Leicht verbrämt als Kunst und in poppigen Farben realistisch gezeichnet ist da ein Akt zu sehen, bei der Mann angezogen im Sessel sitzt und die Frau sich ihm in entblößender Reizwäsche entgegenstreckt.

Vorausgegangen waren dem unter anderem: im Juni 77 eine Frau mit halb entblößtem Hinterteil, anzüglich platziert auf einem Fahrradsessel; im März 78 wieder das Damenhinterteil, diesmal nackt am Strand und sandbedeckt an den entscheidenden Stellen; im April 78 eine Schwarze, nackt, in der Hand ein phallisches Mikrofon und um die Fesseln – schwere Ketten. Im letzteren Fall war die Darstellung nicht nur sexistisch, sondern auch rassistisch: das assoziiert die kaufbare Sklavin.

Der *stern* ist nicht der Einzige, der Frauen auf eine solche Weise beleidigt, entwürdigt und vermarktet. Die Kioske brechen zusammen unter Publikationen mit Titeln und Inhalten dieser Art. Beim *stern* aber ist es wie beim *Spiegel* – der auf eine Anzeige von *EMMA* hin im vergangenen Jahr für seinen Kinderporno-Titel Rüge vom Presserat erhielt – besonders ernst zu nehmen. Warum? Weil diese Magazine mit der Haut der Frauen ihren Anspruch zum Erhalt politischer und persönlicher Freiheit und Würde für jeden Menschen verpacken. Dieselben Blätter aber ziehen Woche für Woche die Würde alle Frauen in den Schmutz.

Wir, die Frauen von *EMMA*, sind nicht länger gewillt, das hinzunehmen! Wir hoffen, dass eine breite Öffentlichkeit von Frauen – und von Männern – uns unterstützen wird bei diesem Kampf gegen die Entwürdigung eines ganzen Geschlechts. Und wir sind überzeugt, dass sofort etwas unternommen werden muss, denn der rapide Anstieg frauendiskriminierender Darstellungen lässt für die Zukunft noch Übleres befürchten.

Wir haben darum einen Appell an den Presserat gerichtet, in dessen Statut 9 es heißt: »Veröffentlichungen in Wort und Bild, die das sittliche oder religiöse Empfinden einer Personengruppe nach Form und Inhalt wesentlich verletzen können, sind mit der Verantwortung der Presse nicht zu vereinbaren.« Wir haben den Presserat aufgefordert, dem *stern* wegen Verletzung des sittlichen Empfindens aller Frauen eine Rüge zu erteilen. Und wir bitten Kolleginnen, Kollegen, Leserinnen und Leser sich diesem Appell anzuschließen.

Sodann haben wir Klage gegen den *stern* erhoben wegen Verstoßes gegen den § 823 des Bürgerlichen Gesetzbuches, der lautet: »Wer vorsätzlich oder fahrlässig das Leben, den Körper, die Gesundheit, die Freiheit, das Eigentum oder ein sonstiges Recht eines anderen widerrechtlich verletzt, ist dem anderen zum Ersatze des daraus entstandenen Schadens verpflichtet.« – Wir meinen, dass diese Art von Darstellung gegen ein elementares Menschenrecht, verankert im Artikel 1 unseres Grundgesetzes, verstößt: nämlich gegen die Menschenwürde aller Frauen.

Wir sind nicht sicher, wie dieser Prozess ausgehen wird. Wir finden jedoch, dass es Zeit ist, sich endlich gegen solche Erniedrigungen von Frauen zu wehren – und bitten sympathisierende Männer, uns dabei unterstützen. Und wir bitten alle Frauen, die uns bei diesem Prozess unterstützen oder sogar selbst als Mitklägerinnen auftreten wollen, sich sofort mit *EMMA* in Verbindung zu setzen.

Veröffentlicht im Juni 1978 in *EMMA* (7/1978)

PORNOGRAFIE PROPAGIERT GEWALT – 1987

82 Prozent aller Männer zwischen 18 und 65 kennen Pornos. Zwei Drittel aller SchülerInnen einer Frankenthaler Hauptschule sehen wöchentlich elf und mehr Porno- und Gewaltvideos. Jede dritte ausgeliehene Videokassette ist harte Pornografie.

Gesehen hat die natürlich keiner. So wie ja auch niemand die Porno-Hefte liest. Und der *Playboy* nur wegen der guten Interviews gekauft wird. – Wo also sind sie, all diese Jungs, die bis zur Halskrause voll gefüllt sind mit erniedrigenden und gewalttätigen Bildern von uns Frauen?

Sie sind auf der Straße. Am Arbeitsplatz. Im Parlament. An der Uni. In den Medien. In der Schule. Nebenan. Zu Hause. Sie sehen die Pornos. Und sie sehen uns. Und sie sehen wieder die Pornos. Und sie sehen wieder uns. Genau das ist einer der Gründe, warum so viele Frauen die Bedrohung durch die Pornografie nicht wahrhaben wollen.

Das soll ich sein? Dieses Stück Fleisch? Diese winselnde Hündin? – Zu der Sorte Mensch soll ich gehören? Eine, die wimmert: Nimm mich, wie du willst! Mach mit mir, was du willst! Verfüge über mich. Benutze mich. Zerstöre mich. So eine soll ich wirklich sein? – Nein. Das bin ich nicht! Lieber verschließe ich die Augen.

Und dann? Dann kriechen zu den Bildern von draußen die Bilder von drinnen. Und die sind oft nicht weniger beklemmend. Denn auch die Erotik der Frauen selbst ist ja nicht frei von alldem, sie ist auch Produkt der herrschenden Verhältnisse – und damit keineswegs immer auf der Höhe feministischer Erkenntnisse. Das gilt für alle Frauen, für Nicht-Feministinnen wie für Feministinnen. Mit dem Widerspruch müssen (manche) Frauen leben: Sie kämpfen gegen eine Verachtung und Erniedrigung, die so manches Mal sogar unter ihre eigene Haut gekrochen ist und zur Selbstverachtung und Selbsterniedrigung umschlägt. Auch und gerade erotisch. Da heißt das dann »Masochismus« und ist neuerdings wieder in.

Aber halt: Diese Phantasien von Frauen sind keine Realität. Die sexualisierten Männerphantasien von Männern hingegen, die meinen es ernst. Wie ernst, das zeigt uns die rasende Desensibilisierung und Brutalisierung in der Erotik. Immer mehr Männer erwarten auch von ihren eigenen Freundinnen/Frauen erniedrigende Re-Inszenierungen pornografischer Szenen. Zunehmend werden Vergewaltigung und Sexualmorde nach Porno-Vorlagen »nachgespielt«.

Die Scham und die eigenen Widersprüche, zwei gute Gründe, Pornografie nicht wahrhaben zu wollen. Und es gibt noch einen dritten sehr guten Grund: die Angst. Denn Frauen, die den Kampf gegen die Pornografie aufnehmen, machen sich unbeliebt. Sehr sogar.

Das wurde ja oft genug an mir und an *EMMA* exemplarisch demonstriert. Der von *EMMA* angezettelte so genannte *stern*-Prozess gegen die sexistischen (will sagen: pornografischen) Titelbilder brachte uns viel Zustimmung – aber auch viel Dreck und viel Ärger – aber auch viel Zustimmung. Noch Jahre danach zerrte uns der *stern* von Prozess zu Prozess, was uns ökonomisch fast kirre machte. Und der Auslieferungsboykott durch einen Teil des Handels der letzten *EMMA*-Ausgabe mit der Titelgeschichte PorNo (wegen »Pornografie«!) ist auch alles andere als ein Zufall: Er ist eine prompte Antwort der Porno-Branche. Hier wird nicht diskutiert, hier wird ökonomisch Tacheles agiert.

Denn an der Pornografie verdienen sie (fast) alle. Direkt wie indirekt. Pornografie ist ja so viel mehr als das, was wir juristisch in unserem Gesetzesvorschlag zu erfassen suchen. Die konkret benennbare Pornografie ist in Wahrheit nur ein Teil des Problems: Was da lebensbedrohlich auf uns zukommt, das ist die Pornografisierung der ganzen Sexualität, ja der gesamten Geschlechter-Beziehungen.

Es geht bei der Pornografie nicht um Lust. Es geht um Macht. Eros liegt platt gewalzt unter den Rädern der Sexmaschine. Sexualität ist Produkt vieler bewusster und unbewusster Einflüsse, Phantasien, Gebote und Zwänge unseres Lebens. Der erste scheue Kuss; der erste heimliche Sex; die Gewalt in der Sexualität – all das haben nicht nur die Männer drauf, das haben auch wir Frauen drin.

Wo Staaten sich streiten, sind die Grenzen dicht. Wo Klassen sich bekämpfen, sind sie durch Wohnviertel getrennt. Wo aber Geschlechter aufeinander prallen, ist oft kein Millimeter Raum mehr zwischen den Leibern. Männer und Frauen teilen Tisch und Bett. Das ist nicht neu. Die Konflikte, die daraus resultieren, müssen dennoch täglich neu durchgestanden werden. Auch und gerade von den Frauen und Männern, die es anders, die es besser machen wollen.

Sex und Gewalt sind heute in den Phantasien und Bedürfnissen von uns allen nur schwer lösbar miteinander verbunden. Pornografie macht die Frauen und die Sexualität kaputt. Pornografie, dieses »kalte Herz der Frauenfeindlichkeit« macht »Sexismus sexy« (McKinnon). Mehr noch: Sie macht den Geschlechterkampf zum Geschlechterkrieg. Pornografie ist Kriegspropaganda gegen Frauen.

Sie sind in diesem ihrem Krieg schon ganz schön weit gekommen: Am Anfang haben sie uns »nur« ausgezogen; dann haben sie uns »nur« vergewaltigt; dann haben sie uns »nur« gefoltert; jetzt zerstückeln sie uns. Immer mehr wird die Porno-Produktion zur Gewalt-Porno-Produktion. Jeder Bürger ein Marquis de Sade. Das ist Demokratie im Patriarchat.

Wir leben in einem Land, in dem, 40 Jahre nach der Nazizeit, die Propagierung eines plumpen Antisemitismus auf Protest stößt: Wer Bilder von hakennasigen, raffgierigen, kinderschändenden Juden veröffentlichen würde, bekäme Ärger. Wir leben in einem Land, in dem, weit ab vom Schuss, die Propagierung eines plumpen Rassismus auf Protest stößt: Wer Bilder von trolläugigen, blöden, allzeit dienstbaren Schwarzen veröffentlichen würde, bekäme Ärger. Doch wir leben auch in einem Land, in dem die Propagierung eines plumpen Sexismus eine Selbstverständlichkeit ist, Teil der »Meinungsfreiheit«. »Echt in« in modernen Kreisen: allzeit bereite, dümmliche, unterwürfige, verfügbare, benutzbare, missbrauchte Frauen.

Es gibt nicht viele Männer, die das empört. Doch auch unter den Frauen sind noch längst nicht alle gegen Pornografie. Das ist schon befremdlicher. Denn wenn wir den Kampf gegen die Pornografie nicht gewinnen, verlieren wir den Kampf um unsere Emanzipation. So einfach ist das. Übrigens: Der allererste Satz des Grundgesetzes lautet: »Die Würde des Menschen ist unantastbar.« Die Würde der Frau ist antastbar. – Wie lange noch?

Warum wir ein Anti-Porno-Gesetz brauchen? Pornografie, das Wort kommt aus dem Griechischen und bedeutet: Darstellung von Huren. Pornografie schafft ein Frauenbild, das Frauen zu Menschen zweiter Klasse degradiert. Pornografie bedroht die elementaren Menschenrechte von Frauen: das Recht auf Würde oder Freiheit, auf körperliche Unversehrtheit oder Leben.

Bilder, die Menschen sich von Menschen machen, haben Auswirkungen auf deren gesellschaftliche, soziale und psychische Realität – das ist bei einem sexistischen Bild nicht anders als bei einem rassistischen oder einem antisemitischen. Pornografie ist mehr als eine Phantasie oder Idee, sie ist subjektive Realität im Kopf. Pornografie wird damit Teil sexueller Gewalt – eben jener Gewalt, die Frauen aufgrund ihres Geschlechts die Menschenwürde abspricht und ihre Gleichberechtigung behindert.

Das geltende Strafrecht (§ 184 StGB) definiert Pornografie anders. Danach sind Darstellungen dann pornografisch, wenn sie »auf Erregung eines sexuellen Reizes beim Betrachter abzielen und dabei die im Einklang mit allgemeinen gesellschaftlichen Wertvorstellungen gezogenen Grenzen des sexuellen Anstands eindeutig überschreiten«. Der § 184 StGB dient also dem Schutz eines allgemeinen »Anstands«gefühls, nicht dem Schutz der Würde von Frauen.

Der von *EMMA* vorgeschlagene Gesetzesentwurf will die Opfer schützen. Er stellt den § 184 StGB nicht in Frage, sondern präzisiert und ergänzt ihn. Allerdings durch ein zivilrechtliches Gesetz, das die Ahndung eines Verstoßes nicht in die Hand des Staatsanwaltes, sondern in die der betroffenen Bürgerinnen selbst legt.

So ein Gesetz würde auch eine Gesetzeslücke schließen. Die zeigte sich nicht zuletzt beim so genannten *stern*-Prozess im Sommer 1978, bei dem auf Initiative von *EMMA* hin zehn Frauen den *stern* wegen seiner sexistischen, Frauen erniedrigenden Titelbilder verklagten. Als Richter Engelschall als Vorsitzender einer Zivilkammer des Hamburger Landgerichts am 26.7.1978 das Urteil sprach, gab er den Klägerinnen zwar moralisch Recht (»Die Kammer verkennt nicht, dass es ein berechtigtes Anliegen sein kann«), aber juristisch Unrecht. »Diese Klage«, so argumentierte der Richter, »hat in dem geltenden Rechtsschutzsystem noch keinen Platz. Mit einem solchen Anliegen müssten sich die Klägerinnen vielmehr an den Gesetzgeber wenden.« – Das tun wir hiermit.

»Jede der Klägerinnen ist durch die vorgelegten Titelbilder als Mitglied der Gruppe Frauen persönlich betroffen und in ihrer Ehre verletzt.« So argumentierte schon 1978 Rechtsanwältin Gisela Wild, die damals die Klägerinnen im *stern*-Prozess vertrat. Mit Hinweis auf die sexistischen bzw. pornografischen Titelbilder des *stern* fuhr sie fort: »Die Darstellung der Frau ist auf diesen Bildern völlig entpersönlicht und reduziert auf geschlechtliche Benutzbarkeit. Zugleich wird damit weibliche Unterlegenheit und männliche Dominanz ausgedrückt. (...) Die Frau wird so dargestellt, als sei sie männlicher Lust jederzeit verfügbar und unterstehe damit seiner Beherrschung.«

Seither ist die Pornografie auch in den Medien nicht weniger, sondern mehr und härter geworden. Doch immer noch fehlt ein Gesetz, das die Opfer davor schützen könnte. Jetzt ergreifen Frauen selbst die Initiative und präsentieren diesen Entwurf, der Pornografie realitätsgerecht definiert, nämlich als frauenfeindlich und alle Frauen betreffend (Popularklage). Er entzieht den Tatbestand der Pornografie damit der beliebigen Interpretation durch den Strafrichter. Denn wir wollen dem Staat kein weiteres Instrument zur Aufrechterhaltung von »Anstand« (welcher und wessen Anstand auch immer) in die Hand geben.

Das Recht auf Schadenersatz scheint uns in diesem Fall angemessen, schließlich verdient die enorm expandierende Porno-Industrie Milliarden (allein in der Bundesrepublik hatte sie bereits 1979 einen Jahresumsatz von 1,1 Milliarden DM). Warum sollte sie da an die geschädigten Frauen nicht zahlen?

Selbstverständlich hat uns auch die Frage nach eventuellen Gefahren für die Meinungsfreiheit, Pressefreiheit und Kunstfreiheit bewegt. Doch auch die hat ihre Grenzen. Nicht zufällig wird die Pressefreiheit bereits im Artikel 5 des Grundgesetzes beschränkt, wo es in Absatz 2 heißt, sie finde »ihre Schranken in den Vorschriften der allgemeinen Gesetze, den gesetzlichen Bestimmungen zum Schutze der Jugend und in dem Recht der persönlichen Ehre«.

Und sie hat auch ihre Pflichten, diese Pressefreiheit. So die Pflicht, im Dienste der Aufklärung und nicht in dem der Anti-Aufklärung, der Volksverhetzung zu stehen. Antisemitische und rassistische Darstellungen verbietet in der Bundesrepublik das Gesetz. Bei sexistischen Darstellungen sollte es nicht anders sein.

Als der Gesetzgeber im Zuge der großen Sexualstrafrechtsreform 1975 auch den § 184 StGB liberalisierte, verband er damit wohl unter anderem die Hoffnung auf mehr Freiheit für jede/n, aber auch auf mehr Selbstverantwortung. Typisch ist dafür die Position des damals beim Hearing zur Gesetzesreform gehörten Psychoanalytikers Alexander Mitscherlich, der für die Reform plädierte, dabei allerdings auf den Schutz einer »aufklärenden Selbsthilfe der Bürger gegen die aggressive Schundliteratur« hoffte. Das Gegenteil trat ein. Weder regulierte eine »Selbsthilfe der Bürger« den Markt. Noch wurde die Pornografie zum Abfuhrventil für sexuelle Aggressionen.

Die neuere internationale Wirkungsforschung, vor allem aus den USA, beweist eindeutig direkte Zusammenhänge zwischen dem Konsum von Pornografie und der Zunahme sexueller Aggressionen von Männern. Die skandinavischen Länder, die bereits Ende der 60er / Anfang der 70er Jahre ihre Anti-Pornografie-Gesetzgebung liberalisierten, zogen längst Konsequenzen aus der alarmierenden Entwicklung. 1980 schränkte Schweden seine völlige Freigabe der Pornografie wieder ein; inzwischen haben alle skandinavischen Länder nachgezogen.

In den USA gingen Frauen ab 1978 gegen Pornografie auf die Straßen und forderten die Regierung auf, endlich zu handeln. Heraus kam der 1986 erschienene *Meese-Report*. Dieser 1.960 Seiten umfassende Report des Justizministeriums versucht, »das Wesen und Ausmaß der Pornografie in den USA« sowie »deren Einfluss auf die Gesellschaft« zu erfassen. Dazu hörte monatelang eine elfköpfige Kommission in zahlreichen Städten 208 ZeugInnen, die in der Porno-Industrie gearbeitet haben oder auf andere Weise durch Pornografie verletzt oder geschädigt wurden. Ihre Ergebnisse sind alarmierend.

Auch die steigende Pornografie in der Bundesrepublik und die Expansion durch die neuen Medien (zum Porno-Video kommt inzwischen auch das Porno-Heimcomputer-Spiel) machen ein rasches Handeln nötig.

Veröffentlicht im November 1987 in *EMMA* (12/1987)

NEWTON: KUNST ODER PORNOGRAFIE? – 1993

Ihr sollt euch kein Bild von mir machen. – Der alttestamentarische Gott erließ nicht zufällig dieses Gebot. Er wusste, dass, wer sich ein Bild vom anderen macht, sein Bild dem/der anderen überstülpt. In der Geschichte der Menschheit haben Bilder zweifellos das Bild vom Menschen stärker geprägt als Worte. Und wir leben in einer Zeit, in der die Macht des Bildes zunimmt.

Gerade Frauen können ein Lied davon singen. Gerade sie sind tausendfach fixiert in Werbung, Medien, Film und Kunst: als Hure oder Heilige, als Körper ohne Kopf, als Objekt, das benutzt oder zerstört werden kann – ganz nach Lust und Laune des Betrachters. Es gehört zum Backlash, dass das »starke Geschlecht« die Definitionsmacht über das »schwache Geschlecht« nutzt, bis zum Anschlag. Diese Bildermacht ist so allgegenwärtig, dass viele sie noch nicht einmal mehr als solche wahrnehmen.

Eine Reaktion darauf ist die andauernde Empörung über das Frauenbild der Werbung. Ach, wenn es nur das wäre ... Längst hat die Bilder-Propaganda vom Untermenschentum der Frauen ihren Triumphzug durch Medien und Kunst angetreten. Im Namen der so genannten »Meinungsfreiheit« oder »Freiheit der Kunst« ist alles möglich – mit Frauen sogar das, was, würde es Ausländer oder Juden treffen, längst Gegenstand öffentlicher Empörung und staatlicher Verbote wäre.

Der Tat geht der Gedanke voraus. Bevor man es tut mit dem/der anderen, führt man ihn oder sie in der Phantasie vor: als solche, mit denen man es machen kann und denen es nur recht geschieht. Das war in der jüngeren deutschen Vergangenheit nicht anders. Die viehischen Transporte jüdischer Menschen an die Stätten ihrer seriellen Vernichtung waren ja nicht nur Resultat eines seit Jahrhunderten verwurzelten Antisemitismus. Sie wurden auch gezielt vorbereitet von einer mit allen Mitteln der Kunst betriebenen Wort- und Bild-Propaganda gegen »den jüdischen Untermenschen«: So sieht einer/eine aus, den/die ihr anspucken, vertreiben, töten dürft …

Der 1920 in Berlin geborene Großbürgersohn Helmut Newton hatte einen jüdischen Vater. Seine von ihm verehrte Fotolehrerin Yva wurde in Auschwitz ermordet. Er selbst flüchtete rechtzeitig nach Australien. Doch das Herrenmenschentum nahm er mit, in ihm lebt es weiter. Seine Phantasiewelt ist bevölkert von Tätern in Uniform oder Nadelstreifen und Opfern, deren besondere Anziehung meist darauf basiert, dass sie stark sind und erst noch gebrochen werden müssen: hoch gewachsene blonde Gretchen, glänzende schwarze Sklavinnen und lüsterne Herrinnen, die ihren Herrn suchen.

Das Phänomen Newton wäre nicht denkbar ohne die Frauenbewegung. Er liefert einer verunsicherten, irritierten Männerwelt den neu geschärften Blick auf die erstarkenden Frauen. Solchen, denen die Herren es schon zeigen werden, und die heimlich davon träumen, es gezeigt zu kriegen. Bis Mitte der 70er war Newton ein Fotograf wie viele. Dann wurde er plötzlich berühmt. Der Zeitpunkt – wenige Jahre nach dem Aufbruch der Frauen – ist kein Zufall.

Helmut Newton ist als Mann und Jude potentieller Täter und potentielles Opfer zugleich. Er hat sich entschieden. Er hat sich auf die Täterseite geschlagen. Zumindest in seinen Phantasien. Würden seine sado-masochistischen Phantasmen ihn nur in dunklen Träumen beschäftigen, so wäre das traurig und ein Fall für den Analytiker. Aber Newton veröffentlicht und verkauft seine Phantasmen. Und er macht Schule damit. Er prägt den Blick von Millionen. Aus dem Modefotografen ist ein politischer Fotograf geworden: Newton liefert Propagandamaterial für den Geschlechterkrieg. Jahr für Jahr höher dosiert.

»Ich bin Feminist«, sagt Newton – wohl wissend, dass die Vereinnahmung des Feminismus und die Verkehrung der Werte ein zentrales Element der modernen Pornografie ist. Eine schwache Frau unterwerfen – wie uninteressant. Eine starke Frau brechen – echt scharf. (Seit Röhls *konkret* Anfang der 70er gehört die Mischung aus Objektfrau und Feminismus auch in Deutschland zur Hausmannskost des Pornografen.)

Und das sind ihre Ingredienzen: »Newtons Ideen sind aufwendige Ideen: sie erfordern edelstes Rohmaterial«, prahlt das Vorwort zu *White Women.* Und für den Modeschöpfer Karl Lagerfeld sind die Newton-Models schlicht »Nordfleisch« (zu diesem Titel inspirierte ihn die Neonreklame eines Hamburger Kühlhauses). Er rühmt in seinem Vorwort zu *Big Nudes* Newtons »Liebe für blasses Fleisch« und hat Recht damit: Nichts scheint Newton so anzumachen wie der erkaltete Frauenkörper, die weibliche Leiche. Aber zuvor darf sie getötet werden. Und zum Frauenfoltern und -schlachten liefert der Zeremonienmeister des Sadomasochismus den Stoff, aus dem die Träume, die Begierden – und die Taten sind.

Ich analysiere hier vor allem Newtons Produktion aus den 80er und 90er Jahren, vorher ging's harmloser zu. Da ist Newtons Frauenbild: von der nackten Herrin mit Fetisch Stöckelschuh über die glänzende Sklavin in Ketten bis hin zum viehisch vorgeführten Objekt. Den bloß stöckelnden Frauen in dem so assoziationsreichen Kellergewölbe gibt der Fotograf den Titel »Arbeitende Frauen«. Für ihn arbeitet sein »Rohmaterial« umsonst. Newton, der nach eigenen Angaben 100.000 Dollar am Tag verdient, zufrieden: »Die Models könnte ich gar nicht bezahlen.« Zum Lohn erhalten sie ein vom Meister signiertes Abbild ihrer Erniedrigung. – Übrigens: Die nackte Grace Jones in Ketten war es, die 1978 die legendäre *stern*-Klage auslöste, in der *EMMA* zusammen mit anderen Frauen den *stern* wegen seinen »frauenerniedrigenden Titelbildern« verklagte.

Es folgen Newtons Arrangements. Die Inszenierung »Frau und Hund«, die 1981 mit Raquel Welch so scheinbar harmlos begann und heute eines der Lieblingssujets von Newton ist, bringt er 1984 auf den Punkt: Die Frau liegt mit gespreizten Beinen, roten Fußnägeln, Stöckelschuhen und Folterbändern aus Leder und Stahl an Arm- und Fußfesseln auf dem Rücken – sichtbar überwältigt von der Dogge über ihr, deren kraftvoll-aggressive Bewegung eindeutig ist. Titel: »Siegfried« (sic). Übrigens: Die Vergewaltigung von Frauen durch dafür eigens abgerichtete Schäferhunde und Doggen ist in modernen Diktaturen eine klassische Foltermethode.

Ersparen möchte ich mir an dieser Stelle die »lesbischen« und pädophilen Phantasien von Newton (auch letztere widerspruchslos publiziert!). Ersparen würde ich mir am liebsten alles, denn keines seiner Bilder ist das Produkt eines Besessenen, der einen gemarterten Blick in die eigenen Abgründe wagt. Newtons Bilder beunruhigen nicht, sie bestätigen – die bestehenden Verhältnisse in einer Welt der Gewalt, der Folter, der Kriege. Newtons Bilder stellen keineswegs »produktive Fragen«, sie geben glatte Antworten. Newtons Bilder sind kühl kalkulierte Hochglanzprodukte für einen expandierenden Sadomaso-Markt und regen zur forschen Nachahmung an, zumindest die Täter – und vielleicht auch so manches Opfer, das glaubt, nur als solches »begehrenswert« zu sein.

Die Bilderpaare in *Archives de nuit* wurden von Newton so arrangiert – mit Hilfe seiner Frau June, die unter dem Namen Alice Springs selbst fotografiert: Sie zeichnet verantwortlich für »Konzeption und Realisation« seiner jüngsten Publikation. Das Buch wird vom Verlag mit den anzüglichen Worten »erotisch abgründig und bedeutungsdunkel« angekündigt. In der Tat, dunkel und bodenlos geht es da zu. Da paart Newton Herrn M. in betonierter Herrschaftsarchitektur mit Madame O. in der Wildnis. Er kombiniert die bloßgelegte, sezierte Frau mit dem sich verschließenden, gepanzerten Mann. Er stellt neben die ewig Nackte auf der Folterstreckbank den Jäger mit seiner (Frauen)Beute. Er wirft neben den erlegten Berglöwen im Müll die Aufgebahrte. Kommentarlos. Denn diese Bilder brauchen keine Worte.

Das geht zu weit? I wo. Newton ist steigerungsfähig. Immer wieder spielt er auf »11.000 Kontaktbögen« an, die noch in seiner tiefsten Schublade liegen ... Er ist unstreitig führend in der Porno-Avantgarde. Wenn Pornografie die Verknüpfung von Lust mit Herrschaft und Gewalt ist, dann ist Newton der Hohepriester der Pornografen. Er ist ihr Schrittmacher. Denn wenige sind so begabt, so raffiniert, so kalt wie er. Und so zu allem bereit.

Eines seiner Bildpaare zeigt eine blondbezopfte KZ-Wärterin und eine dunkel geschorene KZ-Insassin, er macht beide gleichzeitig zum Opfer seiner Begierde. Und dann der – vorläufige – Höhepunkt der Newton'schen Pornografie: Die »Young Women Suspended« auf Seite 48. Ihr gegenüber, Seite 49, der »Birch tree«, ein Birkenwald. Die junge Frau hat, wie üblich, einen perfekt-modischen Körper, sie ist gefesselt und aufgehängt und trägt, wie üblich, Stöckelschuhe (das unentbehrliche Signal für weibliche Hilflosigkeit: Diese Frau kann nicht weglaufen, noch nicht einmal vor Newtons Phantasien).

Die Frau hängt gekreuzigt inmitten einer seelen- und menschenlosen Welt aus Beton und Stahl. Sie blickt auf den Wald. Auf den Wald von Birkenau bei Auschwitz. Auf den Wald, der – spätestens seit Landmanns *Shoah* – seine Unschuld verloren hat. Oder blickt sie auf den Wald bei Los Angeles oder Wien oder Hamburg, wo der Körper aller young and old women verscharrt wird? Danach.

Auf die Frage, was er vom »Rechtsradikalismus in Deutschland« halte, antwortete Helmut Newton jüngst: »Schrecklich!« Und auf die Frage, was er gerne ändern würde, wenn er könnte: »Die Grausamkeit von Menschen an Menschen.«

Der Mann verdient es, beim Wort genommen zu werden.

Veröffentlicht im Oktober 1993 in *EMMA* (6/1993)

PS: Auf die Veröffentlichung des Textes zusammen mit 19 Foto-Beispielen reagierte der Newton-Verleger Lothar Schirmer mit einer Klage: *EMMA* habe keine Erlaubnis für den Abdruck der Fotos eingeholt. *EMMA* argumentierte, dies sei nicht nötig gewesen, da es sich im juristischen Sinne um eine »wissenschaftliche Bildanalyse« handele, dem die Fotos als Beispiele, als Zitate beigegeben seien. Das Münchner Landgericht gab *EMMA* recht – im Gegenteil zu dem, was oft kolportiert wird. Es befand jedoch, elf Fotos (statt 19) hätten genügt, darum soll *EMMA* nun den Abdruck aller 19 zahlen. Trotz dieser eigenwilligen Urteilsbegründung ging *EMMA* nicht in Berufung. Grund: Bei dem Prozess ging es nicht um Inhalte, sondern nur um das formaljuristisch in Deutschland bisher nicht eindeutig geklärte Recht auf Bild-Zitate.

DAS TV-GESPRÄCH MIT RUDOLF AUGSTEIN – 1984

■ ■ ■ Eigentlich hatte die WDR-Frauenredaktion ein zweites Streitgespräch mit Esther Vilar machen wollen. Tatsächlich. Als ich ablehnte, schlug sie Burkhard Driest vor (der damals gerade wegen einer Vergewaltigung im Gespräch war). Und als ich auch das ablehnte, fragte sie, mit wem ich denn reden wolle. Mit Rudolf Augstein, zum Beispiel. Er sagte zu.

Am Tag der Aufzeichnung kam Augstein etwas früher nach Köln und mit seiner Freundin erst in die *EMMA*-Redaktion. Wir kannten uns flüchtig aus den frühen 70er Jahren, aus der Zeit, als Augstein mich noch beim *Spiegel* als Reporterin anstellen wollte (die Redaktion stellte sich jedoch quer – zum Glück). Als junge Journalistin war er für mich so etwas wie ein Vorbild gewesen ... Und jetzt?

Für die Linguistin Prof. Senta Trömel-Plötz war dieses „aus vielen Gründen erschütternde" Gespräch der Paradefall einer „konversationellen Politik zwischen Herrschenden und Beherrschten", bei der „Gleichheit und Symmetrie nicht gefragt" war. Von mir schon, aber von Augstein nicht. Zumindest nicht vor laufender Kamera.

Schwarzer, so analysierte die Kommunikations-Expertin die Sendung, „steigt mit einer Liebeserklärung ein": „Weil ich Sie mag", gleich zweimal. Warum? „Will sie damit Augstein günstig stimmen, für sich gewinnen?", fragt Trömel-Plötz. „Oder will sie ihn verwirren, verunsichern, irritieren? Biedert sie sich an oder überfährt sie ihn? Unterwirft sie sich oder dominiert sie ihn?" – Vermutlich beides.

Trömel-Plötz' Studentinnen zählten jedes Wort und jede Geste der 45-Minuten-Sendung und kamen auf folgende Resultate: Augstein redet doppelt so lang wie Schwarzer. Er unterbricht sie dreißigmal, sie ihn siebenmal. Er unterstützt sie mit drei bestätigenden Lauten, sie ihn mit 33. Er spricht sie persönlich 59-mal an, sie ihn 180-mal. Trömel-Plötz: „Zusammenfassend ist zur kommunikativen Kompetenz Schwarzers zu sagen: Sie zeigt nicht nur Respekt vor ihrem Gesprächspartner und schützt sein Image, sie bleibt bis zum Ende fair." Und er? »Ts, ts, hehe ...«

Und ich? Ich mag ihn immer noch. ■ ■ ■

(SEXUAL)GEWALT GEGEN KINDER

■ ■ ■ Der sexuelle Missbrauch von Kindern, auch und gerade durch den eigenen Vater, gilt heute als Skandal. Das ist neu. Bis vor nicht allzu langer Zeit war der sexuelle Zugriff auf alle Menschen innerhalb seines Hauses das Recht des Patre. Nach dem Gesetz wie nach den Sitten – das ändert sich gerade erst. Alt ist also der Missbrauch. Neu ist die Empörung darüber.

In der Literatur hat immer mal wieder eine gewagt, das Unsagbare zu benennen, von Virginia Woolf bis Ingeborg Bachmann. Aber im Leben schwiegen die Opfer – und schämten sich. 1978 war das *EMMA*-Dossier über Inzest der erste journalistische Text überhaupt im deutschsprachigen Raum zu diesem dunklen Kapitel – damals noch ohne jede direkte Reaktion, aber mit Langzeitwirkung.

Mir selbst ist beim Zusammenstellen dieses Kapitels noch mal mit Schrecken die fatale Rolle von Linken und Liberalen in der Sexualpolitik klar geworden. Diese Rebellen von 68 haben zwar die überkommene Doppelmoral ihrer Väter abgeschafft, sie haben aber keine neue Moral an ihre Stelle gesetzt. Im Gegenteil: Was einst die Väter noch heimlich praktizierten, propagieren nun die Söhne offen.

Im Zuge der Sexualrechtsreform von 1975 wurden nicht zufällig ausgerechnet die Pornografie- und Inzest-Paragraphen „liberalisiert", was heißt: Die Barrieren wurden gesenkt. Doch diese Schranken hatten nicht nur eingeengt, sie hatten trotz alledem auch geschützt – die potentiellen Opfer. Die Reformer aber unterstellten, alle Menschen seien gleich, und es gäbe kein Machtgefälle. Nicht zwischen Kindern und Erwachsenen. Und auch nicht zwischen Frauen und Männern. So wurden die Interessen des Mannes zum Maßstab aller Dinge.

Der frühe Protest von Feministinnen gegen den Missbrauch von Kindern wurde zunächst einfach lächerlich gemacht. Und es waren Männer und Frauen aus dem harten Kern der 68er, die mit dem Slogan vom angeblichen „Missbrauch des Missbrauchs" zurückschlugen. Diese Art von Zynismus gehört inzwischen der Vergangenheit an. 25 Jahre später wissen alle: Kindesmissbrauch ist eine sehr ernste Sache. ■ ■ ■

Zahlen gibt es kaum. Die wenigen Untersuchungen lassen das Ausmaß des Problems nur ahnen: Drei Viertel aller sexuell missbrauchten Kinder (überwiegend Mädchen) kannten den Täter schon vorher; bei mehr als jedem vierten Kind war es der eigene Vater oder Stiefvater, der die eigenen Töchter vergewaltigt – das ergab eine 1969 in Brooklyn durchgeführte Untersuchung.

»Niemand sagt die Wahrheit darüber, die ich hiermit laut hinausschreie und die ich mit zehntausenden Briefen beweisen kann: Die meisten Vergewaltigungen spielen sich in den Familien ab! Die Opfer sind zwischen acht und 16 Jahren alt. Scham und Angst lassen sie schweigen.« Das sagt Menie Gregoire, beliebte Journalistin und Psychologin in Frankreich, die sich in einer täglichen Nachmittagssendung im Radio life den Kummer vieler allein zu Hause sitzender Menschen, und das sind vor allem Frauen und Kinder, anhört.

In der Bundesrepublik trug Dr. Maisch in der Reihe Sexologie Material zum »Inzest« zusammen. Auch das ergibt: Die Opfer schweigen vor allem aus Scham und Angst. Angst vor der Gewalt des Vaters. Angst vor der Reaktion der Mutter. Angst vor Heimeinweisung und vor der Schande überhaupt. Wohlgemerkt: Nicht die Täter schämen sich, sondern die Opfer. Jedes zehnte Mädchen glaubt sogar, dass es das »Recht« des Vaters sei.

Väter haben darum zur Vergewaltigung die Gewalt oft gar nicht nötig: Die Opfer sind total eingeschüchtert. Denn der, der sich an ihnen vergeht, ist ja ihre höchste Autorität – ist der Mensch, vor dem sie den meisten Respekt haben, ja, für den sie vielleicht sogar die innigste kindliche Zuneigung hegen.

Auch das ist besonders erschütternd: Dass sowohl Väter vergewaltigen, die ein sehr aggressives Verhältnis zu ihren Töchtern (und auch ihren Ehefrauen) haben, die prügeln und bekannt sind als Haustyrannen; als auch solche, die besonders vergöttert werden von ihrem Kind. So zitiert Maisch unter anderem den Fall eines jahrelang missbrauchten Mädchens, das unter schwersten Angstträumen litt, den Vater vergeblich anflehte, sie zu verschonen, sogar geschwängert wurde – und dann, als der Vater im Gefängnis landete, immer noch angstvoll fragte: »Ja, hat der Vati uns denn nicht mehr lieb?«

Dass ein Mensch sich an einem ihm ausgelieferten Menschen so vergehen kann, scheint schwer vorstellbar und kaum erträglich – und ist doch so. Ja, es ist sogar selbstverständlich in einer Welt, in der Beziehungen auf Macht und Ohnmacht basieren; in der Männer glauben, Frauen seien ihr Besitz: erwachsene Frauen wie kleine Mädchen, die ihrem Vater ja doppelt ausgeliefert sind. Und die Täter sind keine Ausnahmen, sondern, das beweisen die Statistiken, normale Männer.

Die Vergewaltigung von Töchtern durch die eigenen Väter ist nichts Abnormes, sondern etwas Übliches. In der Mythologie und Geschichte wird die Vergewaltigung der Töchter von Vätern gern romantisch verklärt und verharmlost und häufig sogar umgekehrt: Da sind es die Töchter, die die Väter verführen (Lots Töchter etc.). In der Literatur ist das Thema vorwiegend »prickelnd« (Lolita), und in der Wissenschaft wird es zu einer Sache, die sich zwischen zwei Menschen abspielt und die ganz zu Unrecht tabuisiert oder gar bestraft wird. Das zumindest behaupten heute vor allem Fortschrittliche.

So setzen sich gerade die progressiven Sexualwissenschaftler in der BRD erfolgreich für eine Reform des Inzest-Paragraphen 173 ein, darunter der Mediziner Maisch, der schreibt: »Mit Ausnahmen von Tötungsdelikten an Intimpartnern gibt es wohl kaum einen Straftatbestand, der Täter und Opfer in so enger, oft tragischer Verkettung von Zuneigung und Ablehnung, Angst und Faszination, Fürsorge und Rücksichtslosigkeit – kurz, der ganzen Zwiespältigkeit, die gerade den engsten zwischenmenschlichen Beziehungen innewohnen kann – gemeinsam verstrickt.« – Maisch suggeriert, es handele sich bei dem Vergewaltiger und seinem Opfer um Partner! Als ginge es um eine gleichberechtigte Gegenseitigkeit. Maischs Buch *Inzest* schließt nach der erschütternden Dokumentation der seelischen und körperlichen Verstümmelung der Opfer – 15 % der untersuchten Opfer wurden auch noch schwanger – dennoch mit dem Satz: »Der Inzest kann aber auch für das Opfer völlig konfliktfrei und ohne nachweisbare psychische Auswirkungen verlaufen.« Auf gut Deutsch: Mädchen, stellt euch nicht so an.

Bezeichnend für diese zynische Liberalisierungstendenz ist auch die Tatsache, dass in der Bundesrepublik immer weniger Vergewaltiger-Väter verurteilt werden (zu geringen Gefängnisstrafen). Innerhalb von 15 Jahren sank ihre Zahl von 436 auf 111. Und das nicht etwa, weil immer weniger Väter vergewaltigen.

Dabei ist die Rolle der Mütter häufig eine tragische. Sie wissen oft davon, aber sie verschließen die Augen, schweigen und liefern ihr Kind damit weiterhin aus. Warum? Sie haben Angst vor ihrem Mann. Sie fürchten den Skandal, wenn »es« rauskommt. Sie haben Angst, selber wieder »herhalten« zu müssen, wenn sie den Missbrauch der Tochter unterbinden. Gleichzeitig sind sie vielleicht gedemütigt durch die Tatsache, dass der Ehemann die Tochter sexuell attraktiver findet. Daraus kann sogar eine Aggression gegen das eigene Kind als »Rivalin« resultieren. Auffallend allerdings ist, dass unter den Müttern von Inzest-Opfern besonders viele mit vorehelichen Kindern sind. Das heißt, es handelt sich um Frauen, die sich in einer überdurchschnittlich großen Abhängigkeit vom Manne befinden (»Kann dankbar sein, dass er sie genommen hat ...«).

Es ist dies das erste Mal, dass *EMMA* über Vergewaltiger-Väter berichtet. Wir bitten Mädchen, die betroffen sind, nicht länger zu schweigen!

Veröffentlicht im März 1978 in *EMMA* (4/1978)

SIEH MICH AN! – 1991

Es ist fast 14 Jahre her, das im Mai 1978 in *EMMA* ein Artikel über das »Tabu Inzest: Das Verbrechen, über das niemand spricht« erschien. Es war in Deutschland die erste Veröffentlichung aus der Sicht der Opfer. Damals kam darauf nicht eine einzige Reaktion, kein Anruf, kein Brief, keine Artikel in den Medien. Und dennoch war ich sicher, dass es Millionen Mädchen und Frauen betraf.

Die Jahre vergingen. Und langsam, ganz langsam, kamen sie, die Reaktionen. Ein Gespräch am Rande einer Veranstaltung, ein Brief mit einem PS: »Übrigens, ihr habt damals über Inzest geschrieben. Das war das erste Mal, dass ich darüber etwas gelesen habe – und das erste Mal, dass ich mir eingestanden habe, dass ich selbst Opfer bin ...«

Die ersten Selbsthilfegruppen. Heute wissen wir, dass mindestens jedes dritte Mädchen Opfer sexueller Gewalt ist, drei Viertel von ihnen durch den eigenen Vater oder einen Mann an Vaters statt bzw. Freund der Familie.

Die meisten Frauen kommen ihr Leben lang nicht über diesen Verrat, diese Demütigung, diese Gewalt hinweg. Die ersten Untersuchungen über die Folgen liegen vor, sie zeigen den Zusammenhang von Frigidität und Inzest, von Selbstverachtung und Inzest, von Depression und Inzest, von Essstörungen und Inzest, von psychischen Erkrankungen und Inzest, von Sucht und Inzest, von Selbstmord und Inzest. Doch das wirkliche Ausmaß der Zerstörung durch die Übergriffe des geliebten Vaters oder vertrauten »Onkels« auf Leib und Seele der kleinen Mädchen beginnen wir erst zu ahnen. Wahrscheinlich ist die sexuelle Ausbeutung des weiblichen Kindes einer der Hauptgründe für die lebenslange, tiefe Verunsicherung und Verstörung vieler Frauen. Hier, in der Familie, wird der weibliche Mensch zum ersten Mal gebrochen, seelisch und körperlich.

Darum grenzt es fast an ein Wunder, dass Frauen es dank der wieder erwachenden Frauenbewegung Anfang der 70er Jahre schafften, den Teufelskreis der Demütigung zu durchbrechen – und zu reden. Im Ausland fing es an, in der Bundesrepublik begriffen die Pionierinnen der »Häuser für geschlagene Frauen« es als Erste: Die geprügelten und vergewaltigten Ehefrauen, die sich zu ihnen flüchteten, waren auffallend oft schon vom Vater missbraucht worden – und an ihren Töchtern vergriff sich wiederum der Vater, ihr Ehemann. Auch Auslöser der ersten *EMMA*-Veröffentlichung über Inzest 1978 war die Klage der 14-jährigen Petra aus Berlin gewesen, die es mit der Unterstützung von Feministinnen wagte, sich gegen den eigenen Vater zur Wehr zu setzen.

Ende der 70er Jahre taten sich Betroffene in den *Wildwasser*-Gruppen zusammen. Es folgte eine Flut von Berichten und Analysen, Artikeln und Büchern aus feministischer Sicht über das »bestgehütete Geheimnis«. Aber es sollte noch Jahre dauern, bis die Medien angesichts der Wucht der Fakten klein beigaben und ihr Schweigen brachen. Heute ist Inzest kein Tabu mehr – im Gegenteil: Inzest ist sogar ein Modethema geworden, bis hin zur Serie in *Bild* und zum Fall in *Tatort*.

Haben wir also unser Ziel erreicht? Sind die Opfer ermutigt, die Täter gewarnt, die Gesellschaft aufgeklärt? Ja und nein. Zwar sind die Frauen alarmiert, doch sind die Täter keineswegs in der Defensive. Denn was bisher das schreckliche Geheimnis Einzelner war, ist jetzt das öffentliche Thema aller – und das oft auf eine Art und Weise, die eher anregend denn abschreckend ist, zumindest für die Täter.

Die Männergesellschaft scheint sich rasch gefangen zu haben. Alert schwadroniert sie um den Kern der Sache herum. Vor allem Mädchen sind die Opfer? I wo, kleine Jungen sind es ebenso. Vor allem Väter sind die Täter? I wo, Mütter sind es auch. Und wenn, dann sind die Väter ganz arme Täter, denen unbedingt geholfen werden muss.

Was steckt dahinter? Das Wissen darum, dass die frühe sexuelle Brechung des weiblichen Menschen das wohl schwerste Geschütz im Kampf der Geschlechter ist. Geriete das außer Gefecht, gerieten die Geschlechterfronten ins Wanken.

Das ist der Grund, warum die Männermedien, von *Spiegel* bis *Cosmopolitan*, die Wahrheit so beredt zuschütten. Dabei hatte der *Spiegel* wieder mal die Ehre der Vorreiterrolle. Er war es, der das Modethema »Mütter als Täter« lancierte. Jeder vierte sexuelle Missbrauch eines Kindes gehe auf das Konto einer Mutter, wusste das Hamburger Herrenjournal zu vermelden und berief sich dabei auf den Frankfurter *Kinderschutzbund*. Der dementierte zwei Ausgaben später energisch: Nach seinen Angaben seien beim sexuellen Missbrauch nicht 25 %, sondern nur 2,6 % der Täter Frauen. Ist den Herren also nur ein Komma verrutscht?

Der Kinderschutzbund Hannover attestierte dem *Spiegel* dennoch eilfertig, er sei auf der richtigen Spur. Nur sei die Rolle der Mütter beim sexuellen Missbrauch bisher aus »ideologischen Gründen ignoriert« worden von der Frauenbewegung, die das Thema nun mal leider »dogmatisch beherrscht«. Dem folgte prompt die von zahlreichen Zeitschriften gratis nachgedruckte Anzeigenkampagne des *Kinderschutzbundes*, die inzwischen traurige Berühmtheit erlangte. Denn diese Kampagne wirbt auf Kosten der Opfer um Verständnis für die Täter. Tenor der Anzeigen: Okay, das gibt's. Aber erstens ist es so schlimm auch wieder nicht. Und zweitens ist die ganze Sache nun wahrlich kein Geschlechterproblem, sondern ein allgemein menschliches. Auch Jungen sind Opfer, auch Mütter sind Täter.

Sehen wir uns also einmal die Zahlen genauer an. Die Dunkelziffern sind hoch. Dennoch sind wir inzwischen in der Lage, die Dimension des sexuellen Missbrauchs an Kindern zu schätzen. Auch gleichen sich die Zahlen in der gesamten westlichen Welt. Für die alte Bundesrepublik meldete das Bundeskriminalamt 1989 genau 11.851 Fälle von angezeigtem Kindesmissbrauch. ExpertInnen in allen Bereichen (Beratung, Medizin, Polizei, Justiz) gehen heute davon aus, dass die Zahl mal zehn bis mal 30 genommen werden muss.

Das Bundeskriminalamt nimmt die 89er-Zahlen mal zehn und errechnet so, jedes vierte Mädchen sei Opfer sexuellen Missbrauchs durch Väter oder Fremde. Nehmen wir die Zahl mal 20, so ist es schon jedes zweite Mädchen … ExpertInnen vermuten, dass mindestens jedes dritte Mädchen Opfer sexuellen Missbrauchs ist und damit auch mindestens jede dritte Frau am Inzest-Trauma leidet.

98,5 % der Täter sind Männer, laut Bundeskriminalamt. 75,6 % ihrer Opfer sind Mädchen. Nur jeder fünfte der angezeigten Täter (von der Mehrheit der anderen ganz zu schweigen) landet im Gefängnis. Die anderen kommen mit einer Geldstrafe davon (wie beim Schwarzfahren), werden begnadigt oder ihre Verfahren werden noch vor einem Prozess eingestellt. Die Zahl der angezeigten Fälle von sexuellem Missbrauch steigt.

1,5 % der Täter sind also Frauen. Das sind 1,5 % zu viel, aber es ist kein Grund so zu tun, als sei der sexuelle Missbrauch von Kindern ebenso Frauensache wie Männersache. Sind Väter die schlechteren Menschen? Nicht zwangsläufig. Sie haben nur zu viel Macht – und das verführt zum Missbrauch. Sind Frauen die besseren Menschen? Nicht unbedingt. Sie sind nur zu ohnmächtig, und darum nimmt ihre Gewalt über andere meist psychologische Formen an. Auch ist qua erotische Prägung die weibliche Sexualität nicht so mit Dominanz und Gewalt verknüpft wie die männliche.

Selbst in den wenigen Fällen, in denen Frauen sich an ihren Söhnen (oder Töchtern) genital vergreifen, geschieht dies ganz selten mit Gewalt und meist durch »Verführung« (was es für die Opfer allerdings nicht unbedingt erträglicher macht). Dennoch: den »Ersatz-Mann« für die Mutter zu spielen, ist trotz alledem noch etwas anderes, als mit zerrissenem Unterleib auf dem Operationstisch oder Seziertisch zu landen ... Und nicht selten sind die Täter-Mütter auch Mittäterinnen, lassen sich von ihren Männern dazu bringen oder zwingen, mitzumachen. Auffallend ist, dass sie oft ein so schlechtes Gewissen haben, dass sie sich freiwillig bei Beratungsstellen melden ...

Nein, die wirklich fatale Rolle spielen Mütter beim Inzest nicht als Täterinnen, sondern als Mitwisserinnen. Sie wollen »nicht merken«, sie sehen weg, sie schweigen. Dabei könnten die meisten Inzestverbrechen verhindert werden, wenn Mütter, Nachbarn, LehrerInnen nicht länger wegsehen würden. Vor allem Mütter.

Wie oft waren diese Mütter selbst Opfer, wie oft wurden auch sie schon als kleine Mädchen gebrochen ... Es ist ein Teufelskreis. Und solange dieser Kreis der sexuellen Gewalt gegen Mütter und Kinder nicht unterbrochen, solange die Mauer der patriarchalen Familienburg nicht niedergerissen ist – solange werden Männer die Seelen und Körper ihrer Frauen und Kinder missbrauchen.

Vor der Neuen Frauenbewegung haben es nur ganz wenige geschafft, das Grauen zu Ende zu denken. Virginia Woolf ist eine von ihnen. Die engagierte Frauenrechtlerin machte zu einer Zeit, in der es zwar die historische Frauenbewegung gab, die sexuelle Gewalt aber noch tabu war, als eine der Ersten den Skandal öffentlich. Sie redete über den von ihr selbst erlittenen sexuellen Missbrauch durch ihre beiden Halbbrüder (und vielleicht auch durch den Vater). Virginia Woolf war kein Einzelfall: Ihre Familie war eine klassische viktorianische Familie, in der alle Frauen den sexuellen Aggressionen aller Männer ausgeliefert waren. Es war selbstverständlich, dass die älteste Halbschwester Stella nach dem Tod der Mutter diese zu ersetzen hatte, auch im Bett des Vaters.

Virginia Woolf überlebte, indem sie – ganz wie Ingeborg Bachmann – das Ungeheuerliche wagte: Sie ging der Sache auf den Grund. Beide Schriftstellerinnen erkannten, wie untrennbar »private und öffentliche Tyrannei« (Woolf) miteinander verbunden sind. Und beide, die Engländerin in den 40er und die Österreicherin in den 60er Jahren, sprechen unverhüllt von »Faschismus« in der Familie: diesem alltäglichen privaten Faschismus von Männern gegen Frauen, der den öffentlichen Faschismus zwischen Klassen, Rassen und Völkern überhaupt erst möglich macht.

In der traditionellen patriarchalen Familie, die heute zwar angeknackt, aber keineswegs in den Grundfesten erschüttert ist, üben Männer und Frauen tagtäglich das Oben und Unten ein. Hier steht das Fundament für die Ungleichheit der Welt. Der Krieg in der Familie und der Krieg in der Welt – sie stehen in einem direkten Zusammenhang. Denn die Familie ist der intimste Ort zur Einübung des Umgangs von Menschen mit Menschen. Solange hier Hierarchie, Besitz und Gewalt die Männer zu Herrenmenschen und die Frauen zu Untermenschen machen, solange wird es auch auf der Straße und in der ganzen Welt so funktionieren.

Die Täter, über deren Unmenschlichkeit wir Opfer manchmal fassungslos sind, werden in unseren Familien produziert. Und wir kennen sie gut. Jugendliche stoßen Ausländer aus der fahrenden

U-Bahn, Nachbarn stecken Asylantenheime an, US-Soldaten bomben flüchtende Soldaten platt wie »Kakerlaken«. Unbegreiflich? Keineswegs. Welchen Umgang erwarten wir vom starken Geschlecht mit dem »Feind«, wenn schon der Umgang mit der »Freundin« (Frau, Tochter) von Dominanz, Verachtung und Gewalt geprägt ist? Welche Form soll Hass annehmen, wenn schon die »Liebe« Zerstörung bedeutet?

Menschen, die schon als Kinder an Seele und Körper angefasst und missbraucht wurden – und zwar nicht vom »bösen Fremden«, sondern vom lieben Freund, haben ein Leben lang gegen die Folgen zu kämpfen. Denn sie leiden an dem, was Jean Améry im Zusammenhang mit der selbst erlittenen Nazi-Folter den Verlust des »Welturvertrauens« genannt hat: den Verlust des Vertrauens in eine Welt, in der *alles* möglich ist. Sieh mich an. Du bist ein Mensch. Ein Mensch wie ich. Es kann doch nicht sein, dass du mich nicht respektierst, dass du alles mit mir tust …? Doch, es kann sein. Für viele Frauen ist es so. Mindestens jede dritte – wenn nicht sogar jede zweite – unter uns weiß nur zu genau, wovon die Rede ist. Sie hat es erlebt. Sie hat erlebt, dass Menschen alles tun können. Genauer gesagt: dass Männer alles tun können. Wie lange noch?

Veröffentlicht im Oktober 1991 in *EMMA* (11/1991)

WEN BEFREIT PÄDOPHILIE? – 1980

Pädophilie. Das Wort kommt aus dem Griechischen und bedeutet: Liebe zu Kindern. Die juristische Definition gibt der § 176 des Strafgesetzbuches, der Pädophilie als »sexuellen Missbrauch mit Kindern« bezeichnet und droht: »Wer sexuelle Handlungen an einer Person unter vierzehn Jahren (Kind) vornimmt oder an sich von dem Kind vornehmen lässt, wird mit Freiheitsstrafe bis zu fünf Jahren oder mit Geldstrafe bestraft.«

Seit Beginn der 70er Jahre wehren sich in der Bundesrepublik, und auch in Nachbarländern wie Holland oder Frankreich, Pädophile zunehmend offen gegen dieses Verbot. Und in Fachzeitschriften treten vor allem sich als progressiv verstehende Sexualwissenschaftler und Pädagogen engagiert für das Recht auf Pädophilie ein. Auch in der linken Presse findet die Diskussion in jüngster Zeit breiten Raum. Einige der Blätter, wie zum Beispiel die Tageszeitung *taz*, machten sich zu regelrechten Sprachrohren des Anliegens.

Die Pädophilen-Gruppe selbst – die sich treffenderweise jetzt »Pädosexuelle« nennen (denn das entscheidende Merkmal ist ja die *praktizierte* Sexualität) – bezeichnen sich als »Emanzipationsbewegung«, als »kriminalisierte Minderheit unter den Minderheiten«, für deren Recht auf freies Ausleben ihrer Bedürfnisse alle emanzipationsbewegten Männer und Frauen einzutreten hätten. Immer häufiger werden diese Pädosexuellen mit Feministinnen in einem Atemzug genannt: als solche, die doch eigentlich am gleichen Strang zögen. Doch das Gegenteil ist der Fall. Ich halte Pädophile nicht für eine zu befreiende verkannte Minderheit, sondern für das Sprachrohr einer Männergesellschaft, die es schon immer gut verstanden hat, ungleiche Beziehung als »gleich« zu propagieren – um dann umso unbehelligter herrschen zu können …

Frauen spielen nicht mehr so mit. Ist die Konsequenz nun, dass die noch Schwächeren, dass die Kinder dran glauben müssen? Ist die Bereitwilligkeit zur Liberalisierung der Pädophilie Vorbote einer grundsätzlichen gesellschaftlichen Billigung eines Rückgriffes des Mannes auf das Kind?

Die aktuelle Diskussion wird vor allem von homosexuellen Pädophilen geführt. Die Statistiken jedoch signalisieren, dass etwa die Hälfte der Pädophilen heterosexuell ist, also Kontakte zu Mädchen sucht. Nur ein Drittel ist homosexuell, der Rest bisexuell. Diese Statistiken betreffen allerdings nur die im engeren Sinne pädophilen Männer, das heißt, diejenigen, die zwanghaft und ausschließlich auf Sexualität mit Kindern fixiert sind. Hinzu kommen die Millionen von Gelegenheitspädophilen, die Väter und anderen Männer, die sich eingeschüchterte Kinder gefügig machen. Bei ihnen ist der Prozentsatz der heterosexuellen Kontakte mit Kindern eher höher als geringer.

Diesen Gelegenheits-Pädophilen vor allem dient der neue Trend der Pädophilie als Kavaliersdelikt. Da titelt die *Quick* mit den »Lolitas, die Macht über die reifen Männer haben«, nimmt sich der *stern* verständnisvoll der armen »verdammten Verführer« an, und findet es niemand anstößig, wenn ein Filmregisseur wie Polanski, der in Amerika wegen Vergewaltigung einer 13-Jährigen verurteilt wurde, in Paris gelassen mit einer neuen Kindfrau arbeitet und lebt.

In der linken und liberalen Presse schließlich ist das Problembewusstsein so gering, dass sogar die dreiste Behauptung, Pädophile seien »Kinderbefreier«, unwidersprochen bleibt. Dabei liegt es auf der Hand, dass es bei der Pädophilie nicht um das Recht der *Kinder* auf *ihre* Sexualität geht, sondern um das Recht der *Erwachsenen* auf die Sexualität der *anderen*, der Kinder. Die Kinder selbst wollten die pädophile Beziehung, heißt es. Doch dabei ist nur von der Gefühlswelt der Erwachsenen die Rede. Erfährt man in einem der zahllosen Pädophilen-Berichte einmal etwas über das Kind, so ist das fast immer entlarvend und zeigt, dass Kinder eigentlich etwas ganz anderes wollen, etwas, was sie sich mit der sexuellen Verfügbarkeit nur erkaufen: menschliche Wärme zum Beispiel, Schmusekontakte, einen Gesprächspartner oder einfach Vorteile.

Auch geht eine solche Sicht der Dinge von einer zumindest potentiellen sexuellen Gleichheit zwischen Erwachsenen und Kindern aus.

Dies aber ist eine Farce. Unter den gegebenen Umständen sind Beziehungen zwischen Erwachsenen und Kindern Herrschaftsbeziehungen – ob man will oder nicht. Doch selbst wenn wir in einer Welt lebten, in der es Abhängigkeiten und daraus resultierende Machtverhältnisse nicht mehr gäbe – so bliebe doch, dass die Bedürfnisse und die Sexualität eines Kindes etwas ganz anderes sind als die eines Erwachsenen. In einer wirklich freien Gesellschaft gäbe es weder die Pädophilie (in der Form zwanghafter sexueller Ausrichtung auf Kinder), noch den Mangel an Respekt vor der kindlichen Entwicklung und Autonomie.

Pädophilie sei ein »Verbrechen ohne Opfer«, heißt es weiter. Als Beweis muss immer wieder eine vor Jahren gemachte holländische Untersuchung herhalten, in der der Sexualwissenschaftler Frits Bernard ganze dreißig Erwachsene, die als Kinder oder Jugendliche sexuelle Kontakte zu Erwachsenen hatten, per Fragebogen nach eventuellen Traumata ausforschte ... Diesem auch wissenschaftlich höchst fragwürdigen Unterfangen stehen millionenfache körperliche und seelische Verletzungen gegenüber: Nach Kinsey hat etwa jede vierte Frau als Kind sexuelle Erfahrungen mit Erwachsenen erdulden müssen.

Die Pädophilen-Gruppen in der Bundesrepublik und in West-Berlin (DSAP) fordern übrigens nicht nur die Streichung des § 176, sondern auch die der Gesetze gegen Inzest, Sexualität mit Abhängigen, Kuppelei mit unter 16-Jährigen, sowie das Recht auf uneingeschränkte Verbreitung pornografischer Schriften und homosexuelle Beziehungen auch für unter 18-Jährige. Diese letzere Forderung – das Recht auf Sexualität auch für homosexuelle Jugendliche ab 14 – scheint mir die einzige Forderung zu sein, die auch wir Feministinnen unterstützen könnten. Doch wer verhindert, dass auf die Kinder und Jugendlichen niederprasselt, wogegen wir Frauen uns endlich wehren?

Veröffentlicht im März 1980 in *EMMA* (4/1980)

WOODY ALLEN 1 – 1992

Ich konnte Mia Farrow noch nie leiden. Diese kattun-röckige Mütterlichkeit. Diese zwanghafte Gebär- und Adoptierfreudigkeit. Dieses demonstrative Familienglück. Und ausgerechnet auf die fiel Woody Allen rein, mein so komischer Anti-Held. Mit gemischten Gefühlen sah ich ihn seither als Teil dieser alternativen Trapp-Familie durch die Straßen und Studios von Manhattan ziehen. Seine immer sentimentaler werdenden Filme dokumentieren das späte Glück des Rastlosen.

Und jetzt das! Eines der aufschlussreichsten Lehrstücke im Geschlechterclinch zwingt mich zum Umdenken. Diese Parabel vom großen Regisseur mit dem kleinen Mädchen erzählt uns vom Bankrott des neuen Vaters und der so genannten freien Beziehungen.

Wie haben wir dafür gekämpft, dass Gefühle nicht nur zählen, wenn sie staatlich besiegelt sind; und als Familie nicht nur gilt, was durch Blutsbande verknüpft ist. Heutzutage heiraten immer weniger Paare. Und egal, ob die Eltern verheiratet sind oder nicht: Die Mehrheit aller Kinder muss damit rechnen, über weite Teile ihrer Kindheit mit mindestens einem nicht-biologischen, also einem sozialen Elternteil aufzuwachsen; seltener nach Adoption und meist nach Scheidung oder Trennung.

Woody Allen war so ein sozialer Vater. Er hat elf Jahre lang öffentlich den »neuen« Vater für alle Kinder dieser Familie gemimt, hat selbst ein Kind mit Farrow bekommen und ihre zwei noch »vaterfreien« Kinder adoptiert. Soon-Yi ist nur zufällig nicht auch auf dem Papier seine Tochter, weil sie schon von seinem Vorgänger bei Farrow adoptiert worden war. Im Leben aber war auch sie zehn Jahre lang Allens Tochter.

Farrow entdeckte das Verhältnis im Januar: Sie fand in Allens Wohnung (das Paar wohnte getrennt) pornografische Fotos der gemeinsamen Tochter. Sie machte das aber erst im August öffentlich – in Reaktion auf Allens Sorgerechtsklage für den gemeinsamen Sohn Satchel und die beiden gemeinsamen Adoptivkinder, darunter auch die kleine Dylan. Erst nach dieser Enthüllung gestanden der 56-Jährige und die inzwischen ca. 18-Jährige ihr Verhältnis. Doch Allen sieht »überhaupt kein moralisches Problem«, und Soon-Yi zeigt sich an seiner Seite triumphierend der Presse. Da ist kein Zögern, kein Wort des Bedauerns, kein Mitleid und auch keine Scham. Nicht bei ihm und nicht bei ihr.

Als Mia Farrow das Kind in Korea auf der Straße auflas (in einem Land, das amerikanische GIs zum Bordell Nummer eins in Nahost machten), da hatte Soon-Yi bereits sechs, sieben Jahre auf der Straße vegetiert. Niemand weiß, was die Kleine schon alles über sich ergehen lassen musste. Bald darauf schrieb ihre neue Mutter über das Mädchen: »Sie lernt, dass man Menschen vertrauen kann.« Leider scheint sie nicht gelernt zu haben, dass Menschen auch ihr vertrauen können …

Der berühmte alternde Regisseur und die unbekannte blutjunge Schülerin begannen ihr Verhältnis wohl nicht zufällig mit einem Bündnis gegen Mia Farrow. Er selbst erzählt in einem seiner zahllosen Interviews, sie habe sich beim ersten gemeinsamen Ausgehen über die Mutter beschwert. Die Aggression gegen Farrow scheint also der Beginn der Komplizität zwischen den beiden gewesen zu sein.

Der neue Vater geht – nicht ohne noch eine Bombe zu werfen. Die neue Mutter bleibt zurück: tief gedemütigt, um eine Tochter ärmer und verantwortlich für die bleibenden acht schwer verunsicherten Geschwister von Soon-Yi. Ihr Lebensmodell war zum Vorbild für das fortschrittliche Amerika geworden. Ihr Scheitern muss eine Warnung für alle sein.

Müssen Mütter aus dem Fall Allen den Schluss ziehen, dass soziale Väter gefährlicher sind? In der Tat zeigen neue Statistiken: Der sexuelle Missbrauch kommt in Patchwork-Familien noch häufiger vor als in Blutsfamilien. Sicher, auch biologische Väter vergreifen sich an ihren Kindern, aber sie tun es wenigstens nicht triumphierend und im Licht der Öffentlichkeit.

Die sich an ihren Kindern vergreifenden sozialen Väter können auch noch auf die offene Sympathie der new boys und ihrer girls rechnen. Federführend dabei waren mal wieder *taz* und *Spiegel* – eben genau die Szene, in der der soziale Vater besonders häufig vorkommt. In dem Berliner Alternativ-Blatt durfte ein Ulf Erdmann Ziegler zu dem Anlass schwärmen: »Allen ist für die gesamte Linke Europas ein unumstrittener, bewunderter Star, ein phantastischer, erfolgreicher Autorenfilmer, der Strindberg und Ibsen begriffen und transportiert hat.« Und Genies dürfen bekanntlich alles. Jenseits von Schuld und Sühne.

»Der Mann hat meine Sympathie«, jubelte einige Tage später Christel Dormagen (auch *konkret*, ehemals *Courage*) in einem Interview mit Katharina Rutschky, Propagandistin des viel strapazierten Schlagwortes vom »Missbrauch des Missbrauchs«. Und die *Spiegel*-»Expertin«, eine Psychologin namens Marie Luise Kluck, rapportiert beflissen: »Wenn eine Mutter die Missbrauchskarte zieht, kann sie ihre Interessen sehr viel leichter durchsetzen, weil die Beweislage äußerst schwierig ist.« Die Missbrauchskarte. Dabei »fällt auf, dass es nur in relativ wenigen Fällen auch zur strafrechtlichen Anzeige (gegen den Vater) kommt«. Warum wohl?

Weil die Väter so arm sind. Auch »Woody Allen liebte nichts mehr als seinen privaten Frieden«, weiß Hellmuth Karasek. Der *Spiegel*-Autor bedauert, dass Allen »an den Pranger gestellt« wurde. Wegen so einer Lappalie. Schuld daran ist in den Augen Karaseks natürlich diese Farrow. Schuld sind immer die Ex-Frauen – und dabei scheinen die Noch-Frauen nicht zu begreifen, dass sie die Ex von morgen sind.

Farrow »soll« nach der Entdeckung der Aktfotos »ihre Stieftochter monatelang terrorisiert haben«, kolportiert Karasek und seufzt: »Der Kinogänger mag (nachträglich) ahnen, wie schwer dieser Liebes- und Vertrauensbruch Allen zugesetzt hat.«

Auch die Kinogängerin ahnt. Sie ahnt, wie unzumutbar die Belastung für den Regisseur gewesen sein muss, während der Dreharbeiten zu seinem letzten Film mit Farrow (mit dem sinnigen Titel »Ehemänner und Ehefrauen«) vor seiner Frau das Verhältnis mit der gemeinsamen Tochter verbergen zu müssen – vor allem, da Soon-Yi fast permanent mit im Studio war. Und die Kinogängerin freut sich, dass Produzent Allen und sein Verleih sich kurzfristig entschlossen haben, diesen Film zwei Wochen früher als geplant zu starten. Bei *der* PR.

Nein, in Wahrheit überrascht mich das alles nicht sonderlich. Aber weh tut es dennoch. Denn Woody Allen ist nicht irgendeiner. In seinem letzten, in Europa ganz unverstandenen Film (*Schatten und Nebel*) ging es dem 1935 geborenen Juden um die Kälte des Holocaust. Die Frauen schnitten, wie meist, kläglich ab; die Bordellszene war grob und reaktionär. Ich machte die Augen zu. Ich hatte keine Lust, mir auch noch den Film verderben zu lassen. Jetzt aber will ich die Augen nicht länger verschließen.

Bye bye, Woody Allen.

Veröffentlicht im September 1992 in *EMMA* (10/1992)

PS: Einige Monate später heirateten Woody Allen und Soon-Yi. Das Verhältnis muss begonnen haben, als sie 15 oder 16 war.

WOODY ALLEN 2 – 1997

An französischen Bahnschranken hängt oft die Warnung: »Attention! Ein Zug kann einen anderen verdecken.« Der eine Zug heißt in diesem Fall Soon-Yi. Die Koreanerin war in der zweiten Hälfte der 70er Jahre im Alter von etwa sechs Jahren auf den Straßen von Seoul gefunden und ein Jahr später von Mia Farrow aus dem Waisenhaus abgeholt und adoptiert worden. Das verstörte und retardierte Kind schien sich in Farrows Vielkinderfamilie zu stabilisieren, auch wenn ihre Lehrerin beim Schulabschluss, da ist Soon-Yi 16, feststellen muss: »Sie ist ein typisch lernbehindertes Kind, im Sozialverhalten stark gehemmt und völlig naiv. Sie nimmt alles wörtlich. Und was sie sieht, deutet sie auch im sozialen Bereich nur nach dem Augenschein.«

Das muss die Zeit gewesen sein, in der Woody Allen das Verhältnis mit Soon-Yi angefangen hat (wenn nicht früher). Er kannte sie seit ihrem siebten Lebensjahr und war ihr sozialer Vater. Ein Jahr später fand Soon-Yis Adoptivmutter in der Wohnung ihres Lebensgefährten pornografische Polaroids ihrer Tochter (mit gespreizten Beinen etc.).

Der zweite Zug wurde, zumindest in Europa, bisher kaum wahrgenommen. Er heißt Dylan Farrow. Mia Farrow adoptierte das Mädchen als Baby, und ihr Lebensgefährte Woody Allen, der nach eigenen Aussagen »null Interesse« an Kindern hat, bemühte sich seit Dylans zweitem Lebensjahr heftig um die Adoption des kleinen Mädchens. Was sich verzögerte, immer wieder, weil, wie Adoptivmutter und Psychologen fanden, Allens Umgang mit Dylan unangemessen intensiv war.

Will heißen: Seit seinem zweiten Lebensjahr bedrängte er das Kind mit Berührung, während er alle anderen Kinder links liegen ließ. Er versuchte immer wieder, in der Viel-Kinder-Wohnung allein mit Dylan in einem Zimmer zu sein; er wurde nachts dabei überrascht, wie er Dylan seinen Daumen in den Mund steckte; er schlang sich im Bett, nur mit einer Unterhose bekleidet, um das Kind etc. etc. Kam Allen, der mit Farrow in den zwölf Jahren ihrer Beziehung immer eine getrennte Wohnung behielt, zu seinem abendlichen Besuch, versteckte sich Dylan immer öfter: Sie hockte im Schrank oder »fing an, wie ein Baby zu brabbeln oder wie ein Hund zu bellen«.

Am 4. August 1992 platzte die Bombe, durch die Aufmerksamkeit eines Kindermädchens, das eine irritierende Szene beobachtet hatte. In den folgenden Tagen und Wochen erzählt die Siebenjährige ihrer Mutter, dem Kinderarzt und den Psychologen immer wieder das Gleiche: Woody habe sie am ganzen Körper geküsst, auch zwischen den Schenkeln, und seinen Finger in sie »reingedrückt«: »Es hat wehgetan. Er hat gesagt, wenn ich in dem Film vorkommen will, bleibt mir nichts anderes übrig. Er hat ihn einfach immer wieder reingestoßen.« Die Aussagen des Mädchens wurden auf Video festgehalten.

Zu diesem Zeitpunkt wusste Mia Farrow bereits seit über sieben Monaten, dass Woody Allen mit der zirka 17-jährigen Soon-Yi ein Verhältnis angefangen hatte. Das Drama innerhalb der Familie war groß, die anderen Kinder waren völlig verstört, ihre Mutter nicht minder. Nur Woody Allen schien nicht recht zu verstehen, was schlimm daran sein sollte. Er erschien jeden Abend in Mia Farrows Wohnung, nicht zuletzt, um Dylan zu sehen.

Und Mia Farrow? Die macht zwar Szenen und verbietet ihm das Haus – doch wechselt das Schloss nicht aus. Sie erstattet auch keine Anzeige und geht nicht an die Öffentlichkeit mit dem Skandal. Es ist der Kinderarzt, der Dylan untersucht, der im August 1992 Anzeige erstattet: Anzeige gegen Woody Allen wegen des Verdachts auf sexuellen Missbrauch.

Eine Woche später geht Woody Allen in die Offensive. Er klagt auf das Sorgerecht für drei Kinder: den gemeinsamen Sohn Moses sowie die – wenige Monate vor der Enthüllung von ihm adoptierten Kinder Satchel und Dylan. Allen wird diesen Prozess mit Pauken und Trompeten verlieren, und der Richterspruch wird zur moralischen Bankrotterklärung für ihn. Mit Soon-Yi, heute 23, lebt der

61-Jährige inzwischen zusammen und zeigt sich Händchen haltend in der Öffentlichkeit (»Eine reine Liebe«).

Die Kinder Mia Farrows aber weigern sich, ihren realen, sozialen bzw. Adoptiv-Vater zu sehen. Den stärksten Schock scheint, neben Dylan, sein mit Farrow gemeinsamer leiblicher Sohn Moses zu haben. Bereits nachdem er die Sache mit Soon-Yi erfuhr, schrieb Moses seinem Vater: »Du kannst mich nicht zwingen, bei dir zu leben. Du hast dir eine schreckliche, armselige, hässliche, dumme Sache geleistet. Jeder Mensch weiß, dass man mit der Schwester seines Sohnes keine Affäre anfängt. (...) Ich betrachte dich nicht mehr als meinen Vater. Ich hoffe, du bist stolz darauf, den Traum deines Sohnes zerstört zu haben.«

Mia Farrow ist heute 51. Sie kam als Kind einer Hollywood-Schauspielerin (Maureen O'Sullivan) und eines Regisseurs zur Welt. Mit neun Jahren riss sie der Schock einer Kinderlähmung aus der Idylle einer behüteten, glamourösen Kindheit. Seither träumt sie davon, ein »sinnvolles Leben« zu führen. Bei den, immer viel älteren, Männern (von Salvador Dalí über Frank Sinatra bis André Previn) scheint sie diesen Sinn nicht gefunden zu haben. Sie hat sich, neben der ernsthaft betriebenen Schauspielerei (u. a. *Rosemaries Baby* und zehn Jahre lang alle Woody-Allen-Filme), in den letzten 25 Jahren auf die Kinder gestürzt: alles in allem 14 an der Zahl, meist adoptiert, sieben sind noch heute bei ihr.

Lange Jahre war Mia Farrow fasziniert von Woody Allen, glaubte auf eine naive Weise an ihn (So sagt sie bei einem Aids-Verdacht zu ihm: »Wie kannst du Aids haben? Wir sind doch seit zehn Jahren zusammen?«), ja bewunderte ihn. Doch warum zog sie keinen Schlussstrich, als sie im Januar entdeckte, dass Allen selbst vor der eigenen Tochter bei seinen destruktiven Machtspielchen nicht zurückschreckte? Ja, wie kann es sein, dass sie trotz alledem noch im Herbst 1992 einen neuen Film mit ihm drehen wollte? Und dass sie erst nach Dylans Enthüllungen endlich handelte?

Mia Farrow veröffentlichte jüngst ihre Memoiren (»Dauer hat, was vergeht«). Ihre Bilanz, sprachlich genau und selbstkritisch, zeigt auf exemplarische Weise, wie eine eigentlich selbständige, tüchtige, ja berühmte Frau in Abhängigkeit geraten kann: in emotionale, soziale und schließlich auch ökonomische Abhängigkeit. Beispiel: Als es wieder einmal kriselt, droht Allen, der als Regisseur seit Jahren ihr einziger Arbeitgeber ist (weil sie alle anderen Angebote abgelehnt hatte), unmissverständlich: »Es wird dir schwer fallen, in der harten Wirklichkeit zu arbeiten und die Kinder zu ernähren.«

Als die Sache mit Dylan öffentlich wird, antwortet Woody Allen mit einer medialen und juristischen Schlammschlacht. Eine Schlacht, aus der er letztendlich als Sieger hervorgeht. Trotz alledem. Nachfolgend ein Auszug aus dem Urteil von Richter Elliot Wilk in dem von Woody Allen angestrengten Prozess um das Sorgerecht für Satchel, Moses und Dylan:

Gerichtsentscheid zu Woody Allen

Mr. Allen hat keine elterlichen Fähigkeiten vorzuweisen, die ihn als Vormund für Moses, Dylan oder Satchel ausreichend qualifizieren. Er hat die Kinder nicht gebadet. Er hat sie nicht angekleidet. Er konnte den Namen von Satchels und Dylans Kinderarzt nicht nennen. Er kennt die Namen von Moses' Lehrern nicht und weiß nichts über seine Schulleistungen. Er weiß nicht, wie der Zahnarzt der Kinder heißt. Er kennt die Namen der Freunde seiner Kinder nicht. Er kann keines der vielen Haustiere der Kinder beim Namen nennen. Er weiß nicht, welche Kinder das Schlafzimmer miteinander teilen.

Als er gefragt wurde, was er sich dabei dachte, mit der Schwester seiner Kinder zu schlafen, hat er geantwortet: »Sie (Soon-Yi) war ein adoptiertes Kind, und Dylan war ein adoptiertes Kind.« Er zeigte kein Verständnis dafür, dass die Bindungen, die sich zwischen Adoptivgeschwistern entwickeln, nicht weniger Respekt und Schutz verdienen als die zwischen biologischen Brüdern und Schwestern. Keiner der Zeugen würde dafür plädieren, dass ihm das Sorgerecht zugesprochen wird. Den wesentlichen Teilen seiner Ausführung – dass er ein guter Vater sei und Ms. Farrow die Kinder bewusst gegen ihn aufgestachelt habe – schenke ich keinen Glauben.

Mr. Allens Unzulänglichkeiten als Sorgeberechtigter werden durch seine Affäre mit Soon-Yi noch verstärkt. Als Ms. Farrows Partner war er häufig in Soon-Yis zuhause zu Gast. Er hat die Farrow-Previn-Familie auf ausgedehnte Urlaubsreisen begleitet und ist der Vater von Soon-Yis Geschwistern Moses, Dylan und Satchel. Die Tatsache, dass Mr. Allen Soon-Yi zehn Jahre lang ignoriert hat, kann nicht über den Charakter ihrer Beziehung als Teil einer Familienkonstellation hinwegtäuschen, und sie schafft keinen ausreichend großen Abstand für eine Auslegung der Affäre als konstruktive, einvernehmliche Beziehung zwischen zwei erwachsenen Menschen. Er hat Soon-Yi von ihrer Familie isoliert und sie ohne erkennbares soziales Netz gelassen.

Mr. Allens Reaktion auf Dylans Vorwurf des sexuellen Missbrauchs bestand in einem Angriff auf Ms. Farrow, deren elterliche Fähigkeiten und emotionale Stabilität er in Zweifel zog, ohne dies irgendwie durch aussagekräftige, glaubwürdige Hinweise zu untermauern. Seine Prozessstrategie bestand darin, einen Keil zwischen seine Kinder und ihre Brüder und Schwestern zu treiben, die Kinder gegen ihre Mutter einzunehmen, zwischen den adoptierten und den biologischen Kindern Unterschiede zu machen, die Familie gegen ihre Haushaltshilfen aufzustacheln und die Hausangestellten selbst gegeneinander auszuspielen. Seine Selbstbezogenheit, sein mangelndes Urteilsvermögen und die Hartnäckigkeit, mit der er weiter Zwietracht sät und somit verhindert, dass die von ihm bereits zugefügten Wunden verheilen, lassen es ratsam erscheinen, seinen Kontakt zu den Kindern in Zukunft aufmerksam zu überwachen.

Es gibt keine glaubwürdigen Indizien, die Mr. Allens Behauptung stützen, dass Dylans Aussagen durch Ms. Farrows Beeinflussung zustande gekommen sind oder dass Ms. Farrow von dem Bedürfnis getrieben wurde, sich an ihm für die Verführung Soon-Yis zu rächen. Mr. Allens Rückgriff auf das stereotype »Rache-der-verschmähten-Frau«-Motiv ist der platte Versuch, von seinem Versagen als verantwortungsbewusster Vater und reifer Mensch abzulenken.

Elliot Wilk, Richter am Supreme Court, New York County, 1993

Veröffentlicht im Februar 1997 in *EMMA* (2/1997)

PS: Woody Allen hat lediglich den Zivilprozess um das Sorgerecht für Dylan verloren. Strafrechtlich wurde er nie zur Rechenschaft gezogen. Zusammen mit seiner Ehefrau Soon-Yi adoptierte er in den Jahren 1999 und 2000 zwei kleine Mädchen: ein Baby aus Asien und ein Baby aus Texas. Die nächsten?

Während Deutschland die »revolutionäre Gewalt« diskutiert, redet Frankreich über die »sexuelle Revolution«. Die Ex-Leader der Linken holt die Vergangenheit ein. Ein deutscher Außenminister muss sich die Frage gefallen lassen, ob seine Putzgruppe auch Menschenleben gefährdet hat; und ein Europa-Abgeordneter, ob er als Kindergärtner Kinder missbraucht hat.

Nein, Daniel Cohn-Bendit, 56, ist kein Pädophiler. Und vermutlich ist er auch keiner der vielen Väter, die sich an ihren Kindern vergreifen. Aber er ist – und war immer – ein Kind seiner Zeit. Mehr noch: Er war ein Leader seiner Zeit. Was er gedacht und getan hat, das geht darum nicht nur ihn und die direkt Betroffenen an, es geht uns alle an.

Der Stein des Anstoßes? Dany le Rouge hat 1975 drei Leuten in Paris, zwei Männern und einer Frau, viele Stunden lang Rede und Antwort gestanden über seine bewegte Zeit zwischen 1968 und 1975, über seine Siege, Niederlagen und Irrtümer. Der Held der Pariser Barrikaden war im Herbst 1968 von der verschreckten De-Gaulle-Regierung als »juif allemand« (deutscher Jude) nach Deutschland ausgewiesen worden. Fortan wurde der diesseits und jenseits des Rheins aufgewachsene Sohn deutscher Emigranten mit dem deutschen Wunsch-Pass (der Bruder hat einen französischen) in Frankfurt aktiv.

Zusammen mit seinem Kumpel Joschka bewohnte der rote Dany ein Zimmer in derselben WG und war ungekrönter König des »Revolutionären Kampfes«. Der RK war eine Anarcho-Action-Gruppe, deren AktivistInnen in den Fabriken »das Proletariat« agitierten, Abbruch-Häuser besetzten, sich Straßenschlachten mit der Polizei lieferten und in der Szene Furore machten.

Über diese Zeiten sprach Cohn-Bendit also anno 1975 mit seinen geneigten Interviewern. Die redigierten das Gespräch druckreif und veröffentlichten es als 150-Seiten-Monolog in Frankreich und Deutschland. Im Kapitel 9 geht es über acht Seiten um Danys Zeit als Kindergärtner. Denn während sein Zimmergenosse Joschka die Lederjacke anzog und im Stadtwald den revolutionären Kampf übte, zog es Dany zwei Jahre lang in den Uni-Kindergarten, wo er, fest angestellt und bezahlt, mit den Kleinen spielte.

Unter dem Titel *Little Big Man* – mit dem er wohl ebenso die Kinder wie sich selbst meint – erzählt er, wie das so herging damals. Wer diesen Text heute liest, dem muss es nicht nur wegen des Umgangs mit der Sexualität, sondern auch wegen der völligen Abwesenheit jeglicher pädagogischer Kompetenz dieses Kindergärtners nur so grausen.

Da erzählte der heutige Europa-Abgeordnete damals munter, wie zwischen 1972 und 1974 sein »ständiger Flirt mit allen Kindern bald erotische Züge« annahm: »Ich konnte richtig fühlen, wie die kleinen Mädchen von fünf schon gelernt hatten, mich anzumachen.« Und wie es »mehrmals passierte, dass einige Kinder meinen Hosenlatz geöffnet und angefangen haben, mich zu streicheln«. Der damals 28-Jährige hat, so schreibt er, »auf Wunsch« dann auch zurück gestreichelt ...

Cohn-Bendit wurde deswegen der »Perversion« beschuldigt. Daraufhin unterstellte er seinen Kritikern politische Gegnerschaft: »Als Extremist hatte ich nicht das Recht, Kinder zu betreuen.« Doch hatte er »glücklicherweise einen direkten Vertrag mit der Elternvereinigung, sonst wäre ich entlassen worden«. Ihn schützten damals genau die Eltern, von denen einige ihre lieben Kleinen fortschrittlicherweise beim »Vögeln« zugucken ließen und so manche ihr Kind auch schon mal mit ins Bett nahmen, weil das ja so natürlich und so »antiautoritär« war.

Cohn-Bendits Lebensbericht erschien 1975 in dem links-sektiererischen Trikont-Verlag und wäre längst vergessen, wenn nicht – ja wenn nicht eine, mit der er damals auch im Kindergarten hätte spielen können, die Sache wieder ans Licht geholt hätte: Bettina Röhl, 38, die traumatisierte Tochter von Ulrike Meinhof und Klaus Rainer Röhl.

Anfang diesen Jahres veröffentlichte Bettina Röhl die Fotos vom steinewerfenden Joschka Fischer und die Cohn-Bendit-Zitate gleichzeitig. Doch was geschah? Es dauerte Wochen, bis Ende Januar eine englische Zeitung, *The Observer*, den Skandal aufgriff. Und es verging noch ein Monat, bis auch die französische Presse einstieg.

Le Monde brachte apropos des Falls gleich ein ganzes Dossier zur Frage der sexuellen Moral und sexuellen Gewalt der 68er. Daraufhin bescheinigte die deutsche Presse den französischen Medien schlicht »Hysterie« (*Die Zeit*). Die Meinungsmacher von *taz* bis *FAZ* versicherten unisono, bei Cohn-Bendit handele es sich um eine Lappalie, die nur zur späten Abrechnung mit dem einstigen Bürgerschreck und im Wahlkampf zur »Menschenhatz« des grünen Politikers benutzt werde. Und alle zitierten unhinterfragt die sehr leicht überprüfbare Behauptung Cohn-Bendits, bei dem Text handele es sich keineswegs um Realität, sondern um »Fiktion« (in Frankreich sprach er noch von »Provokation«). Und überhaupt seien das ja auch andere Zeiten gewesen.

Ja, es waren andere Zeiten. Von Anfang an war die von den Studenten ausgelöste Jugendrevolte begleitet von der Forderung nach einer »sexuellen Revolution«, mehr noch: Sie war davon ausgelöst worden. So war zum Beispiel in Nanterre, dem Pariser Uni-Campus des Studenten Cohn-Bendit, der Ärger losgegangen, weil die Jungs nicht zu den Mädchen aufs Zimmer durften.

Diese sexuelle Revolution schien zunächst eine Befreiung für alle zu sein, denn sie machte endlich Schluss mit der Unterdrückung kindlicher Lust und erwachsenen Begehrens. Doch sie leugnete gleichzeitig die Machtverhältnisse zwischen Männern und Frauen bzw. Erwachsenen und Kindern – und wendete sich so bald gegen die Frauen und die Kinder.

Aus dem alten Sexverbot wurde der neue Bumszwang. Gehörten die Frauen früher nur einem Mann, hatten sie jetzt allen zur Verfügung zu stehen (»Wer zweimal mit derselben pennt, gehört schon zum Establishment«). Wer nicht mitmachte, galt als »prüde Zicke« – und wer mitmachte, blieb bald auf der Strecke. Und die Kinder wurden wie gleichberechtigte Sexualpartner behandelt.

Denn um die Bedürfnisse von Frauen und Kindern ging es den neuen Herren von Anfang an nicht. Sie sprachen von Menschen, meinten aber nur Männer. Die sexuelle Revolution, das machte spätestens die Frauenbewegung klar, war zum Bumerang geworden. Zum Bumerang gegen Frauen und Kinder.

Es waren in der Tat die New Boys, die 68er, die die Pornos der Old Boys aus der Schmuddelecke geholt und salonfähig gemacht hatten. Und es war ausgerechnet der Vater von Bettina Röhl, der in seiner Polit-Porno-Postille *konkret* als erster in Deutschland den Kindersex auf Hochglanz propagierte und in seinem noch unverhüllter pornografischen Nachfolgeblatt »das da« Cohn-Bendits Kapitel 9 vorabdruckte.

Bereits im Februar 1968 hatte die (übrigens heimlich von der DDR finanzierte) *konkret* erstmals mit einer nackten Minderjährigen getitelt und der »Liebe in der Schule«. In den darauf folgenden, politisch so bewegten Monaten wurden die Cover-Girls immer nackter und jünger. Im Jahre 1970 eskaliert der von *konkret* propagierte Sex mit Kindern zu Schlagzeilen wie »Vorsicht: Minderjährig!«, »Frühe Liebe mit 14« oder »Wie Schulmädchen lieben«. Auf dem Titel werden auf Lolita gestylte 12- bis 14-Jährige gezeigt. Zu der Zeit sind die Zwillingstöchter des *konkret*-Herausgebers Klaus-Rainer Röhl acht Jahre alt.

Auch die Frauen in den anderen Apo-nahen Magazinen wurden zunehmend nackter, dümmer und jünger (Ich habe das aus der Nähe erlebt: Ich war 1969 Reporterin bei *Pardon*). Die linke Presse wurde so zum Vorreiter einer offenen Pornografisierung der Medien.

Dabei hatte es zeitweise durchaus Ansätze zur Einsicht bei den Genossen gegeben. So bekannte zum Beispiel Danys WG-Genosse Joschka Fischer und heutiger Außenminister 1977 in der Szene-Zeitschrift *Autonomie*: Jeder Genosse werde wohl selber wissen, »wie kaputt Mann wirklich ist, wie kaputt seine Sexualität, seine Phantasie, seine Fähigkeit, gewaltfreie Beziehungen einzugehen«. Denn die Frauen hätten »eine ziemlich radikale Konsequenz aus ihrer Kritik an uns gezogen (und ziehen sie noch): Sie lösen sich von uns, trennen sich von uns, wollen mit uns nichts mehr zu tun haben«. Darum bliebe nun auch den Männern jetzt »nur ein Weg: Die Trennung von uns selbst«. In der Tat, Mitte der 70er Jahre waren die Feministinnen in aller Munde und die Revolutionshelden out. Prompt retirierten die verunsicherten Machos auf die klassisch männlichen Terrains: auf

Sex und Gewalt. Ein Vierteljahrhundert später wissen wir, wie es weiterging. Zu viele dieser einst halbherzig einsichtigen Männer haben sich letztendlich keineswegs von »sich selbst«, vom Männlichkeitswahn getrennt, sondern von uns, den kritischen Frauen.

Warum? Weil der als so schmerzlich empfundene Druck der Frauen nachgelassen hatte? Weil den Frauen die Luft ausgegangen war? Weil sie Kinder bekamen und dadurch wieder abhängiger wurden? Die Mehrzahl der kritisierten Männer wich auf bequemere Frauen aus und versöhnte sich mit der Machowelt. Denn die machte den verunsicherten Helden verlockende Angebote – einzige Bedingung: Die Beinahe-Softies mussten abschwören, mussten wieder Männer werden, echte Männer. So kam es, dass die Protestler von früher heute selber an der – von ihnen einst so bekämpften – Macht sind.

Cohn-Bendit gehört zu der Minderheit, die es sich dennoch nie ganz so einfach gemacht hat – aber eben dennoch zu einfach. In seinem Interview mit *Libération* betont er heute, von Anfang an sensibilisiert gewesen zu sein für das Selbstbestimmungsrecht der Kinder. So habe er, Seite an Seite mit den Feministinnen, schon 1971 gegen die Legalisierung der homosexuellen Pädophilie protestiert. Was ihn allerdings nicht hindern konnte, sich noch Jahre später selbst so schockierend zu verhalten.

Darum erwarte ich noch immer gerade von Daniel Cohn-Bendit endlich ein klares Wort: dass er sich nicht wieder rausredet, sondern die Verantwortung übernimmt für das, was er gedacht, gepredigt und getan hat.

Veröffentlicht im April 2001 in *EMMA* (3/2001)

(SEXUAL)GEWALT GEGEN FRAUEN

■ ■ ■ Wenn heute in Deutschland ein Mann seine Frau oder seine Kinder schlägt und missbraucht, so müssen die das weder erdulden, noch müssen sie fliehen. Ein Anruf bei der Polizei genügt – und der Täter wird aus den gemeinsamen vier Wänden verbannt. Das macht seit dem 1. Januar 2002 das so genannte „Wegweisungsgesetz“ möglich, nach dem familiäre Gewalttäter aus der Wohnung gewiesen werden können.

Als das Gesetz verabschiedet wurde, war es 26 Jahre her, dass in Deutschland das erste „Haus für geschlagene Frauen“ in Berlin eröffnet worden war. Seine feministischen Initiatorinnen argumentierten mit schockierenden Zahlen: Jede zweite Frau kennt sexuelle Gewalt aus eigener Erfahrung; etwa jedes dritte Mädchen ist sexuell missbraucht; drei von vier Tätern sind die eigenen Männer, Väter, Onkel. Sie ernteten dafür im besten Falle ein ungläubiges Kopfschütteln.

Auch ich selbst wurde mir des Ausmaßes dieses Problems erst Mitte der 70er Jahre bewusst. Bis dahin ahnte ich nichts von dem Ausmaß der Gewalt. Erst die Begegnung mit den Opfern hat mich sensibilisiert.

Männergewalt. Das ist einerseits das größte Problem von Frauen, andererseits ihr größtes Geheimnis. Wer ist schon gerne Opfer? So ist es eigentlich keine Überraschung, dass die Backlash-Strategie der Einteilung des Feminismus in hie den so genannten „Opferfeminismus“ und da den „Powerfeminismus“ auch unter Frauen viele Anhängerinnen fand. Dabei werden als „Opferfeministinnen“ all diejenigen abgetan, die es noch immer wagen, auch von dieser dunklen Seite des Frauseins zu reden. Als „Powerfeministinnen“ hingegen bezeichnen sich diejenigen, für die nur die strahlende Seite der Siegerinnen noch ein Thema ist.

Diese Spaltung ist natürlich so verlogen wie gefährlich. Denn auch die vielen Frauen, die in ihrem Leben schon mal Opfer waren, können morgen Siegerinnen sein – und umgekehrt kennt auch so manche Powerfrau die Abgründe von Demütigung und Schmerz. ■ ■ ■

EIN TAG IM FRAUENHAUS – 1977

Morgen. »Moment, wir müssen erst mal ein bisschen aufräumen …« Mit geübtem Hausfrauengriff werden leer getrunkene Kaffeetassen gestapelt, Teddys und Spielzeugautos gerafft. Acht Uhr morgens im Zimmer 14 im Haus für geschlagene Frauen: sechs Frauen, neun Kinder, sechs Doppelbetten, drei Kinderliegen, zwei Tische und acht Stühle. Mit mir um den Tisch sitzen alle sechs Frauen. Einige von ihnen sind schon seit Wochen hier, andere erst seit Tagen. Die letzte, Gertraut Bongartz (alle Namen geändert), 22, ist erst gestern mit ihrem Kind dazugekommen.

»Die Telefonnummer von hier hab ich von der Auskunft. Ich frag' mich nur, was die Frauen vorher gemacht haben, als es das Haus noch nicht gab.« – »Ich bin hundertmal wieder zurückgegangen, weil ich nicht wusste, wohin.« – »Ich hab immer nur davor gezittert, dass er nach Hause kommt.« – »Guck mal meine Narben an … Dreimal hat er mich krankenhausreif geschlagen.« – »Die Nachbarn? Ach die. Die machen doch nur Tür und Fenster zu. Die wollen mit so was nichts zu tun haben.« – »Und immer hast du die Hoffnung, er ändert sich …«

Rechts von mir Gudrun Held, 36 Jahre, Mutter von vier Kindern und Hausfrau. Nebenher ging sie putzen. »Ich musste. Er feierte ja laufend krank.« Am liebsten schlug er sie mit der Hundeleine. Wollte sie nicht mit ihm schlafen, hielt er ihr eine Pistole auf die Brust. Nach der Scheidung hat sie ihn wieder geheiratet – er hatte versprochen, sich zu bessern.

Als sie wieder gehen wollte, bekam sie zu hören: »Hau ruhig ab. Kriegst doch keinen mehr mit.« Zwei ihrer Kinder sind verhaltensgestört. Der achtjährige Sohn Stefan hat neulich gesagt: »Wenn ich könnte, würde ich Vater umbringen.« – Frau Held hat ein zweites Mal die Scheidung eingereicht.

Gegenüber Ilona Klein, 27 Jahre alt, drei Kinder. Ihr Mann setzte sie nach der Prügel meist vor die Tür. Auch nachts. Oft irrte sie tage- und nächtelang durch die Straßen. Einmal hat er das Kind aus dem Fenster gehalten und gedroht: »Ich schmeiß den Balg raus.« Kommentar der alarmierten Polizei: »Was wollen Sie denn. Das Kind lebt doch noch.« Den Tipp mit dem Frauenhaus hat sie von einer Sozialarbeiterin. – Frau Klein hat die Scheidung eingereicht.

Daneben Renate Herzberger, 48 Jahre alt, seit zehn Jahren verheiratet, kein Kind, von Beruf Kassiererin. Auch sie wurde oft ausgesperrt. In der fremden Stadt – sie war wegen ihm nach Berlin gezogen – wusste sie nicht, wohin. Kam sie dann zurück, wurde sie wieder zusammengeschlagen. Ihr Körper und ihr Gesicht sind mit Narben bedeckt. Zuletzt hatte sie einen Schädelbruch. Ein um Rat gefragter Anwalt antwortete: »Solange sie nicht den Kopf unter dem Arm tragen, ist sowieso nichts zu machen. Außerdem ist Alkoholismus eine Krankheit und ihr Mann kriegt bestimmt verminderte Zurechnungsfähigkeit.« – Sie hat nicht die Scheidung eingereicht. Warum nicht? »Angst. Der würde mich totschlagen.«

Und Regine Weiss, 27 Jahre alt, von Beruf kaufmännische Angestellte, Mutter eines Kindes und seither Hausfrau. Sie ist seit drei Tagen hier. Gestern hat sie zusammen mit zwei anderen Frauen ihr Kind aus der Wohnung geholt.

Am mutigsten war bei dieser Aktion Käte. Käte Mielke, 22, Mutter eines Kindes, früher Arzthelferin, heute Animiermädchen. »Meinen Namen brauchst du nicht zu ändern«, sagt sie entschlossen. »Ich stehe zu allem, was ich zu sagen habe.« Wenn Kätes Mann betrunken war, pflegte er sie in den Bauch zu treten, die Treppe herunter zu schmeißen, zu würgen und mit einer Pistole zu bedrohen. Seit ihrer Eierstockoperation nennt er sie »taube Nuss«. Oder er tönt: »Du bist ja nicht mal ne richtige Frau. Du kriegst ja keinen Orgasmus.«

Käte fiel in Depressionen und landete in der Psychiatrie. Das war am 5. Dezember vergangenen Jahres. Am 20. Dezember wurde sie wieder entlassen – und ging direkt ins Frauenhaus. »Jetzt versucht er mit allen Mitteln, mich zurückzuholen. So reagieren fast alle Männer der Frauen hier im Haus. Er schreibt mir Liebesbriefe, bombardiert mich mit Anrufen. Neulich stand er sogar vor der Tür und ließ mir ausrichten: ›Komm zurück, Schatz, ich schlag dich nicht mehr.‹«

Renate fängt an zu kichern: »Stellt euch das mal umgekehrt vor: Kätes Mann wäre im Männerhaus und sie steht vor der Tür und säuselt: ›Kannst runterkommen, Schatz, ich schlag dich nicht mehr ...‹«

Am 1. November 1976 wurde das Berliner Haus für geschlagene Frauen offiziell eröffnet. Es war das erste in Deutschland. Und schon jetzt gibt es zwei weitere: in Köln und Bremen. Und in zahlreichen Städten Fraueninitiativen für weitere Häuser.

Schon Wochen vor der Eröffnung des Berliner Hauses kamen die ersten Frauen. Sie kampierten inmitten des Renovierungsgerümpels.

Bis Ende Januar wurden 193 Frauen und etwa 300 Kinder aufgenommen. An dem Tag, an dem ich im Haus bin, leben 48 Frauen mit ihren Kindern in den 15 Räumen. Längst ist auch der ursprünglich als zweites Büro vorgesehene Raum mit Betten voll gestellt. Ilona Böttcher, die für das Büro verantwortlich ist, musste rücken. Zwischendurch kampierten sogar Frauen im Gemeinschaftsraum.

Das Haus hat das Prinzip der »offenen Tür«. Keine Frau wird zurückgeschickt. »Das können wir nicht verantworten«, erklärt Barbara, eine der Mitarbeiterinnen. »Wer weiß, ob die Frau am nächsten Tag noch lebt?« Bisher ging etwa jede vierte zu ihrem Mann zurück (einige sind schon zum zweiten Mal im Frauenhaus). Die anderen haben sich Wohnungen gesucht oder übergangsweise Unterschlupf bei Verwandten und Bekannten gefunden.

Eine Woche nach Eröffnung, am 7. November, missbrauchte eine *Bild*-Reporterin das Prinzip der offenen Tür und schlich sich als angeblich Hilfe suchende Frau ins Haus. Resultat: Am 8. November erschien ein Artikel in *Bild* mit der Überschrift: »Frauenhaus: Ich war froh, als ich wieder draußen war«. Gesehen hatte die Dame von *Bild*: »Frauen und Kinder, die nicht lachen können. Eine riesige Küche und – Frauen. Die einen starren vor sich hin, im Mundwinkel eine Zigarette. Vor sich auf dem Tisch eine Kaffeetasse. Die anderen prügeln sich mit Worten. Das ganze Haus ist verdreckt.«

Die Frauen waren empört. Aber richtig ist: Nicht wenige der geschlagenen Frauen schlucken Tabletten oder Alkohol. Polizei,

Richter und Jugendamt gegenüber versuchen die Männer, das zum Nachteil der Frauen auszuspielen. Sie vergessen nur eines: dass die Sucht in den seltensten Fällen der Anlass der Gewalt war, sondern die Folge.

Geschlagen wird – das bestätigen alle zuständigen Stellen und auch die wenigen bisher existierenden Untersuchungen – in allen sozialen Schichten. Nur scheinen Arbeiter offener, lauter zu schlagen. Angestellte und Akademiker prügeln kaschiert und greifen neben der physischen auch zur psychischen Tortur: Da ist es gang und gäbe, dass Frauen mit der Einweisung in die Psychiatrie gedroht wird.

Eine englische Untersuchung ergab, dass zwei Berufsstände besonders viel prügeln: Polizisten und Richter. Und genau die haben dann auch beruflich mit den geschlagenen Frauen zu tun. Schätzungen über die Zahl der geschlagenen Frauen schwanken in der Bundesrepublik zwischen 100.000 und vier Millionen. Untersuchungen und Statistiken existieren nicht. Was kein Zufall ist, sondern die Ignoranz und Verschleierung des Problems ausdrückt. Eine geschlagene Frau – das galt bisher als Ausnahme. Und außerdem ist sie selber schuld oder mag das vielleicht sogar gern?

Doch langsam wird klar: Wir sind alle geschlagene Frauen. Auf der Straße beschleunigen wir den Schritt, sobald abends jemand hinter uns geht. Pöbelt uns ein Besoffener an, erwidern wir nichts, weil wir Angst haben, den Kürzeren zu ziehen. Und zu Hause? Selbst der sanfteste Mann *könnte* uns immerhin schlagen. Und aus Erfahrung wissen wir Frauen, dass auch die friedlichsten Männer gewalttätig werden, wenn Frauen gehen – und Frauen gehen zunehmend.

Auch ohne Erfahrungen mit Trinkern und Schlägern haben viele Frauen solche Gewalttätigkeiten in Momenten der Trennung über sich ergehen lassen müssen. Die Männer sind fast immer die Stärkeren. Und es ist eine Frage der Gnade, ob sie diese körperliche Überlegenheit ausspielen oder nicht.

Doch wenn es heute endlich für die dringendsten Fälle Zufluchten gibt, dann ist das nicht etwa den Männern, den Polizisten, Ärzten und Ämtern zu verdanken, sondern ausschließlich den Frauen, präziser: den Feministinnen. Dieses erste Haus für geschlagene Frauen wurde, wie auch die weiteren, von Frauen aus der Frauenbewegung initiiert.

In Berlin waren es zunächst acht Feministinnen, die sich seit dem Winter '75 regelmäßig trafen: Sozialarbeiterinnen, Psychologinnen, Ärztinnen und Anwältinnen. Alles Frauen, die dank ihrer täglichen Erfahrung wussten: Es muss etwas geschehen! Sie diskutierten, sammelten Informationen, wurden bei Ämtern und Ministerien vorstellig, Ex-Ministerin Focke, im Frühling durch einen eindringlichen Brief um Hilfe und Geld gebeten, hielt es damals noch nicht einmal für nötig, zu antworten. Auch dem SPD-regierten Berliner Senat leuchtete die Notwendigkeit solcher Häuser zunächst keineswegs ein.

Doch die Frauen ließen sich nicht entmutigen. Sie veröffentlichten Broschüren und verteilten Flugblätter über das Elend der geschlagenen Frauen. Und sie klagten die Machtverhältnisse zwischen Männern und Frauen an, die es möglich machen, dass Gewalt gegen Frauen für selbstverständlich gehalten wird: von den schlagenden Männern und allzu oft sogar von den geschlagenen Frauen selbst.

Die ersten Reaktionen waren heftig. Prompt horchten die Medien auf. Im Mai '76 erklärte Ministerin Focke im Fernsehen ihr Desinteresse an dem Projekt. Sollten die Frauen sich doch wehren. Folge: »Waschkörbe von Protestbriefen« (so eine Focke-Referentin).

Nun war der Skandal nicht länger zu verschweigen. Ausgerechnet in der Vorwahlzeit. Pech für die Politiker, Glück für die Frauen. Denn SPD und FDP, die in der vergangenen Legislaturperiode dank der »progressiven Wählerinnen« an die Macht gekommen waren, sie aber dann bitter enttäuscht hatten, fürchteten, die Wahlen zu verlieren. So kam es, dass ganz plötzlich das Geld floss. Im August 1976 erteilte das Bonner Ministerium der Berliner Gruppe »Frauenhaus – Frauen helfen Frauen« eine mündliche Zusage: Das Projekt sollte ab Herbst mit 450.000 Mark jährlich als »Modellversuch« finanziert werden, nach drei Jahren sollte der Senat die Kosten übernehmen.

Nun begann ein zähes Hickhack. Die Geldgeber wollten den Wählerinnen gefallen, den Frauen aber gleichzeitig nicht zu viel Macht geben: Im Haus sollte alles so laufen, wie sie es für richtig hielten. Schon gingen Politiker und Politikerinnen mit dem Projekt hausieren, noch bevor das Haus eröffnet wurde. Mal verkündete die SPD, mal die FDP, dies sei ja eigentlich ihr Projekt.

Die Frauen, inzwischen gewitzt im Behörden- und Parteiendschungel, ließen sich nicht abdrängen. Einzige Konzession: Sie gründeten einen »Trägerverein«, der juristisch und formal für das Projekt verantwortlich ist und in dem außer ihnen selbst sechs so genannte »öffentliche Frauen« sind – das heißt, Frauen, die in der Öffentlichkeit »bekannt und angesehen« sind (Senatsformulierung). Diese sollten eine kontrollierende Funktion haben, wurden aber rasch zu einer Verstärkung im Kampf gegen den Behördenstarrsinn.

Denn Frauen sollen in diesem Haus gestärkt und nicht aufs Neue entmündigt werden. Sie sollen nicht länger nur Teil einer um jeden Preis zu kittenden Familie sein, sondern endlich lernen, an sich selbst zu denken. Die Psychologin Ursula Scheu: »Am erschütterndsten finde ich, wie wenig die hier ankommenden Frauen ihre eigenen Rechte kennen.« Manche sind so eingeschüchtert, gedemütigt und verschreckt, dass sie sich tagelang im Zimmer verstecken.

So wie die inzwischen sehr selbstsichere Renate Herzberger, die aus Angst und Scham in der ganzen ersten Woche noch nicht einmal die Rolladen hochließ. Oder wie Margit Stiefel, die schon zitterte, wenn sie nur eine Männerstimme hörte (damals waren noch Handwerker im Haus). »Für uns war von Anfang an klar, dass Männer in diesem Haus nichts zu suchen haben. Aber bring das mal dem Berliner Senat bei ...«

Mittag. Regine Weiss aus Zimmer 14 fragt, ob ich ein, zwei Stunden für sie Zeit habe. Sie ist mit ihrem Mann, der sie drängt zurückzukommen, verabredet. Sie traut sich nicht alleine hin ...

Wir steigen in mein Auto und fahren los. Quer durch Berlin. Auf der Fahrt erzählt sie mir von ihrer Ehe. Wie sie damals aufgehört hat zu arbeiten, als das Kind kam. Wie sie Tag für Tag in der Wohnung saß und anfing zu trinken. Und wie er anfing, sie zu schlagen. »Aber eigentlich ist er ganz nett«, nimmt sie ihn in Schutz. »An so was sind ja immer beide schuld. Er weiß sich einfach nicht anders zu behelfen. Er hat sogar einen Selbstmordversuch gemacht.« Sie sagt auch, dass sie sich seit Monaten nicht mehr allein auf die Straße traut. Angstzustände.

Wir lesen ihn an der Bushaltestelle 19, Platz der Luftbrücke, auf und fahren zusammen in ein jugoslawisches Restaurant in Neukölln.

Zunächst will er in meiner Gegenwart nicht reden. Ich frage sie leise, ob ich nicht doch gehen soll. Sie fleht mich an zu bleiben.

Er ist tatsächlich ganz nett. Keines von diesen Monstern, von denen ich im Haus mehr als genug gehört habe. Er hat seine Frau nicht am Stuhl festgebunden, nicht in Gegenwart des Kindes Feuer um sie herum gelegt, bis die Feuerwehr zum Retten kam – so wie Herr Huber. Er hat keinen Feuerhaken auf dem Hals seiner Frau verbogen und ihr das Knie ausgerenkt – wie Herr Herzberger. Er hat auch nicht mit Kollegen zusammen seine Frau verprügelt und sie reihum vergewaltigen lassen – so wie Herr Schmiederer. Er hat seine Frau »nur« alle paar Tage geschlagen. Immer wenn er Aggressionen hatte oder nicht mehr weiterwusste …

Er will, dass sie zurückkommt. »Ich hab dich doch noch gern.« Und sie? Sie hat Angst, Angst, Angst. Als ich behutsam versuche, ihm ihre Angst klarzumachen, wischt er das mit einem gar nicht böse gemeinten »Ach die spinnt doch! Die hat doch gar keine Angst!« vom Tisch.

Regine verstummt, fängt an zu zittern, wird rot, schnappt nach Luft, rennt raus und schluckt Tropfen. Sie ist seit Monaten in Behandlung. Schwaches Herz. Als wir mit dem Kind zusammen zurück ins Haus fahren, sagt Regine: »Gut, dass du dabei warst. Allein hätt ich es nicht geschafft.«

Abend. Alle Frauen duzen sich. Auch die Mitarbeiterinnen. Das Team ist gleichberechtigt, es gibt keine Chefin und keine Hierarchie. Die Bewohnerinnen haben eine regelmäßige Hausversammlung, in der auch Mitarbeiterinnen vertreten sind. Außer einigen Minimalregeln gibt es auch keine Hausordnung. Das klappt natürlich nicht immer – denn für viele der Frauen, die bisher in der totalen Abhängigkeit gelebt haben, sind gleichberechtigte Beziehungen ungewohnt.

»Die Frauen sind zwar selbstständig, aber sie fühlen sich nicht selbstständig«, erklärt mir Ruth Nehren, eine der Mitarbeiterinnen. »Du darfst nicht vergessen, eine der Hauptwaffen der Männer ist neben der körperlichen Gewalt die seelische. Die reden den Frauen immer wieder ein, sie seien dumm und minderwertig.«

Erst im Frauenhaus hebt so manche Frau nach langen Jahren erstmals wieder den Kopf. Lore Hansmann, 28, Tochter eines Taxifahrers, erfüllte sich gar einen Jungmädchentraum: Sie lernte Busfahren und karrt nun die Frauen und Kinder im Haus-Bus zum Einkaufen oder macht Möbeltransporte.

Auch im Haus machen die Frauen mit. Sie verwalten Küche und Wäsche, putzen alles selbst, kümmern sich um neu ankommende Frauen, trösten sie, nehmen ihre Personalien auf und erklären ihnen die tausend erforderlichen Behördengänge.

Ein ganz großes Problem sind die Kinder. Helga Tomek und Sylvia Krug, die sie betreuen, erzählen: »Da ist einmal die Umstellung: eine fremde Umgebung, eine neue Schule. Und dann sind die meisten Kinder sehr, sehr verstört. Oft wurden sie selbst vom Vater geprügelt – und nicht selten mussten sie die für die Mütter demütigenden und traumatisierenden Szenen mit ansehen ... Viele Kinder lernen erst hier wieder spielen und lachen.«

Das Haus kann und will nur Übergangsstation sein. Schon jetzt ist klar, dass es für Berlin nicht reicht. Nach den gemachten Erfahrungen halten die Frauen Anschlusshäuser für notwendig. Solche, in denen halbwegs stabilisierte Frauen in weitgehender Eigenverantwortung zusammen leben können, bevor sie sich ganz auf die eigenen Füße stellen (und dann allein oder mit anderen Frauen gemeinsam eine Wohnung nehmen). Auch sind therapeutische Frauenwohngemeinschaften nötig, die Frauen, die auf längere Sicht nicht allein existieren können, aufnehmen. Das ist die praktische Seite.

Doch auch politisch muss noch viel geschehen. Haben wir die materiellen Voraussetzungen zum Handeln geschaffen, muss sich Grundlegendes in unseren Köpfen ändern. In den Männerköpfen, in denen Gewalt und Liebe identisch sind. Und auch in Frauenköpfen. Auch Frauen müssen umdenken. Und sie müssen stark genug werden, um auch unwillige Männer zum Umdenken zu zwingen – oder aber gehen können. Frauen müssen lernen, sich zu wehren.

Veröffentlicht im Februar 1977 in *EMMA* (3/1977)

Ich bin den Weg tausendmal gegangen. Die letzten Meter der Ehrenstraße, links das »Schmittchen« und danach die WDR-Schaukästen, rechts der Feinkostladen und der Optiker; dann über die sechsspurige Nord-Süd-Fahrt, die die Kölner Innenstadt zerschneidet; vorbei an dem Herrenausstatter, der Galerie und der Parfümerie auf der Ecke vom Kolpingplatz. Ich würde jetzt in die erste Tür links reingehen, da logiert *EMMA*. Aber sie, was hat sie getan an diesem Abend?

Samstag, 5. Oktober 1991. Angelika Bayer, 37, kauft mit ihrem Lebensgefährten Rainer N. in Köln ein. Die beiden wohnen in dem Düsseldorfer Vorort Eller und sind mit dem Wagen da. Langer Samstag. Als die Geschäfte schließen, kehren sie im »Schmittchen« ein. Das Lokal im Bistro-Stil hat eine ausladende Theke, ein paar Tische und gehobenes Publikum. Neben Kölsch wird auch gerne Schampus geordert und passend dazu geflirtet, »der WDR« verkehrt hier.

Angelika und ihr Freund »versacken«, halten mit bei einer Geburtstagsfeier am Nebentisch. Gegen eins ist sie müde, möchte nach Hause. Ihr Freund will noch bleiben. Sie verlässt das Lokal. Beide haben einen Autoschlüssel, der Wagen steht drei Fußminuten entfernt, direkt am Kolpingplatz. Und der Bahnhof ist nur ein paar hundert Meter weiter, von da aus fährt die S-Bahn nach Eller. Angelika Bayer tritt auf die Straße. Allein. Es regnet in Strömen. Wenige Minuten später folgt ihr Freund. Zu spät.

Der Tod tritt zwischen ein und drei Uhr nachts ein. Genauer lässt sich die Uhrzeit nicht bestimmen, die Leiche lag zwei Nächte und zwei Tage lang im Gebüsch. Mitten in der Stadt. Einen Steinwurf entfernt von der Hauptgeschäftsstraße am Dom. Und – schräg gegenüber von *EMMA*. Noch nicht einmal 50 Meter von unserer Tür.

Wir sind alle in diesen zwei Tagen mehrere Male an der Leiche vorbeigegangen. Wir alle nehmen täglich diesen Weg, den auch sie gegangen ist oder geschleift wurde. Ihre Endstation war das Gebüsch am Museum, gleich neben der Kirche, wo ein paar Blumen, Büsche und Bäume stehen. Am Platz: Wohnhäuser, Geschäfte, ein Lokal und die Pförtnerloge des WDR, Tag und Nacht besetzt. Gleich um die Ecke der Pförtner des Museums, ebenfalls rund um die Uhr da.

Dennoch hat es zwei Tage gedauert, bis ein Mann »zum Wasserlassen ins Gebüsch trat« (Polizeibericht) und die Leiche sieht. Da liegt Angelika Bayer, den Rock hochgeschoben, die Strumpfhose zerrissen, die Handtasche unberührt daneben.

Als der Passant sie am Montagabend gegen 22 Uhr findet, ist sie seit etwa 44 Stunden tot. Einen Monat später tappt die Kölner Polizei noch immer im Dunkeln. »Ein Zufallstäter«, sagt sie, »das sind immer die Schwierigsten. Und dann der Regen, der hat alle Spuren verwischt.« Wahrscheinlich wird der Vergewaltiger und Mörder von Angelika Bayer nie gefunden werden.

Wie konnte das passieren? Als die von allen als »attraktiv« und »selbstbewusst« geschilderte Frau Samstagnacht das Lokal verlässt, hat sie nicht mehr als 500 Meter zum Auto am Kolpingplatz. Und von da aus weitere 500 Meter zum Bahnhof. Ist Angelika Bayer zum Auto gegangen und wurde dort in die Büsche gezogen? Ging sie weiter in Richtung Bahnhof und wurde in der kleinen Anlage überfallen? Stellte sie sich im strömenden Regen unter und wurde angesprochen oder verfolgt? Stieg sie an der Nord-Süd-Fahrt vielleicht sogar in ein Auto ein, weil ihr jemand anbot, sie zum Bahnhof zu fahren?

Wir werden es vermutlich nie erfahren. Sicher scheint nur zu sein, dass es keiner der Gäste im Lokal war, sondern eben ein »Zufallstäter«. Einer, der jede genommen hätte. Angelika Bayer. Oder mich. Zum Beispiel.

Es vergeht kein Tag in der *EMMA*-Redaktion, an dem wir nicht über Angelika Bayer reden. Sieben Tage später kommt die zweite Hiobsbotschaft: Etwa zur gleichen Zeit, nur wenige hundert Meter entfernt, wird eine 24-jährige Frau in ihren Hausflur gedrängt, vergewaltigt und gewürgt. Sie kommt mit dem Leben davon. Zehn Tage später die dritte. Ein paar Straßenbahnstationen entfernt von der

Innenstadt wird die 16-jährige Seckin Caglar in dem Kölner Vorort Poll um 18.45 Uhr auf dem Nachhauseweg vergewaltigt und erwürgt. Die alarmierte Polizei sucht nicht nach der Vermissten. Ihr Onkel findet sie am nächsten Morgen tot im Gebüsch, nur 150 Meter von der Wohnung entfernt.

Die junge Türkin hatte vor diesem einsamen und unbeleuchteten Fußweg am Stadtrand, zwischen Haltestelle und Wohnblock, immer Angst. Alle Frauen hatten Angst. Darum forderte die Frauenbeauftragte der Stadt schon vor zwei Jahren die Verlegung der Haltestelle – wäre das geschehen, Seckin würde noch leben. Auch der Mörder von Seckin Caglar scheint ein »Zufallstäter« zu sein. Einer, dem egal ist, welche – Hauptsache Frau. Auch er ist bei Redaktionsschluss dieses Heftes, also einen Monat nach der Tat noch nicht gefunden.

Nicht immer ist die Polizei so erfolglos. 90 Prozent aller Morde werden aufgeklärt. Vorneweg die Polizistenmorde. Am 12. Oktober werden zwei Polizisten brutal getötet. Die Tat macht täglich Schlagzeilen, die Fahndung läuft bundesweit. Am 22. Oktober gehen 10.000 Polizisten auf die Straße. – Am 16. Oktober, also vier Tage nach der Tat, werden die Täter gefasst. Die Beerdigung der Opfer erregt große Anteilnahme.

Und noch etwas beschäftigt die Öffentlichkeit in diesen Tagen: die eskalierenden Aggressionen gegen AusländerInnen. Hoyerswerda wird zum Signal. Rassisten randalieren, Steine fliegen, Feuer lodert. Die ersten Toten. Grund genug für alle anständigen Deutschen, nicht tatenlos zuzusehen.

Solidaritätserklärungen, Proteste, Demonstrationen, Bundestagsdebatten, eine Artikelflut über und gegen Ausländerhass. Allein in Köln gehen am 8. Oktober 6.000 Menschen auf die Straße (»Ausländer, lasst uns mit diesen Deutschen nicht allein!«) Eine der Demo-Stationen gegen den Rassismus ist der Kolpingplatz. Hoch-die-internatio-nale-Soli-dari-tät! Ja.

Bei *EMMA* wird noch gearbeitet, Redaktionsschluss. Ich stehe am Fenster und schaue runter: rechts die Gegner des Rassismus, 50 Meter weiter links der Tatort des Sexismus. Noch vor 24 Stunden hatte Angelika Bayer da gelegen, erwürgt.

Hätte da statt ihrer ein Türke oder ein Schwarzer gelegen, wäre dieser Ort jetzt zu Recht das Ziel des antirassistischen Protestes von Tausenden: Kerzen, Blumen, Blitzlichter und TV-Kameras. Seht her, hier ist er gestorben, und ihr habt es zugelassen! Ihr alle seid mit schuld. Nicht nur die Täter. Auch ihr potentiellen Täter. Auch ihr Gleichgültigen. Auch ihr, die ihr es bagatellisiert. Und ihr, die ihr die Augen zumacht.

Aber da lag kein Fremder. Da lag nur eine Frau, Angehörige einer Spezies, die Männern wohlvertraut ist. Zwei Wochen später erhalte ich einen Brief meines Kollegen Hans-Geert Falkenberg. Er schickt mir eine Resolution des PEN-Clubs und lässt mich wissen, dass er ganz persönlich sich im Raum Köln dafür einsetzen wird, dass dieser Beschluss nicht Papier bleibt. Und das ist der Wortlaut der Resolution des PEN, dieser honorablen internationalen Vereinigung von SchriftstellerInnen:

»In unserem Land werden wieder einmal Menschen verletzt, geschlagen, gejagt, verbrannt. Wir dürfen dem nicht länger tatenlos zusehen und damit Schuld auf uns laden. Sofort müssen wir diese bedrohten und bedrängten Menschen persönlich schützen. Das heißt, wir sind bereit, vor und in ihren Unterkünften Wachen zu stellen und die Polizei bei ihrer Schutzaufgabe symbolisch zu unterstützen. Langfristig müssen wir außerdem Patenschaften übernehmen, damit Schutz und Hilfe von Dauer sind.«

Bravo! »Wir dürfen nicht länger tatenlos zusehen und damit Schuld auf uns laden.« Dieser Satz hat mich am stärksten beeindruckt, denn er benennt den Kern des Problems: und das sind weniger die paar Schurken und mehr die Millionen Gleichgültigen. Ja, Herr Kollege, ich bin dabei! Nur – sind Sie auch bei meiner Sache? Sind Sie gegen Rassismus – und gegen Sexismus? Machen Sie sich überhaupt klar, dass nicht »wieder einmal«, sondern immer noch Frauen verletzt, geschlagen, gejagt, vergewaltigt und getötet werden – nur weil sie Frauen sind? Ja? Dann dürfen Sie auch hier nicht länger zusehen und Schuld auf sich laden.

Begleiten Sie mich also, Herr Kollege, auf meiner Fahrt von Köln nach Düsseldorf-Eller, um ein wenig mehr zu verstehen von dem Menschen, der Angelika Bayer war. In der S-Bahn haben wir Zeit aus dem Fenster zu schauen. Der Rhein, die Vororte, Kleinstädte. In der verebbenden Häuserflut die letzten Felder, wie Inseln. Da, wo Düsseldorf anfängt, ins Brachland zu kriechen, da steigen wir aus.

Ein langer, öder Bahnsteig, Treppen, die Unterführung. Etwa 300 Meter bis zum Haus von Angelika Bayer – reichlich Gelegenheit für einen »Zufallstäter«. Rechts ein verlassener Gebrauchtwagen-Parkplatz, daneben eine Grabstein-Werkstatt mit Lagerhallen, Höfen und Schutthalden. Links stille Wohnhäuser mit niedrigem Gebüsch.

Nein, halt, Herr Kollege, laufen Sie nicht weg. Begleiten Sie mich noch in den dritten Stock des Hauses Karlsruher Straße 40. Da wird uns die Nachbarin zögernd die Tür aufmachen und am Küchentisch sagen: »Wir haben hier immer Angst ... Aber als Frau verdrängt man das ... dir kann das nicht passieren ... ich kann mir auch nicht vorstellen, warum die Männer so was tun ... Haben die einen Hass ...?«

Und auch das, Herr Kollege, sollten Sie sich noch zumuten. Nur eine Treppe höher ist die Wohnung von Angelika Bayer und ihrem Lebensgefährten. Unten an der Haustür stehen noch beider Nachnamen an der Klingel, hier oben steht nur: Angelika & Rainer, darüber ein hellgelber Schmetterling. Der Lebensgefährte macht die Tür schon lange nicht mehr auf, er flüchtet seit ihrem Tod vor der Sensationspresse, für die das Ganze ein geiler »Sex-Mord« ist.

Wer war Angelika Bayer? Eine Frau wie viele. Mit 16 Flucht von zu Hause, weg von Mutter und Stiefvater, von Gewalt und Kleinstadt, rein in ein selbst bestimmtes Leben. An der Uni studiert sie Wirtschaftswissenschaften und Pädagogik in Düsseldorf und Essen. Nach dem Staatsexamen macht sie sich mit einem Freund selbstständig. Und lernt, lernt, lernt: Fernuniversität, Schulungen, Kurse. 1988 fängt sie bei einer Düsseldorfer Software-Firma an, Marketing und Verkauf sind ihre Domänen. Die Kunden schätzen sie.

»Sie hat immer gekämpft«, sagen die Kollegen. Als Feministin hätte sie sich wohl nicht bezeichnet, doch sie hatte ein »ausgeprägtes Selbstbewusstsein, darunter aber war sie empfindsam und sehr abhängig von Lob«. Ab 1992 wollte sie sich selbstständig machen, für die Firma freiberuflich arbeiten und PC-Schulungen geben.

Der Arbeitsplatz von Angelika Bayer ist leer, auf ihrem Schreibtisch stehen Blumen. Ihre Kollegen wirken nachdenklich. Die einzige Kollegin kann es nicht fassen. »Ich dachte immer«, sagt die 24-Jährige, »so was passiert nur jungen Mädchen. Aber Angelika – ausgerechnet Angelika …«

Im letzten Urlaub auf Ischia hat sie sich Hot Pants aus schwarzem Samt gekauft und ist damit abends ausgegangen, trotz der Bedenken ihres Freundes. Als die beiden das Restaurant betraten, verstummten alle – na und! Angelika war: attraktiv, selbstbewusst und aufgeschlossen. Eine moderne Frau.

»Nie hätte ich gedacht, dass die mal Opfer wird«, sinniert die Kollegin und vergisst dabei ganz ihre Chefs, die neben ihr sitzen: »Man ist wirklich machtlos … Nichts hilft … Alles machen die Männer … Sogar die Mode … In diesem Sommer haben sie uns kurze Röcke diktiert – und was passiert? Man wird mit Blicken ausgezogen. Man will den Männern ja gefallen. Und so wird man dann da hineingepresst …«

Angelika Bayer machte sich gerne chic und ging gerne aus, auch allein. »Ich sehe nicht ein, dass ich mich einschränken soll! Warum kann ich mich nicht bewegen wie ein Mann?« Das sind ihre Worte. Sie hat sie vor noch gar nicht langer Zeit ihrer besten Freundin gesagt. Ihr Freund, stolz und beunruhigt zugleich über Angelikas Selbstbewusstsein, war sich der Gefahr bewusst und brachte ihr in den letzten Jahren Selbstverteidigung bei. »Mir kann nichts passieren, ich kann Karate!«, hat Angelika Bayer im Büro stolz gesagt.

Und ihre beste Freundin? Was sagt die? »Angelika ist ermordet worden, weil sie zu selbstbewusst war.« Wie sie darauf kommt? »Ich spüre das …«

»Attraktiv« ist das häufigste Adjektiv der lokalen Berichterstattung über Angelika Bayer, »selbstbewusst« das zweithäufigste. Warum Angelika Bayer an diesem Abend das Lokal früher verließ als ihr Freund? Der *Kölner Stadt-Anzeiger* weiß von Kommissar Kosemund: »Der Mann sei weniger müde gewesen als die Frau. Die selbstbewusste Angelika Bayer habe wohl mal wieder einmal ihren Kopf durchsetzen wollen und beabsichtigt, allein mit dem Zug nach Düsseldorf zu fahren.«

Das hat sie nun davon. Wollte wieder mal ihren Kopf durchsetzen. Und Seckin Caglar? »Die 16-Jährige galt als äußerst bedacht«, weiß die Presse, sie nahm immer dieselbe Bahn, ließ sich normalerweise vom Vater oder Bruder von der Bahn abholen und informierte ihre Eltern schon bei einer halben Stunde Verspätung. So oder so, selbstbewusst oder bedacht, attraktiv oder unscheinbar, jung oder alt – Frauen sind Opfer. Und Männer sind Täter.

Frauen und Männer, die davor nicht länger die Augen verschließen und es zu Ende denken, müssen handeln! Frauen müssen sich schützen und sich zusammentun. Und Männer müssen sich von den Tätern distanzieren, ja, sie bekämpfen – oder aber hinnehmen, dass auch sie für (potentielle) Täter gehalten werden. Wäre der Sexismus eine nur annähernd so ernst genommene politische Kategorie wie der Rassismus, würden wir alle Kopf stehen wegen der Welle sexistischer Gewalt, die tagtäglich durch unser Land geht.

Aufklärung, BürgerInnenwehr, Polizeischutz, Politikerdebatten, Gesetze, konkrete Maßnahmen zur Verhinderung der Aggressionen – alles zum Schutz der gefährdeten Frauen vor den potentiellen Tätern. Und jeder einzelne Mann, der tatenlos zusieht, lädt damit Schuld auf sich. Sie, Herr Kollege Falkenberg, werden verstehen, was ich meine.

Das Bundeskriminalamt (das in seiner Statistik bis 1989 noch nicht einmal »versuchte« und »vollendete« Sexualmorde trennte) behauptet allen Ernstes; 1990 habe es im gesamten Bundesgebiet nur 23 Sexualmorde gegeben. Mit Verlaub: Ich bezweifele das. Ich bin sicher, dass die Zahl um ein Vielfaches höher liegt. Allein in Frankreich wurden 1990 genau 390 Frauen ermordet, weil sie Frauen waren – eine Zahl, die nicht aus den Polizeistatistiken stammt, sondern von Feministinnen gesammelt wurde. Sind also die 23 eine bewusste Manipulation? Oder einfach nur Schlamperei, weil die Herren diese Art von Morden nicht so relevant finden?

Für Angelika Bayer hat niemand demonstriert. Für Seckin Caglar schon. Zehn Tage nach ihrem Mord riefen kurdische und türkische Feministinnen zum Protest: Samstag, 11 Uhr, an der Haltestelle. Es kamen rund 30 Menschen, darunter ein Mann (übrigens alles Türken), bis auf die zwei *EMMA*-Frauen.

Was ist los? Haben inzwischen selbst deutsche Feministinnen vergessen, warum Angelika Bayer sterben musste? Dabei ist die Antwort einfach. Sie starb, weil sie eine Frau war.

Veröffentlicht im November 1991 in *EMMA* (12/1991)

PS: Der Mörder von Angelika Bayer wurde nie gefunden. Aber er hat noch – mindestens? – zweimal zugeschlagen. Die Polizei erkannte ihn an den »besonders perversen« Tatmerkmalen.

FRAUENHASS & FREMDENHASS – 1993

Wahrlich, wir leben in erstaunlichen Zeiten. Selten hatten wir Frauen so viel Grund, stolz zu sein. Stolz auf unser freies Denken und Handeln, auf unsere Einmischung ins Weltgeschehen. Stolz auch darauf, nicht länger Frauen von Männergnaden zu sein, sondern den aufrechten Gang zu gehen. Gleichzeitig aber stehen wir ohnmächtig vor dem eskalierenden Männlichkeitswahn an allen Fronten, ob in Mölln oder Bosnien. Diese Jungs in ihren Springerstiefeln hassen einfach alles, was »anders« ist. Anders als sie, anders als er.

Türken oder Schwarze sind anders für den neudeutschen Herrenmenschen, Juden oder Behinderte, Homosexuelle oder Frauen. Doch es gibt einen entscheidenden Unterschied zwischen den Frauen und all den anderen »Untermenschen« – wir Frauen sind den Herrenmenschen nahe: Wir teilen als Mütter, Schwestern oder Geliebte ihr Leben. Und trotzdem trifft uns derselbe, ja sogar ein noch größerer Hass.

Die deutsche Bilanz 1992: Rund ein Dutzend Fremdenhass-Morde – und Empörung darüber. Plus einige Hundert Frauenhass-Morde (meist Sexualmorde genannt) – und Schweigen darüber. Fremdenhass ist heute in aller Munde, Frauenhass wird als solcher noch nicht einmal wahrgenommen, ist bisher keine politische Kategorie. Dabei ist der Frauenhass die Mutter allen Hasses. Auf diesem früh eingeübten und alltäglich gelebten Hass vor der fremden Nächsten wuchert der Hass vor allem anderen. Warum sollte der Herrenmensch nicht auf Fremden herumtrampeln, wenn er gewohnt ist, seine Nächsten unterm Stiefel zu haben? Wer Frauen schlägt, der schlägt auch Fremde.

Frauenhass und Fremdenhass haben mehr als eine Wurzel: Der eine baut auf dem anderen auf. Es ist der Wahn, etwas Besseres zu sein als der/die andere. Es ist der Wahn, Herr zu sein über Leben und Tod. Es sind Faustrecht, Enthemmtheit und Rammelroutine. Voll gestopft bis an die Haarwurzeln mit sexistischen und rassistischen Parolen und zugedröhnt mit Gewalt/Porno-Videos ziehen sie los: jeder Einzelne eine tickende Zeitbombe.

Dass der pathologische Frauenmörder von Beelitz auch Hitlers Geburtstag zu feiern pflegt, halten die Medien immerhin für erwähnenswert. Dass die Jungs in den Springerstiefeln sogar die Mädchen in ihren eigenen Reihen vergewaltigen, das wird nur in Boulevardblättern berichtet. Und dass in Bosnien erstmals nicht etwa marodierende Fremde die Frauen in Vergewaltigungslagern internieren, sondern ehemalige Schulkameraden und Nachbarn sie zum Foltern aus den Häusern zerren – das wird nur en passent erwähnt.

Trotz Arbeitslosigkeit und dank Feminismus waren im Westen Deutschlands noch nie so viele Frauen berufstätig wie heute – nur im bis zur Wende voll berufstätigen Osten ist das leider umgekehrt. Gleichzeitig aber steigt die Sexualgewalt, und ihre Propagierung, die Pornografie, dringt via TV in alle Wohnzimmer. Ja, wer will sich denn da wundern über Hass und Gewalt gegen Fremde, wenn die Demütigung der Frauen so selbstverständlich ist?

Greifen die verunsicherten Männer gerade wegen des steigenden Selbstbewusstseins dieser »Anderen« zum bewährten Mittel der Gewalt, um ihre so lieb gewordenen Privilegien nicht zu gefährden? Und sind die grölenden Jungmänner in Springerstiefeln nur die sichtbare Vorhut einer Männermacht, auf deren Grund wie immer die Schreibtischtäter sitzen?

Veröffentlicht im Dezember 1992 in *EMMA* (1/1993)

KEIN GRUND ZUR EMPÖRUNG – 1997

»Nicht Ausländerfeindlichkeit, sondern eine Familientragödie ist offenbar der Hintergrund des Brandanschlages von Krefeld«, meldete nicht nur die *Süddeutsche Zeitung* auf Seite 1. Die Erleichterung war groß. Bei liberalen und linken Medien ebenso wie bei DemonstrantInnen, die nach der Mordnacht von Ostermontag zu Tausenden empört auf die Straße gegangen waren.

In der Tat ist die 41-jährige Fatima Demir mit ihrer Tochter und ihrem Sohn nicht dem Fremdenhass, sondern dem Frauenhass zum Opfer gefallen. Doch diese Kategorie existiert bisher kaum im öffentlichen Bewusstsein, obwohl Jahr für Jahr allein in Deutschland die etwa hundertfache Anzahl von Menschen am Frauenhass sterben: rund 800 jährlich. Auch eine politische Kategorie ist der Frauenhass (noch) nicht – im Gegensatz zum Fremdenhass, der nach den Ausschreitungen in den vergangenen Jahren sehr rasch Eingang fand in die Statistiken der Polizei und die Argumentation von Justiz und Politik.

Aziz Demir, 42, war bereits in der Mordnacht in Haft genommen worden, allerdings in »Schutzhaft«, weil er sich angeblich unter Gefährdung seines eigenen Lebens in die brennende Wohnung stürzen wollte. Demir schwor den »Mördern« seiner Frau weinend Rache. Vier Tage später war es raus: Demir, der kein Auto besitzt, wurde beobachtet, wie er drei Stunden vor Brandstiftung einen Kanister Benzin kaufte, und damit kurz vor Brandlegung vor seinem Haus gesehen. Er hatte hohe Spielschulden und ein Verhältnis mit einer Prostituierten in gleichen Haus. Seine Frau, die im Besitz des Familienvermögens war, hatte nach Ostern die Scheidung einreichen wollen …

Doch dazwischen waren vier Tage der Unklarheit. Sie wurden voll genutzt von den Kräften in Deutschland und der Türkei, denen das

Krefelder Drama gerade recht kam für ihre politischen Ziele. So zögerte der rechtsradikale, islamistische Staatspräsident Erbakan – ein Befürworter eines türkischen Gottesstaates mit Gottesgesetz – nicht, die »antiislamische Stimmung in Deutschland« für die »Gräueltaten« verantwortlich zu machen. Auch Jugendforscher warnen: In Deutschland sympathisiert heute schon jeder dritte türkische Jugendliche mit den Gotteskriegern.

Türkische Organisationen in Deutschland – von denen heute die meisten in islamistischer Hand sind oder unterwandert – schlugen prompt die Gründung eines »Forums gegen Rassismus und Fremdenfeindlichkeit« vor. Und PKK-Anhänger schreckten selbst nach der Nachricht von der Verhaftung Demirs nicht vor dem Versuch zurück, die türkische Fahne von den Särgen zu reißen und sie gegen die kurdische auszutauschen.

Auch die Medien kochten ihr Polit-Süppchen auf dem lodernden Feuer. Die türkische Zeitung *Hürriyet* appellierte »an die Menschheit« und machte »Kohls Zivilisationsgraben« für die Toten verantwortlich. Und die *taz* prangerte »das geistige Klima, das die Täter treibt« an: »Wir fühlen genau, wie sich der Himmel über Europa gründlich zu verdunkeln beginnt für alle unerwünschten Eindringlinge aus dem armen Süden.«

Eine *taz*-Reporterin stellt nach einem Besuch in Krefeld die verzweifelte Frage: »Warum sind die Opfer immer wieder Türken?« *EMMA* sei nicht nur in diesem Falle erlaubt, eine zweite Frage hinzuzufügen, nämlich die: Warum sind die Opfer immer wieder Frauen?

Veröffentlicht im April 1997 in *EMMA* (3/1997)

FRAUENMÖRDER, DIE SS DES PATRIARCHATS – 1994

Sind Sie eine Frau? Wenn ja, dann stellen Sie sich nur einmal und wenigstens ein paar Minuten lang Folgendes vor: Wir leben in einer Welt, in der es alle Freuden und Probleme gibt, die Sie kennen. Liebe und Hass, Freiheit und Abhängigkeit, Sinnlichkeit und Gewalt. Nur ein Problem gibt es nicht: Es gibt auf der Straße keine Sexualverbrecher mehr, weder Vergewaltiger noch Lustmörder. Es gibt zwar immer noch die private (Sexual)Gewalt gegen Frauen, aber wenigstens keine öffentliche mehr.

Können Sie sich vorstellen, wie wir Frauen uns in einer solchen Welt bewegen würden? Wie wir durch die Straßen schlendern. Wie wir in langen Sommernächten im Park sitzen (zwar immer noch auf der Hut vor Räubern, aber befreit von der Angst vor Vergewaltigern). Wie wir auf Abenteuerreisen gehen, quer durch den Dschungel der Städte und der Natur. Wie frei wir wären. Wie übermütig und verwegen. Es wäre ein anderes Leben! Ein Leben, das jeder Mann kennt. Ein Leben, von dem Frauen noch nicht einmal etwas ahnen.

Das Verhältnis zwischen Männern und Frauen ist seit Jahrtausenden ein Machtverhältnis, in dessen Strom sich nur Einzelne auf Inseln der Zärtlichkeit und des Respekts retten können. Machtverhältnisse aber, auch die zwischen den Geschlechtern, funktionieren nur, solange die Unterdrückten stillhalten. Dazu müssen sie Angst haben, müssen den Preis der Auflehnung kennen. Und die, die rebellieren, müssen diesen Preis zahlen, sichtbar zahlen. Das ist logisch. Zur wahren Machterhaltung aber gehört immer auch die scheinbare Unlogik: die Willkür des Terrors. Es kann jede treffen. Egal, was sie tut.

Für uns Frauen bedeutet das: Eine jede ist Opfer von Sexualgewalt oder kann es werden – egal wie stark oder selbstbewusst sie ist. Für die Männer heißt das: Ein jeder ist Täter oder kann es werden – egal wie schwach oder bewusst er ist. Denn das Fuchtbare ist, dass der Mann seinen eigenen Körper zur Waffe gemacht und Liebe mit Hass schier unlösbar verknüpft hat. Diesen Körper haben Frauen lieben gelernt – und hassen.

Alle Frauen wissen um die Gefahr, auch die, die sie nicht wahrhaben wollen: Unsere Mütter haben sie uns zugewispert, oft ohne Worte; unsere Schwestern werden vor unseren Augen ihre Opfer; und unseren Freunden sind wir dankbar, wenn sie keine Täter sind. Dieses Wissen um die drohende Erniedrigung und Zerstörung sitzt tief in uns allen. Es prägt jedes Gefühl, jeden Gedanken, jede Regung. Und sollten wir es in Momenten des Übermuts einmal vergessen, erinnert uns spätestens die rituelle Tagesmeldung über die Vergewaltigung oder den Sexualmord von nebenan wieder daran.

Im Interessenkonflikt zwischen Völkern und Rassen wird geschossen und gebombt. Im Interessenkonflikt zwischen den Geschlechtern wird gerammelt und gewürgt. Aber erst der Lustmörder macht uns wirklich klar, dass wir Frauen der allerletzte Dreck sind. Eine, die man nicht nur dumm anmachen, antatschen und vergewaltigen kann, sondern eine, die man auch zerstören und zerstückeln kann. Eine, die Lust macht – Lust zu töten.

Auf dem Schlachtfeld dieses längsten und nie erklärten Krieges der Menschheitsgeschichte haben Vergewaltiger und Lustmörder eine wichtige Funktion: Vergewaltiger sind die »Stoßtrupps, die terroristischen Guerillas« (Susan Brownmiller). Und Lustmörder, Lustmörder sind die Elite, die SS des Patriarchats. Ihre Opfer sind nie nur Zufallsopfer, sondern immer strategisch unentbehrlich zum Machterhalt. Denn sie dienen der Einschüchterung aller Frauen: Seht her, das machen wir mit einer wie euch.

Konfliktforscherinnen haben entdeckt, dass in Gesellschaften mit stabilen Geschlechterverhältnissen am wenigsten und mit instabilen am meisten vergewaltigt wird. Stabil meint: gefestigt gleich oder gefestigt ungleich. Instabil meint: erschüttert durch Frauen, die die Vorherrschaft von Männern in Frage stellen. Sexualgewalt ist also keine Frage von Lust, sondern eine von Macht. Und Sexualgewalt ist eine politische Gewalt: Ihre Opfer sind politische Opfer.

Dies zu Ende zu denken, ist bedrückend. Aber es ist auch ermutigend. Denn nur wenn wir der Wahrheit ins Gesicht sehen, können wir sie auch begreifen – und beginnen, sie zu verändern.

Von sympathisierenden Männern müssen wir die eindeutige Absage an jegliche Sexualgewalt fordern, Hilfe beim Schutz von Frauen und Bekämpfung der Sexualverbrecher. Von einem Staat, der vorgibt, nicht länger ein Männerstaat, sondern eine Demokratie für alle sein zu wollen, ist zumindest das Ernstnehmen der Sexualgewalt zu erwarten, das Erkennen ihres Ausmaßes und Bekämpfung ihrer Wurzeln. Dazu gehört auch, dass die Täter endlich ernst genommen und nicht nur entschuldigt werden. Denn nur die Erkenntnis von Schuld ermöglicht auch die Verarbeitung und gibt damit eine Chance zur Veränderung.

Und wir Frauen? Verdrängen und Leugnen nutzt wenig. Sich beugen noch weniger. Erobern wir uns also den Stolz zurück. Greifen wir nach den Sternen – auch nachts.

Veröffentlicht im Oktober 1994 in *EMMA* (6/1994)

DIE TV-TALKSHOW MIT KLAUS LÖWITSCH – 1988

■ ■ ■ Wenige Talkshow-Szenen sind – in Jahresrückblicken etc. – so oft wiederholt worden wie diese. Das Fernsehen ist eben ein visuelles Medium, und in der Szene, um die es hier geht, spreche ich zwar auch mit dem Mund, vor allem aber mit dem Körper.

Es war ein lauer Sommerabend. Ich hatte eigentlich gar keine rechte Lust und freute mich schon auf das Gartenlokal, in dem ich anschließend verabredet war. Mit Klaus Löwitsch verband ich ebenfalls überhaupt keine Emotionen, ich hatte ihn noch nie bewusst im Fernsehen gesehen und nur meinem Infodossier entnommen, wer er ist.

Aber dann. Dann ging es los. Er saß mir in der großen Runde – eine Moderatorin, drei Männer rechts und drei Frauen links – direkt gegenüber und konnte es einfach nicht lassen: mich immer wieder anzumachen. Emanzipation blablabla, hahaha. Schließlich reichte es mir. Ich sagte zu ihm: „Jetzt will ich Ihnen mal sagen, Herr Löwitsch, warum wir Frauen nicht emanzipiert sind, und wann wir es sein werden – nämlich dann, wenn wir uns ungestraft, und ohne aus der Sendung zu fliegen, so benehmen können wie Sie."

Ich warf mich auf meinem Sitz demonstrativ nach hinten, spreizte die Beine und flegelte mich für Sekunden so rum wie Löwitsch. Dann richtete ich mich wieder auf und beschrieb die einzelnen Frauen: Lea Rosh mit dem Glimmer im Haar, Heide Simonis mit den Jugendstil-Ohrringen, Michaela Geiger mit der Kamelie am Revers und ich („Ich bin vielleicht nicht Ihr Typ, aber ich versuche auch, das Beste aus mir zu machen") mit meinen frisch gewaschenen Haaren. „Und nun sehen Sie sich mal an, Herr Löwitsch ..."

Das Studiopublikum raste und Michaela Geiger rollten die Lachtränen übers Gesicht. Nur Löwitsch, der fand das gar nicht komisch. Er verließ die laufende Live-Sendung abrupt. Der ihm nachrennenden SFB-Redakteurin hat er dann noch eine Ohrfeige angedroht – die vermutlich eigentlich mir galt. ■ ■ ■

PROSTITUTION – EIN BERUF WIE JEDER ANDERE?

■ ■ ■ Prostitution und Freiertum gehen uns alle an. Heute schafft in Deutschland zwar „nur" knapp jede tausendste Frau an, wenn wir von einer Viertelmillion Frauen ausgehen (die Schätzungen gehen von 50 bis 400.000) und berücksichtigen, dass neun von zehn Ausländerinnen sind, die nicht selten unter Vortäuschung falscher Tatsachen oder gar mit Gewalt nach Deutschland verschleppt wurden.

Doch die überwältigende Mehrheit aller deutschen Männer – nämlich zwei von drei! – sind Freier. *Sie* sind es, die überhaupt erst den Markt für kaufbaren Sex schaffen. Ein Markt, der heute neben dem Drogen- und Waffenhandel laut UN mit sieben Billionen Dollar Profit im Jahr das (Männer)Geschäft Nr. 1 ist. Und diese sehen ihre Frauen und Kolleginnen mit denselben Augen an wie die Prostituierten. Denn solange eine Frau kaufbar ist, sind alle Frauen kaufbar.

Wie ich auf die Zahl komme? 250.000 Prostituierte haben im Schnitt 1.500 Kontakte pro Jahr (an 300 Arbeitstagen je fünf Kontakte sind das Minimum). Das macht 375 Millionen Mal gekaufter Sex. Gehen wir von zwei „Stammfreiern" pro Prostituierter aus mit je 50 Kontakten im Jahr, so macht das 500.000 Stammfreier mit insgesamt 25 Millionen Kontakten. Bleiben 350 Millionen Kontakte. Rechnen wir pro Gelegenheitsfreier 15 Kontakte im Jahr, macht das rund 24 Millionen weiterer Freier (mit 350 Millionen Kontakten). Etwa 24.500.000 Männer kaufen also Sex – von 31.837.500 Männer über 18, die in Deutschland leben.

Hier also muss die Bekämpfung der Prostitution ansetzen: bei den Freiern! In dem einst so „liberalen" Schweden hat man das längst begriffen. Seit Jahren laufen dort Kampagnen zur Ächtung von Prostitution. Und jüngst wurde ein Gesetz zur Bestrafung des Freiertums erlassen, begleitet von Ausstiegshilfe für Prostituierte. Resultat: 76 % aller SchwedInnen sind heute für das Verbot von Prostitution, darunter 70 % aller Männer.

Es ist sinnlos, das „älteste Gewerbe der Welt" zu verbieten, schließlich hat es Prostitution immer schon gegeben? Das hat man früher auch über die Sklaverei gesagt – und auch sie ist heute selbstverständlich verboten. ■ ■ ■

PROSTITUTION UND MENSCHENWÜRDE – 1980

In Wien fordern Prostituierte eine gesetzliche Sozialversicherung und selbst verwaltete Häuser. In Amsterdam wehren sie sich gegen geplante Eros-Center auf holländischen Bordellschiffen, auf die sie abgeschoben werden sollen. In Paris verteilen sie auf dem Strich Flugblätter zu den Wahlen (»Auch wir haben ein Wahlrecht!«) und gründen einen Verein zur »Aktion und Verteidigung von Prostitution«. In Genf fordern sie von der UNO die Menschenrechte auch für sich. In London und New York sind sie seit Jahren militant: Engländerinnen erzwangen im Parlament eine Verbesserung des Prostituiertengesetzes mit der Drohung, ihre Kundenliste (auf der so mancher Parlamentarier zu finden ist) zu veröffentlichen. Und die Frauen der Prostituierten-Selbstorganisation *Coyote* sagten offen: Ohne die Unterstützung der Feministinnen wären wir nicht so weit gekommen. Nur hier, in der Bundesrepublik, scheint Ruhe zu herrschen. Noch. Die Ruhe vor dem Sturm.

In den vergangenen Monaten regte sich erstmals deutscher Protest. Prostituierte gingen in die Offensive: Sie zeigten, wie in Bochum, brutale Zuhälter an; sie protestierten, wie in München, gegen ihre Vertreibung vom Straßenstrich. Erste Begegnungen zwischen Prostituierten und aktiven Feministinnen zeitigten Früchte: So entstand in Berlin der Treffpunkt *Café Hydra* (»unabhängig, parteiisch, unmoralisch«) und in Hamburg das autonome Prostituiertenhaus *Arche*. Langsam, aber stetig rücken die Zeichen auf Sturm …

Und auf Spaltung. Wir Frauen werden mit vielfältigen Spaltungsmanövern auseinander getrieben und aufeinander gehetzt: die Schönen gegen die Hässlichen, die Alten gegen die Jungen, die Mütter gegen die Nicht-Mütter, die Berufstätigen gegen die Hausfrauen – und die Prostituierten gegen die Nicht-Prostituierten. Darum ist schon der Beginn eines Dialogs ein unerhörter Schritt.

Die amerikanische Feministin Kate Millett tat 1971 als eine der Ersten diesen Schritt: mit ihrem Buch *Das verkaufte Geschlecht*. Es geht darin um vier Frauen – eine davon ist sie, und Millett spricht als Gleiche von der eigenen (nicht gewerbsmäßigen) Prostitution und ihrem Wunsch nach Schwesterlichkeit mit den Frauen, die das Stigma der Prostitution tragen.

Zu Beginn der Frauenbewegung pflegten wir Feministinnen zu räsonieren: Die Prostitution ist die Kehrseite der Monogamie. Heute wissen wir es genauer: Zwar sind Prostitution und Monogamie beide Ausdruck der Doppelmoral – die eine kauft man für eine Nacht, die andere für ein Leben; die eine für ein paar Scheine, die andere für den Unterhalt und die soziale (Schein)Sicherheit – und sind die Käufer oft ein und dieselben. Denn Männer gehen eben *nicht* zu Prostituierten, weil »ihre« Frau nicht will oder sie keine andere Frau kriegen können. Männer gehen zu Prostituierten, weil sie bei ihnen etwas suchen, was sie bei der eigenen Frau nicht bekommen können: die totale Verfügbarkeit und das totale Machtgefühl.

»Das, was sie kaufen, ist Macht«, sagt die Ex-Prostituierte J. im Gespräch mit Kate Millett. »Sie können uns sagen, was wir zu tun haben. Und von uns wird erwartet, dass wir ihnen angenehm sind und ihren Befehlen folgen. Selbst wenn man es mit einem Masochisten zu tun hat, *gehorchen wir seinem Befehl.* Wenn sie zum Beispiel damit anfangen, ihre Meinung über die ›Nigger‹ zu sagen, dann kann man nur ›Oh ja‹ sagen und ihnen Recht geben. Das ist es, was ich einfach nicht ertrug, solche Dinge. Da hatte ich wirklich das Gefühl, ihnen den Arsch zu lecken – mehr, als wenn ich es in Wirklichkeit tat. Das ist das Erniedrigendste: ihnen immer wieder Recht geben zu müssen.«

Für J. ist »das Schlimmste« an der Prostitution, »dass man nicht nur Sex verkauft, sondern auch seine Menschlichkeit. Man verkauft seine Menschenwürde. Nicht so sehr im Bett, als mehr dadurch, dass man den Handel abschließt, dass man sich kaufen lässt.« Auch Kate Millett sieht »in der Prostitution so etwas wie ein Paradigma: ein Exempel für die soziale Situation der Frau, wie sie im Grunde besteht. Was die Prostituierte in Wahrheit verkauft, ist nicht der Sex, sondern Würde. Und der Käufer, der Kunde kauft nicht Sexualität, sondern Macht: die Macht über einen anderen Menschen.«

»Prostitution ist eine Art Sucht. Es ist die Sucht nach Geld«, gesteht J. »Alle sind wegen des Geldes Prostituierte geworden. Bei den meisten Call-Girls in Uptown handelt es sich nicht um die Wahl zwischen Leben und langsamem Hungertod, sondern zwischen 5.000 und 25.000 Dollar im Jahr oder zwischen 10.000 und 50.000 Dollar. Das ist ein ganz hübscher Unterschied.«

Kleiner Unterschied zwischen Männern und Frauen: Männer kassieren auch beim »ältesten Frauengewerbe der Welt« mehr. Wenn Prostituierte wirklich mal verdienen, kassieren die Männer es meist gleich wieder ab. Der Löwenanteil des von Frauen verdienten Geldes fließt in die Hände von Zuhältern, Bars und Bordellen.

Und dann fügt J. noch etwas hinzu: »Wenn ich an die Zeit der Prostitution zurückdenke, geschieht es in einem großen Zwiespalt. Lieber bin ich Prostituierte als verheiratete Frau, die an einen Mann gebunden ist, den sie nicht ertragen kann.« Sicher, es stimmt: Immerhin bekommt die Prostituierte Geld für das, was so manche Ehefrau/Freundin ebenso wider Willen, aber umsonst tut. Doch wie hoch ist der Preis für die Prostitution?

Nur maximal jede zehnte Prostituierte ist heute eine »freie« Prostituierte, hat keinen Zuhälter, der abkassiert und auf ihre Kosten lebt. Die meisten Prostituierten aber enden im Elend, nicht nur die billigen vom Strich, sondern auch die teuren in den Salons: so wie das durch die Profumo-Affäre berühmt gewordene Callgirl Christine Keeler, die schon mit 36 Jahren am Ende und Sozialhilfeempfängerin war.

Hinzu kommt die soziale Ächtung, der Selbsthass – und die Entfremdung: »Ich habe als Prostituierte bei weitem nicht so oft geweint wie als Studentin. Es gibt da einen gewissen Unterschied«, erklärt J. »Als Prostituierte war ich ja nicht ich selbst. Ich empfand es nicht so stark. Vielleicht weil man als Prostituierte schon so tief unten ist, dass man nicht mehr sehr gedemütigt werden kann.«

Ein ganz anderes Buch als das von Kate Millett, auch wenn nach demselben Strick (Gespräche), erscheint jetzt zehn Jahre später in Berlin. Tenor: Prostitution macht frei! Die Ehefrau macht schließlich nichts anderes als die Prostituierte, darum können wir auch gleich alle für Geld anschaffen! Geld löst nämlich alle Probleme! – Diese ergreifend schlichten Thesen nennen sich zu allem Überfluss auch noch »feministisch«. Sind wir also alle Huren? »Wir sind Frauen wie andere auch«, titelt Pieke Biermann ihre Gespräche zwischen fünf Frauen, von denen vier hauptberuflich oder als Gelegenheitsjob der Prostitution nachgehen bzw. gingen – so wie die Autorin selbst. Die fünfte arbeitet in Peepshows. Das Credo der Akademikerin, Ex-Prostituierten und nun Debütautorin: Da alle Sexualität von Frauen Prostitution ist, kann frau auch gleich anschaffen gehen. Das bringe dann wenigstens Geld. Und Geld ist die »Befreiung aus dem Sklaventum«.

Ausbeutung durch Zuhälter? Darum braucht sich die anschaffende Frau keine Sorgen zu machen, denn Zuhälter gibt es laut Biermann gar nicht. Die sind eine Erfindung der Gesellschaft, eine »falsche Frage«. »Wer ist eigentlich Zuhälter?«, fragt Biermann rhetorisch und antwortet selbst, gewandt zu der Straßenprostituierten Kitty: »Deine Kinder sind wohl auch Zuhälter? Die leben doch von dem Geld.«

Es ist eine feministische Grunderkenntnis, dass in einer patriarchalischen Gesellschaft die Frau/Mann-Beziehung hierarchisch ist und weibliche Sexualität immer auch Dienstleistung sein kann. Zwischen dieser Einsicht aber und der Verkündung: Eigentlich ist doch alles dasselbe, ergo können wir auch gleich alle auf den Strich gehen – ja dazwischen liegen Welten.

Zum Beispiel für Kitty, einer der Fälle aus dem Biermann-Buch. Sie ist 40 Jahre alt, hat vier Kinder und arbeitet seit über 20 Jahren auf dem Straßenstrich. Jüngst hat einer in der Klasse zu ihrem Sohn gesagt: »Deine Mutter ist 'ne Nutte.« Darauf antwortete Kittys Sohn: »Wenn ich weiß, dass meine Mutter auf'n Strich geht, dann kiek ich se nicht mehr an, dann hau ich ab!« Kitty ratlos: »Mit den Kindern wird das immer schwieriger.«

Oder Callgirl Pat, noch so ein Biermann-Fall. Pat zittert davor, dass ihre Familie etwas erfährt. Und die Salonprostituierte Angie, die Dritte im Bunde, sagt es noch nicht mal ihrem Lebensgefährten, dass sie »anschafft«. Dennoch wagt Biermann zu behaupten: Alle drei seien Frauen, die »mit erhobenem Kopf anschaffen gehen!«. Das Ganze wäre nur unerquicklich und nicht weiter der Rede wert, wenn es nicht ... Ja, wenn es nicht so maßgeschneidert passen würde in die sexuelle Konterrevolte, die da mit Wucht auf uns zu rollt. Man sehe sich nur die neue Mode an. Längst sind die Dessous in der Kaufhaus-Wäscheabteilung nicht mehr von denen im Sexshop zu unterscheiden. Längst geht es nicht mehr um die Emanzipation der Huren, sondern um die Verhurung der Emanzipation.

Und ausgerechnet jetzt, wo Prostituierte erstmals auf die Barrikaden gehen, sogar gegen die eigenen Zuhälter, gerade jetzt leugnet die Berliner Szene-Autorin die Existenz von Zuhältern – ein Zufall? Schließlich haben Prostituierte auch aus Angst vor Gewalt bisher zu dem Thema Zuhälter geschwiegen. Dabei haben etwa 90% aller Prostituierten einen.

Richtig ist, dass nicht die Prostituierten pervers sind, sondern die Verhältnisse, die sie möglich machen. Richtig ist, dass auch die Ehe eine Form von Prostitution ist. Falsch und eine unzulässige Gleichmachung ist jedoch der Schluss, es sei alles dasselbe. Falsch ist auch der Wahn, die krassesten Verhältnisse würden automatisch den krassesten Widerstand hervorrufen (an dieser Theorie sind in diesen Jahrzehnten schon so einige politische Bewegungen gescheitert ...).

Und gefährlich ist es, alles ausschließlich auf die Geldfrage zu reduzieren. Verweigert wird uns Frauen ja nicht nur das Recht auf angemessenen Lohn, sondern auch das auf Menschenwürde, am Fließband wie im Bordell.

Emanzipiert Prostitution? Ganz sicher nicht. Für Feministinnen kann es in dieser Sache nur einen Weg geben: Solidarität mit den Prostituierten – und Kampf der Prostitution.

Auszüge aus dem Vorwort zur Neuauflage des Buches von Kate Millett »Das verkaufte Geschlecht« 1981 und einem *EMMA*-Artikel 1980 (10/1980).

PROSTITUTION IST IN – 1993

Es ist schon einige Jahre her. Sie stand plötzlich vor meiner Tür. Sie müsse mit mir reden, unbedingt. Sie könne so nicht länger leben. Auf mich war sie durch ein Vorwort gekommen, das ich für Kate Milletts Buch *Das verkaufte Geschlecht* geschrieben hatte.

Sie war Mitte zwanzig und ab 16 auf den Strich gegangen, auf den Drogenstrich am Kölner Hauptbahnhof. Seit einigen Jahren war sie runter, mit Hilfe von Freunden. Aber es ließ sie nicht los. Sie klammerte sich an mich wie eine Ertrinkende: »Nachts liege ich wach oder habe Alpträume. Anfassen darf mich keiner, sonst drehe ich durch. Mal spür' ich meinen Körper überhaupt nicht, mal brennt er wie Feuer. Alles ist angefasst, mein Innerstes. Das Schlimmste waren die Demütigungen. Ich komme einfach nicht drüber weg …«

Es ist wahr, für mich ist Prostitution kein schickes Thema. Ich weiß zu viel. Das erste Mal saß ich Prostituierten 1967 gegenüber, in der Bordellküche in Mönchengladbach. Damals war ich noch Volontärin, und es ging mir um die Frage nach der Steuerpflicht für die »Damen des ältesten Gewerbes der Welt« (wie es gerne neckisch hieß). Es war ein Kommen und Gehen in der Küche, die Frauen arbeiteten zwischendurch, gingen für zehn, zwanzig Minuten raus. Nach zwei, drei Stunden waren wir – die Prostituierten und die Journalistin – uns einig: Prostituierte haben nicht die gleichen Rechte, also haben sie auch nicht die gleichen Pflichten.

So schrieb ich es. Gleich nach Erscheinen riefen die Frauen mich an und fragten, ob ich nicht mit ihnen zusammen ein Blatt machen wolle, »in dem wir für unsere Rechte kämpfen«. Das war immerhin vier Jahre vor dem Beginn der Frauenbewegung in Deutschland. Ich volontierte erst mal brav zu Ende und ging dann nach Paris. Aber auch da war ich bald wieder mit Prostituierten zusammen.

Diesmal nicht als Berichterstatterin, sondern als Feministin. Aus Protest gegen Doppelmoral und Polizeiwillkür besetzten wir zusammen eine Kirche in Lyon, später eine zweite in Paris. Wir formulierten Forderungen, verteilten Flugblätter und schockierten Spießer. Ja: Wir gehören zusammen, wir »anständigen« und wir »unanständigen Frauen«! Wir lassen uns nicht länger spalten, wir sind ein und die selben Frauen.

Was Prostitution ist, das weiß im Grunde ihres Herzens jede Frau, (fast) jede hat es schon aus »Gefälligkeit« getan. Vielleicht nicht gegen Geld, aber gegen Vorteile oder ihre Ruhe. Auch die abhängige Hausfrau, die nur dableibt, weil sie nicht gehen kann, prostituiert sich. – Dass aus dieser feministischen Erkenntnis einige Jahre später die postfeministisch pervertierte Aufforderung an alle Frauen zur easy Prostitution (»Ne schnelle Mark machen«) werden würde, das ahnten wir damals noch nicht.

Heute wissen wir, dass die Sexualität zwischen Männern und Frauen noch nie in der Geschichte (soweit wir sie zuverlässig zurückverfolgen können) etwas mit Lust zu tun hatte. Im Patriarchat war Heterosexualität schon im alten Mesopotamien ein Instrument zur Demütigung von Frauen und Machtausübung von Männern. Alle Frauen hatten Männern zur Verfügung zu stehen: die ärmsten, die Sklavinnen, allen Männern; die Konkubinen oder Priesterinnen einigen; die privilegierten Ehefrauen einem. Entjungferung, Penetration oder Schwängerung waren für Frauen lustlos und gewaltvoll. Das ist die jahrtausendealte, schwere Hypothek der Sexualität, an die wir heute andere Ansprüche haben.

Romantik, Aufklärung und Feminismus haben den Menschen Flausen in den Kopf gesetzt. Auch Frauen seien mehr als ein Stück Vieh, wispern die drei Grazien, auch sie hätten ein Recht auf ihr Gefühl und ihren Körper. Die Botschaft ist angekommen. Seit anderthalb Jahrhunderten wehren sich nicht nur Feministinnen gegen die männliche Kolonialisierung des weiblichen Körpers.

Nein, Prostitution ist also kein »Beruf wie jeder andere«. Sie ist die Endstation auf einem langen Weg in die Fremdbestimmung, Selbstentfremdung und Ausbeutung des weiblichen Menschen. Was eigentlich wollen sie noch alles kaufen, konsumieren und zerstören, die Männer? Glauben sie wirklich, dass es das Recht eines Menschen ist, für ein paar Mark Körper und Seele der anderen zu benutzen?

Hat sich in den letzten 25 Jahren also nichts verändert? Doch, die Prostituierten, zumindest ihr oberstes Drittel, sind selbstbewusster geworden. Aber dieses neue Selbstbewusstsein wird nun gleich mit gekauft und mit vermarktet von Talkmastern, Drei-Tage-Bärten und Freiern. Prostitution ist in. Was den Old Boys noch peinlich war, finden die Young Boys nun schick.

Veröffentlicht im Februar 1993 in *EMMA* (2/1993)

ZUM BEISPIEL DOMENICA – 1988

Angefangen hat unsere Bekanntschaft damit, dass wir im letzten Frühling zusammen nach Stuttgart eingeladen wurden. Da sollten wir gemeinsam über Pornografie diskutieren. Ich habe mich geweigert, habe gesagt: Ein Show-Fetzen mit Domenica, das mache ich nicht. Ein paar Tage später stand in der Presse: »Alice Schwarzer weigert sich, mit Domenica zu diskutieren.« So war das nicht gemeint. Also habe ich ihr geschrieben, habe ihr erklärt, warum ich nichts von dieser Art des inszenierten »Hennenkampfs« halte. Ein paar Wochen später rief sie mich an. Wir nahmen uns vor, uns kennen zu lernen.

Am letzten Wochenende habe ich Domenica in Hamburg besucht. Drei Tage lang Hamburger Kiez, Reeperbahn, Herbertstraße, volles Milieu. Und vor allem: drei Tage lang Domenicas Zweieinhalb-Zimmer-Wohnung in der Hein-Hoier-Straße, gleich um die Ecke von der Davidswache. Und viele, viele Tassen Kaffee.

Die »Königin vom Kiez« residiert an einem runden Wohnzimmertisch. Die weiße Spitzendecke ist übersät mit Blumenvasen, Gläsern und vor allem – Kaffeetassen. Es geht zu wie in einem Taubenschlag. Domenica lässt die Wohnungstür lieber gleich angelehnt, dann muss sie »nicht immer extra aufstehen«.

Liliane und Horst sitzen schon da. Liliane ist »Stiefelfrau«, also Berufs-Domina, und Sprecherin der *Solidarität Hamburger Huren*. Sie bereitet sich, sagt sie, auf eine »berufliche Veränderung vor«. Horst hat 20 Jahre als »Tänzerin« gearbeitet und war sieben Jahre lang mit einem Türken verheiratet, quasi. »In der Küche musste ich immer ein Kopftuch tragen – aber was tut man nicht alles, wenn man liebt.«

Dann geht es weiter rund. Susanne, zum dritten Mal geschieden und operierte Ex-Transsexuelle, wollte mich »immer schon mal kennen lernen« und bringt mir rote Röschen. Lucy, ein sehr zarter Mann, guckt »nur ganz kurz rein«, um von seinen Wehwehchen zu erzählen. Für jeden gibt es eine Tasse Kaffee, manchmal auch gleich ein ganzes Päckchen oder einen Zwanziger. Und einen lieben – allerdings nie unironischen – Blick. Domenica ist Kölnerin.

Vor dem Essen gehen wir in die Herbertstraße. Vorbei an der Polizeistation Davidswache, entlang der wartenden, jungen Prostituierten. Nicht eine, die die vorbeigehende Domenica nicht lieb, sehr lieb anlächelt. Der Zutritt zur Herbertstraße ist Frauen normalerweise verboten. In Domenicas Begleitung bin ich willkommen. Und sicher.

Abends, beim Essen beim »kleinen Italiener um die Ecke«, setzen wir uns in die Hinterstube. Keine Chance. Es fängt an mit Tuscheln und Blicken von der Bar. Dann schlawinern sie ran, die unrasierten Yuppies aus der Szene (nicht aus dem Milieu). Der Erste »wollte Domenica immer schon mal kennen lernen«. Der Zweite ist »Fotograf« und will wissen, wie Domenica sein Foto von ihr in der neuesten *Wiener*-Ausgabe gefällt (»Hier, ich hab' zufällig 'n Exemplar dabei«). Der Dritte gibt lässig kund, dass er »noch 'ne dritte Karte fürs Michael-Jackson-Konzert am Mittwoch übrig hat und es ganz toll fände, wenn ...«.

Spätabends kommt A. dazu, Domenicas bester Freund. Die Art bester Freund, die eigentlich jede Frau, jeder Mensch gebrauchen kann. Er ist Schläger und Philosoph. Er liebt Domenica. Seit Jahrzehnten. Er will nichts von ihr. Er ist nur »immer für sie da«.

Für den nächsten Tag habe ich Domenica gebeten, ganz streng gebeten, auf keinen Fall Gäste einzuladen. Schließlich wollen wir ja noch das Interview machen. Es klappt. Domenica sitzt allein vor vielen leeren Tassen. Beim Abräumen in die winzige Kochnische müssen wir um viele Bilder rumgehen, die gerahmt oder einfach so auf dem Boden stehen. »Malerei«, sagt Domenica mit ihrer sehr tiefen, sehr schönen Stimme, »Malerei ist meine ganz große Schwäche.«

An den Wänden hängen, auf goldbrauner Blumentapete, Familienfotos. Die Schwester, sehr zart und sehr weich, starb vor einem Jahr in Domenicas Bett. Sie war Animierdame in einer Frankfurter Bar und hatte einen »sadistischen Kerl«. Die Mutter, ganz dunkel und ganz wild, hat Domenica sehr geliebt (»Das war eine richtige Hexe«). Und Domenica selbst. Auf Reisen in Rio. Beim Kurz-Gastspiel auf der Bühne. In Action bei einer Performance in der Hamburger Kunsthalle.

»Ich mach uns erst mal ein Tässchen Kaffee«, sagt Domenica. Die ganze Zeit über bleibt sie im Nachthemd, weiß-blaue Baumwolle, hochgeschlossen, kurze Ärmel. »Das ist gemütlicher so.«

Am dritten Tag, Montag, sehen wir uns noch einmal, zusammen mit der Fotografin. Domenica hat es vorher einfach nicht über sich gebracht, sich fotografieren zu lassen. »Die haben mich totfotografiert«, sagt sie – und weiß nicht, dass Marlene Dietrich einmal genau den gleichen Satz gesagt hat. Wo sie selbst gerne fotografiert werden möchte? Die Antwort kommt prompt: »Im Hamburger Rathaus, denn da ist die Macht, und da müssen wir hin. Wir Huren. Um Gelder zu holen zum Aussteigen und für unsere Gruppen. Und wir Frauen überhaupt.«

Auftritt Ulla. Noch'n Kaffee. Ihr Bier bringt sich Ulla selbst mit. Es wird schon wieder gemütlich. Ulla mag Zuhälter. Sie findet, dass ein Mann, den sie liebt, es nicht nötig hat, arbeiten zu gehen. Er soll gut aussehen. Ihrem Neuen hat sie heute Morgen neue Stiefel gekauft. Heute Nachmittag soll noch eine »schicke Lederjacke« dazu angeschafft werden. Ulla findet, Domenica sollte sich nicht nur für die Huren, sondern auch für die Zuhälter einsetzen. Jetzt reicht's aber. »Hör' doch auf!«, wettert Domenica. »Neulich rief mich ein Lude an und sagte: Wie ist es mit Ausstiegshilfen für Männer? Da sagte ich: Wenn mal der Tag gekommen ist, dass eine Hure nicht von der Sozi beerdigt wird, und hundert Luden gehen hinterm Sarg her – ja dann setz ich mich auch für Luden ein. Bis dahin sind die Frauen dran. Mein Geld kriegen nur noch die Frauen. – Noch 'ne Tasse Kaffee?«

ALICE SCHWARZER Du hast gestern Abend gesagt: Ich hätte schon vor Jahren mit dir sprechen sollen. Was wolltest du mir sagen?

DOMENICA NIEHOFF Ich hätte dir meine Sorgen erzählt. Denn ich denke, dass du eine Frau bist, die emanzipiert ist. Wir hätten dann gemeinsam die Probleme, die ich hier so habe, anpacken können. Aber das können wir ja jetzt immer noch tun …

ALICE Welche Probleme?

DOMENICA Das mangelnde Selbstbewusstsein der Mädchen hier. Ihnen klarmachen, dass sie nicht für die Liebe zahlen müssen!

ALICE Wieso? Ich dachte, *die* würden für die »Liebe« bezahlt?

DOMENICA Ich meine nicht die Freier, ich meine die Zuhälter. Gut 70 Prozent aller Frauen und Mädchen, die anschaffen, haben ja einen Zuhälter. Und den bezahlen sie. Fürs Nichtstun.

ALICE Außerhalb vom Kiez nennt man dich die »Königin der Reeperbahn«. Hier auf dem Kiez hast du aber eher den Ruf einer »Emanze«. Es heißt, du würdest »die Mädchen wach machen«. Das Haus auf der Herbertstraße, in dem du zuletzt gearbeitet hast, hatte den Spitznamen »Emanzen-Puff«. Seit wann hast du diesen Ruf, Domenica?

DOMENICA Das hat vor sechs Jahren bei mir angefangen. Ich sah so viele Mädchen, die aufs Gemeinste ausgebeutet wurden. Und das hat mir Leid getan. Ich hab' gedacht, Mensch, kann man denn hier nichts tun?! Und es wird ja auch immer schlimmer. Die Mädchen, die jetzt anschaffen, werden immer jünger. Heute stehen schon die 12- 13- 14-Jährigen auf der Straße. Hier auf der Reeperbahn geht's ja noch, hier sind sie schon meist 18. Schlimm ist das in Sankt Georg, wo die Mädchen voll sind mit Drogen. Die schaffen das auch gar nicht, mit den Freiern richtig umzugehen.

ALICE Was heißt das?

DOMENICA Also, wenn bei mir ein Mann frech wird, den schick ich gleich wieder weg. Bei mir muss man sich gut benehmen. Mein Zimmer ist kein Mülleimer, ich bin kein Schrotthaufen. Wir Alt-Huren haben unsere Gesetze. Wir machen's nur mit Kondom, immer schon. Wir lassen uns nicht küssen, denn das ist ja was, was man natürlich nur zu Hause tut. Anal gibt es überhaupt nicht. Aber die jungen Mädchen, die meist von einem Zuhälter Drogen kriegen und dann auf die Straße geschickt werden, die machen alles. Denen ist alles egal. Die sind so kaputt, die haben gar nicht mehr die Kraft, auf sich zu achten. Früher wurde man eingeführt von älteren Huren. Da wurde gesagt: Das machst du, und das machst du nicht. Heute stehen die da ziemlich isoliert, die sind ganz ihren Kerlen ausgeliefert.

ALICE Verderben diese junge Frauen dadurch euch auch euren Markt?

DOMENICA Noch nicht mal. So einen Gast, der so was mit jungen Mädchen macht, den möchte ich vor meinem Fenster gar nicht haben.

ALICE Du hast öffentlich gesagt, du freust dich über jede, die aussteigt.

DOMENICA Ja, ich freue mich über jede, die aussteigen will und das auch kann! Und über jede, die hier erfolglos ist und eine andere Arbeit findet. Ich freue mich auch, wenn sie nicht erst aussteigen, wenn es zu spät ist.

ALICE Für dich selbst, Domenica, ist es fast schon zu spät.

DOMENICA Ja, für mich ist es fast schon zu spät. Noch verdiene ich mein Geld, aber das ist ja eine Zeitfrage. Eine Berufsausbildung habe ich nicht.

ALICE Welchen Beruf hättest du denn gern gehabt?

DOMENICA Ich wäre schrecklich gerne Modezeichnerin geworden. Aber na ja …

ALICE Dichter haben auf dich Gedichte geschrieben, Maler haben dich gemalt. Du scheinst das Paradebeispiel für die erfolgreiche, selbstbewusste Hure zu sein. Und dennoch warnst du heute jede Frau vor der Prostitution?

DOMENICA Weil das nicht jede unbeschadet übersteht, unbeschadet am Körper und an der Seele. Es ist auch nicht besser geworden in unserem Gewerbe. Aids. Arbeitslose Männer. Immer mehr Frauen schaffen an. Aber es kommen immer weniger Gäste. Und die Gäste werden auch immer jünger. Und perverser. Die stehen auf Urin und so. Hinzu kommt: Früher war der Weg in die Prostitution auch wirklich schwerer. Heute gehen manche auf den Strich wie auf die Kirmes. Früher kamen die Huren aus einem so armen Milieu, dem nichts anderes übrig blieb. Heute kommen sie auch aus den besten Familien.

ALICE Es gibt Frauen, die behaupten, auf dem Strich wäre leicht »eine schnelle Mark zu machen«. Zum Beispiel die von dem Berliner Hurenprojekt Hydra. Die sagen auch, die modernen Prostituierten hätten alle keine Zuhälter mehr, sie würden ihr Geld selbst behalten.

DOMENICA Das ist natürlich Quatsch. Und es ist auch verdammt gefährlich, so was zu erzählen. Pieke Biermann hat neulich im Fernsehen gesagt, es gäbe das Problem Zuhälter nicht. Da muss ich mich sehr wundern … Das Schlimme ist, die jungen Mädchen glauben das auch noch, und dann haben sie die Bescherung. Es ist besser, die Wahrheit zu sagen. Und diese Wahrheit kennen wir Huren selbst natürlich nur zu gut. Das Problem bei Hydra ist, dass das fast alles Sozialarbeiterinnen sind, die die Sache nicht aus eigener Erfahrung kennen. Und die glauben, sie täten uns Huren einen Gefallen, wenn sie so was erzählen. Die Wahrheit ist: Maximal ein Drittel der Huren hat einen netten Mann, der selber verdient, oder gar keinen. Alle anderen werden abkassiert. Und das oft mit Gewalt. Die meisten Huren werden auch heute noch überhaupt erst von einem Mann auf den Strich geschickt. Dass eine von ganz alleine hier ankommt und sagt: So, jetzt will ich anschaffen – also das ist mir in all den Jahren kaum begegnet. Das sind dann auch Mädchen, die gar nicht erst auf die Straße gehen, die versuchen, in Appartements zu arbeiten. Die jungen Mädchen müssen doch wissen, was auf sie zukommt. Eine Warnung, das ist doch das wenigste, was wir Alt-Huren ihnen schuldig sind.

ALICE Und was kommt auf sie zu?

DOMENICA Elend. Verdammt viel Elend. 90 von 100 Huren werden ein Fall fürs Sozialamt.

ALICE Und du, Domenica? Hast du gespart?

DOMENICA Ich war genauso blöd wie alle. Ich hab' auch nicht gespart. Ich hab' mein Geld verschenkt. Oder verplempert. Für Reisen. Für Klamotten. Fürs Trinken. Ich hab' früher jede Nacht für 400, 500 Mark gesoffen. Du spülst da natürlich auch einiges runter …

ALICE Du bist eine der ganz wenigen Prostituierten, die sich öffentlich kritisch über Zuhälter äußert.

DOMENICA Mir ist ein netter Freier lieber als ein fieser Zuhälter. Der Freier bezahlt wenigstens, der Zuhälter kassiert.

ALICE Damit sprichst du etwas aus, was viele deiner Kolleginnen kaum zu denken wagen. Denn so ein Zuhälter, der ist ja bei seiner Hure so tabu wie der Ehemann bei seiner Hausfrau.

DOMENICA Du sagst es.

ALICE Es gibt Leute, die finden, dass du zu weit gehst. Sie machen sich Sorgen um dich.

DOMENICA Was soll ich denn tun? Soll ich schweigend zusehen? Es bleibt mir ja nichts anderes übrig, als den Mund aufzumachen.

ALICE Du bist heute damit nicht mehr allein. Allein in Berlin gibt es drei Huren-Gruppen. In Hamburg existiert seit dem Mord an der Prostituierten Sabine Demuth am 29. März 1987 die *Solidarität Hamburger Huren.* Und gestern Nachmittag haben wir hier bei dir zusammen mit Liliane von Rönn gesessen, die zur Zeit die Sprecherin der *Solidarität* ist. Liliane, die als Domina arbeitet und sich selbst »bald beruflich verändern« will, hat gestern zu dir gesagt: »Domenica, du hast uns den Weg bereitet.« – Wie hat sie das gemeint?
DOMENICA (lacht) Na ja, die meint meinen Einzelkampf in den letzten Jahren. Aber so ging das ja auch nicht weiter. Gott sei Dank gibt es jetzt eine Gruppe. Früher bin ich ja ganz allein an die Öffentlichkeit gegangen. Und wenn es nur mit einem netten Lächeln war, um zu zeigen: Huren sind auch Menschen. Und in der letzten Zeit hab' ich mir zunehmend den Kopf eingerannt, bin zu den Mädchen in Sankt Georg gegangen und hab' auf die eingeredet. Steigt aus! Geht doch lieber in einen Blumenladen. – Jetzt gibt's die Gruppe. Die stärkt das Selbstbewusstsein der Mädchen. Die wissen jetzt: Da können wir hingehen.
ALICE Du rührst ja nicht nur an das Tabu Zuhälter, du rührst an ein noch größeres Tabu: Polizei. Du hast öffentlich gesagt, dass Prostituierte, die von ihren eigenen Männern, von ihren Zuhältern erpresst oder misshandelt werden, ruhig zur Polizei gehen sollen, wenn sie sich nicht anders zu helfen wissen. Nun ist es aber ein ungeschriebenes Gesetz in deinem Milieu, dass man auf keinen Fall zur »Schmiere« gehen darf. Wer das tut, ist vogelfrei.
DOMENICA Ja, Lampen baut man nicht ... Früher war »Lampen-Braut« das fürchterlichste Schimpfwort. Und die Frauen haben das auch so hingenommen. Eine Frau, die ihren Schläger angezeigt hat, fühlte sich selbst wie der letzte Dreck.
ALICE Das war ja nicht nur bei den Prostituierten so ...
DOMENICA Ja, und damit wollte ich aufräumen. Von wegen: So was tut man nicht. Wieso nicht? Wenn ich aufs Gemeinste ausgebeutet werde, ja dann muss ich mich wehren können. Ich kenne Fälle, da sind Frauen schwer misshandelt worden. Die Fußnägel rausgezogen, zu zehn Zuhältern drauf uriniert und so. Wenn ich dann kein Recht kriege, ja, dann muss ich eben zur Polizei gehen!

Alice Du sagst das so gelassen. Ein guter Freund hat dich gestern in meiner Gegenwart gewarnt: Sei vorsichtig, Domenica, wenn du so weitermachst, passiert dir noch mal was ...

Domenica Stimmt, ich bin auch ein bisschen ängstlich. Aber da geht's dir doch nicht anders, Alice, oder? Ich bin der Meinung: Die Frauen müssen wissen, dass sie sich wehren können.

Alice Wir waren gestern Abend zusammen in der Herbertstraße, dieser Bordellgasse mitten auf der Reeperbahn, wo die Frauen im Schaufenster sitzen und mit den Kunden dann rauf in die Zimmer gehen, und zu der Frauen normalerweise keinen Zutritt haben. Du hast erzählt, dass es in der Herbertstraße »Frauenhäuser« gibt und »Männerhäuser«.

Domenica Die Frauenhäuser gehören Ex-Huren. Die nehmen weniger Geld für Getränke und Miete von den Frauen und sind auch nicht ganz so hart. In einigen Männerhäusern muss ein Mädchen, das einen Abend nichts verdient, weiterarbeiten, bis sie ihr Geld hat.

Alice Du hattest zwischendurch ja auch mal so ein Haus.

Domenica Ja. Aber das hab' ich wieder verkauft. Das ist eigentlich nichts für mich. Wenn da mal eine nix verdient hat, dann hab' ich der noch 50 Mark in die Hand gedrückt und gesagt: Ich kann's nicht mehr mit ansehen, geh' mal einen trinken. Aber mein Haus war auch das mit der höchsten Erfolgsquote!

Alice Was für ein Erfolg?

Domenica Das Haus mit den meisten Aussteigerinnen.

Alice Du scheinst mir wirklich nicht die geeignete Bordellbesitzerin zu sein, Domenica ... Darf ich dich fragen, wie deine Arbeit eigentlich konkret abläuft?

Domenica (lächelt verlegen) Wie soll ich das denn sagen?

Alice Ganz sachlich. Halt für die Frauen, die nicht jeden Tag auf dem Kiez sind.

Domenica Tja, also erst nehm' ich ihm mal das Geld ab. Das ist klar.

Alice (lacht) Und bevor du ihm das Geld abnimmst?

Domenica Also, ich sitze im Fenster. Dann kommt ein Gast auf mich zu. Den schätzt man dann schon ein bisschen ab: Hat er was? Hat er nichts? Ist er nett? Ist er nicht nett? Dann fragt er, was es kostet. Ich sage dann 100 Mark. Wenn er fragt: »Was gibt's denn dafür alles?«, sage ich: »Ne nette halbe Stunde. Wie, werden wir oben sehen, ich kenn ja deine Neigungen noch nicht ...« Viele Frauen versprechen unten schon alles, auf Druck der Männer (Bumst du auch? Machst du auch Französisch?), weil die sonst gar nicht erst mit hochgehen. Oben fängt man dann ganz blöde an. Bist du Hamburger? Oder so. Warst du schon mal öfter bei Huren? Das frag' ich nur um zu wissen, ob er sich auskennt in unseren Spielregeln. Von den Schüchternen kann man zwar mehr Geld kriegen, aber die Erfahrenen wissen, dass sie nicht alles verlangen und machen können ... Na, dann sag' ich: Leg mir mal dein »Geschenk« dahin. Dann versuch' ich, ein größeres »Geschenk« zu kriegen. Ich sage: Es könnte ja dann viel netter werden, wir könnten verschiedene Sachen machen ... Ich finde, 100 Mark ist das Minimum. Aber die jungen Mädchen, die begnügen sich ja oft schon mit 20 oder 30 Mark. Vor allem, wenn sie drogenabhängig sind und auf dem Schlauch stehen.

Alice Du hast den Ruf einer Domina. Aber bist du im klassischen Sinn ja gar nicht.

Domenica Also, ich quäle auch ganz gerne. Aber nur seelisch. Durch mein Äußeres, die strenge Frisur und so, provoziere ich bei den Männern meistens die Phantasie, dominiert, bestimmt zu werden. Als Tante, Mutter oder Lehrerin. Ich soll dem Mann befehlen, was er zu machen hat. Ich befehle ihm zum Beispiel, meine Stiefel zu küssen. Er muss um alles betteln. Er darf mich nicht einfach so anfassen – ich muss ihm das erlauben. So gesehen arbeite ich ganz gerne mit Masochisten. Ich mache nur nichts, was mit Blut zusammenhängt oder wehtut. Was ich für mich nicht will, mache ich auch nicht mit anderen.

Alice Eine Kollegin von dir hat mal gesagt: Masochistische Ehemänner lassen deshalb ihre Phantasien nicht bei den eigenen Frauen raus, weil sie derselben Frau nicht fünf Minuten später befehlen können: Deck jetzt mal den Tisch!

Domenica Klar. Für 'ne Stunde ist das ja mal ganz schön, aber ansonsten wollen die doch der Mann bleiben. Ich mache ja auch nur das, was die Männer eigentlich wollen. Die bezahlen mich doch dafür. Das heißt, ich spiele ihre Wünsche. Die Männer sind also die wahren Herren der Situation.

ALICE Auf den ersten Blick scheint diese Variante der Prostitution leichter für die Frauen. Auf den zweiten aber frage ich mich, ob das aktive Sich-Reindenken in die Männer nicht in Wahrheit härter ist, als ein passives die Beine-breit-Machen?

DOMENICA Ja, man muss schon sehr einfallsreich und sehr einfühlsam sein.

ALICE Ist es da nicht schwer für dich, zwischen Beruf und Privatleben, zwischen Kunde und Liebhaber zu unterscheiden?

DOMENICA Ich hab' ja kaum Liebhaber. Ich sag' das ganz ehrlich. Mein privates Sexualleben hat unter dieser Sache ganz schwer gelitten. Heute schalte ich bei der Arbeit ab, steh' richtig neben mir. Früher habe ich, wenn überhaupt, Sex meistens im Geschäft gesucht: Der hat gezahlt, das war anonym – das war mir genauso recht wie dem Gast.

ALICE Damit hast du aber eine der heiligsten Huren-Spielregeln verletzt.

DOMENICA Was heißt Huren-Spielregeln? Ich glaube eher, dass das die Spielregeln der Zuhälter sind: dass ein Gast einem auf keinen Fall zu gefallen hat! So ein Freier ist manchmal netter als der Zuhälter. Und in der letzten Zeit ist auch so manche meiner Kolleginnen von einem Freier rausgeholt worden. Und genau das wollen die Zuhälter verhindern, wenn sie die Freier so verteufeln. Aber ich würde anderen Frauen den Rat geben, weiterhin kühl zu arbeiten. Es ist einfacher so. Es gibt Kolleginnen, die ekeln sich bei 100 Mal 100-mal. Ich habe mich vielleicht bei 100 Mal 20-mal geekelt.

ALICE Domenica, welches Verhältnis hast du eigentlich privat zur Sexualität?

DOMENICA (lächelt verlegen) Da hab' ich Schwierigkeiten. Da bin ich gar nicht mehr so stark. Dann hab' ich den Mann nicht mehr so im Griff, kann nicht mehr so bestimmen. Aber das geht doch jeder Frau so, oder …? Und dann hab' ich natürlich auch Probleme bei der Vorstellung, die die Männer so von mir haben. Mensch, das ist doch die Domenica, die hat ja schon 10.000 Männer gehabt, die schmeißt die Beine von da nach da … Sex, Sex und noch mal Sex, so stellen die sich das vor. Ich mach' dann lieber gar keinen Sex mehr. Der soll mich ja als Mensch kennen lernen. Ich kann lustig sein, ich kann traurig sein …

ALICE Wie ziehst du dich denn an, wenn du verliebt bist?

DOMENICA Ich war so lange nicht mehr verliebt.

ALICE Versuch' mal, dich zu erinnern.

DOMENICA Na, dann versuch ich schon, mich schick zu machen. Aber nicht mit Brüsten raus. Eher seriös, so hochgeschlossen. Wenn ich verliebt bin, bin ich sowieso meistens hilflos …

ALICE Hast du schon die Erfahrung gemacht, dass Liebhaber sich auch mal in dich eindenken, in deine Phantasien?

DOMENICA (zögert) Ja, auch schon. Ja, doch. Einmal.

ALICE Welche Folgen hat eigentlich deine Bekanntheit für dich?

DOMENICA Die ist nicht nur von Vorteil. Das Geschäft ist schlechter geworden, weil zu viele Gaffer kommen. Auch der Gast will keine berühmte Hure ficken … Und privat habe ich nur Schwierigkeiten dadurch. Ein Mann geht gerne mit einer berühmten Schauspielerin aus, aber nicht mit einer berühmten Hure. Ich könnte auch nicht mehr so einfach aussteigen wie andere anonyme Kolleginnen. Jeder weiß, dass ich als Hure gearbeitet habe.

ALICE Berühmt gemacht hat dich vor allem die linke Intelligenzia, Schriftsteller wie Wolf Wondratschek, Zeichner und Maler wie Tomi Ungerer und Horst Janssen. Wolf Wondratschek hat im *Playboy* 1980 auf dich das »Loblied auf eine Hure« gesungen. Wenigstens du würdest deinen »Beruf noch mit Freude und Frömmigkeit« ausüben, denn du seist endlich die so lange gesuchte, legendäre Hure, die wirklich »zwischen den Beinen glüht«. Leider, leider eine Ausnahme. Die Mehrheit der Huren sei nichts als »Fließband-Schicksen«, »perfide Diebinnen«, denen es noch nicht einmal »Spaß macht«.

DOMENICA Na ja … Dafür hat er übrigens viel Geld kassiert, aber keinen Pfennig abgegeben. Schlimm, so was zu schreiben! Ich finde es ganz richtig, dass meine Kolleginnen ganz klar ihr Geschäft im Auge haben. Das ist es ja auch. Da kann ich mir nur selber den Vorwurf machen, dass ich manchmal so blöd war, das nicht so gemacht zu haben. Wondratschek tobt mit solchen Sprüchen ja auch eher seine Komplexe aus. Der ist am Boxring besser aufgehoben als im Bordell.

ALICE Was hältst du für das Geheimnis deines Erfolges?

DOMENICA Man muss schon Ausstrahlung haben. Nur schön sein genügt nicht. Vor allem wissen die Männer, dass ich ziemlich großherzig bin.

ALICE Gestern hast du gesagt, dein Herz wäre schon kleiner geworden und du würdest hoffen, dass du bald gar keines mehr hättest.

DOMENICA Ich kann so schlecht Nein sagen. Das kann einen in ganz schlimme Situationen bringen. Ich hab' auch schon versucht, das abzustellen, hab' mir gesagt: Jetzt bist du mal ganz kühl. Aber da war ich totunglücklich. Ich könnte gar nicht anders leben ... Es bringt mir auch keinen Spaß.

ALICE Aber ein paar Illusionen hast du schon verloren in diesen letzten Jahrzehnten?

DOMENICA Ja ...? Ich glaube nicht. Leider. (lacht)

ALICE Es ist doch nicht zu übersehen, dass du lieber heute aussteigen würdest als morgen.

DOMENICA Wenn ich eine gute Alternative hätte: gerne! Ich würde zum Beispiel schrecklich gerne einen Salon machen, so ein Lokal mit Ausstellungsraum, mit Künstlern, wo auch die Mädchen hinkommen können. Aber dazu brauche ich Geld ... Allerdings: Ich erlaube mir, und habe es mir immer erlaubt, auch mal freizumachen, wenn ich die Schnauze voll habe. Ich konnte mir das auch immer erlauben, weil ich niemanden hatte, bei dem ich das Geld abliefern musste.

ALICE Du hast aber auch schon einen Zuhälter gehabt. Ganz am Anfang.

DOMENICA Ja. Einmal. Dreieinhalb Jahre lang. Aber danach nie wieder. Früher war das eben einfach so. Aber nur, weil es so war, muss es ja nicht so bleiben. Wach geworden bin ich erst danach. Wenn ich heute manchmal so höre, wie eine Kollegin sagt: Guck' mal, die tolle Uhr, die hat er mir geschenkt – dann könnte ich ausflippen. Die hast du doch selbst verdient!, sag' ich dann. So blöd können nur Frauen sein.

ALICE Du warst immer Außenseiterin, Domenica, eine Paria. Deine Eltern waren nicht verheiratet, dein Vater war Italiener, deine Mutter hat gejobbt und gezockt. Mit vier Jahren bist du ins Waisenhaus gekommen, zu den Nonnen, und mit 14 wieder raus. Du hast einen starken Gerechtigkeitssinn entwickelt.

DOMENICA Den bekommt man im Heim! Man kann ja da nur dann eine Revolte machen, wenn alle mitmachen. Und so ist es bei uns hier doch auch. Als ich zum ersten Mal auf den Kiez kam, hat mich das am meisten schockiert: Schon wieder Gesetze, schon wieder Druck – das kannte ich ja schon aus dem Waisenhaus. Da hab' ich angefangen, mich zu wehren. Ich halte lange still. Ich sitze meist wie so'n Buddha in der Ecke – aber irgendwann wird's mir dann zu viel ...

ALICE Schon deine Mutter war nicht sehr angepasst. Einem Richter, vor dem sie wegen Hehlerei stand, hat sie mal eine Tasche auf den Kopf gehauen und dafür prompt eine verschärfte Strafe gekriegt, nämlich ein Jahr Gefängnis. Aber obwohl sie auf der Flucht war, hat sie dich und deine Geschwister weiterhin im Heim besucht, heimlich. Ausgerechnet mitten während deiner Kommunionsfeier ist sie dann verhaftet worden ...

DOMENICA Ja, das war schrecklich für mich. Ich war ziemlich fromm. Ich stand da in meinem weißen Kleid. Da kommt die Polizei die Treppe hoch. Meine Mutter versteckt sich erst hinter der Säule. Und haut dann ab. Dadurch habe ich kein einziges Foto von meiner Kommunion! Mein schönster Tag war natürlich gelaufen. – Hätte die Polizei da nicht fünf Minuten warten können ...? So was ist in meiner Kindheit öfter vorgekommen. Darum hatte ich auch ziemliche Wut auf die Polizei. Und Angst. Mit 14, 15 ist mal so ein Kerl bei uns aufgetaucht, hat mir eine Marke gezeigt und ich bin mitgegangen vor lauter Angst.

ALICE Hat er dich missbraucht?

DOMENICA Ja, hat er. Aber ich hab' das freiwillig gemacht. Aus Angst. Ich hab' gedacht, das muss ich machen.

ALICE Du hast dann mit 17 eine Beziehung mit einem Mann angefangen, der zwei Bordelle hatte. Der hat dich aber nicht ins Bordell geschickt, sondern in die Küche. Du warst seine Hausfrau.

DOMENICA Ja. Und deswegen habe ich auch ein schlechtes Gewissen gehabt. Ich war elf Jahre lang mit dem zusammen und habe sozusagen mit von dem Geld der Mädchen gelebt. Was ich nicht richtig gefunden habe.

ALICE Warum bist du dann nicht gegangen?

DOMENICA Das weiß ich auch nicht ... Der Mann war, wenn er betrunken war, ziemlich brutal. Wenn er nüchtern war, war er nett. Mich hat auch die Sicherheit seines Geldes gehalten. Ich hatte nichts gelernt, und mit den Jahren wurde ich immer abhängiger von dem Mann. Ich hab' mir auch nichts mehr zugetraut. Mein bisschen Selbstvertrauen hatte der mir genommen.

ALICE Er hat sich später umgebracht.

DOMENICA Ja. Für mich war es dann, nach elf Jahren im Haus, eine richtige Erleichterung, selbst in den Puff zu gehen. Das war dann endlich selbständiges, selbst verdientes Geld. Und groß war der Schritt ja nicht. Die ganze Welt war für mich ein Puff. Ich bereue, nichts gelernt zu haben. Darum sage ich den jungen Mädchen: Steigt aus! Lernt was!

ALICE Wenn du eine Tochter hättest, die auf den Strich gehen will, was würdest du tun?

DOMENICA Ich würde versuchen, ihr alle Schwierigkeiten, alles Schlimme, alles Elend in diesem Beruf klarzumachen. Ich würde ihr sagen wie es wirklich ist. Und dass es nur schlimmer geworden ist. Trostloser. Härter. Und wenn sie es dann immer noch mit aller Macht wollte, würde ich versuchen, ihr beizustehen. Ich würde sie auf keinen Fall fallen lassen. Das ist übrigens eine schöne Erfahrung, die ich neuerdings mache: Dass Mütter hierher kommen und ihre Töchter besuchen. Die Prostitution ist nicht mehr so im Ghetto. Aber das hat eben auch Nachteile: Dadurch ist der Schritt in die Prostitution natürlich auch leichter geworden als früher. Das macht mir Sorgen. Denn die meisten von uns bleiben auf der Strecke.

Veröffentlicht im September 1988 in *EMMA* (10/1988)

FRAUEN & POLITIK

■ ■ ■ Bin ich „manchmal zu streng gewesen" mit den Politikerinnen, wie es Rita Süssmuth einmal gesagt hat? Vielleicht. Andererseits habe ich auch immer Verständnis für ihre sehr schwierige Situation gehabt und von Anfang an den Schulterschluss gesucht, zwischen den autonomen Feministinnen und den Frauen in den Parteien.

Und nie werde ich die Szene Ende der 70er im Bonner Abgeordnetenhaus vergessen. Ich ging durch einen Gang im „Langen Eugen" und hörte plötzlich ein rasches Absatzstakkato hinter mir. Es näherte sich eine mir unbekannte Frau, die sich hastig vorstellte: „Sie kennen mich nicht, Frau Schwarzer. Ich bin CSU-Abgeordnete und wollte Ihnen nur sagen: Machen's weiter so! Denn immer, wenn unsere Mannsbilder nicht so wollen wie wir, dann drohen wir: Ihr wollt doch wohl nicht, dass wir so werden wie die Schwarzer? Und dann klappt's!"

Genauso habe ich die Arbeitsteilungen zwischen (zum Beispiel parteiunabhängigen und parteiabhängigen) Frauen immer verstanden: Jede an ihrem Platz – aber am Ende gemeinsam! Doch genau das ist das Problem. Zwar ist heute jeder dritte Abgeordnete im Berliner Reichstag eine Frau, aber gleichzeitig waren die Interessen der Frauen noch nie so schwach in Parlament und Regierung vertreten wie heute. Auf die formelle Teilhabe der Frauen in der Politik via Quote haben die Männerbündler sehr rasch mit dem Rückzug in informelle Machtzirkel reagiert (Stichwort: Kaminzimmer). Gleichzeitig aber scheinen die Frauen inzwischen die überlebensnotwendige Frauenbündelei aus den Augen verloren zu haben.

Da ist es ermutigend, dass ein 1998 von mir angeregter parteiübergreifender Kreis von Spitzenpolitikerinnen sich Jahr für Jahr drei-, viermal trifft und hinter verschlossenen Türen Tacheles redet. Denn noch immer sind alle Parteien Männerparteien – und noch haben immer alle Politikerinnen über ihre Parteigrenzen hinaus viel gemeinsam. ■ ■ ■

IMMER NUR LÄCHELN? – 1989

Sie behandeln die Frauen in Bonn wie ihre (Haus)Frauen zu Hause. Die Männer. Sie kommandieren sie ran und schicken sie weg, ganz wie es beliebt. Und die Frauen? Die benehmen sich auch wie zu Hause. Sie beraten hinter verschlossener Tür, zerdrücken daselbst ein Tränchen und ballen auch mal das Fäustchen. Draußen aber lächeln sie. Sie lächeln, lächeln. Und wenn es hochkommt, deuten sie an, es sei ihnen »schwer gefallen«, sie seien »etwas bitter«, ja, »Unmut« komme auf. Und dann lächeln sie wieder.

Die meistverbreitete Karikatur der CDU/CSU-Frauen war in diesen Wochen die Frau mit der Nudelrolle. Durchaus treffend. Scharf schießende Heckenschützen gegen Frauen mit der Nudelrolle – das kann ja nur blutig ausgehen. Dabei hatten die 19 Christdemokratinnen im Bonner Parlament sich diesmal, für ihre Verhältnisse, sogar reichlich forsch verhalten. Zum erstenmal hatten sie es gewagt, ihrem allmächtigen Kanzler eine eigene Kandidatin für die Süssmuth-Nachfolge vorzuschlagen. Allerdings: Was für eine ... Übereifrig kompromissbereit, präsentieren sie die 61-jährige, als »sehr konservativ« bekannte Roswitha Verhülsdonk.

Doch nicht genug damit, dass der Kanzler die Anregung der Frauen völlig ignorierte. Auch nicht genug damit, dass er die dringliche Bitte, diesmal doch eine Frau aus der eigenen Fraktion zu nehmen und nicht schon wieder eine Seiteneinsteigerin, kommentarlos vom Tisch wischte. Er setzte noch einen drauf: Die Wahl der Süssmuth-Nachfolgerin, Prof. Ursula Lehr aus Heidelberg, entnahmen die Christdemokratinnen nicht etwa dem Munde ihres Kanzlers, sondern – der Presse.

Klar ist: Hier geht es nicht nur um die Machtpolitik der Herren, hier geht es auch um die Demütigung der Damen. Die eigenen Frauen findet diese Art von Männern allemal nicht der Rede wert.

Wenn schon, dann bandeln sie lieber mit einer Neuen an. Einer Seiteneinsteigerin, einer Wissenschaftlerin. Dabei war es gerade das, was die Männermafia Medien und Politik Rita Süssmuth vorgeworfen hatte (zunehmend mit zunehmender Beliebtheit): Sie sei eben doch in erster Linie Wissenschaftlerin und keine Politikerin. Sie mache sich ja ganz gut im Fernsehen, aber in ihrem Ministerium herrsche das nackte »Chaos« (*Spiegel*).

Nun hat Rita Süssmuth die Machthebel im Ministerium mit der Redeglocke im Parlament vertauscht. Auf ihrem neuen Posten kann sie bestenfalls gute Miene zum üblichen Spiel machen, zu sagen hat sie nichts. Nur lässt sich das für die ins »zweithöchste Amt im Staat« Weggelobte auch weniger kränkend sagen, als es zum Beispiel *Die Zeit* tat. Die dachte anlässlich des Süssmuth-Falles über den »kompensatorischen Charakter der politischen Rhetorik« nach und fragte sich: Kommt »nach den Jahren der modernen Macher also die postmoderne Epoche der Redner? Kluge Reden zum Ausgleich kruder Politik? Sinnstiftung als Politik-Ersatz?«

Und, so fragt sich *EMMA*: Kriegen bei dieser Theater-Vorführung vor den Bonner Kulissen Frauen die Rolle der Darstellerinnen des Schönen, Guten, Wahren – während Männer das Unschöne, Ungute, Unwahrhaftige hinter den Kulissen schieben?

Der ganze Spektakel erinnert fatal an den Abgang einer Ministerin vor zehn Jahren. Auch damals traf es eine der raren weiblichen Persönlichkeiten in Bonn, allerdings eine aus der SPD-Riege: die Entwicklungsministerin Marie Schlei. Nach einer monatelangen beispiellosen Demontage ihrer Person in der Presse gegen diese Frau in einem Amt, das bis dahin und seither Männerdomäne war, entnahm die SPD-Ministerin ihre Entlassung durch Kanzler Schmidt morgens der Tagespresse. Ein Fortschritt – Süssmuth erfuhr es immerhin schon vom Kanzler selbst.

Der »Kriegsschauplatz Bonn« (Süssmuth) ist hart für alle. Vor allem der als »guter Mensch aus Oggersheim« so belächelte und damit so verharmloste Kanzler Kohl verfährt rabiat, mit Frauen wie Männern nach Gutdünken. (»Ich bin bekannt für meine überraschenden Personalentscheidungen.«) Frauen aber sind in Bonn ganz zum Abschuss freigegeben. Für sie gelten überhaupt keine

Spielregeln mehr. Und je mehr sie klein beigeben, umso mehr provozieren sie die Paschas auf der Regierungsbank. Denn das steigert nur die Verachtung und den Allmachtswahn der Männer. Selbst das wenige, was »Lovely Rita« in ihren drei Jahren Amtszeit als Frauenministerin für uns Frauen getan hat, war den Herren offensichtlich schon zu viel.

Es war ihnen zu viel, dass man der Ministerin ihr Selbstbewusstsein auch noch ansah. Es war ihnen zu viel, dass sie augenzwinkernd die Quotenregelung der SPD begrüßte. Es war ihnen zu viel, dass sie, die Katholikin, mit einem Kondom überm Kopf gegen Aids warb. Es war ihnen zu viel, dass sie sich für die Bestrafung der Vergewaltigung in der Ehe einsetzte. Es reichte ihnen endgültig, als sie den Hexenprozess in Memmingen öffentlich »empörend« nannte.

Doch jemand wie Rita Süssmuth ist nicht nur an der unerschütterten Männermafia in Bonn (und Hamburg) gescheitert. Sie ist auch an sich selbst gescheitert. Denn niemand kann es allen recht machen. Niemand kann gleichzeitig eine Anhängerin vom Papst und von Simone de Beauvoir sein. Rita Süssmuth, die Neue, hat ganz wie die Alten zu viel taktiert, sich zu viel angebiedert, zu viel aufgegeben. Zuletzt sich selbst.

Als ich 1985 mit der frisch ernannten Ministerin für *EMMA* ihr erstes großes Interview machte, antwortete sie auf meine Frage, ob sie zurücktreten würde, wenn sie in Bonn zu viele ihrer Hoffnungen aufgeben müsste, noch sehr sicher: »Ja! Ich muss an diesem Amt nicht festhalten. Ich habe eine Alternative, eine Professur.« Und jetzt? Jetzt hält sie fest.

Rita Süssmuth ist nicht zurückgetreten. Sie spielt das Spiel weiter mit. Gleich am ersten Tag in ihrem neuen Amt nahm sie ohnmächtig hin, wie ihre Anregung, auch eine Grüne zur stellvertretenden Bundestagspräsidentin zu machen, von der eigenen Partei abgeschmettert wurde. Rita Süssmuth lächelte dazu. Die schönen Worte ersetzen in Bonn heute nicht nur die Taten – schlimmer noch: Sie verdecken sie.

Innerhalb ihrer Partei sind die Christdemokratinnen (wie alle anderen auch) machtlos. Ihre einzige Chance liegt draußen, bei den Frauen, den Wählerinnen. Mit ihnen und ihren Hoffnungen und

Erwartungen müssten die Parteifrauen sich kurzschließen. Mit ihnen müssten sie ein Bündnis eingehen gegen die Herren in Bonn.

Veröffentlicht im Dezember 1988 in *EMMA* (1/1989)

Sie lächelt wieder. Sie hat's, so die Sieger jovial, »toll weggesteckt« und macht »einen gefassten Eindruck«. Es bleibt ihr ja auch nichts anderes übrig – zumindest, solange sie in dem Lande weitermacht. Eines allerdings fällt auf: Sie hat sich die Haare abschneiden lassen. Und die Brille gewechselt. Möchte sie eine andere sein? Ist die alte Irmgard Schwaetzer zu erniedrigt? Will es jetzt eine neue noch einmal versuchen?

Mit dem Fall Schwaetzer hat nun auch die dritte große Partei ihre Spitzenfrau in Bonn öffentlich hingerichtet – von Grünen gar nicht zu reden: das »Feminat« ist längst Legende und Vergangenheit, das Sagen haben die Männer. Der Fall Schwaetzer ist ein Lehrstück für alle Frauen – und genauso ist er von den Herren auch gemeint.

Christdemokratin Süssmuth, beliebter als ihr Kanzler, wurde in Scheiben abgetragen: Statt zu regieren darf die CDU-Emanze heute nur noch lächeln. Sozialdemokratin Däubler-Gmelin, tüchtiger als Pfeife Klose, wurde aus dem Hinterhalt gefällt: Jetzt wartet die Disziplinierte mit zusammengebissenen Zähnen auf Kloses Versagen, um dann den Parteivorsitz übernehmen zu dürfen.

Beiden wurde übel mitgespielt, aber keine wurde so vorgeführt wie die Liberale Schwaetzer. Zwei Tage lang spielten die Herren Katz und Maus mit ihr – bis Irmgard Schwaetzer in Tränen ausbrach. Mit Grund. Noch nie ist eine Spitzenpolitikerin in Bonn öffentlich so gedemütigt worden wie sie.

Warum? Die so unverhüllt Selbstbewusste – Nesthäkchen nach vier Brüdern – ließ sich auch in zwölf Jahren Bonn von den Männerbünden nicht Kopf und Herz auseinander reißen. Genau das machte sie zu einer starken Frau in den Chefetagen der Parteien – und damit auch zur Konkurrenz für die Männer. Bis zum 27. April. Der Tag, an dem die Wohnungsbauministerin vom Präsidium ihrer Partei als neue Außenministerin ausgerufen wird. Im Präsidium allen voran Parteivorsitzender Lambsdorff und Noch-Außenminister Genscher. Mit von der Partie Kinkel und Möllemann. Kohl nicht dazu. Minuten später geht die Meldung weltweit über die Ticker: Deutschland hat die erste Außenministerin der Welt.

Zu früh gefreut, Frauen. 24 Stunden später teilen sich Kinkel, der Schwabe aus der Retorte, und Möllemann, der Halbseidene aus Westfalen, die FDP-Spitzenpfründe: das Außenministerium und den Parteivorsitz. Was dem Volk als demokratische Basis-Revolte verkauft wird, ist in Wahrheit ein Machtkampf zwischen Paten und Söhnen. Auf der Strecke blieb eine Frau.

Dabei konnte die Partei sich immer auf die resolute Ex-Pharmazeutin und strahlend Neuverliebte verlassen: Bei der Wende 1982 blieb sie als einzige Spitzenfrau der Genscher-Partei treu. Und beim §218 war sie zwar engagiert, aber auch berechnend: Auch da ging ihr die Partei über alles. Seit Jahren rangiert sie darum ganz oben – und musste genau darum jetzt ganz runter.

Es ist bitter, aber leider wahr: Seit dem 28. April 1992 ist Irmgard Schwaetzer erledigt. Sie wird sich ab jetzt mit dem zweiten Rang begnügen müssen und 1993 vermutlich vergebens nach der Lambsdorff-Nachfolge im Parteivorsitz streben. Dennoch bleibt sie in der Partei.

Und wenn Irmgard Schwaetzer gegangen wäre? Mit erhobenem Haupte. Hätte sie mit einem konsequenten Rücktritt nicht allen Frauen Mut gemacht? Mut, sich nicht alles gefallen zu lassen? Und würden nicht auch die Politiker sich dann in Zukunft genauer überlegen, ob sie es sich erlauben können, ihre wenigen Frauen auch noch kaputtzumachen (schließlich wollen sie ja von Frauen noch gewählt werden)?

Früher hieß es gerne: Frauen interessieren sich nicht für Politik. Doch seit Beginn der neuen Frauenbewegung, seit Anfang der 70er also, interessieren sich immer mehr Frauen für Politik. Sogar für Partei-Politik. Nie traten so viele Frauen in die Parteien ein wie in den letzten zehn, zwanzig Jahren. Und auch Irmgard Schwaetzer ist wohl nicht zufällig 1975 (im Jahr der Frau) FDP-Mitglied geworden. Seither haben die Frauen in den Parteien hart geackert. Und gehofft.

Und geglaubt. An das Gerede von den Quoten und Partnerschaft. – Ist das die Antwort?

Eines ist klar: Solange Frauen so etwas hinnehmen, solange sie lächeln, wenn sie geohrfeigt werden – solange lachen sich die Jungs weiter ins Fäustchen.

Veröffentlicht im Mai 1992 in *EMMA* (6/1992)

DIE MACHTFRAGE STELLEN! – 1994

Noch nie saßen in Bonn so viele Frauen im Parlament wie im neuen Bundestag – und noch nie war so wenig von Frauen(Interessen) die Rede wie im letzten Bundeswahlkampf. Wie erklärt sich dieser eigenartige Kontrast? Ist die Verleugnung ihrer Interessen als Frauen der Preis der Karrierepolitikerinnen fürs Mitmachen-Dürfen bei den Männer(parteie)n?

Ohne Frauen geht nichts mehr! Das ist nicht nur in der deutschen Politik so, wo heute immerhin jeder vierte Bundestagsabgeordnete eine Abgeordnete ist (im letzten Parlament war jeder fünfte Abgeordnete weiblich). Überall, wo Frauen kandidieren, siegen sie.

Auf Frauen setzen lohnt sich, sie fahren Prozente ein. Das wissen vor allem die schwächeren und kleineren Parteien, die wenig zu verlieren und alles zu gewinnen haben.

Frauen erobern die Parlamente, sie kommen langsam, aber stetig. Umso bemerkenswerter, dass ihre Sache gleichzeitig in der Politik kein Thema mehr ist. Frauenfragen sind out, megaout, auch bei den sich als fortschrittlich verstehenden Parteien. Die bemühen sich inzwischen um Randgruppen wie Behinderte und Schwule mehr als um die Mehrheit Frauen. Woran das liegt? Ganz einfach daran, dass Frauen als Frauen keinen (organisierten) Druck machen. Da nutzt Jammern überhaupt nichts – Handeln ist angesagt.

Frauen in Bonn sind einsam, sehr einsam. Einmal in den gehobeneren Etagen der Männerpolitik angelangt, sind sie ihrer Partei verpflichtet und nicht dem Fußvolk Frauen. »Die« Frauen gibt es ja auch gar nicht. Bisher existiert keine Frauenlobby, auf die (Frauen)-Politikerinnen sich gegenüber ihrer Partei berufen könnten. Und bisher existiert auch keine Frauenlobby, in die Politikerinnen sich – über alle Parteigrenzen hinweg – zurückziehen und mit der sie kungeln könnten: pro Frauen.

Es genügt also nicht, einzelne Frauen reinzudrücken in die Männermacht – diese Frauen müssen draußen wie drinnen auch Rückhalt und Zusammenhalt haben, um sich durchsetzen und die Machtfrage stellen zu können.

Und die Wählerinnen könnten die Politikerinnen stützen, egal von welcher Partei sie sind – und das, ohne deswegen Gegensätze zu verdecken. Das ist nach unseren Wahlgesetzen sogar ganz ohne Blauäugigkeit möglich: nämlich indem wir alle Erststimmen einer Kandidatin geben, egal von welcher Partei. Damit erreichen wir, dass alle Kandidatinnen innerhalb ihrer Partei bestärkt werden und Parteien mehr Kandidatinnen aufstellen werden. Konkret: Auch die Nicht-CDU-Sympathisantin würde mit ihrer Erststimme für eine CDU-Kandidatin einfach nur dazu beitragen, dass statt eines CDU-Mannes eventuell eine CDU-Frau reinkommt – ohne damit die CDU als Partei zu stärken. Denn nur die Zweitstimme entscheidet wirklich über die Zahl der Sitze jeder Partei im Parlament und geht an die jeweils allgemeinpolitisch gewünschte Partei.

Oder Erst- und Zweitstimme gehen an eine Frauenpartei. Die Schwedinnen haben die überraschende Aufstellung der vielen Kandidatinnen nur durch die Drohung mit einer Frauenpartei erreicht. Warum sollte das nicht auch bei uns funktionieren? Und warum sollten wir deutschen Frauen nicht tatsächlich eine eigene Partei gründen, die – ähnlich wie die Grünen die Ökologie – speziell Fraueninteressen vertritt? Eine solche Partei würde in Deutschland locker sechs bis acht Prozent einfahren – bei guten Kandidatinnen. Und: Eine Frauenpartei würde nicht nur selbst die Sache der Frauen vertreten, sondern zwänge allein durch ihre Existenz endlich auch die anderen (Männer)Parteien, Fraueninteressen wenigstens wahrzunehmen.

Noch ist Zeit. Ab spätestens 1997 müsste eine ernst zu nehmende Frauenpartei antreten – so sie den Männerparteien echt auf die Füße treten will.

Veröffentlicht im Oktober in *EMMA* (6/1994)

LIEBE FRAU SCHRÖDER-KÖPF! – 1999

Als ich heute morgen in die Redaktion kam, lag Ihr *stern*-Interview schon auf meinem Schreibtisch und die Tagespresse dazu. Die hatte sich, nicht zufällig, vor allem auf Ihre spitzen Kommentare zur Frauenbewegung und zu Alice Schwarzer gestürzt. Meine politischen Positionen, sagen Sie da, seien »nicht auf der Höhe der Zeit«. Denn Frauen wie ich hätten »keine Rezepte für die Probleme, die die meisten Frauen heute bewegen«. Ja, mehr noch: »Feministinnen ihres Schlages sind Müttern suspekt.«

Was immer Sie sich unter meinem »Schlag« vorstellen, ich jedenfalls habe das spontane Bedürfnis, Ihnen zu antworten. Denn ich finde, dass heutzutage eher ein Schulterschluss zwischen Frauen angesagt ist statt Weiberzank. Hinzu kommt, dass ich zu den vielen Frauen gehöre, die Ihren Mann gewählt haben – ohne Illusionen, aber doch in der Hoffnung, dass er und seine Regierung ein bisschen mehr für uns Frauen tun würden.

Ich spüre unter Ihren scharfen Worten eine Verletzung. Und ich verstehe das sogar. Zwar habe ich mich nie dazu hinreißen lassen, Ihr Privatleben oder das Ihres Mannes zu werten. Schließlich bin ich der altmodischen Auffassung, dass auch das Privatleben eines Politikers so lange privat sein sollte, wie es sich nicht auf die Politik auswirkt. Aber ich habe in der Tat nach der Wahl in der von Ihnen zitierten *Financial Times* gesagt, wie sehr ich bedauere, dass Sie gerade jetzt Hausfrau geworden sind.

Damit hatte ich schlicht nicht gerechnet. Und der Kanzler vielleicht auch nicht. Denn als der Kandidat Sie kennen lernte, waren Sie Mutter und Karrierefrau. Und nicht nur ich habe mich gefreut auf eine neue Art von Rolemodel: auf eine moderne Ehe, in der beide ihren Beruf haben und dennoch füreinander da sind. So wie Blairs, wo er Premier ist und sie Anwältin, oder wie Jospins, wo er Premier ist und sie Philosophin, oder auch wie Strauß-Kahns, wo er Finanzminister ist und sie Journalistin – so wie einst Sie.

Ihr Mann ist so alt wie ich, das heißt, er war ein Weggefährte der von Ihnen so scharf kritisierten frühen Feministinnen. Sie aber gehören der Generation an, die von den Rechten, die die Frauenbewegung erkämpft hat, von Anfang an profitiert hat. Und das ist gut so.

Ihre achtjährige Tochter haben Sie bis zu Ihrer Eheschließung allein großgezogen, was sicherlich nicht immer einfach war. Die Redaktionen in Bonn oder München pflegen auf die Doppelbelastung einer Frau wenig Rücksicht zu nehmen. Dass es gerade für berufstätige Mütter inzwischen dennoch ein gewisses Verständnis – und hoffentlich auch bald mehr staatliche Unterstützung – gibt, das ist, wie Sie nur zu gut wissen, vor allem uns Frauen selbst zu verdanken.

Sie aber hauen in Ihrem ersten großen Interview als Kanzler-Gattin ausgerechnet den Feministinnen die abgedroschensten Klischees um die Ohren. Wir seien von gestern. Wir hätten was gegen Mütter. Und, größter Vorwurf, wir hätten »keine Rezepte«.

Nun, einmal ganz davon abgesehen, dass ich alle, die den Menschen »Rezepte« verkaufen wollen, schlicht für Betrüger halte, bezweifle ich, dass Sie, Frau Schröder-Köpf, im Namen der »meisten Frauen« reden können. Denn die Mehrheit der jüngeren Frauen ist heute zwar in einer schwierigeren Situation als Sie – deren Mann ist, so sie einen haben bzw. wollen, weniger privilegiert und verdient schlechter –, aber sie will dennoch beides: Familie und Beruf. Und genau dafür kämpfen Frauen »meines Schlages«: dass uns die Männer endlich die Hälfte des Hauses abnehmen – und uns Frauen die Hälfte der Welt offen steht.

Sie haben anders entschieden. Das ist, ganz persönlich, Ihr gutes Recht. Vielleicht waren Sie erschöpft von dem langen Kampf an der Karriere- und Mutterfront. Was verständlich wäre. Vielleicht war auch Ihr Mann ermattet von den Anstrengungen einer demonstrativ emanzipierten Ehe. Was ebenfalls verständlich wäre.

Aber ich möchte Sie daran erinnern, dass Sie in Ihrer Position als Frau an seiner Seite Vorbild sind, ob Sie wollen oder nicht. Darum werden Sie ja auch vom *stern* interviewt. Und darum würde ich mir in der Tat von Ihrem Mann weniger zigarrendampfende Männerbündelei wünschen – und von Ihnen mehr selbstbewusste Frauenbündelei.

Ich bitte Sie, Frau Schröder-Köpf, machen Sie aus Ihrer sehr privaten Entscheidung jetzt kein politisches Programm für »die meisten Frauen«. Denn das wäre wirklich von gestern – und würde so gar nicht passen zu dem Kanzler einer rotgrünen Regierung im Jahr 2000.

Es grüßt Sie schwesterlich, Ihre Alice Schwarzer

Veröffentlicht am 11. 2. 1999 im *stern*

DER MERKEL-EFFEKT – 2000

Es ist ein Anblick, bei dem jeder Feministin warm ums Herz werden muss. Da steht sie, die neue Parteivorsitzende, und strahlt. Gewählt mit der (einst sozialistischen) Traumquote von 96 Prozent und umringt von den (plötzlich feministischen?) Parteimännern. Jeder will der Erste sein, der der Siegerin gratuliert. Macht ist eben anziehend, unabhängig vom Geschlecht. Und Macht hat diese Frau jetzt, die innerhalb von zehn Jahren von »Kohls Mädel« zu Kohls Erbin geworden ist.

Und ihre Partei? Die scheint sich damit nicht nur abgefunden zu haben, die scheint das sogar zu genießen. Denn Sonnenschein Angie überstrahlt die dunklen Schatten der Vergangenheit.

Auch für die befragten (potentiellen) WählerInnen ist Angela Merkel »die Verkörperung eines neuen Leitbildes in der Politik«, ist sie »glaubwürdig« und »sympathisch«. Sie ist jung, zumindest jünger als die Alten, sie kommt aus dem Osten und, vor allem – sie ist eine Frau. Auf dem ZDF-Politbarometer rangierte die schwarze Jeanne d'Arc Mitte April mit + 2,4 auf Platz 1 der Beliebtheitsskala (vor Biedenkopf und Kanzler Schröder mit + 1,6 auf Platz 3 abgeschlagen).

Hätten sie die Wahl zwischen Schröder und Merkel, 19 Prozent der traditionellen SPD-Wählerinnen würden der CDU-Frau ihre Stimme geben, meldet Forsa. Und 100 Prozent der CDU-Frauen sowieso. Würden nur Frauen wählen, meldet infratest, wäre Merkel mit 44 Prozent aller Frauenstimmen morgen Deutschlands erste Kanzlerin – Schröder hätte gegen sie keine Chance.

Für mich ist das keine Überraschung. Die Zeit war reif. Überreif. Über ein halbes Jahrhundert hat es gedauert, bis endlich eine Frau – und eine Ostdeutsche dazu! – an die Spitze einer der großen Volksparteien rückte. Dabei ist es beschämend für die Sozialdemokraten, dass ausgerechnet die Konservativen als erste diesen Schritt tun.

Merkels Wahl zur Parteivorsitzenden ist ein historischer Schritt – und ein Signal für alle Frauen. Ein Signal, das die politischen Machtverhältnisse entscheidend beeinflussen könnte. Denn noch sind die Frauen zwar im politischen Geschehen kein Machtfaktor, sondern eher schlafende Riesinnen – doch das könnte sich rasch ändern.

Seit 30 Jahren, seit dem Aufbruch der Frauen Anfang der 70er Jahre, wählen Frauen anders als früher und anders als Männer. Dieser so genannte Gendergap, die Kluft im Wahlverhalten zwischen den Geschlechtern, wird in der ganzen westlichen Welt registriert und brachte in Deutschland 1972 die Sozialdemokraten an die Macht (und das Statistische Bundesamt zu dem Kommentar: »Die Frauen verhalfen der SPD in den Sattel«).

Doch die Hoffnungen der frauenbewegten Wählerinnen entpuppten sich rasch als Illusionen. Die Regierung Brandt machte eher mit Frauenaffären als mit Frauenpolitik Schlagzeilen und die Regierung Schmidt überholte mit ihrer zur Familienpolitik mutierten Frauenpolitik die CDU rechts. Eine der Antworten darauf war die Gründung der Grünen, in deren Anfängen die Frauen noch führend waren (lang, lang ist's her).

Seither hält der Trend an, dass Frauen eher »links« wählen und Männer zunehmend »rechts«. Rechtsextreme Parteien, wie zum Beispiel die Republikaner, werden doppelt bis dreifach so häufig von Männern gewählt. Hätten nur Frauen die Wahl, gäbe es in Deutschland überhaupt keine rechten Splitterparteien in den Parlamenten. Auch Haider wurde von jedem dritten Mann, aber nur jeder fünften Frau gewählt; bei den unter 30-Jährigen votierten sogar 39 Prozent der Männer für den schönen Jörg.

Seit Mitte der 80er Jahre zeichnet sich noch ein zweiter Trend ab: Frauen wählen Frauen! So siegte jüngst die sozialdemokratische Präsidentin Halonen in Finnland dank der Stimmen der konservativen Frauen und fischte auch Ministerpräsidentin Simonis in diesem Teich. Sie immerhin dankte es ihren Wählerinnen prompt – vermutlich auch mit Blick auf den Merkel-Effekt: Schleswig-Holstein wird zur Zeit von mehr Frauen als Männern regiert.

Wenn sie klug sind, nutzen die Frauen der anderen Parteien diesen Merkel-Effekt und stellen endlich wieder offensive Forderungen.

Das würde sich gerade in Deutschland lohnen, wo mann in der Berliner Republik einen demonstrativen Macho-Stil pflegt – im Gegensatz zum Ausland, wo Blairs und Jospins eher mit dem Feminismus kokettieren als mit dem Sexismus. Der Leidensdruck der deutschen Frauen ist stark. Ihnen geht diese Männerbündelei auf die Nerven, und sie hoffen, dass eine Frau ihre Interessen eher und besser vertreten wird.

Wenn schon nicht aus Überzeugung, so sollten die Parteien wenigstens aus Berechnung die Karte Frau bei Wahlen spielen, denn die könnte glatt fünf bis zehn Prozent bringen. Dass diese Karte bisher dennoch in der deutschen Politik nie Trumpf war, das zeigt nur, dass die Männer an der Macht lieber dieselbe verlieren, als sie mit dem anderen Geschlecht zu teilen.

Denn, wir erinnern uns: Auch die CDU hat Merkel ja keinesfalls freiwillig aufs Podest gehoben. Ohne die Erschütterung durch die Spendenskandale und den Druck der Basis wäre die Generalsekretärin trotz bewiesener Tüchtigkeit nie und nimmer Vorsitzende geworden, im Gegenteil: Die Dunkelmänner der CDU hatten noch bis zuletzt ihre ganze Energie ins Hinterzimmern und Intrigieren investiert (»nur ein erfahrener Mann«, »ein Ministerpräsident«, »eine Doppelspitze« etc.). Die Antwort der Basis darauf war eindeutig: für Lichtgestalt Merkel die Spitzenquote von 96 Prozent und für Intrigant Rühe die Tiefstquote von 58,5 Prozent.

Die nächsten zwei Jahre werden auch innerparteilich hart werden für Merkel, aber schon jetzt zeichnet sich ab: Sie hat echte Chancen, Kanzlerkandidatin 2002 zu werden. Und dann müsste Rot-Grün sich tatsächlich »warm anziehen« (Merkel).

Sie hat es geschafft. Dieses Mädchen aus einer Familie, die mitten im Kalten Krieg von West nach Ost zog; diese Pfarrerstochter einer SPD-Wählerin und Schwester eines Grünen-Sympathisanten; diese Protestantin und Physikerin mit der sympathischen Spanne von Moral bis Verstand; vor allem aber: diese Frau, die emanzipiert lebt – aber leider ganz anders redet.

72 Minuten lang buhlte die neue Vorsitzende auf dem Essener Parteitag am 10. April um die Solidarität der Gesamtpartei, acht Minuten lang hat die geklatscht und gejubelt. Warum? Weil die Rede so

ungewöhnlich war? Wohl kaum. Wer sie nüchtern nachliest, entdeckt: Es war anscheinend weniger das Was, sondern eher das Wie, das mitriss: Merkels frischer und uneitler, nüchterner und warmherziger Stil.

Doch Symbolik hin, Symbolik her – jetzt müssen Taten folgen. Dass sie aus dem Osten kommt, hat Angela Merkel nicht vergessen (»Ich kann heute, zehn Jahre nach der deutschen Einheit, vor Ihnen stehen. Das ist für mich nach wie vor keine Selbstverständlichkeit«). Dass sie eine Frau ist, hat sie zwar spätestens als Frauenministerin schon mal gewusst, scheint es aber als Parteivorsitzende nicht mehr der Rede wert zu finden.

Ganze drei Zeilen auf 26 Rede-Seiten ist der als »Durchbruch der Frauen« Bejubelten die Frauenfrage wert.

»Liebe Freunde«, spricht Angela Merkel da. »Liebe Freunde, die CDU ist in Bewegung: Fast auf den Tag genau vor 15 Jahren brachte schon einmal ein Parteitag in Essen einen großen Durchbruch für die CDU: der Essener Parteitag 1985 zur Frauenpolitik. Das war – die Frauen seufzen schon – eine echte Pionierarbeit für die große Volkspartei der Mitte.«

War? Ausgerechnet an diesem historischen Tag, wo eine Frau an der Spitze nicht länger Traum, sondern endlich Wirklichkeit ist, ausgerechnet an diesem Tag erklärt die Erste, die es – nicht nur dank Freund Zufall, sondern auch dank Freundin Emanzipation – geschafft hat, die Frauenfrage für erledigt? Ja, sie wagt es sogar, Heiner Geißlers provokante Vision von der »Partnerschaft 2000« ausgerechnet in dem von ihm einst beschworenen Jahr zu den Akten zu legen. Das ist in der Tat ein Grund zum Seufzen für die wackeren Kämpferinnen in der CDU, denen mann, eine nach der anderen, in den vergangenen Jahren das Genick gebrochen hat.

Für alle Minderheiten hatte die neue Vorsitzende in ihrer programmatischen Antrittsrede ein Wort. Für die Ossis, klar. Für Kohl. Für die Landwirte und Soldaten und die Alten – nur für eine Mehrheit nicht: für die Frauen. Streifte sie doch mal das Thema, hätte sie besser geschwiegen. Merkel zur Familienpolitik: »Es stellt sich die Frage, ob die Gleichstellung der Frau wirklich nur über Erwerbstätigkeit erreicht werden kann.« – Die so ins Haus zurückgedrängten Ostschwestern werden es der Karrierefrau danken. Krippen und Kindergärten? Kein Thema. Aber dafür mehrfach der »Schutz des Lebens«, der »mit dem Embryo beginnt«. Beifall.

Niemand erwartet Feminismus pur von ihr, sie ist ja Christdemokratin. Aber dass eine Light-Version möglich ist, haben CDU-Frauen vor ihr, von Schwarzhaupt bis Süssmuth, hinlänglich bewiesen.

Nicht vergessen: Frau sein ist schön – aber es ist noch kein Programm.

Veröffentlicht im April 2000 in *EMMA* (3/2000)

ALLES ERREICHT? – 2002

Wir Frauen sind jetzt zwar allerorten zu sehen – aber zu sagen haben wir noch immer wenig. Beispiel Angela Merkel. Die systematische Demontage dieser hoch begabten Einser-Physikerin geht so weit, dass ich jüngst im Café folgendes Gespräch zweier älterer Damen mit anhören musste: Was hältst du denn von der Merkel? – Ich weiß nicht ... hat die denn überhaupt studiert?

Sie hat. Erfolgreicher als die meisten ihrer männlichen Kollegen. Und wenn nicht, wäre das auch egal. Sie hat schließlich auf dem Höhepunkt der Krise ihrer Partei die rechte Art und die passenden Worte gefunden. So passend, dass eine begeisterte Basis sie an die Spitze spülte. Endlich mal eine, die Tacheles redet. Endlich mal eine, die nicht korrupt ist. Endlich mal eine, die nicht dazugehört zum Klüngel.

Doch genau das ist ihr Problem: das Nicht-dazu-Gehören. Weder zu den Frauen – von denen hat sie sich emanzipiert; noch zu den Männern – die denken im Traum nicht daran, eine Schwanzlose in ihre Wettpissrunden aufzunehmen.

Wie sie jüngst da saß, die Parteivorsitzende, bei Christiansen. Zwischen lauter Männern und neben dem CSU-Vorsitzenden: zweifelnd, zögernd, fast eingeschüchtert; sehr sympathisch, aber meilenweit entfernt von der Selbstgewissheit bis Selbstverliebtheit der Herren.

Was für ein Zynismus: Rechnen die Konservativen sich keine Chancen aus, wird sie Kandidatin; rechnen sie sich welche aus, wird er Kandidat. So oder so verliert sie.

It's a mens world. Und es sind, das müssen wir jetzt feststellen, nicht die von den Parteifrauen verständlicherweise so verbittert geforderten Polit-Quoten, die das ändern. Ja, es sieht fast so aus, als sei das Gegenteil der Fall: als verschleiere die quotierte weibliche Präsenz die machtpolitische weibliche Abwesenheit. Denn längst haben die Männer an der Macht sich aus den formell quotierten Gremien in informelle Zirkel zurückgezogen. Stichwort: Kaminzimmer. Stichwort: Krieg. Stichwort: echte Männer.

Es ist traurig, aber wahr – die Quote in der Politik scheint gescheitert. Denn sie hat vor allem eine bestimmte Sorte von Frauen in Positionen gebracht: Frauen von Männergnaden. Frauen, denen es peinlich ist, auf dem Frauenticket Karriere gemacht zu haben, und die nicht zuletzt darum ihr Frausein schnellstmöglich vergessen möchten. Frauen, die sich mit der Darstellung ihrer Existenz begnügen, aber nicht die Chuzpe haben, auf Erfüllung zu dringen. Frauen, denen es nur zu bewusst ist, dass sie von der Gunst der Herren abhängig sind.

Es gibt eine Theorie in der Geschlechterforschung, die besagt, Frauen könnten die Männerbünde ab einem Anteil von einem Drittel verändern. Könnten. Nicht müssen. Denn es geht eben nicht nur um Quantität, sondern auch um Qualität.

Die Vorsitzende Merkel, auf deren Nominierung wir alle so stolz waren, wird inzwischen von den Männern ihrer eigenen Partei vorgeführt wie ein Schulmädchen – und noch nicht einmal sie selbst protestiert, weil es schon demütigend für Frauen ist, es auch nur zu benennen. Die Vorsitzende Roth liefert mit ihrem ach so weiblichen Dauerlächeln Erfüllungshilfe für die Kriegsherren – und keine Grüne sagt: So haben wir das nicht gemeint! Die Vorsitzende Zimmer hört nicht auf, dem Werbeprodukt Feldbusch ein PDS-»Praktikum« anzutragen – und niemand steckt ihr, wie peinlich das ist.

Und ausgerechnet die Sozialdemokraten kündigten auf ihrem Parteitag als Frauenwahlkampfmotto 2002 an: »Die SPD soll weiblicher werden.« Und da lacht noch nicht mal eine.

Will uns die SPD damit ankündigen, dass sie ihre rituelle Rothaarigen-Quote von 0,001 auf 0,01 % steigern wird? Oder will sie uns damit sagen, dass ihr demonstratives Machotum von nun an durch betonte Weiblichkeit gemildert wird? Doch warum ist dann keine Einzige in dieser Partei Frau genug, daran zu erinnern, dass es gerade SozialdemokratInnen weder um »Verweiblichung« noch um »Vermännlichung«, sondern schlicht um Vermenschlichung gehen sollte?!

Mir scheint: Nie waren so viele Frauen in der Politik so kleinlaut und so resigniert wie heute. Und das in einer wahrhaft tragischen Verkennung der Stimmung an der »Basis«, auf die sie sich so gerne berufen und die sie zu ihrer Lobby machen könnten. Doch da sinkt nicht nur das Vertrauen in die Politikerinnen, da sinkt das Vertrauen in den ganzen Laden. Schon jetzt stehen die Frauen, vor allem die jungen, an der Spitze der Nicht-Wählerinnen. Und es bedarf keiner Hellseherei zu prophezeien, dass ihre Zahl steigen wird. Steuert Deutschland auf eine Demokratie zu, die nur noch eine Farce ist?

Die Tragik der Karrierefrauen, nicht nur in der Politik, sondern in allen Männerdomänen, scheint mir: Auf dem Weg in die Männerwelt laufen sie Gefahr, ihre Wurzeln als Frauen zu verleugnen, ja zu verlieren. Ein wurzelloser Mensch aber ist unauthentisch. Solche Frauen sind dann keine Frauen, die ihren Mann stehen – sie sind trotz demonstrativer Weiblichkeit nur halbe Frauen und trotz erkämpfter Männlichkeit auch nur halbe Männer. Das spüren die Frauen. Und die Männer übrigens auch.

Und genau das macht so manche erfolgreiche Frau nicht stärker, sondern schwächer. Denn sie gehört weder zu den einen noch zu den anderen. Ihr Ziel aber müsste es sein, zu beiden zu gehören.

Nicht einfach. Ich weiß. Und dennoch muss es geleistet werden. Irgendwie. Wenn nicht, haben wir Frauen eben noch nicht alles erreicht.

Veröffentlicht im Dezember 2001 in *EMMA* (1/2002)

DIE NEUE WEIBLICHKEIT

■ ■ ■ Kaum waren die „Weiblichkeit" – und mit ihr zwangsläufig auch die „Männlichkeit" – von den neuen Feministinnen als Rollenzwang für die Geschlechter in Frage gestellt worden, da wurde auch schon die „neue Weiblichkeit" lanciert (und die „neue Männlichkeit" folgte mit nur leichter Verzögerung). Nur wenige Jahre nach dem Aufbruch der Frauen rollte mit Wucht die „neue" (alte) Weiblichkeitswelle an. Und je emanzipierter die Frauen wurden, umso stärker wurde der Druck auf sie, „ganz Frau" zu bleiben (was immer das heißen mag). Mit Highheels macht frau eben keine so großen Schritte.

Nicht zufällig läuft die Linie der stärksten Auseinandersetzungen, auch unter Feministinnen, entlang dieser Front. Auch die Frauenbewegung war sich nur im Moment des Aufbruchs einig, zerfiel dann aber rasch in zwei große Lager (das war historisch schon so): in hie Differenzialistinnen und da Anti-Differenzialistinnen. So heißt das heute. Früher hießen sie Biologistinnen und Anti-Biologistinnen oder Reformistinnen und Radikale. Doch immer geht es dabei um dieselbe fundamental verschiedene Grundauffassung.

Die Differenzialistinnen sind überzeugt von einem irreversiblen, erhaltenswerten Unterschied zwischen den Geschlechtern (und damit zwischen Menschen überhaupt). Die Universalistinnen glauben an eine ursprüngliche und erstrebenswerte Gleichheit der Geschlechter (und damit aller Menschen). Woraus sich zwangsläufig ergibt: Wenn alle Menschen von Geburt aus gleich sind, so sind auch die Menschenrechte unteilbar.

Ich stehe in der Tradition der Universalistinnen. Alle meine politischen Positionen – von der Hausarbeit bis zum Waffendienst – ergeben sich zwangsläufig aus dieser Grundhaltung. So war es selbstverständlich für mich, die Renaissance der Weiblichkeit von Anbeginn an kritisch zu begleiten; dazu gehört die Analyse der Konstruktion von „Männlichkeit" und „Weiblichkeit" ebenso wie die Entlarvung des Versuchs einer Feldbuschisierung unserer Gesellschaft. ■ ■ ■

DAS EWIG WEIBLICHE IST EINE LÜGE – 1976

ALICE SCHWARZER Sie sind aktiv in der Frauenbewegung, die ins öffentliche Bewusstsein gedrungen ist – und auf die die Gesellschaft reagiert. Das so genannte Jahr der Frau 1975 scheint mir symptomatisch dafür gewesen zu sein.

SIMONE DE BEAUVOIR Wir Feministinnen haben schon oft gesagt, was wir davon halten. Man hat uns damit zum Narren gemacht und erniedrigt. Demnächst kommt das Jahr des Meeres, dann das Jahr des Pferdes, des Hundes und so weiter ... Das heißt, man hält uns Frauen für Objekte, die es in dieser Männerwelt nicht wert sind, mehr als ein Jahr lang ernst genommen zu werden. Dabei sind wir die Hälfte der Menschheit. Es ist also folglich grotesk, von *einem* Jahr der Frau zu sprechen. Alle Jahre müssten ein Jahr der Frau sein, Jahre des Menschen überhaupt ... Das Jahr der Frau ist überhaupt nur gemacht worden, weil es schon eine Frauenbewegung gab. Um diese Bewegung zu vereinnahmen, sozusagen. Um die Wogen zu glätten. Die Weltfrauenkonferenz in Mexiko war nichts weiter als ein Marionettenspiel der Männerpolitik, was am deutlichsten in dem Konflikt zwischen den Vertreterinnen Israels und denen der arabischen Länder wurde. Die einen sind so patriarchalisch wie die anderen, und der Islam sicher noch mehr als das Judentum.

SCHWARZER Hat dieses Jahr der Frau nicht trotz alledem auch etwas genutzt?

BEAUVOIR Sicherlich. Grundsätzlich ist ja zu sagen, dass auch ganz erbärmliche Reformmaßnahmen immer etwas bringen, aber eben auch gefährlich sind. Das beste Beispiel sind die Abtreibungsreformen. Sie erleichtern Frauen viele akute Probleme und sind ein Anfang. So wie die Pille es war. Aber ebenso wie die Pille, die die Gesundheit der Frauen gefährdet und Frauen verstärkt zur alleinigen Verantwortung für die Verhütung drängt, kann auch die legale Abtreibung zum

Bumerang werden. Mit einer Gegenattacke der Männer muss in einer männerbeherrschten Welt grundsätzlich gerechnet werden. Sie werden es benutzen, um eine zusätzliche Unterdrückung daraus zu machen. Sie werden sagen: »Jetzt, wo keine Gefahr mehr ist, kannst du mich doch ranlassen. Du brauchst doch nur abzutreiben ...«

SCHWARZER Ich weiß, dass Sie seit dreißig Jahren täglich Briefe von Frauen aus der ganzen Welt erhalten. Haben Sie etwas dazugelernt durch die zahlreichen Frauenreaktionen?

BEAUVOIR Ich habe das unermessliche Ausmaß der Unterdrückung begriffen! Es gibt Frauen, die sind tatsächlich eingekerkert! Und das ist nicht selten! Die schreiben mir heimlich, bevor der Mann nach Hause kommt ... Die interessantesten Briefe kommen von Frauen zwischen 35 und 45, die geheiratet haben, das sehr schön fanden und jetzt verraten und verkauft sind ... Sie fragen mich: »Was kann ich tun? Ich habe noch nicht einmal einen Beruf. Ich habe nichts. Ich bin nichts.« Mit 18, 20 heiratet man aus Liebe, und dann wacht man mit 30 auf – und da wieder rauszukommen, das ist sehr, sehr schwierig. Das hätte mir selbst passieren können, darum bin ich dafür so empfänglich.

SCHWARZER Es ist immer sehr heikel, Ratschläge zu geben, aber wenn eine Frau Sie fragt ...

BEAUVOIR Ich glaube, eine Frau sollte sich vor der Falle der Mutterschaft und der Ehe hüten! Selbst wenn sie gern ein Kind hätte, muss sie sich gut überlegen, unter welchen Umständen sie es aufziehen müsste: Mutterschaft ist heute eine wahre Sklaverei. Väter und Gesellschaft lassen die Frauen mit der Verantwortung für die Kinder ziemlich allein. Die Frauen sind es, die aussetzen, wenn ein Kleinkind da ist. Frauen nehmen Urlaub, wenn das Kind die Masern hat. Frauen müssen hetzen, weil es nicht genug Krippen gibt ... Und wenn Frauen trotz alledem ein Kind wollen, sollen sie es bekommen, ohne zu heiraten. Denn die Ehe, das ist die größte Falle.

SCHWARZER Aber wenn Frauen schon verheiratet oder Mutter sind?

BEAUVOIR Auf jeden Fall müssten sie versuchen, eine bezahlte Arbeit zu finden, um mindestens eine gewisse Selbstständigkeit und Unabhängigkeit zu haben.

SCHWARZER Von Ihnen ist der berühmte Satz »Man kommt nicht als Frau zur Welt, man wird dazu gemacht«. Die so genannten »männlichen« Qualitäten sind nicht zufällig die des herrschenden Geschlechts und die »weiblichen« nicht zufällig die des beherrschten, denn sie sind leichter auszubeuten. In diesem Zusammenhang scheint es kein Zufall, dass sich eine neue Mystifikation des Ewig Weiblichen ankündigt.

BEAUVOIR Es gibt sicherlich »weibliche« Qualitäten. Ich denke zum Beispiel, dass Frauen gewisse männliche Fehler abgehen. So das männlich Groteske – die Art, sich ernst zu nehmen, eitel zu sein, sich wichtig zu nehmen, und so weiter. Das heißt, Frauen, die eine Männerkarriere machen, können sehr gut auch diese Fehler annehmen. Aber sie haben trotzdem ein ganz klein wenig Humor, eine gesunde Distanz zu diesen Hierarchien. Und dann die Art, Konkurrenten zu zermalmen – im Allgemeinen machen Frauen das nicht. Außerdem haben sie mehr Geduld – was bis zu einem gewissen Punkt eine Qualität ist, danach wird es ein Fehler. Und Ironie. Und eine ganz pragmatische Art, denn Frauen sind auf Grund ihrer Rolle im täglichen Leben verwurzelt. Diese »weiblichen« Qualitäten sind also nicht angeboren, sondern resultieren aus unserer Unterdrückung. Doch wir könnten sie auch nach einer Befreiung bewahren – und die Männer müssten sie erlernen. Aber man darf nicht ins andere Extrem fallen, sagen: Die Frau habe eine besondere Erdverbundenheit, habe den Rhythmus des Mondes und der Ebbe und Flut im Blut und all dieses Zeug … Sie habe mehr Seele, sei von Natur aus weniger destruktiv et cetera. Nein! Es ist etwas dran, aber das ist nicht unsere Natur, sondern das Resultat unserer Lebensbedingungen. Die so »weiblichen« kleinen Mädchen sind fabriziert und nicht geboren, zahlreiche Untersuchungen beweisen es. Und eine Frau hat a priori keinen besonderen Wert, nur weil sie Frau ist. Das wäre finsterster Biologismus und steht in krassem Gegensatz zu allem, was ich denke.

SCHWARZER Und warum dann dieser erneute Ruf nach der »Weiblichkeit«?

BEAUVOIR Wenn man uns sagt: »Immer schön Frau bleiben. Überlasst uns nur all diese lästigen Sachen: Macht, Ehre, Karrieren …

Seid zufrieden, dass ihr so seid: erdverbunden, befasst mit menschlichen Aufgaben …« Wenn man uns das sagt, sollten wir auf der Hut sein! Einerseits ist es richtig, dass Frauen sich nicht mehr ihres Körpers schämen, nicht ihrer Schwangerschaft und ihrer Periode. Aber man darf keinen Wert an sich daraus machen, nicht glauben, der weibliche Körper verleihe einem eine neue Vision der Welt. Das ist lächerlich und absurd. Das hieße, einen Gegen-Penis daraus machen. Frauen, die das glauben, fallen ins Irrationale, ins Mystische, ins Kosmische zurück. Sie spielen das Spiel der Männer – denn so wird man sie besser unterdrücken, besser von Wissen und Macht fernhalten können. Das Ewig Weibliche ist eine Lüge. Denn die Natur spielt bei der Entwicklung eines Menschen eine sehr geringe Rolle. Wir sind soziale Wesen. Außerdem: Da ich nicht denke, dass die Frau von Natur aus dem Manne unterlegen ist, denke ich auch nicht, dass sie ihm von Natur aus überlegen ist.

Auszug aus einem Interview im *Spiegel* 1976

DER NEUE BIOLOGISMUS – 1981

Neger kommen »weniger intelligent« auf die Welt als Weiße. – Frauen sind von Natur aus »sexuell weniger erregbar« und »mütterlicher« als Männer. – Homosexuelle sind dies meist von Geburt und aufgrund von »Hirnschäden«.

Wo steht das? Im Regierungsprogramm einer rassistischen Regierung? Auf einem anonymen Flugblatt von Neo-Nazis? Mitnichten. Es steht in bundesdeutschen Zeitungen, von der *Zeit* bis zur *Frankfurter Rundschau.* Die soziobiologische Welle, die seit 1975 Amerika überschwemmt und 1978 Europa erreichte, schlägt wieder Wellen.

Angeblich will die Soziobiologie biologische und soziologische Erkenntnisse vereinen. In Wahrheit geht es den Soziobiologen jedoch darum, die bestehende Ordnung, die Hierarchie zwischen Rassen, Klassen und Geschlechtern zu rechtfertigen: Sie sei von Natur so gewollt. Im Ausland wird diese umstrittene neue »Wissenschaft« klar als Propagandainstrument konservativer bis rechter politischer Kräfte begriffen, die man unter dem Sammelbegriff »die neue Rechte« zusammenfasst. Dass diese »neue Rechte« sich Mitte der 70er Jahre als Erstes auf die Emanzipation der Frauen einschoss, ist kein Zufall.

»Die Soziobiologie beruht stark auf der Biologie der Unterschiede zwischen Mann und Frau«, bekennt der amerikanische Soziobiologe Barash ganz offen und fügt hinzu: »Ironischerweise scheint Mutter Natur eine Sexistin zu sein.«

Auch die europäischen Anhänger der Soziobiologie berufen sich auf die amerikanischen Väter des Gedankens, deren Übervater Edward O. Wilson ist. Der Insektenforscher eröffnete 1975 seine Kampagne mit Erkenntnissen folgenden Genres: »In der Jäger- und Sammlergesellschaft (der Urzeit) jagen die Männer, und die Frauen bleiben zu Hause. Diese starke Neigung setzt sich in den meisten bäuerlichen und industriellen Gesellschaften fort und scheint allein schon aus diesem Grund genetischen Ursprungs zu sein. (...) Fast auf der ganzen Welt fühlt sich die Frau mehr zur Kinderpflege hingezogen, während der Mann seine größte Befriedigung aus seiner Arbeit sucht.«

Frauen sind zur Mutterschaft geboren und Männer zur Karriere. Die Soziobiologen sind nicht die Ersten, die diese für Männer so praktische Arbeitsteilung pseudo-wissenschaftlich zu untermauern versuchen. Ihnen ging eine Welle von vergleichenden Verhaltensforschern voraus, die aus der an sich nicht uninteressanten Beobachtung von Ratten, Graugänsen und Lemmingen ebenfalls nur allzu gern allzu rasche Schlüsse auf die Menschen und die »natürliche« Rolle der Geschlechter zogen.

Zeit-Redakteur Dieter E. Zimmer: »Intelligenzunterschiede sind weitgehend erbbedingt; Erbanlagen könnten auch verantwortlich sein für das unterschiedliche Abschneiden von Schwarzen und Weißen ... Tatsächlich gibt es einen Bezug zwischen sozioökonomischem Status und IQ nicht nur bei Schwarzen, sondern bei allen Bevölkerungsgruppen: je höher der Status, desto höher der IQ und umgekehrt. Nur sagt eine solche Korrelation nichts darüber, was hier was verursacht. Es könnte sein, dass der Status den IQ anhebt; es könnte aber auch der IQ für den Status verantwortlich sein.«

Also selber schuld, die Armen und die Schwarzen, wenn sie so blöd sind. Und die Frauen. Denn, so Zimmer weiter: »Es könnte auch sein, dass es eine Beziehung zwischen Geschlechtschromosomen und Aggressivität gibt. (...) Bei der Mutter liegt der Akzent auf Fürsorge, beim Vater auf ungewöhnlichem Spiel und der gefühlsmäßigen Erziehung zum Leben in der Gesellschaft. Im Notfall kann einer die Rolle des anderen übernehmen; im Idealfall ergänzen sie sich. (...) Männer sind weniger ›treu‹ und ›wählerisch‹ als Frauen.«

Dass Männer Krieg machen und Frauen sich verprügeln lassen, dass Mütter das Kind Tag für Tag versorgen und Väter mal sonntags mit ihm spielen – die Natur hat's so gewollt. Krönender Beweis für diese angeborene Rolleneinteilung ist für Zimmer die Tatsache, dass die Frauenbewegung Männer ausschließt, denn Frauen sind, »wie experimentell ermittelt wurde, schon von der Anwesenheit eines Mannes verunsichert«.

Die Soziobiologen sind alle weiß, bürgerlich und männlich. Selbstverständlich seien sie gegen Ungerechtigkeiten, sagen sie, nur könnten sie die »künstliche Gleichmacherei« nicht befürworten. Wir Menschen seien nun mal ungleich und sollten darum endlich »beginnen, unsere Unterschiede zu bejahen und als Quelle des Stolzes zu empfinden: als verschiedene, die zusammengehören« (Zimmer). Ganz davon abgesehen, dass schwer einsichtig ist, warum Schwarze stolz darauf sein sollten, dümmer als Weiße zu sein; und warum Frauen sich darüber freuen sollten, dass ihre ach so starken Gefühle auf Kosten ihres Verstandes gehen – ganz davon einmal abgesehen, ist gerade uns Frauen diese Argumentation des »gleichwertig sein in der Verschiedenheit« vertraut. Frauen sind anders – diesem Dogma folgt allemal eine für Frauen nachteilige Aufteilung in weibliche und männliche Rollen. Dieses »Anders-Sein« beinhaltet real immer ein Minderwertig-Sein.

In Wahrheit jedoch ist es rein wissenschaftlich bis heute unmöglich, den biologischen und den gesellschaftlichen Einfluss auf menschliche Verhaltensweisen überhaupt auseinander zu dividieren und den Anteil der Gene daran zu bestimmen. Schon der rein biologische Teil der Argumentation der Soziobiologie steht also auf wackligen Füßen. Wenn überhaupt, lässt sich maximal von einer »genetischen Disposition« reden, schreibt Prof. Jacque Ruffié. Denn: Ein Genprogramm sei wie das Alphabet – man könne damit sowohl die Bibel wie auch »das Kapital« schreiben.

Ruffié gibt in *Le Monde* auf die eigene Frage, wie es denn komme, dass eine »so überholte« und fragwürdige Theorie wie die Soziobiologie neuerdings wieder so viel Aufsehen erregen könne, die Antwort: »Wir leben in einer Welt voller Spannungen und müssen damit rechnen, dass diese sich in den kommenden Jahren noch erhöhen. Jede Nation wird versucht sein, den Rest ihrer Privilegien zu wahren.« – Und jedes Geschlecht.

Veröffentlicht im Mai 1981 in *EMMA* (6/1981)

DER DIÄTWAHN ODER: DÜNNE MACHEN! – 1984

Es schien so glatt zu funktionieren. Dem Gebot der Schlankheit beugten sich in den letzten zwei Jahrzehnten zunehmend mehr Frauen. Sie schaffen es oder schaffen es nicht, es beschäftigt sie so oder so. Manchmal rund um die Uhr. Sie haben Komplexe, lassen sich den Appetit verderben, zählen Kalorien, haben zu tun. Hausfrauen, Studentinnen, Sekretärinnen, Karrierefrauen – keine scheint gefeit.

Während Männer nach Profil streben, streben Frauen nach Linie. Während Männer Raum einnehmen, machen Frauen sich dünne. Wie günstig.

Seit neuestem aber ist Sand im Getriebe. Das Gift des Diätwahns scheint in Überdosis verabreicht worden zu sein. Die bisher diskret hungernden (oder heimlich fressenden) Frauen flippen aus. Zunehmend. Ärzte schlagen Alarm. Eine neue Frauenkrankheit breitet sich aus: die Bulimie, profaner auch Fress- und Kotzsucht genannt. An ihr leiden Frauen, die zwischen Hungerkuren und Fresstouren schwanken, in diesen Phasen ungeheure Mengen verschlingen und durch künstliches Erbrechen und Abführmittel gleich wieder ausscheiden.

Allein in der Bundesrepublik schätzen Ärzte die Zahl der fresssüchtigen Frauen auf mindestens 300- bis 400.000. Für sie ist die alltägliche Diät zur unentrinnbaren Sucht geworden, eine Sucht, die ihr Denken und Fühlen beherrscht und ihr Leben bestimmt; Frauen, für die das Essen zur Sucht geworden ist (oft in Kombination mit Medikamenten und Abführmitteln) wie für andere der Alkohol. Ihre Zahl steigt so beunruhigend, dass selbst die, die es bisher am tollsten getrieben haben, die Bremse ziehen. Zumindest leicht. So heben *Brigitte* und *Bild* plötzlich warnend den Finger: Die Frauen sollten es nicht gar zu toll treiben mit der Diät, »lieber mollig und glücklich –

als schlank und unglücklich«, und veröffentlichen gleich ein paar Seiten weiter die allerneueste Blitz-Diät.

Täglich bis zu 1.500 Briefe erhält nach eigenen Angaben die Frauenzeitschrift *Brigitte* zur Diät. Man stelle sich vor, Frauen schrieben täglich 1.500 Briefe, um gegen die Demontage der 218-Reform zu protestieren. Zum Beispiel. Oder, um mehr Rechte für Frauen zu fordern. Doch man muss diese Zahlen nicht kennen, man muss sich nur im eigenen Leben umschauen, um zu begreifen, in welchem Maße die Idee »Ich bin zu dick« Frauen okkupiert. Egal, wie alt sie sind. Egal, wie bewusst sie sind. Egal auch, wie dünn oder dick sie wirklich sind.

Die Zauberformel »Diät« scheint Erlösung von allem Leid zu versprechen. Die »Traumfigur« scheint in den Träumen vieler Frauen inzwischen vor dem »Traumprinzen« und der »Traumrobe« zu rangieren. Dafür sprechen auch die Schlagzeilen der auflagenstarken Frauenzeitschriften, deren Verkaufsargument Nummer eins die jeweils neueste Diät ist. Besonders beunruhigend dabei ist, dass der alltägliche Diätwahn so selbstverständlich geworden ist, dass wir ihn noch nicht einmal mehr als solchen wahrnehmen.

Da lacht kaum eine schallend über die zwei Messerspitzen Petersilie, die wir, um die Völlerei auf die Spitze zu treiben, zum Abendessen laut *Brigitte* noch über das geraspelte Radieschen streuen dürfen. Da schüttelt kaum eine den Kopf über die neue Mode, die, diesmal, »breite Gürtel« um die Hüften vorschlägt und dazu Mannequins defilieren lässt, deren Hüftumfang das misst, was bei einem einigermaßen gesunden Körper eigentlich Taillenumfang sein müsste. Da ist Protest auch kaum hörbar, wenn einem die liebste Freundin, der eh schon die Knochen vorstehen, sagt: Ach, ich muss unbedingt abnehmen, ich bin nämlich schon wieder dicker geworden.

Die Perversion ist eine doppelte: Man muss schon in einer Überflussgesellschaft leben, um Essen so zum Spielball der Ideologien machen zu können. Und man muss schon im Patriarchat leben, um als Frau in einer Überflussgesellschaft zu verhungern. Es scheint so zu sein, dass ausgerechnet in den Zeiten, in denen wir Frauen es geschafft haben, äußere Fesseln zu lockern, sich neue, innere Fesseln um uns gelegt haben. Und, dass eine der schlimmsten inneren Fesseln eben dieser Schlankheitswahn ist.

Es beginnt mit einem gestörten Verhältnis zum Essen. Millionen Frauen essen entweder nicht. Oder sie essen zu wenig. Oder sie essen, und haben dabei ein schlechtes Gewissen. Oder aber sie schlingen ohne Appetit das Essen hinunter. Aus Hunger. Hunger nach dem Leben. Und sie kotzen es wieder aus. Weil das Leben zum Kotzen ist.

Einer der elementarsten sinnlichen Genüsse, Essen, ist all diesen Frauen also nicht mehr unbelastet möglich und es macht sie krank. Das Hungern und das Schwanken zwischen Hungern und Fressen schwächt den Körper, ja macht ihn regelrecht kaputt. Hinzu kommen die zerstörerischen Auswirkungen der Appetithemmer und Abführmittel. Die heute modische »Idealfigur« entspricht, rein medizinisch gesehen, einer Unterernährung. Und längst ist sich die seriöse Medizin darüber einig, dass ein paar Kilo mehr gesünder sind als ein paar Kilo zu wenig. Denn dem unterernährten Körper fehlen Abwehrkräfte und Kräfte. Man stelle sich nur eines dieser hyperschlanken Wesen in der körperlichen Auseinandersetzung mit einem ordentlich ernährten Mann vor – hoffnungslos.

Dennoch bleibt die »Idealfigur« immer unerreichbar. Ich jedenfalls habe noch nie eine Zufriedene getroffen. Auch die Schlankste fühlt sich noch »zu dick« – und ist das in Relation zu den Kleiderständern der Modeseiten ja auch tatsächlich. Und noch bei der Dürrsten stimmt etwas nicht: da ist der Hintern zu dick für Jeans, da der Busen zu groß, da sind die Waden zu stramm ... Und wenn frau endlich so rank ist wie Jane Fonda oder Lady Di, wispert es in ihr: Jetzt bist du vielleicht schön und schlank, aber begehrt bist du nicht, denn eigentlich mögen die Männer etwas ganz anderes ...

So kann der eigene Körper zum narzisstisch-autistischen Gegenstand allen Sehnens und Handelns, kann er zum Ersatz-Schlachtfeld, Weltersatz werden. Nicht zufällig vor allem für die Frauen, die eh schon nicht viel Platz in der Welt haben. Alle Sehnsüchte, alle Revolten, alle Kämpfe gelten dem eigenen Körper. Nicht die Lebensumstände und die Welt sollen sich ändern – der Körper soll es. Und wenn er erst anders, wenn er erst perfekt wäre, dann würden auch das Leben und die Welt wunderbar, oder?

Einst fragte die Königin: »Spieglein, Spieglein an der Wand, wer ist die Schönste im ganzen Land ...« Heute fragen die Frauen: »... wer ist die Schlankste im ganzen Land?« Die Schlankheitskarriere ist die begehrteste, der Wettbewerb um die Pfunde der weit verbreitetste Konkurrenzkampf unter Frauen. Du bist viel schlanker als ich! Ich habe jetzt endlich abgenommen! Kompliment, du bist ja wunderbar schlank geworden! Während Männer Karriere machen, machen Frauen Diäten.

»Ich wusste nicht, dass ich so stark sein kann«, titelte *Brigitte* in ihrem Septemberheft 84 den ›*Brigitte*-Diät-Club‹. Der stolze Spruch kam aus dem Mund von Petra Hunger, 21, aus Goslar. Petra hatte zwischen Januar und April 84 genau 24 Kilo abgenommen. Und darauf ist Petra stolz. Verständlicherweise. Denn ansonsten gibt es zur Zeit wenig, worauf sie stolz sein könnte. Wie einigen wenigen Nebensätzen in *Brigitte* zu entnehmen war, hatte Petra mit 17 geheiratet und dann prompt angefangen, mehr und öfter zu essen. Als sie ihre Lehre beendet hatte, keine Stelle fand und zu Hause blieb, aß sie noch mehr. Jetzt sitzt sie noch immer berufslos in ihren vier Wänden, aber sie hat etwas zu tun: sie kämpft um die Linie. Und sie hat sich bewiesen, dass sie Energie und Selbstdisziplin hat, dass sie »stark« ist.

Jubelt *Brigitte*: »Petra hat wieder Konfektionsgröße 38.« Wie schön. An *Brigittes* Petra wird der Ersatzcharakter der Welt des Schlankheitswahns klar. Ablenkung von einem Hausfrauenleben, bei dem eine lebendige junge Frau ja aus der Haut fahren (aus dem Leim gehen) muss, Ersatz für die fehlende Welt. Da wird die Kalorientabelle zum Gradmesser für Tüchtigkeit, die erreichte »Traumfigur« zum Ziel aller Träume. Der Horizont weiblichen Strebens ist nicht vom Universum begrenzt, sondern – von der eigenen Haut.

Es wird kein Zufall sein, dass ausgerechnet mit erstarkender Emanzipation die Frauen immer dünner werden sollen. Daran haben auch Aerobic und Bodybuilding nichts geändert. Im Gegenteil: Diese Moden haben einerseits das Streben von Frauen nach mehr Bewegung und Stärke aufgenommen, es aber andererseits im Handumdrehen wieder pervertiert: schlank sein und dekorativ, das bleibt da Gesetz.

Aber wir sagen nicht: Wir wollen schlank sein. Wir sagen lieber: Es ist gut für die Gesundheit. – Ich fühle mich ganz einfach besser so. – Ich mache Heilfasten. – Und was der hübschen Bemäntelungen mehr sind. Ja, warum machen die dämlichen Frauen denn all das mit, wird da so manch eine/r fragen. Ja, warum. Weil frau ökonomisch schon unabhängig sein kann, aber psychologisch noch gefangen.

Egal, wie alt wir sind (ein 40-jähriger Körper hat natürlich andere Formen als ein 20-jähriger), egal, welche Form unser Körper individuell eigentlich hat (eher stämmig oder eher hager, eher barock oder eher schmal); egal, wie wir uns wohl fühlen (könnten) – wir beugen uns der Einheitsform, hungern nach der »Idealfigur«. Nur: Wessen Ideal ist das eigentlich?

Frauenkörper sind seit Jahrtausenden enteignet, kolonialisiert vom Patriarchat. Und jetzt sollen wir Frauen uns auch noch dünne machen. In jeder Beziehung. Denn sonst hätten wir ja Phantasie und Energien frei. Frei zum Leben. Frei zum Kämpfen um etwas, das sich lohnt.

Veröffentlicht im Oktober 1984 im *EMMA*-Sonderband »Durch dick und dünn«

VORBILDER & MACHT – 1989

Berühmte Frauen. Schon die Kombination dieses Adjektivs mit dem Subjekt klingt obszön. Berühmte Männer, klar, die existieren, und zwar zuhauf, in Geschichte wie Gegenwart und für jeden Geschmack. Aber berühmte Frauen? Katharina die Große vielleicht, von der der Nachwelt weniger ihre staatsmännischen Leistungen als ihre angeblichen sexuellen Perversionen überliefert sind? Der Filmstar Marlene Dietrich, die ihr Leben lang ihren Körper verachtet und geistvolle Männer verehrt hat und nicht aufhört zu beteuern, sie sei ein Nichts, sei nur das Geschöpf von Sternberg und dessen Kunst, sie auszuleuchten? Oder Simone de Beauvoir, die Intellektuelle, die trotz eines halben Jahrhunderts eigenständiger und weltöffentlicher Existenz das Etikett der »grande Sartreuse« nie loskriegte und bis zuletzt mit der Frage belästigt wurde, ob ihr im Leben nicht doch etwas fehle, die Mutterschaft zum Beispiel?

Drei Frauen, die für drei Arten von Karrieren stehen: die Politikerin für die Anpassung an das Männliche, der Filmstar für die Kultivierung des Weiblichen, die Intellektuelle für den Grenzgang. Eines aber haben sie gemeinsam: Sie alle sind Ausbrecherinnen aus der Weiblichkeit, bewusst oder unbewusst. Schon ihre öffentliche Existenz verstößt gegen die eherne patriarchalische Regel der weiblichen Beschränktheit.

Traditionell identifizieren Frauen selbst sich nicht mit Stärke, sondern mit Schwäche. Frauen haben eine gemeinsame Geschichte im Leiden, nicht im Siegen. Stärke und Macht werden gemeinhin mit »Männlichkeit« gleichgesetzt und sind darum für Frauen tabu. Die erfolgreiche Frau ist also immer eine »männliche« Frau und wird nur in drei Varianten überhaupt geduldet: Entweder sie hat einen geschlechtsneutralen Auftritt, ist »weder Fisch noch Fleisch« (Karrierepolitikerinnen wählen gerne diese Lösung). Oder sie inszeniert sich betont weiblich (ein Phänomen, das in Kultur wie Politik anzutreffen ist). Oder aber sie tritt, fast transvestitisch, resolut männlich auf. Und dann gibt es noch eine vierte, die besonders schizophrene Variante: die Karrierefrau, die nach außen »ganz Frau geblieben« ist, hinter den Kulissen aber hart durchgreift wie ein Kerl.

Welchen dieser Wege die erfolgreiche Frau auch immer wählt: Sie muss sich verleugnen. Der einzig authentische Weg, den nur einige wenige wagen, ist das Eingeständnis der weiblichen Realität, verbunden mit männlichen Ambitionen.

Doch welche äußeren und inneren Bedingungen machen das Abweichen vom Pfade der weiblichen Tugend überhaupt denkbar? Das ist die Frage, die ich mir selbst und anderen erfolgreichen Frauen immer wieder gestellt habe. Auffallend bei den Lebensläufen erfolgreicher Frauen fand ich, dass sie fast nie aus »normalen« Familien kommen, sondern meist aus einer atypischen, oft sogar regelrechten Außenseiter-Situation. Nichts scheint lähmender zu sein für Frauen als Normalität. Diese Ausbrecherinnen aus der weiblichen Bescheidenheit haben oft vielfache Brüche: in ihrer nationalen Identität, in ihrer Klassenherkunft, in ihrer Identität als Frau. Sie sind unehelich, vaterlos oder »Vatertöchter« (also mit dem Vater identifiziert, ihm nacheifernd). Und nur eine Minderheit hat Kinder.

Eine der höchsten Hürden der ausbrechenden Frau ist der Selbsthass von Frauen. Auch ich habe das immer wieder erlebt. So bekam ich nach der Veröffentlichung meines *EMMA*-Porträts von Marion Dönhoff einen Tadel – ausgerechnet aus Feministinnenkreisen. Meine (selbst-)ironische Schilderung der ersten Minuten unserer Begegnung (»Das Soldatische an ihr wird schamhaft verschwiegen ... Mit einer Mischung aus Strenge und Neugier richtet sie den Blick auf mich ... Innerlich schlage ich die Hacken zusammen«) veranlasste die feministische Zeitschrift *Lila Lotta* aus Bonn zu der Rüge, der Text über Dönhoff sei eine einzige »peinliche, unterwürfige Lobhudelei«; mehr noch: eine Perversion, denn aus den Sätzen spräche »die Sehnsucht nach einer Domina«.

Domina? In meinem Porträt der Journalistin stehen Geschlechts- und Klassenidentität im Mittelpunkt, sowie die Frage nach den

Gründen ihrer Abweichung von der Frauenrolle, also die nach den »männlichen« Seiten dieser sich so unweiblich in die Weltgeschäfte einmischenden Frau. Ausgerechnet solche Überlegungen ins Sexuelle zu ziehen, ist aufschlussreicher, als es der Kommentatorin lieb sein kann. Hier haben wir also beides: die Angst vor der Macht und die Sexualisierung von Frauen. In diesem Falle durch Frauen selbst.

Und für uns deutsche Frauen kommt noch etwas verschärfend hinzu: die gänzliche Abwesenheit von Vorbildern. So gründlich wie in Hitler-Deutschland wurde die individuelle und kollektive Existenz von Frauen in keinem anderen Land ausradiert. Dabei blieben nicht nur Feministinnen auf der Strecke, sondern alle Frauen, die etwas Hervorragendes geleistet hatten. Nur die tröstenden Mütter und rettenden Engel, die »wahren Frauen« durften überleben – allerdings auch sie nur verstümmelt.

Deutsche Frauen haben also noch weniger Grund als alle anderen Frauen auf der Welt, stolz zu sein auf sich und ihre Geschichte. Menschen aber, männliche wie weibliche, »brauchen Ideale, Vorbilder, Ziele, an denen wir uns orientieren können«, schreibt die Psychoanalytikerin Margarete Mitscherlich-Nielsen und stellt fest, dass der »Unfähigkeit zur Bewunderung« immer auch »Gefühle des Neides und der Rivalität« zugrunde liegen.

Wenn Frauen nach Macht streben, sind sie allein. Sie sind nicht, wie mächtige Männer, eingebunden in ein Netz von gegenseitiger Beförderung, Bestätigung und Bestärkung. Im Gegenteil: Frauen sollen und wollen furchtbarerweise auch Objekt bleiben und nicht Subjekt werden. »Viktimismus« nennen amerikanische Feministinnen diese Lust am Opfersein (und die gleichzeitige Dämonisierung von Stärke) bei Frauen.

Dem hat die Neue Frauenbewegung, nicht ohne Erfolg, in den letzten 20 Jahren einiges entgegengesetzt. »Frauen gemeinsam sind stark!« und »Sisterhood!« lauteten die Parolen des Aufbruchs. Doch als sich nach der ersten Euphorie die guten alten Gewohnheiten wieder Bahn brachen, war er wieder da, der »Schwesternstreit«. Von den Männer-Medien wurde er flugs ans Licht gezerrt und triumphierend als das Ewigweibliche propagiert. Die zarten Pflänzchen »Schwesterlichkeit«, »Frauenfreundschaft« und »Frauenliebe« gedeihen zwar weiter, stehen aber im Schatten der Selbstverachtung, des Selbsthasses, der Selbstzerfleischung von Frauen.

»Um es klar und deutlich zu sagen: Bei der Wiederkunft der Hexenverfolgung werden andere Mittel angewendet«, schreibt die amerikanische Feministin Mary Daly. »Diesmal werden Frauen dazu abgerichtet und legitimiert, die Sache untereinander zu erledigen.« Auch in der Bundesrepublik vergreift sich schon lange kein kluger Mann mehr an Feministinnen. Frauen machen Frauen fertig, das ist die Devise.

Zur Kultur des Umgangs von Frauen mit Frauen lässt sich also nicht nur Erbauliches sagen. Dass nur so wenige Frauen wirklich Freude an der Stärke und am Erfolg anderer Frauen haben, gehört dazu. Ebenso die Kultivierung und Propagierung des weiblichen Mittelmaßes, betrieben von Männern und Frauen. Ich meine damit die moderne Neigung von Frauen, anderen Frauen alles nachzusehen. Sie scheint mir eine neue Form der Verachtung von Frauen.

Die Wurzeln für ein solches Verhalten von Frauen gegenüber Frauen sind im mangelnden Selbstwertgefühl und Selbsthass zu finden, in der Schwäche und Angst: Ich kritisiere dich nicht, also kritisierst du mich auch nicht, und wir treffen uns auf der untersten Ebene des gemeinsamen Nenners. Frauen gemeinsam sind schwach.

Längst hat die Männergesellschaft erkannt, dass die Folgen einer Jahrtausende währenden Erniedrigung auch durch einen erstarkenden Feminismus nicht so rasch aufzuholen sind. Ihr neuester Beitrag ist diese »Strategie des weiblichen Mittelmaßes«. Die sieht so aus: Man lässt Frauen Karriere machen, die in Wahrheit nicht gut, sondern bestenfalls Mittelmaß sind. Diese mittelmäßigen Karrierefrauen haben viele unschätzbare Vorteile für Männer: Ihre Konkurrenz ist nicht zu fürchten. Ihre Existenz ist ein erneuter Beweis der weiblichen Beschränktheit (Frauen sind eben doch nicht ganz so gut wie Männer). Und ihre Dankbarkeit wird keine Grenzen kennen.

Diese von den Männern geförderten mediokren Frauen danken ihren Aufstieg dem starken Geschlecht durch demütige Anerkennung – und dem schwachen Geschlecht durch Verrat. Sie sind quasi qua Natur Antifeministinnen.

Mit der Einführung der Quotenfrauen in der Politik wird das wohl kaum besser werden. Denn so berechtigt die Quotenfrauen in der Arbeitswelt sind – jeder zweite qualifizierte Platz und Ausbildungsplatz für eine Frau! –, so problematisch scheinen sie mir in der Politik: Hier geht es schließlich nicht nur um das Recht auf Karriere, sondern auch um Inhalte, die vertreten und verfochten werden müssen. Quotenfrauen in der Politik aber sind bis auf weiteres fast ausnahmslos Karrierefrauen von Männergnaden. Sie können nicht anders, sie müssen einfach Antifeministinnen sein – oder zumindest so tun.

Ihre Existenz verdanken die Quotenfrauen in der Politik strukturell den autonomen Feministinnen, denn nur von ihnen kam zunächst die Forderung »Mehr Frauen in die Politik!«. Personell aber sind diese neuen Karrierefrauen von Männern abhängig, ohne die sie sich nicht auf einen Quotenplatz heben lassen können. Die Chance also, dass die Polit-Quotenfrau gerade frauenbewegte, starke Frauen behindern oder sogar bekämpfen wird, ist nicht gering.

Die unabhängige Frau ist das Pendant der Frau von Männergnaden. Auf sie ist der Hass am stärksten. Ich kenne mich da aus.

Wir Frauen wissen alle, wovon wir reden, wenn wir sagen: Nichts macht Frauen bei Frauen so beliebt wie Schwäche oder Leid. (Schein-)Schwache Frauen können des Mitgefühls und der Verschonung durch ihre Geschlechtsgenossinnen relativ sicher sein. Und starke Frauen können ebenso sicher mit Aggressionen rechnen, auch und gerade von Frauenseite. Diese Kultivierung des Opferstatus von Frauen ist eines der größten Hindernisse der Emanzipation. Frauen, die Frauen deswegen kritisieren, müssen sich auf einiges gefasst machen.

»Es ist eine dornenvolle Laufbahn, die wir Gleichgesinnten betreten«, schrieb die Feministin Louise Dittmar schon Mitte des 19. Jahrhunderts, »und oft verzweifle ich an der Kraft, gegen Vorurteile und Gewohnheiten zu kämpfen, die dem eigenen Geschlecht zu Glaubenssatzungen und, was das Schlimmste ist, zur anderen Natur geworden sind.« Hundert Jahre später analysierte Simone de Beauvoir in *Das andere Geschlecht*, wie Frauen sich männlicher Stärke selbstverleugnerisch unterwerfen oder aber versuchen, sie zu zerstören, indem sie die Männer schwächen (»nörgelnde« und »zeternde« Ehefrauen).

Nun sollen Frauen auch noch die Stärke anderer Frauen anerkennen. Was ihnen beim Manne noch quasi »naturgegeben« einleuchtet, wollen sie von einer Frau jedoch auf keinen Fall mehr hinnehmen. Warum die und nicht ich?! Außerdem: Eine starke Frau ist ja auch leichter und folgenloser anzugreifen als ein starker Mann ... Beigabe: das Lob, mit dem eine Frau, die über starke Frauen herfällt, immer rechnen darf.

Der Griff zur Männlichkeit und Kritik an der Weiblichkeit sind darum unabdingbar für jede wirkliche Emanzipation. Wobei mit »Männlichkeit« die Eigenschaften und Domänen gemeint sind, die die Männergesellschaft sich bisher exklusiv vorbehalten hat (wie Wissen, Kreation, Erfolg, Geld, Macht). Erstes Resultat der Frauenbewegung: Männer werden femininer, Frauen aber dürfen nicht maskuliner werden. Männer spielen Sonntagsvater, weinen auch mal und tragen Ohrringe, meiden jedoch die »Frauenarbeit« und den Privilegienverzicht. Starke Frauen aber hören nicht auf zu beteuern, dass sie »trotzdem ganz Frau bleiben« (was immer das heißen mag), und sich durch ständiges Lächeln auch noch für den kleinsten »männlichen« Zug zu entschuldigen (wie unverhüllte Intelligenz, Durchsetzungsfähigkeit, Selbstbewusstsein, Kraft, Aggressivität).

»Sollen die Frauen jetzt etwa den Männern alles nachmachen?«, so höre ich schon vorwurfsvoll fragen. Ja und nein. Doch sie müssen alles beherrschen, was die Männer beherrschen, denn die beherrschen die Welt – ob sie dann auch alles tun sollen, was die Männer tun, steht noch auf einem anderen Blatt. Um unsere so genannte »Weiblichkeit« brauchen wir Frauen uns dabei, glaube ich, keine Sorgen zu machen. Selbst die »männlichste« Frau hat meist noch rührend »weibliche« Züge: den aufmerksamen Blick, die soziale Verantwortlichkeit, die »Nächstenliebe«. Es braucht schon einiges, bis Frauen auch das ablegen.

»Kreativität hat kein Geschlecht«, hat die Künstlerin Meret Oppenheim einmal gesagt. Intelligenz und Kraft haben ebenfalls kein Geschlecht. Aber diese Eigenschaften sind von Männern besetzt. Frauen, die sie sich aneignen wollen, müssen in Männerdomänen wildern. Gleichzeitig aber dürfen sie sich dabei nicht selbst verlieren. Das scheint mir die ganze Schizophrenie der Situation von Frauen heute.

Frauen und Männer kommen in einer patriarchalen Gesellschaft von zwei entgegengesetzten Polen. Wenn sie dasselbe wollen, müssen sie manchmal das Gegenteil tun. Männer, die bisher nur Ich sagen konnten, müssen lernen, endlich auch Wir zu sagen. Frauen, die bisher nur Wir sagen konnten, müssen lernen, endlich auch Ich zu sagen.

»Die Frau ist frei geboren.« – Olympe de Gouges 1791. »Man wird nicht als Frau geboren, man wird dazu gemacht!« – Simone de Beauvoir 1949. – Wie lange wissen wir das schon? Wie oft müssen wir es noch sagen?

Zeiten des Fortschritts können gleichzeitig auch Zeiten des Rückschritts sein. Wir leben in einer solchen Zeit. Der schlimmste *reale* Rückschlag ist die steigende Gewalt (von Männern gegen Frauen), der folgenreichste *ideologische* die erneute Propagierung der (neuen) »Weiblichkeit«. Der kittende Kleister zwischen beiden ist die verstärkte Pornografisierung von Frauen, die Darstellung von Frauen als winselnde Geschöpfe, die Ja meinen, wenn sie Nein sagen.

Die Antwort auf den Feminismus, das Rollback, kommt schneller und härter, als wir es erwartet haben. Das macht die Benennung des Selbstbetrugs und Verrats von Frauen so dringlich.

Auszug aus dem Vorwort zu »Warum gerade sie? Weibliche Rebellen. 15 Begegnungen mit berühmten Frauen« (Luchterhand Literaturverlag, 1989; Fischer TB, 1991)

In den Tagen davor fragen mich alle nur eines: Was ziehst du an? In der Tat. Was ich zu sagen habe, ist klar. Aber: Was ziehe ich an? Ziehe ich mich an wie für eine Verabredung – oder wie für einen Termin? Will ich gefallen oder überzeugen? Vielleicht beides? Ich packe durchsichtiges Gefallen und sachliches Überzeugen in die Reisetasche – und entschließe mich eine Stunde vor Beginn der Sendung fürs Sachliche. Also ein Outfit, das nicht ablenkt.

Eine halbe Stunde vor Beginn der Aufzeichnung komme ich in der Maske an. Die Kosmetikerin steht schon auf glühenden Kohlen: »Na, dann wollen wir mal anfangen, Frau Schwarzer. Verona Feldbusch ist schließlich schon seit vier Stunden hier.« Seit vier Stunden? Um Gottes willen, was hat sie denn nur die ganze Zeit gemacht? Zu sehen ist sie auf jeden Fall nicht.

Kurz vor Beginn der Aufzeichnung gehe ich zur Toilette im ersten Stock. Da steht sie auf dem Flur, umringt von ein paar Herren im Anzug. Ich lächle, sage so etwas wie: Ach, da sind Sie ja Frau Feldbusch – und reiche ihr im Vorbeigehen die Hand. Eher unterbewusst registriere ich, dass mich alle entgeistert anstarren und sie mir nur zögerlich die Hand gibt. Als ich sehr kurz darauf wieder aus der Toilette komme, ist die ganze Gruppe verschwunden. Spurlos. Als sei es ein Spuk gewesen.

Ich unterdrücke mein Unbehagen und folge der Lotsin zum Eingang des Studios. Schnell, schnell, Frau Schwarzer, die Sendung fängt gleich an! Und tatsächlich, Verona Feldbusch steht auch schon vor der noch geschlossenen Schwingtüre zum Studio. Aber sie ist nicht allein. Neben ihr steht ihr Manager Alain Midzic, ein Ex-Fußball-Manager und ihr Ex-Lebensgefährte. Als sie mich sieht, dreht sie sich so, dass sie mir den Rücken zuwendet. Ihr Manager beugt sich vor und flüstert ihr ins Ohr. Während er flüstert, starrt er mich an. Beide stehen etwa einen Meter von mir entfernt. Mein nur mühsam unterdrücktes Unbehagen steigt.

Wie bin ich eigentlich hierher geraten?

Vor etwa zwei Jahren ging es los. Damals fragte quasi täglich eine Redaktion bei mir an: Wollen Sie nicht Frau Feldbusch für uns interviewen? Wollen Sie nicht ein Streitgespräch mit Verona für uns machen? Wollen Sie nicht über das Phänomen Feldbusch für uns schreiben? Ich lehnte dankend ab. Keine Zeit. Hinzu kam: Ich hatte einfach so gar keine Meinung zu Verona Feldbusch. Ich hatte sie nämlich noch nie im Fernsehen gesehen und interessierte mich ehrlich gesagt nicht sonderlich für sie. Einmal, abends beim Zappen, geriet ich in *Peep*. Die Stimme. Das Geplapper. Das Gestöckel. Kannte ich das nicht schon aus den 50ern – nur in sexy? Ich zappte nach zwei Minuten weiter.

Doch die Medien ließen nicht locker. Also schrieb ich Verona Feldbusch einen ersten Brief. Ob sie auch andauernd angefragt würde? Und was sie denn davon halte? Ich erhielt nie eine Antwort.

Die Monate vergingen, Verona Feldbusch blieb Thema. Nicht nur bei den Trash-Fans, sondern auch in meinen aufgeklärten Kreisen, wo angeblich weder *Bild* gelesen noch *RTL* geguckt wird. Einmal gab es sogar fast einen Streit wegen ihr. Zwei Freundinnen von mir gerieten aneinander.

Die eine eine hochintellektuelle Schriftstellerin, die andere eine hochavantgardistische Architektin. Die Architektin, Mutter einer kleinen Tochter (und eines Sohnes), hatte zufällig Feldbusch gesehen und fand es schlicht grässlich, dass »diese Art von Weibchen von gestern« allen Ernstes als Frau von heute verkauft wird. Die Schriftstellerin, Mutter zweier erwachsener Töchter, schüttelte nur matt den Kopf über den mangelnden Durchblick der Architektin.

Hier ginge es doch keineswegs darum, dass Feldbusch Feldbusch *ist*, sondern darum, dass Feldbusch Feldbusch *spielt*. Genau das sei eben das neue Verwirrspiel der Geschlechter, in dem die modernen Frauen selbstverständlich begriffen hätten, dass das Frausein nur eine Rolle ist – eine zu dekonstruierende Konstruktion, wie das postfeministisch heißt. Und genau dieses Spiel mit den Klischees sei doch der schlagende Beweis für die neue Souveränität der neuen Frauen.

Ehrlich gesagt lag mir eigentlich nur daran, den netten Abend nicht platzen zu lassen. Ich murmelte also halbherzig was von: Was denn daran neu sei? Männer wie Frauen hätten doch immer schon nur Männer und Frauen gespielt. Und eben darum ginge es doch für die wirklich modernen Frauen: dieses unwürdige Spiel zu beenden und sich endlich mal von Gleich zu Gleich in die Augen zu sehen.

Der Abend ging verstimmt zu Ende, aber ich begann zu ahnen: Die Sache ist ernst. Als ich dann im letzten Jahr den *Großen Unterschied*, meine politische Bestandsaufnahme, schrieb, stieg ich nicht zufällig mit dem Phänomen Barbie ein. Und ein paar Seiten später erwähnte ich ebenfalls nicht zufällig das »Phänomen Feldbusch« – beide übrigens Produkte der *Bild*-Zeitung.

Die durch die Welt stöckelnde Barbie ist die dreidimensionale Gestalt gewordene Lilly aus der *Bild* der 50er Jahre. Nach ihr, der deutschen Comic-Figur mit dem blonden Pferdeschwanz, formte der amerikanische Barbie-Produzent seine Puppe. Grausame Kontinuität. Die durch Deutschland stöckelnde Verona ist ebenfalls eine Gestalt gewordene Lilly. Beide sind Kunstprodukte, die eine aus Plastik, die andere aus Silikon.

Es war bei einer Lesung des *Großen Unterschieds*, wo ich den tags drauf überall zitierten Satz gesagt habe: »Das Phänomen Feldbusch ist eine Ohrfeige für alle Frauen.« Und: »Wie dumm sind die Männer eigentlich, dass sie auf so was reinfallen?« (So dumm auch wieder nicht, wie die hunderte von Briefen schon am Tag nach der Sendung an mich beweisen.) Jetzt stand also die Kontroverse im Raum: Schwarzer gegen Feldbusch.

Kerner rief an. Ein zweites Mal schrieb ich Verona Feldbusch. Wieder erhielt ich keine Antwort – was wohl der Stil ist in der Branche. Da wird vermutlich erst ab siebenstelligen Anfragen geantwortet.

Mir war inzwischen längst klar, dass das Phänomen Feldbusch – also die Frau, die das kindische, doofe, verfügbare Weibchen mimt – kein Einzelphänomen mehr ist, sondern eine Epidemie. Infiziert werden die Opfer von Werbung und Medien. Einmal angesteckt, verfallen sie dem Wahn, kolossal begehrt und wichtig zu sein.

Ich gehe also in die Kerner-Sendung. Aber nur unter einer Bedingung: kein Hennenkampf! Wenn es auf Weiberzank rausläuft, verlasse ich das Studio, warne ich Kerner. Im letzten Augenblick wird die Sendung um zwei Wochen verschoben. Verona Feldbusch sei krank, heißt es. Doch es dringt durch die Branchen-Ritzen: Sie wird »gecoacht«. Nicht nur von ihrem Management, auch vom *Bild*-Chef persönlich, heißt es. Und Kai Diekmann ist dann tatsächlich am Abend der Sendung auch persönlich im Studio.

Die Flügeltür fliegt auf, wir betreten das Studio. Vor laufender Kamera. Doch erst müssen wir eine Treppe runter, auf der man nicht nebeneinander gehen kann. Nein, um den Vortritt mag ich mich nun wirklich nicht mit ihr streiten. Ich mache höflich eine Handbewegung – und sie stöckelt los. Unter dem Gejohle des Publikums. Ganz schön naiv von mir, nicht bedacht zu haben, dass im Publikum eine gezielt platzierte Feldbusch-Clique sitzt, die in der kommenden Stunde den Ton angeben wird.

Wo bin ich nur gelandet?

Als die Stunde vorbei ist, ist es auch für mich vorbei. Diese Stimme. Diese Hemmungslosigkeit. Diese Kälte. In meinem an Turbulenzen und Angriffen nicht gerade armen Leben habe ich so etwas tatsächlich noch nie erlebt: in 60 Minuten nicht ein einziger Blick der Wahrnehmung oder des Verstehenwollens, nur Ablehnung und Feindschaft. Wie ein Roboter. Warum ich trotzdem geblieben bin? Weil der Eklat meines Abgangs missverständlich gewesen wäre. Und auch, weil ich wie gelähmt war: Diese Frau schockierte und erbarmte mich zugleich. Diese Frau, das habe ich begriffen, ist für ihren Vorteil zu allem bereit. Einfach zu allem.

Nach der Sendung gehe ich essen und schaue mir vier Stunden später zusammen mit Freunden die Sendung an – uns allen scheint Feldbusch schlicht indiskutabel. So sieht die *Bild*-Redakteurin das auch. Sie ruft am nächsten Morgen in der *EMMA* an und sagt: »Wir alle hier in der *Bild*-Redaktion finden, dass es ein klarer Sieg für Frau Schwarzer war – und sind sehr erstaunt über unsere Ted-Zahlen.« Das sind wir auch. Woher die wohl kommen?

Meine Verwunderung steigt, als die ganze Breitseite der Medien auf mich zurollt. Was für eine Kluft zwischen den Reaktionen der Medien und der der Menschen – Frauen wie Männern! In den Wochen und Monaten nach der Sendung gibt es nur noch ein Thema für die Menschen, die mit mir zu tun haben: diese Sendung. Seit der Diskussion mit Esther Vilar, dem Erscheinen vom *Kleinen Unterschied* und *EMMA* habe ich nicht solche Emotionen freigesetzt. In der *EMMA*-Redaktion treffen schon am Morgen nach der Sendung über 200 Faxe und E-Mails ein, drei Wochen später sind es über 800 und täglich kommen neue. Die, die noch in derselben Nacht schreiben, konnten meist »vor Aufregung nicht schlafen«.

Auf der Straße reagiert etwa jedeR Zweite, der mir entgegenkommt; Frauen wie Männer, aber auffallend viele Männer. Die meisten sind übrigens im Feldbusch-Alter, bzw. jünger.

Ganz offensichtlich haben die Menschen begriffen. Begriffen, dass es hier nicht nur um zwei Frauen geht, ja noch nicht einmal »nur« um das Frauenbild (was genügen würde). Es geht schlicht um das Menschenbild in unserer medialen Welt: Marionette oder Mensch – das ist hier die Frage.

Natürlich ist Verona Feldbusch austauschbar. Und ihre Demontage hat schon begonnen. In der Werbung ist sie vom noch lustigen Spinat-Blubb längst beim anzüglichen Was-Verona-in-die-Hand-nimmt-wird-groß angekommen. Auch das gehört eben dazu: Das erst Hypen und dann Demontieren. Kein Mensch aus eigener Kraft, ein Geschöpf seiner Macher.

Aber wer sind diese Macher? Es sind die Manager, die an ihr verdienen; es sind die Werbeagenturen, die in das Produkt Feldbusch Millionen investiert haben; es sind die Medien, deren exhibitionistisches Futter für die Seite 1 sie ist.

»Vorsicht, Sie haben es da mit mafiosen Strukturen zu tun, Frau Schwarzer«, warnt mich ein Werber, der sich auskennt. Und diese Mafiosi handeln nicht mit der Droge Heroin, sie handeln mit der Droge Prominenz. Nicht Prominenz aus eigener Kraft – die hätte ja einen eigenen Willen. Prominenz von ihrer Gnaden. Die solchen Kunstprodukten hinterherhechelnden Menschen werden so noch manipulierbarer.

Das Phänomen Feldbusch geht also keineswegs nur uns Frauen an. Aber uns vor allem.

Veröffentlicht im August 2001 in *EMMA* (5/2001)

Wenn es nicht so traurig wäre, wäre es eigentlich ziemlich komisch. Lanciert hat den neuesten Werbegag der Marke Feldbusch mal wieder die dem Produkt so innig verbandelte *Bild*-Zeitung. Die ließ nach dem TV-Spektakel Feldbusch/Schwarzer bei den Spitzen aller Parteien anfragen: Ob sie nicht in ihrer Partei Verona Feldbusch gebrauchen könnten, vielleicht als »Praktikantin«? (O-Ton) Einige antworteten nicht, manche ironisch, doch eine stattliche Anzahl ging den coolen Verwurstern voll ins Netz.

Die SPD-Entwicklungshilfe-Ministerin Heidemarie Wieczorek-Zeul, 58 (einst »rote Heidi«), geriet regelrecht ins Schwärmen: »Frau Feldbusch ist mir sehr willkommen!« Die grüne Ex-Gesundheitsministerin Andrea Fischer, 41 (gegen die *EMMA* in Sachen Abtreibungspille gepunktet hatte), wars zufrieden: »Zum Auftakt ein Punktsieg gegen Alice Schwarzer – offenbar hat Verona Feldbusch mehr Qualitäten als gedacht.« Und auch die FDP-Generalsekretärin Cornelia Pieper, 42, war begeistert: »Verona Feldbusch ist mit ihrer Einstellung in der FDP gut aufgehoben.« Da mochte die PDS-Parteichefin Gabi Zimmer, 46, auf keinen Fall zurückstehen: »Ich biete Frau Feldbusch einen Schnupperkurs als PDS-Vorsitzende an: Sie kann mich gerne einen Tag lang begleiten.«

Drei Tage später hieß auch die Kanzlergattin in einem Interview mit dem Berliner *Tagesspiegel* Verona herzlich willkommen und erläuterte, was Kanzlers so davon halten: »Verona Feldbusch hat aus dem Nichts eine Firma mit Millionenumsatz geschaffen. Für mich ist Frau Feldbusch eine clevere Jungunternehmerin.«

Und Alice Schwarzer? Die sieht dagegen alt aus, ganz alt. »Das ist nicht die Generation, mit der ich mich auseinander setze«, erklärte Doris Schröder-Köpf, 38, Ehefrau von Gerhard Schröder, 57, über Alice Schwarzer, 58. Nun, so auf dem Nullpunkt hatte man sich die

Kommunikation zwischen dem Zwei-Generationen-Paar nun auch wieder nicht vorgestellt – oder gilt die generative Kommunikationssperre etwa nur unter Frauen?

Dafür hatte man sich den Möllemann genau so vorgestellt. Nämlich, dass er Umfragen für überzeugender hält als Realitäten. Jürgen Möllemann, das Stehaufmännchen der FDP, äußerte sich in *Gala* ungefragt, aber staatstragend zu Feldbusch, die eben »in allen Generationen stattfände« und nicht so »wie Alice Schwarzer und die meisten Politiker, Kleriker und Funktionäre nur in der eigenen Generation der Babyboomer«. Woher er das weiß? Aus *Bild*. Oder *Bunte*. Oder *Spiegel*. Woher die das wissen? Aus *Bild*. Oder *Bunte*. Oder *Spiegel*. Fazit Möllemann: »Die Parteien buhlen um Verona Feldbusch«, weil die »inzwischen eine Marke ist. Das ist der größtmögliche Kommunikationserfolg.«

Da greifen sich die Menschen und potentiellen WählerInnen an den Kopf, wie die heftigen Leserbrief-Proteste nicht nur in *EMMA* zeigen. Macht nichts, die großen Kommunikatoren schwafeln weiter. Ja, sie geraten regelrecht ins Schwärmen über den angeblichen »Punktesieg für Verona«. Woher sie den haben? Aus einer Ted-Umfrage von *Bild* und einer Meinungsumfrage der *Neuen Revue*, dem Softporno-Magazin. (Verständlich, dass die JournalistInnen diese Quellen nicht immer angeben mochten.)

Und noch ein Klischee wird von Politik und Medien unhinterfragt übernommen: Die Konfrontation sei »ein Generationen-Konflikt« gewesen. Tatsache aber ist: Es scheinen ganz im Gegenteil gerade und vor allem die jungen Frauen (und Männer), die es sich verbitten, mit einer wie Feldbusch identifiziert zu werden.

Acht Tage nach der Praktikantinnen-Offerte schob die *Bunte* jubilierend Verona Feldbuschs 8-Punkte-Polit-Programm nach. In Kurzfassung: 1. Ich werde mit Franjo diskutieren, um herauszufinden, was wirklich zu mir passt. 2. Ich möchte verschiedene Politiker und Politikerinnen unterschiedlicher Parteien zu Gesprächen treffen. 3. Dann möchte ich mich mit meinem Team, meinem Manager beraten und wichtige Personen aus der Showbranche mit der Politik verknüpfen. 4. Ende des Jahres möchte ich meinen Plan, ein Kinderdorf in Bolivien zu gründen, umsetzen. (Der Plan ist schon älter.) 5. Wenn ich die

Wahl hätte, nach Hollywood zu reisen, um über einen Film zu verhandeln (ja wenn), oder meine politische Zukunft zu planen, würde ich das Drehbuch zurückschicken. 6. Promotion-Tour und Talkshows. 7. (die vorletzte Drohung) Dann möchte ich schwanger werden und ein Buch wie Hera Lind schreiben. 8. (die letzte Drohung) Ich werde nie die Branche verlassen, sondern weiter moderieren.

Was will uns das sagen? Ist das nun die Politisierung der Feldbusch oder die Feldbuschisierung der Politik?

Die Strategie ist übrigens nicht auf dem eigenen Mist der Feldbusch-Macher gewachsen. Ilona Staller alias Cicciolina hatte das Ding schon mal 1987 gedreht: Dank ihres Wucherns mit den Pfunden schaffte es Italiens bekannteste Porno-Darstellerin, als Abgeordnete der linken *Radikalen Partei Italiens* ins Parlament gewählt zu werden. Mit dem Resultat, dass sie ihre TV-Porno-Show von da an gänzlich unzensiert weiterführen konnte (als Politikerin war sie immun).

Es fällt auf, dass Ilona Staller und Verona Feldbusch etwas gemeinsam haben: Sie kommen beide aus harten Verhältnissen und sind beide ein Stück fremd in den Kulturen, in denen sie ihre so gestrige Weibchen-Masche durchziehen: Staller ist Ungarin und hat mit 16 in einer Budapester »Bar« angefangen; Feldbusch ist mütterlicherseits Bolivianerin und war mit 19 »Schönheitskönigin«.

Wie aber geht es nun weiter mit der »Politikerin« Verona Feldbusch und ihren potentiellen KollegInnen? Erst springt einmal eine neue Talkshow dabei rum. Sat-1-Geschäftsführer Martin Hoffmann kündigte zehn Folgen von *Verona on tour* mit Prominenten-Interviews in »ihrer ganz persönlichen Art« an. Feldbuschs erster Gast soll bereits Ende August Finanzminister Hans Eichel sein. Der hat laut *Spiegel* schon eine Kerner-Kassette angefordert, um sich vorzubereiten. Heißt das, dass wir zum Höhepunkt des Wahlkampfs auf den Kanzler persönlich on tour hoffen dürfen?

Da kann selbst die nicht gerade zimperliche *Welt* nur noch den Kopf schütteln: »Verona führt die politische Kaste radikaler vor, als es *EMMA* je konnte«, stöhnt der *Welt*-Kolumnist. Wohl wahr.

Veröffentlicht im August 2001 in *EMMA* (5/2001)

DIE TV-TALKSHOW MIT VERONA FELDBUSCH – 2001

■ ■ ■ Was mich wirklich gewundert hat bei der ganzen Sache: Dass niemand, einfach niemand die Parallelen zwischen meiner Sendung mit Esther Vilar 1975 und der mit Verona Feldbusch 2001 thematisiert hat. Dabei sind sie unübersehbar: In beiden Fällen stellte die andere sich als die „echte" Frau gegen die falsche dar (wobei die Frau eigentlich ein Mädchen ist – was diese eigenartig körperlosen Piepsstimmen signalisieren). Und in beiden Fällen trat ich gegen eine Frau an, die nicht nur in meinen Augen die Verkörperung von Männerinteressen war.

Doch es gab auch Unterschiede: 1975 wurde noch geredet, 2001 ging es nur noch um Körpersprache. 1975 waren die Kontrahentinnen gleich alt, 2001 wurde der Altersunterschied thematisiert und suggeriert, nur Jugend sei ein Wert (weswegen die nun auch schon 33-jährige Verona sich wohl eine so neckische Mädchenspange ins Haar klemmte). 1975 war klar: Hier vertritt die eine Frau Männerinteressen, die andere Frau Fraueninteressen; 2001 verliefen die Fronten verwischter.

Beide Male aber ergriffen die Printmedien in ihrer Mehrheit Partei für die Schwarzer-Gegnerin. Beide Male ließ sich die Kluft zwischen der Mehrheitsmeinung der Menschen und der der Medien dennoch nicht verdecken.

Es stimmt: Selten in meinem Leben habe ich eine so quälende Stunde verbracht, wie die in der Kerner-Talkshow mit Feldbusch. Aber selten in meinem Leben habe ich auch eine Zumutung so wenig bereut. Die bis heute anhaltenden Reaktionen der Menschen, Frauen wie Männer, Junge wie Alte, zeigen mir, dass die öffentliche Konfrontation des Menschen Schwarzer mit der Marke Feldbusch sehr vielen Menschen die Gelegenheit gegeben hat, ihr bis dahin diffuses Unbehagen zu Ende zu denken und sich zu fragen: Wohin geht es denn eigentlich, wenn wir so ein Frauenbild und Menschenbild als Ideal hinstellen lassen? ■ ■ ■

RECHT & GERECHTIGKEIT

■ ■ ■ Als ich 1977 den Begriff Männerjustiz prägte, da wusste ich noch nicht, dass siebzig Jahre zuvor schon einmal eine Feministin von der „Männerjustiz" gesprochen hatte: Es war die erste deutsche Juristin, Anita Augspurg, die in Zürich studiert hatte, weil Frauen zu deutschen Universitäten der Zutritt verboten war.

Aufmerksam geworden darauf, dass Justitia keineswegs blind ist, bin ich erstmals als junge Frau. Das war 1962, als Vera Brühne der Prozess gemacht wurde und schon damals klar war, dass sie wahrscheinlich unschuldig war. Gerichtet wurde, unabhängig von der Schuldfrage, nicht über eine Tat, sondern über einen Lebenslauf, genauer: über den Bruch mit der gerade geltenden Frauenrolle und den Konventionen. Das war bei Marion Ihns und Judy Andersen oder Monika Weimar nicht anders.

Gesetze sind ja keine in Granit gemeißelten Gottestafeln, sondern Gummiparagraphen, die je nach Zeitgeist und Interessen in die oder die Richtung interpretiert werden. Und der herrschende Zeitgeist tendiert immer noch zur Gnade mit irritierten Männern und zur Gnadenlosigkeit mit irritierenden Frauen. Eine zunehmend entscheidende Rolle spielen dabei seit den 70er Jahren GutachterInnen und JournalistInnen, die die Urteile nicht selten durch Vorverurteilungen prägen.

Einige der geschlechter-ungleichen Gesetze sind in den letzten Jahren verbessert worden. Aber bis heute heißt es im Paragraph 213 Absatz 1, dass kraft Gesetz ein minder schwerer Fall vorliegt, wenn „der Totschläger von dem getöteten Menschen zum Zorn gereizt und hierdurch auf der Stelle zu der Tat hingerissen wurde". Eine Art Freibrief für offen gewalttätig tötende Männer. Dafür erfüllt die traditionell weibliche Art zu töten – erst nach langer Leidensgeschichte und selten frontal – prompt den strafverschärfenden Tatbestand der „Heimtücke". Da stellt sich also weiterhin die Frage, ob Frauen in unserem Rechtsstaat des 21. Jahrhunderts noch immer das vogelfreie Geschlecht sind. ■ ■ ■

MÄNNERJUSTIZ – 1977

Vor Justitia sind nicht alle gleich. Arme zum Beispiel müssen nicht nur früher sterben als Reiche, sie müssen auch länger sitzen. Denn wir haben in der Bundesrepublik eine Klassenjustiz. Das ist bekannt. Weniger bekannt ist, dass wir auch eine Männerjustiz haben. Justitia ist ein Mann. Denn: Frauen werden für gleiche Taten oft härter verurteilt als Männer, Frauen haben schlechtere Haftbedingungen als Männer, Frauen werden seltener begnadigt als Männer.

Hier ein paar Beispiele aus den Annalen der niederrheinischen Frauenhaftanstalt Anrath. Da ist Frau H. S.: Sie war zur Tatzeit 32 Jahre alt, Hausfrau und Mutter zweier Kinder. Ihr Geliebter erschoss ihren Ehemann. Sie wurde aber wegen »Anstiftung« zu lebenslänglich verurteilt. Er bekam fünf Jahre und wurde ein Jahr später begnadigt. – Und Frau A.J., zur Tatzeit 32 Jahre alt, Hausfrau und Mutter zweier Kinder. Sie bekam lebenslänglich, weil ihr Freund mit ihrer »Billigung« ihren Mann erwürgt hatte. Der Täter wurde zu 14 Jahren verurteilt und nach acht Jahren begnadigt. – Oder Frau L. Sch., zur Tatzeit 33 Jahre alt und Hausfrau. Sie vergiftete zusammen mit ihrem Freund den Ehemann. Sie bekam lebenslänglich, er zehn Jahre. Begründung des Gerichts: Er sei der Frau »hörig« gewesen. – Bei Frau M. schließlich erschlug der 20-jährige Pflegesohn den die Frau misshandelnden Ehemann mit dem Hammer. Das Gericht vermutete in ihr die »Anstifterin«: lebenslänglich. Der Sohn bekam sechs Jahre und wurde rasch begnadigt.

Meist sind die Taten von Frauen und Männern so unterschiedlich in Motiven, Umständen und Ausführung, dass sich ein direkter Vergleich nicht so aufdrängt. Auffallendster Unterschied: Beim Verbrechen sind Frauen vor allem Opfer, nicht Täter. So ist in der BRD das Risiko einer Frau, von ihrem Mann umgebracht zu werden, zehnmal so groß wie das Risiko eines Mannes, von seiner Frau umgebracht zu werden.

Auch vor Gericht ist das Risiko der Frauen größer. Die Mörderin bekommt fast immer lebenslänglich oder zehn, fünfzehn Jahre, der Mörder nicht selten einen Freispruch oder ein paar Jährchen zur Bewährung. Bei Gattenmord werden von den weiblichen Tätern doppelt so viele zu lebenslänglich verurteilt wie von den männlichen Tätern (das ergab 1975 eine Düsseldorfer Dissertation von Janek Chomiak und Gerd Schumacher).

Irgendwo tief im Orient, da können Männer ihre Frauen einfach umbringen – so lesen wir mit Schaudern. Doch wären wir gewohnt, Gewohntes nicht hinzunehmen, so würden uns auch die kleinen Meldungen aus Berlin-Spandau oder Köln-Nippes alarmieren. Denn in der Bundesrepublik der 70er Jahre herrschen wahrhaft orientalische Sitten. Die eigene Frau töten ist auch hierzulande für einen Mann unter Männern oft nicht mehr als ein Kavaliersdelikt. Und vor Gericht sind ja Männer quasi unter sich. Ungestraft oder milde getadelt können Männer Frauen töten, Hauptsache, es handelt sich um eine »schlechte« Frau: um eine »Schlampe«, die ihn in seiner »Männerehre« gekränkt hat. Beweise dafür? Es gibt kaum Untersuchungen darüber, keine Statistiken und keine Zahlen. Was kein Zufall ist. Ich muss einzelne Fälle schildern, um die Systematik hinter solchen Urteilen sichtbar zu machen:

– Im November 76 milderte der Bundesgerichtshof das Urteil gegen den 38-jährigen Schlosser Klaus Dunger von acht auf dreieinhalb Jahre. Herr Dunger hatte eine Prostituierte, Frau Kunzmann, deren Zuhälter er war, erschlagen. Das Gericht hielt dem Angeklagten zugute, dass Frau Kunzmann ihn »schwer gekränkt«, nämlich »dreckiger Zuhälter« und »Versager im Bett« genannt habe. Klaus Dunger erstach das Opfer, weil er das »Gekeife und Gezeter nicht mehr hören konnte«. Richter Haller führte in der Begründung für das milde Urteil die scheinbare Rollen-Umkehrung des Paares an: »Während üblicherweise der Zuhälter die Prostituierte beherrscht, war es in diesem Fall umgekehrt.«

– Im Oktober 76 steht in Augsburg Karl Muhr, 22, vor Gericht. Er ist angeklagt, die 52-jährige Barbara Hofbauer getötet zu haben. »Er würgte die Frau bis zur Bewusstlosigkeit, dann schlägt er ihr viermal den Wagenheber über den Kopf, schlingt ihr das Abschleppseil um den Hals und schleift sie mit seinem Wagen zu Tode.« Strafmaß: fünf Monate, abgegolten durch die Untersuchungshaft ... Begründung: Das Opfer, eine Witwe, habe den Angeklagten nach einem gemeinsam verbrachten Abend verführen wollen. Er aber habe nicht gewollt. »Da hat sie mich einen Schlappschwanz geheißen und mich wüst beschimpft.« Außerdem habe sie ihn wegen seiner Hasenscharte verlacht. Kommentar des Richters: »Das Opfer ist schuld, nicht der Mörder.«

– Im Mai 76 steht in Berlin der 49-jährige X. vor dem Richter. Er hatte seine 50-jährige Ehefrau mit Messerstichen schwer verletzt. Das Schwurgericht hielt ihm zugute, dass er betrunken und »durch eine schwere Beleidigung gereizt worden sei. Es handele sich um eine Entgleisung eines sonst unaggressiven Menschen«. Der Angeklagte wurde zu 18 Monaten mit Bewährung verurteilt.

– Zur gleichen Zeit steht, ebenfalls in Berlin, ein 29-Jähriger vor Gericht, der seine 34-jährige Verlobte, eine Mutter von vier Kindern, durch Stiche in den Rücken mit einem Springmesser getötet hat (normalerweise strafverschärfend, da »heimtückisch«). Grund: Sie wollte sich von ihm trennen, was ihn vor allem deshalb erboste, weil er dann aus der ihr gehörenden Wohnung hätte ausziehen müssen. Außerdem »hatte sie ein Verhältnis mit einem Türken« und sei er »durch eine Äußerung von ihr in seiner Mannesehre gekränkt worden« (*Tagesspiegel*). Strafmaß: 18 Monate auf Bewährung.

– In Regensburg wird im März 76 ein Polizeiobermeister, der seine Freundin erschoss, freigesprochen. – In München bekommt der Türke Yilmaz Cosar, der seine Freundin umgebracht hat, weil sie eine »emanzipierte Frau war, die für seine Alleinbesitzansprüche kein Verständnis zeigte« (so der Anwalt), sieben Jahre. – In Köln erwürgt der Sizilianer Francesco P. seine Ehefrau und wird im Juli 76 zu dreieinhalb Jahren verurteilt. Das Gericht hält ihm seine »gekränkte Ehre« zugute – etc. etc.

Das spektakuläre Honka-Urteil schließlich, wird zum Höhepunkt der Männer-Kumpanei. Es kommt einem Freibrief für Frauenmord gleich. Am 21.11.76 wurde das Urteil gegen Fritz Honka gesprochen. Seine Opfer waren die Ärmsten der Armen. Seine Taten wurden nur durch Zufall entdeckt, denn die von ihm getöteten Frauen, alternde

Prostituierte, waren nach der Ermordung von keinem Menschen vermisst worden.

Die *Bild*-Zeitung über das Urteil: »Fritz Honka fand milde Richter: 15 Jahre Gefängnis für den Mann, der vier Frauen erwürgt, erdrosselt und verstümmelt hat – und Einweisung in eine Nervenklinik. In der Praxis bedeutet das, dass Honka nach 15 Jahren als ›geheilt‹ entlassen werden könnte. (...) Über das Zersägen, das Abschneiden der Brüste, Nasen- und Zungenspitzen sagte der Richter: ›Eine totale Eliminierung des Ärgernisses‹.« Mit Ärgernis sind die getöteten Frauen gemeint.

Noch expliziter wird die *FAZ*: »Bei der Tötung Anna Beuschels, Frieda Roblicks und Ruth Schults, die alle ebenfalls ältere Prostituierte waren, gibt es nach Ansicht des Gerichts eine Reihe von Parallelen. Alle hätten längere Zeit mit Honka zusammengelebt, alle seien schmutzig gewesen, hätten getrunken und seinen Haushalt nicht so geführt, wie er es sich erhofft habe.«

Indem die Presse das skandalöse Urteil unkommentiert und distanzlos referierte, machte sie sich zum Komplizen. Vise versa nahmen die Honka-Richter die Argumentation des *Spiegel*-Berichterstatters Mauz zum Teil fast wörtlich in ihre Urteilsbegründung auf. Im Prozess-Verlauf hatte Mauz dem Angeklagten Honka, der beklagte, die getöteten Frauen seien alle »schlampig und dreckig« gewesen, bescheinigt, er sei ein »Moralist, Sauberkeit und Ordnung sind für ihn hohe Werte«. Mauz sensibel: »Die niederdrückende Last seiner Erfahrung mit Frauen hat ihn flachgemacht, was sein Verhältnis zu Frauen angeht. Er sucht die Partnerin, das Gespräch, den Austausch, jene Hilfe, die allein das Gespräch zwischen den Geschlechtern geben kann.«

Über die Urteilsverkündung berichtet der *Kölner Stadt-Anzeiger*: »Weiter meinte der Vorsitzende, Honkas Scham- und Ekelgefühl sei noch intakt. Er sehne sich noch immer nach festen Bindungen und habe auch vor Gericht einen geordneten Eindruck gemacht. In dem Urteil wurde auf Honkas bisheriges Leben eingegangen, das in unglücklichen Verhältnissen verlaufen sei (er wurde zweimal von derselben Frau geschieden) und die Wertvorstellungen des Angeklagten angeschlagen habe. Honka habe dann ›deutlich ältere, mehr oder minder verbrauchte Prostituierte‹ in seine Wohnung aufgenommen und diese Frauen, von denen er Dankbarkeit erwartet habe und die ihn dann nur noch beschimpft hätten, im Verlauf von Auseinandersetzungen getötet.«

Und Gisela Friedrichsen in der *FAZ*: »Bevor Honka sie tötete, so das Gericht, gab es jeweils einen heftigen Streit, der durch das Verhalten der Frauen ausgelöst wurde. (...) Die Gesamtumstände sprächen dagegen, dass Honka aus niedrigen Beweggründen gehandelt habe. (...) Dennoch sah das Gericht von einer Sicherheitsverwahrung ab. In einem psychiatrischen Krankenhaus habe Honka am ehesten die Chance, geheilt zu werden und vielleicht doch noch einmal auf freien Fuß zu kommen, meinte der Vorsitzende.« Der *Kölner Express* zum Urteil: »Einzige Reaktion in Honkas Stammkneipe: Eine Runde Korn.« Prost.

Zweifel an der männlichen Potenz oder gar Verweigerung – das kann für Frauen leicht tödlich enden. Die so genannte »Mannesehre«, die ist das höchste Gut. Nennt sie ihn »Schlappschwanz«, will sie nicht, ist gar eine »Schlampe« und führt nicht ordentlich den Haushalt – ja, dann hat sie eben eine Lektion verdient. Endet die tödlich – Pech für sie.

Schimpft aber er sie »Hure«, so hat er damit nicht etwa die »Frauenehre« verletzt – die gibt es gar nicht –, sondern einen Beweis für ihre Minderwertigkeit geliefert (Honka-Urteil: »mehr oder minder verbrauchte, ältere Prostituierte«). Eine Hure darf man(n) schon mal umbringen ...

Die Gewalt von Männern gegen Frauen ist ja etwas Banales, Alltägliches. Er kann sie jeden Tag schlagen, kann drohen, sie umzubringen, und niemand wird sich darüber empören. Und wenn er sie dann eines Tages aus »Versehen« totschlägt, ja, dann ist das eben nicht mehr als ein Ausrutscher: Er ist ein wenig zu weit gegangen. Richtet sich aber Frauengewalt gegen Männer, so ist das etwas Unerhörtes. Dann statuiert eine Männergesellschaft rachsüchtige Exempel:

– Im August 75 steht Ruth Kerckhoff, die »Giftmischerin von Köln«, vor Gericht. Wofür? Sie hatte ihrem Mann, einem Apotheker, über Monate kleinere Giftdosen ins Essen gemengt, die zwar nicht sein Leben gefährdeten, ihn aber krank machten. Ruth Kerckhoff beteuerte bis zuletzt, sie habe ihn nicht töten, sondern nur ein »bisschen krank« machen wollen. Als Apothekenhelferin muss sie die Dosierung genau gekannt haben. Doch bei ihr schlug sich das 20-jährige Ehemartyrium mit einem Mann, dessen kleine Angestellte und Putzfrau sie einst gewesen war, nicht mildernd im Urteil nieder. Herrn Kerckhoff geht es längst wieder bestens, Frau Kerckhoff bekam 15 Jahre.

– In Düsseldorf steht 1974 Renate Mocken vor dem Richter. Ihr Verbrechen: mit einem Mann befreundet gewesen zu sein, der seine Frau umgebracht hat. Sie war dabei weder Mittäterin noch Komplizin. Ihr einziges Verschulden: unfeine Bemerkungen des Stils »Entweder die geht kaputt oder ich«. Das Gericht verurteilte sie wegen »Anstiftung« zu 15 Jahren Gefängnis.

– Im gleichen Jahr werden in Itzehoe Marion Ihns und Judy Andersen verurteilt. Sie ließen den Ehemann Marions durch einen gedingten Mörder umbringen. Strafmaß: lebenslänglich für beide. Ihr Leben, ihre Motive und die Umstände wurden bei dieser Höchststrafe nicht berücksichtigt.

Judy war bereits mit vier Jahren zum ersten Mal vergewaltigt worden. Marion mit neun. Ihre Mutter, eine Näherin, musste für sie und ihre vier Geschwister »anschaffen« gehen. Die eheliche Vergewaltigung war für Marion alltäglich. (*Bild* über Herrn Ihns: »... auch seine häufigen Trinkereien werden plötzlich verständlich. Er musste sich einen Rausch antrinken, um sich mit Gewalt holen zu können, was ihm ›von Rechts wegen‹ zustand.«) Kaum war die Rede von dem leidvollen Frauenleben der Anklagten, von ihren Demütigungen und Abhängigkeiten, viel dafür von ihrer Liebesbeziehung zueinander, in die sie sich geflüchtet hatten.

Und das war es auch, was letztlich den Ausschlag für die Verurteilung gab. Juristisch wie moralisch. *Bild*: »Wenn Frauen Frauen lieben, kommt es oft zum Verbrechen.« Und Mauz im *Spiegel*, der bei Männern gerne und zu Recht die Frage nach Psyche und Sozialem stellt, argumentierte bei den beiden Frauen schlicht biologistisch. Er verstieg sich dazu, von der »konstitutionellen Veranlagung« der Lesbierin zu Judy Andersen zu sprechen! Vor Gericht standen weniger zwei Mörderinnen und mehr zwei Lesbierinnen. Hier war die Tat Vorwand zur moralischen und juristischen Verurteilung.

Wenn Frauen verurteilt werden, werden sie immer auch für ihren Lebenswandel verurteilt. Eines der berühmtesten und traurigsten Beispiele dafür ist der Prozess gegen Vera Brühne, der ein wahrer »Hexenprozess« war. Pressezitat: »Sie ist ihrem Wesen nach das, was sie einmal in einem Faschingskostüm darstellte – die Frau im Tigerfell. Darunter ist ihre Haut, eine glatte, seidige Frauenhaut, die schon manchen Mann lockte und belohnte. Aber unter diese Haut selbst geht nichts.«

Wenn Frauen verurteilt werden, fallen Begriffe wie »triebhaft«, »sexgierig«, »provozierend«, »gefühllos« und – »respektlos« (vor dem Mann). Und wie auch immer die Angeklagte es wendet, es steht schlecht um sie. Ist sie hilflos, schüchtern und sagt nicht viel, begreift das Gericht überhaupt nichts und sie kriegt gleich die Höchststrafe. Ist sie sicher und gesprächig (wie im Fall Kaiser), irritiert ihr »unweibliches« Selbstbewusstsein das hohe Haus.

Nur eine Möglichkeit gibt es für Frauen, einigermaßen heil davonzukommen: die ewig weibliche. Die Angeklagte hat sichtbar auf dem Pfade der weiblichen Tugend zu wandeln, oder dem, was Richter dafür halten. Wählt sie diesen Weg, kann sie sogar mit ungewöhnlicher Milde rechnen und männlichen Angeklagten gegenüber im Vorteil sein. So entsteht manchmal im Gerichtsaal der Eindruck, Frauen hätten es sogar leichter als Männer. Er trügt.

Ladendiebinnen und kleine Betrügerinnen zum Beispiel, die mögen schon ein paar Tränchen kullern lassen für den Herrn Richter. Kommen da auch noch die darbenden Kindlein zu Hause ins Spiel, so könnte die Angeklagte Glück haben (muss aber nicht). Dann erlaubt sich die Männerjustiz – so sie ihren guten Tag hat – die noble Geste der Ritterlichkeit: Bei so rührend kleinen weiblichen Tricks kann man ja schon mal ein Auge zudrücken ... Aber die garstigen Weiber, die kriegen umso mehr eins drauf!

Die Muster, nach denen hier Männer- und da Frauenurteile ergehen, ähneln sich. Gesetzt den Fall, ich würde nach Patentrezepten zum Gattenmord gefragt – ich wäre um Antworten nicht verlegen. Allerdings sähe mein Ratschlag sehr unterschiedlich aus, je nach Geschlecht des Fragenden.

Was würde ich einem *Mann* raten? In der Wirtschaft mit Stammtischbrüdern einen über den Durst trinken. Dabei laut und vernehmlich über das hysterische Weibsbild zu Hause klagen. Dem Richter klarmachen, dass sie beim Nachhausekommen gekeift hat – wie immer. Im Bett lief übrigens schon lange nichts mehr. Sie zierte sich. Auf seine Annäherungsversuche reagierte sie abweisend, ja verletzend. Da sah er plötzlich rot. Er weiß nicht mehr, wie es über ihn kam. Sie hat ihn in seiner Männerehre gekränkt. Er warf sie zu Boden, würgte sie und schlug ihr dann noch wie besinnungslos mit der Bierflasche auf den Kopf. Kein Richterherz, das sich da nicht vor Mitgefühl krampft ... Denn wo wollten wir hinkommen, wenn auch Richter-Gattinnen so renitent würden? Spätestens das Psychologen-Gutachten wird die Herren Geschworenen (und auch manche Dame) davon überzeugen, dass sich der Angeklagte aufgrund der »dauernden Kränkungen« in einem Ausnahmezustand befand. War die Frau auch noch Alkoholikerin oder sogar ein paar Jahre älter als er – ja dann kann er seiner maximal drei Jährchen mit Bewährung sicher sein. Denn wer mag da noch übel nehmen? Von »niederen Beweggründen«, »Heimtücke« oder gar »sexuellen Motiven« (alles Kriterien für die strafverschärfende Definition als »Mord« statt »Totschlag«) kann unter solchen Umständen ja nicht die Rede sein. Oder?

Und einer *Frau*, was würde ich der raten? Schon schwieriger. Sie darf ihn auf gar keinen Fall gewalttätig umbringen, zum Beispiel mit dem Beil (»unweibliche Brutalität«). Sie darf ihn aber auch nicht gewaltlos töten, zum Beispiel mit E 605 im Kaffee (»weibliche Heimtücke«). Sie muss auch nicht glauben, sie dürfe sich wehren, nur weil er ihre Ehre verletzt, sie »Hure« oder »Schlampe« genannt hat! Auch nicht, wenn er sie vergewaltigt oder halbtot schlägt. Ganz schlecht ist, wenn sie einen lockeren Lebenswandel hat oder auch nur so aussieht, als würde sie einen haben können. Sehr negativ könnten sich auch gereizte Bemerkungen über die Kinder auswirken. Daraus kann geschlossen werden, die Angeklagte sei eine »schlechte Mutter«, ergo ein Unmensch, ergo aller Untaten fähig. Ganz fatal schließlich wäre ein auffällig gewordenes Interesse für die Emanzipation oder gar so genannte Männerfeindlichkeit ...

Bei meiner Lektüre der letzten Jahren habe ich nur eine Ausnahme gefunden. Doch auch hier war das Strafmaß nicht etwas Freispruch oder drei Jahre mit Bewährung, sondern fünf Jahre ohne Bewährung. Dazu wurde im Oktober 76 Gretel W. in Ludwigsburg verurteilt, weil sie ihren Mann erschlagen hatte: »Weil ihr Mann selten arbeitete und sämtliches Geld vertrank, musste die biedere Hausfrau 50 Stunden die Woche fremde Böden putzen. Abends wurde sie von ihrem betrunkenen Mann verprügelt. Oft musste sie mit den drei Kindern auf den Speicher flüchten und dort ausharren, bis der Haustyrann eingeschlafen war. Er vergewaltigte seine 11-jährige Tochter und hatte ein Verhältnis mit seiner Schwägerin.« (*Kölner Express*) Als er seine Frau dann auch noch mit 6.000 Mark Schulden verlassen wollte, um ihre Schwester zu heiraten, geschah es. Die Täterin wird in der Berichterstattung ausdrücklich als »bieder« geschildert, Schlagzeile des Berichts: »Mutter erschlug Haustyrann mit dem Hammer!« – Ihre Brut darf eine Frau verteidigen, nicht aber sich selbst.

Auch die juristische Fachliteratur ist voller sexistischer Klischees. So schreibt zum Beispiel Landgerichtsrat Ameluxen in der »Kriminalstatistik Hamburg«: »Die Frau ist im Gegensatz zum Mann fähig, durch bloße seelische Erregung in einer Abenteuersituation lustbetonte Affekte, ja sogar Orgasmen zu erleben.« Und warnt: »Wenn eine an sich gut veranlagte Frau einmal moralisch verdorben ist, so greift ihre Verwahrlosung tiefer und führt zu schlimmeren Konsequenzen als beim Mann in der gleichen Lage, denn nicht nur im Guten, auch im Bösen lässt sich die Frau mehr vom Instinkt leiten als der Mann.«

Und erst der weibliche Sexualtrieb: »Der starke sexuelle Hintergrund der Frauenkriminalität zeigt sich sogar beim Diebstahl, der beim Mann ein reines Not- und Nutzdelikt ist ... Der beherrschende Einfluss der Schwangerschaft und des Klimakteriums auf die Diebstahlkriminalität ist heute in der Gerichtsmedizin unbestritten.« (Ameluxen) – 90 Prozent der weiblichen Strafgefangenen kommen aus sozial benachteiligten Schichten.

Fast alle der wenigen Experten, die der straffällig gewordenen Frau die Ehre antun, sie für erwähnenswert zu halten, führen ihre besondere Situation nicht etwa auf soziale Gründe zurück, sondern auf biologische Gegebenheiten. Nicht das Leben einer Frau wird zum Verständnis der Tat beleuchtet, sondern die Tage bis zur nächsten Menstruation werden gezählt. Der Amerikaner Pollak zum Beispiel argumentiert in seinem Buch *The Criminality of Women*, Betrügereien und Täuschungsmanöver seien für Frauen nichts Ungewöhnliches, da sie es in der »sexuellen Sphäre« ja gewöhnt seien, alle vier Wochen ihre Menstruation zu verheimlichen ...

Da bringen Mütter ihre Babys nicht etwa um, weil sie sie eigentlich nicht haben wollten und überfordert sind – nein, sie tun es, weil es ihnen an »Mutterinstinkt« mangelt, weil sie »eiskalte Geschöpfe« sind oder gerade in der »prämenstruellen Phase« waren. Da töten Frauen nicht ihre Männer, weil sie seit Jahren von ihnen geschlagen und gedemütigt werden; weil sie ökonomisch, sozial und seelisch zu abhängig waren, um gehen zu können – nein, sie tun es aus »Leichtfertigkeit« oder »Heimtücke«. Ob Täter oder Opfer – schuldig ist im Zweifelsfalle immer die Frau.

Ein Frauenleben verläuft von der Wiege bis zur Bahre anders als ein Männerleben. Frauen haben daher andere Gründe, straffällig zu werden, als Männer. Und sie werden es zum Teil auf andere Art. So haben Frauen zum Beispiel kaum Gelegenheit, an der Wirtschaftskriminalität teilzunehmen, und wenig Chancen, Chef einer Rockerbande zu werden oder Bankräuber. 90 Prozent aller von Frauen ausgeübten Morde passieren zu Hause.

Macht die »Emanzipation die Frauen krimineller«? Nur jeder zwölfte Mörder ist weiblich. Nur jeder sechste Straffällige war 1975 eine Frau. Und jeder zweite bis dritte leichte Diebstahl (meist Ladendiebstähle) geht auf ein Frauenkonto. Am heute steigenden Frauenanteil an der Gesamtkriminalität sind vor allem sie schuld, Ladendiebstähle werden von Frauen doppelt so häufig begangen wie von Männern (sie kaufen aber vielfach so häufig ein wie Männer). Und der absolute Frauenanteil an den Verkehrsdelikten steigt, so wie ihre Teilnahme am Verkehr. Es morden heute doppelt so viele Frauen wie vor 15 Jahren, insgesamt hat sich die Zahl der Morde jedoch verdreifacht. Die Anzahl der Mörderinnen ist also nicht in demselben Maße gestiegen wie die der Mörder.

Zu den ganz wenigen Untersuchungen von Frauenkriminalität, die nicht in der Blindheit des Vorurteils und Klischees stecken blieben, zählen die Arbeiten von Dr. Helga Einsele und Prof. Elisabeth Trube-Becker. Beide haben eine jahrzehntelange Erfahrung in der Praxis: die eine als Gefängnis-Leiterin in Preungesheim, die andere als Gerichtsmedizinerin in Düsseldorf. Prof. Trube-Becker hat 1971 die Schicksale aller damals 84 lebenslänglich in der Strafanstalt Anrath einsitzenden Frauen untersucht. In ihrem Buch »Frauen als Mörder« kam sie zu erstaunlichen Resultaten: »Ehefrauen morden mehr als Ledige. In neun von zehn Fällen sind die eigenen Männer und Kinder die Opfer. Jede siebte Mörderin war schwanger und jede siebte war unehelich (BRD-Durchschnitt jedeR 25.). Zwei von drei waren in einer ›Mussehe‹ verheiratet. (Die meisten hatten keinen gelernten Beruf.) Und: Männer morden in Ausnahmesituationen (Arbeitslosigkeit, drohende Scheidung etc.), Frauen aber in ›normalen‹ Situationen. Das heißt, nicht die Ausnahme treibt die Frauen zur Verzweiflung, sondern die Regel, ihr ganz ›normales‹ Leben.

Die Lebensläufe der Frauen, die Trube-Becker skizzierte, sprechen für sich. Das Ausmaß des Elends und der wirtschaftlichen und seelischen Abhängigkeit ist erdrückend. Und erschütternd ist die Aussage vieler Frauen, sie fänden es »im Gefängnis besser, als sie gedacht hätten«. Im Vergleich zum Ehegefängnis scheint das Staatsgefängnis für viele erträglicher zu sein.

Manche der Frauen sitzen seit über 20 Jahren in Anrath, die längste seit 28 Jahren. Denn die Dauer der Strafe ist bei lebenslänglich willkürlich, das heißt, von der Gnade des jeweiligen Ministerpräsidenten eines Bundeslandes abhängig. Und die Anrather Frauen haben das Pech, einen ungnädigen Ministerpräsidenten zu haben. Während in Hamburg zum Beispiel alle Lebenslänglichen (Frauen wie Männer) automatisch nach 15 Jahren begnadigt werden, sitzen sie in Nordrhein-Westfalen am längsten. Ministerpräsident Kühn, Sozialdemokrat und Ex-Emigrant, macht von seinem Recht, Gnadengesuche ohne Begründung abzulehnen, ausgiebigst Gebrauch.

Zum Beispiel bei Erna Meyer. Sie vegetiert seit 15 Jahren in einer Anrather Zelle dahin. Ihr Vergehen: Ihr Baby ist erstickt. Im Indizienprozess wurde behauptet, es sei kein Unfall (wie sie bis heute beteuert), sondern Mord gewesen. Nichts im Leben von Frau Meyer sprach für eine solche Verzweiflungstat: untadelige Mutter dreier Kinder (die mit ihrem Baby sogar bei Schnupfen zum Arzt rannte), sorgfältige Hausfrau, gute Ehe. Nur eines irritierte den Richter: Frau Meyer hatte den vernehmenden Polizisten erzählt, sie wolle jetzt keine Kinder mehr – dreie, das reiche. Daraus schloss das Gericht messerscharf, sie sei eines solchen Verbrechens durchaus fähig. Prof. Trube-Becker ist sich sicher, dass der damalige medizinische Befund des toten Kindes nicht für Mord, sondern für einen Unfall spricht. Erna Meyer sitzt immer noch im Gefängnis.

In welchem Ausmaß auch der Strafvollzug Frauen vernachlässigt und benachteiligt, beweist auch die Gefängnisleiterin Helga Einsele. Es fängt schon damit an, dass der Frauenstrafvollzug einfach gar nicht ernst genommen wird. Das heißt: die »Erkenntnisse« des Männerstrafvollzugs werden platt auf den Frauenstrafvollzug übertragen (zum Beispiel strenge Sicherheitsmaßnahmen); doch kommen nicht dieselben Reformbestrebungen wie bei Männern zum Tragen (zum Beispiel bei der Berufsausbildung im Gefängnis). Hat ein Mann wenigstens in Ausnahmefällen die Chance, wieder Fuß zu fassen, so werden Frauen im Gefängnis vollends aus der Bahn geschleudert. Auch die Umwelt – Familie, Nachbarn, Freunde – distanziert sich von kriminellen Frauen stärker als von kriminellen Männern. Was bei einem Mann noch als Übermut oder Kavaliersdelikt gilt (»toller Hecht«), gehört sich für eine Frau einfach nicht. Die Mehrheit aller Ehemänner lässt sich von verurteilten Frauen scheiden, während die Mehrheit der Ehefrauen auch zu dem Mann hinter Gittern hält.

Mit der juristischen Verurteilung geht gerade bei Frauen die moralische Hand in Hand. Der so genannte Mordparagraph, § 211, erleichtert die Willkür der männlichen Sicht. Sein Text kann nach Belieben interpretiert werden, denn es heißt: »Mörder ist, wer aus Mordlust, zur Befriedigung des Geschlechtstriebes, aus Habgier oder sonst niedrigen Beweggründen einen Menschen tötet.« – Dass die überwiegend männlichen Richter es nur allzu bereitwillig »heimtückisch« finden, wenn eine Frau aggressiv gegen Mann oder Kind wird, verwundert nicht. Auch die überwiegend männlichen Verteidiger sind in ihrem Verständnis oft weit von der Welt ihrer Mandantinnen entfernt. Und nicht selten kommt es sogar vor, dass sie gegen das Interesse ihrer Mandantinnen handeln.

Zur männlichen Interpretation der Straftat kommt ihre tatsächlich oft unterschiedliche Ausführung bei weiblichen Tätern. Frauen riskieren seltener als Männer einen frontalen Zusammenstoß. Frauen sind gezwungen, einen Mord »listiger« zu planen als ein Mann – und schon kann rein juristisch vom »Totschlag im Affekt« nicht mehr die Rede sein. Die Tat kann leichter als Mord interpretiert werden, und für »Mord« sieht das deutsche Gesetz zwingend lebenslänglich vor.

Der Mordparagraph ist generell ein fragwürdiges und umstrittenes Gesetz. Doch für Täterinnen wirkt er sich noch tragischer aus als für Täter, denn er ist in den Händen einer Männerjustiz.

Da beging neulich ein Vater in Mühldorf mit seinen vier Kindern Selbstmord. Vor Gericht zitiert wurde die Mutter, Irmgard Blienhuber. *Express*-Titel: »Vier Kinder starben, weil Mutter nicht treu sein konnte.« Eine Umkehrung dieses Falles wäre undenkbar. Wer käme bei einer verzweifelten Mutter, deren Mann fremdgeht, oder bei einem vernachlässigten Kind schon auf den Gedanken, den Vater für mitverantwortlich (oder gar allein verantwortlich) zu halten?! Auch bei der Tötung Neugeborener durch die Mutter fragt niemand nach dem Verbleib der »Erzeuger« (die sind eh meist längst über alle Berge).

Ob ein Vater ein Kind zu Tode misshandelt oder eine Mutter das tut, das ist in einer Gesellschaft, die so gern vom »Mutterinstinkt« redet und den Begriff »Vaterinstinkt« noch nicht einmal in ihrem Vokabular hat, nicht das Gleiche. Ein paar Beispiele von vielen möglichen:

In Berlin stirbt im Juli 76 ein entwicklungsgestörtes, achtjähriges Kind an den Folgen väterlicher Fußtritte mit einem Holzschuh. Strafe für den Vater: 1.500 DM. – Ebenfalls in Berlin stirbt ein vier Wochen altes Baby an einer Erkältung, die zu spät behandelt wurde. Der jungen Mutter wird vorgeworfen, sie habe das Kind extra in einem ungeheizten Zimmer stehen lassen (der Vater ist zu dieser Zeit im Gefängnis). Die junge Frau, die ihre gesamte Kindheit in Heimen verbracht hat, hatte kurz zuvor einen Selbstmordversuch gemacht.

Strafmaß: Zehn Jahre Gefängnis. – In München vergiftet ein Vater am Heiligabend seinen Sohn und ersticht ihn außerdem mit einem Stilett. Strafe: dreieinhalb Jahre (ihm wurde seine Verzweiflung und die Tatsache, dass er einen Selbstmordversuch gemacht hatte, zugute gehalten). – Ebenfalls in München steht die Hausfrau Christine Cerny vor Gericht. In einem Indizienprozess wird sie zu elf Jahren Gefängnis verurteilt. Ihr angebliches Vergehen: Sie soll eines ihrer drei Kinder umgebracht haben (ein Pflegekind, das sie zusätzlich aufgenommen hatte). Frau Cerny blieb bis zuletzt dabei, es sei ein Unfall gewesen, das Kind sei ihr auf den Boden gefallen. Argumentation des Schwurgerichts: »Die Angeklagte zeigte auch in der Hauptverhandlung eine ungewöhnliche Gefühlskälte.« Wer würde in einem solchen Zusammenhang schon von der »Gefühlskälte« oder »mangelnden Fürsorge« eines Vaters sprechen? Gefühle sind Frauensache.

Aber: Es tut sich etwas. »Die Frauen wehren sich mehr als früher«, stellt Gerichtsmedizinerin Trube-Becker fest. »Sie lassen sich weniger prügeln von ihren Männern. Sogar Türkinnen und Italienerinnen schlagen zurück.«

Erschienen im Januar 1977 in *EMMA* (2/1977)

SCHAUPROZESSE – 1984

Mit dem Recht ist das so eine Sache. Es richtet sich nicht nur nach den Buchstaben des Gesetzes, sondern auch nach dem, was den Richtenden rechtens scheint – und dem Zeitgeist opportun. Zwei Prozesse führten das in diesen letzten Monaten besonders deutlich vor Augen: der Prozess gegen Monika Weimar und der Prozess in Memmingen. Dieses bayerische Verfahren gegen die 277 Frauen, die abgetrieben haben, und den helfenden Arzt nannte Hildegard Hamm-Brücher (FDP) zu Recht einen »politisch motivierten Prozess«, denn er ist weniger eine Frage des Rechts und mehr eine Frage der Politik. Hier wird die Demütigung und Entmündigung ungewollt Schwangerer und die Einschüchterung solidarischer Ärzte öffentlich demonstriert. Zur Warnung. Ende offen.

»Durchaus offen« war bis zuletzt auch der Ausgang des Revisionsantrages in einem der »aufregendsten Indizienprozesse der Nachkriegszeit« (*Süddeutsche Zeitung*). Und ganz wie die Memminger müssen sich die Fuldaer Richter, die das Weimar-Urteil gesprochen haben, und die Karlsruher, die die Revision abgelehnt haben, die Frage gefallen lassen, ob es sich nicht auch hier um einen »politisch motivierten Prozess« gehandelt hat.

In Memmingen steht die selbst bestimmte Mutterschaft vor Gericht. Im Prozess gegen »Mutter Weimar« war (auch) die moderne Mutterschaft angeklagt: die, die sich nicht nur aufopfert und nicht um jeden Preis an einem eigenen Leben hindern lässt.

Ginge es nur nach den Buchstaben des Gesetzes, hätte dieselbe Monika Weimar in demselben Fall im Namen derselben Gesetze freigesprochen werden können. Doch die geschriebenen Gesetze werden nach ungeschriebenen Gesetzen angewandt. Nicht Computer spucken die Urteile aus, sondern Menschen (meist Männer) sprechen sie – nach jeweiligem Ermessen.

Justitia ist nicht blind. Im besten Falle ist sie klarsichtig. Im Klima der »Hexenjagd« des Weimar- und des Memmingen-Prozesses hätten die Richter gegensteuern müssen. Haben sie das getan? Im Weimar-Prozess prägte Anwalt Bossi schon im Sommer 1988 den Satz vom »Vorfreispruch des Mannes« und der »Vorverurteilung der Frau«. Im Memmingen-Prozess ist längst klar, dass hier wohl kaum um das »Recht des Ungeborenen« gestritten wird, sondern dass es hier vor allem gegen das Recht der Frauen auf ebendiese selbst bestimmte Mutterschaft geht.

Ein politischer Prozess hat immer eine doppelte Funktion: Er trifft den/die Angeklagte/n direkt, und er statuiert indirekt ein Exempel – zur Abschreckung aller. Das herrschende Klima wirkt sich also nicht nur auf den Prozess aus, sondern der Prozess wirkt sich auch seinerseits auf das herrschende Klima aus. Das ist eindeutig im Fall Memmingen. Während und nach diesem § 218-Prozess sind Frauen und Ärzte eingeschüchterter als zuvor.

Auch der Fall Weimar war ein solcher politischer Prozess, auch er hatte eine abschreckende und einschüchternde Funktion für Frauen. So wie Jahre zuvor der Prozess gegen bzw. für Bubi Scholz, eingeklagt: das Recht auf Männergewalt. Oder davor der »Fall Lundi«, eigentlich ein Fall Driest, eingeklagt: das Männerrecht auf Vergewaltigung. Oder, wieder Jahre zuvor, der Prozess gegen Ihns/Andersen, angeklagt: die Frauenliebe. Auch der Prozess gegen »die Hexe« Vera Brühne in den bigotten frühen 60er Jahren gehört in diese Reihe, angeklagt: die femme fatale.

Ein jeder dieser Prozesse hat in bestimmten historischen Etappen eine ganz bestimmte öffentliche Rolle gespielt. So war Gegenstand des juristischen und öffentlichen Prozesses, der Monika Weimar gemacht wurde, nicht nur der Tod der Kinder, sondern auch der Lebenswandel der Mutter: eine ganz normale Frau aus eher konservativen Verhältnissen, die nicht (mehr) funktioniert wie erwartet. Sie bricht aus einer lustlosen Ehe aus, wird wieder berufstätig, nimmt sich einen jüngeren Geliebten; sie will nicht länger nur Mutter und Ehefrau sein.

Dass die »Ami-Hure« und »ahl Hex'« schuldig ist, das wussten die Philippstaler im ganzen Land noch vor dem Richter. Und dann gab sich die berufstätige Krankenpflegerin vor Gericht auch noch »beherrscht« und »kühl«, statt Tränchen zu zerdrücken – ganz ungünstig. Besonders ungünstig in einer Zeit, in der es eine CDU-Familienministerin schon fast den Kopf kostet, wenn sie sich erlaubt, nur darauf hinzuweisen, dass das Hausfrau- und Muttersein heutzutage »keine lebenslange Beschäftigung« mehr ist …

Der Weimar-Prozess musste für vieles, für zu vieles herhalten. Das »Flittchen« konnte sich der Aggressionen aller »gehörnten« Ehemänner sicher sein, aber auch all derjenigen Frauen, die vom Ausbruch noch nicht einmal zu träumen wagen (dafür aber vom Kindsmord).

Der Verlauf des Indizienprozesses gegen Monika Weimar war quälend. Es gab mehr als eine Ungereimtheit. Der erste ermittelnde Staatsanwalt, der von der Schuld des Vaters überzeugt schien, wurde abgelöst. Die zahlreichen für die Mutter sprechenden Indizien wurden bis zuletzt links liegen gelassen. Die vielfachen Quasi-Geständnisse des Vaters wurden überhört. Sein Versuch, neu auszusagen, wurde von seinem Anwalt und seiner Familie zuletzt sogar als »geistige Verwirrung« abgetan: Sie lieferten ihn zwei Monate vor der Ablehnung des Antrages auf ein neues Verfahren für Monika Weimar kurzerhand in eine geschlossene psychiatrische Abteilung ein. Am Tag der Ablehnung ihres Revisionsantrages wurde »Vater Weimar« wieder entlassen.

Trotz dieser Umstände, die selbst die Richter zögern ließen, negierte der in der Berichterstattung tonangebende *Spiegel*-Autor (und Hobby-Richter) Mauz kategorisch jeden Zweifel und schrieb, fast beschwörend, die »schreckliche Tat« als »Verbrechen« der Monika Weimar fest. – Sie *muss* es gewesen sein! Er *darf* es einfach nicht getan haben.

Doch schuldig oder unschuldig – das spielt letztendlich bei der Analyse der frauenfeindlichen Funktion dieses Prozesses keine entscheidende Rolle. Allerdings: Die symbolische Funktion des Weimar-Prozesses erhöhte die Gefahr der Voreingenommenheit. Richter und Journalisten müssen sich fragen, ob hier nicht ein Fehlurteil gesprochen wurde.

Sie war »schmallippig«, »energisch«, »kalt« und »ihm überlegen«; er war »schwach«, »ein armes Schwein« und »eigentlich von ihr abhängig«. So wurde über Monika und Reinhard Weimar geschrieben. Und so wurde, wortwörtlich, auch über Bubi und Helga Scholz geurteilt. *Bild* über das Ehepaar Scholz: »So quälte Helga Bubi.« Die *FAZ* über das Ehepaar Weimar: »Er war abhängig von ihr.« Egal, ob sie Opfer sind oder Täterinnen scheinen: Der Mann ist allemal der Bedauernswerte und die Frau allemal das Luder. Einzige Ausnahme ist der Tyrannenmord: die Mutter, die tötet, um ihre Kinder zu schützen.

Die Statistik spricht eine klare Sprache. Bei der »Tötung von Intimpartnern« kommt auf zehn tote Frauen nur ein toter Mann. Wenn Frauen töten, dann tun sie das fast immer nach langen Misshandlungen durch ihren Mann/Freund. Wie sie töten, wird ihnen meist als »Heimtücke« angelastet – ein Kriterium, das automatisch die Qualifikation der Tat als »Mord« und damit »lebenslänglich« nach sich zieht. Bei den männlichen Tätern spielt dagegen die »verletzte Männerehre« eine häufige Rolle (weil sie ihn »nicht ernst nahm«, »beschimpft hatte« oder »nicht ranließ« etc.), sie handeln »im Affekt«. – Folge: mildernde Umstände.

»Vor Gericht macht Bubi eher den Eindruck eines Opfers denn eines Täters«, schrieb die *Saarbrücker Zeitung* 1984. Und sprach damit einer Männer-Mehrheit aus dem Herzen. Und Mauz seufzte im *Spiegel*: Seine Tat »gleicht einem Selbstmordversuch, so abhängig wie Gustav Scholz von seiner Frau war«. – Die Richter hatten ein Einsehen. Drei Jahre für Bubi, ein Jahr davon auf Bewährung. »Unser Bubi bald frei!«, jubelte *Bild*.

Zwei Jahre nach den tödlichen Schüssen des ausgebildeten Scharfschützen auf seine Frau durch eine Milchglasscheibe: Abgang im weißen Mercedes und mit hochbeiniger Blondine, von der die Boulevardpresse zu berichten wusste, dass »er sie seit fünf Jahren kennt«. Und da das Leben ungern mit Pointen geizt, kassierte Bubi Scholz zu guter Letzt nicht nur das Erbe, sondern auch noch die Lebensversicherung seiner von ihm getöteten Frau – 650.000 Mark.

Wie das möglich ist? Ganz einfach. Die Richter stuften die Tat des »Boxers mit dem gebrochenen Herzen« nicht als »Mord«, auch nicht als »Totschlag«, sondern als »fahrlässige Tötung« ein. Das sicherte Bubi den Zugang zur Lebensversicherung der von ihm erschossenen

Helga Scholz. Übrigens: Auch Vater Weimar hat die Lebensversicherung seiner Töchter längst kassiert. Alles rechtens.

Die Bubis der Nation wollen einfach nichts mehr hören von dem Gerede über die »Gewalt in der Ehe« etc. Überfüllte »Häuser für geschlagene Frauen« in fast allen Städten. Die Forderung nach Strafe auch für Vergewaltigung in der Ehe. Dabei »weiß doch jeder«, dass es auch »in einer Ehe nach 29 Jahren mal handgreiflich zugehen kann« (*Der Spiegel*). Na eben. Mit dem Scholz-Prozess wurde es allen Frauen und Männerne noch mal deutlich demonstriert, dieses Gewohnheitsrecht der Männergewalt in der Ehe.

Dass die Frauenliebe gar nicht erst zur Gewohnheit wird, davor warnte zehn Jahre zuvor ein mindestens ebenso spektakulärer Prozess: der gegen Marion Ihns und Judy Andersen, die eine Liebesbeziehung gehabt hatten und 1974 in Itzehoe vor Gericht standen, weil sie einen Killer beauftragt hatten, den Ehemann Ihns zu beseitigen. *Bild*: »Wenn Frauen nur Frauen lieben, kommt es oft zu einem Verbrechen.«

Ein Gutes allerdings hatte der Ihns/Andersen-Prozess: Erstmals protestierten kritische JournalistInnen (144 Frauen und 44 Männer) beim Presserat gegen die »frauenfeindliche« Berichterstattung. Von da an sollte es eine gewisse öffentliche Sensibilität für groben Sexismus in Prozessen und der Berichterstattung über sie geben.

Sie ging selbst an dem *Spiegel*-Berichterstatter nicht spurlos vorüber. So schrieb zum Beispiel Gerichtsreporter Mauz 1980 über den »Fall Lundi«: »Die Berichterstattung über den Prozess gegen Burkhard Driest hat ›eine Gewalt gegen Frauen‹, eine brutale und schmierige Einstellung zu dem Thema Vergewaltigung offenbart – nach der man sich dem Satz ›Gewalt gegen Frauen ist eine Selbstverständlichkeit‹ nicht mehr entziehen kann.«

Der juristische Prozess, der im Fall Lundi nicht etwa dem Täter, sondern dem Opfer gemacht wurde, fand übrigens in der BRD juristisch gar nicht statt: In Kalifornien hatte 1979 ein Krankenhaus Anzeige erstattet gegen Burkhard Driest, den »attraktiven Brutalinski, dem nachts im Park nur begegnen möchte, wer ernsthaft interessiert ist, vergewaltigt zu werden« (*Die Zeit*, 1973). Grund: die Einlieferung der vergewaltigten, schwer verletzten Monika Lundi

(Schauspielerin, Typ nette, naive Blondine). Das Krankenhaus erstattete Anzeige, dazu verpflichtet in den USA das Gesetz. Doch trotz massiver Beweise gegen Driest wurde die Klage in den USA abgeschmettert. In der BRD wurde sie erst gar nicht mehr erhoben.

Aber der öffentliche Prozess fand statt, angeklagt war die Frau, die Sperenzchen machte. Und das nicht zufällig in einer Zeit, in der Vergewaltigung in aller Munde war: Frauen hatten genau in diesen Jahren endlich ihr schamvolles Schweigen gebrochen und forderten: Schutz und Strafe für Vergewaltiger! »Notrufe« für vergewaltigte Frauen überall. Untersuchungen über den »Vergewaltiger von nebenan«. – Reaktion: der Lundi-Prozess, der eigentlich ein Driest-Prozess hätte sein müssen. Das war 1980.

1989 war sich die Berichterstatterin der *FAZ*, Gisela Friedrichsen, nicht zu dumm, nach Ablehnung der Weimar-Revision den Spieß umzudrehen und ausgerechnet Feministinnen für das »Lebenslänglich« für Monika Weimar verantwortlich zu machen. Weimar hätte bei einem »Geständnis« auf »Milde« hoffen können: Doch »nur mit einem unschuldigen, weiblichen Opfer ließ sich aus der feministischen Sicht mancher Medien gegen die ›Männerjustiz‹ agitieren«.

Nun, ob die Illustriertenschlacht und der -kitsch zwischen *stern* (pro Mutter) und *Quick* (pro Vater) etwas mit Feminismus zu tun hat, sei dahingestellt. Und es war eher unfeministisch, eine Schuld im juristischen Sinne als vorgebliche Unschuld zu verteidigen. Feministisch allerdings ist es, an die psychologischen, sozialen und politischen Implikationen einer »Schuld« zu erinnern. Aus diesem Grund waren bisher auch die – juristisch eindeutig schuldigen – Kindsmörderinnen eher ein feministisches Thema als »unschuldige Mütter«.

Um die Mutterschaft – und damit den Kern der Frauenrolle – geht es auch in Memmingen. Die politische Funktion dieses Prozesses ist klar: Kirche und Konservative gehen verstärkt in die Offensive. Die 277 Frauen, gegen die im schwarzen Memmingen ermittelt wird – und die vermutlich überwiegend gläubige Katholikinnen sind –, stehen für uns alle.

Veröffentlicht im März 1989 in *EMMA* (4/1989)

Die Verteidigungsstrategie klang westlich – und sie war es auch: Der Verteidiger war ein »Prominentenanwalt« aus Düsseldorf und sein Resultat lohnte das Honorar – für den Angeklagten. Nur 15 Jahre (mit vorheriger psychiatrischer Behandlung) für den Mann, der zwischen dem 25. Oktober 1989 und dem 5. April 1991 fünf Frauen erschlagen, erwürgt, erstochen und dann geschändet hat – und ganz nebenher auch noch dem Baby eines seiner wimmernden Opfer den Schädel auf einem Baumstumpf zertrümmerte. Drei weitere Opfer überlebten knapp.

Am 30. November 1992 fiel das Urteil: »Vermindert schuldfähig«. Wolfgang Schmidt, in der Boulevardpresse »der rosa Riese« oder »die Bestie von Beelitz« genannt, ist heute 26 Jahre alt und kann mit 36 wieder auf freiem Fuß sein (die Erlassung eines Drittels einer Strafe ist üblich).

Der Fetischist hatte seit seiner frühesten Kindheit Lust an dem heimlichen Anziehen und Bekoten von Damenwäsche, so gewandet ging er auch auf den Mordtrip. Übrigens: Das Geld, das er in Untersuchungshaft erhielt, verwandte er für Damenwäsche und Pornos. Die bestellt er sich jetzt im Gefängnis bei einem Versandhaus – mit Genehmigung der Anstaltsleitung.

Als der Serienmörder nach über einem Jahr vor Gericht stand, hatte Schmidt bereits zahllose Gespräche mit Gutachtern und Anwälten hinter sich. Am ersten Verhandlungstag überraschte der Angeklagte jedoch plötzlich mit einer ganz neuen Behauptung: Er habe die Frauen »aus Hass auf meine Mutter« umgebracht, denn die hätte den kleinen Wolfgang »nicht verstanden« und »abweisend behandelt«. Die Morde seien sozusagen eine »Abwehrhandlung« gewesen. Schmidt ging so weit, bei der Schilderung seines ersten Mordes vor Gericht das Opfer plötzlich als »Mutter« anzureden ... Und der Vater? Der hatte, wussten Experten, »die Erziehung weitgehend der Mutter überlassen«.

Am zweiten Tag überraschte der Angeklagte mit einem weiteren Geständnis: die Frauen »aus Lust« ermordet zu haben, »im Sexualrausch«, wie die Presse schaudernd referierte. Am dritten Tag wollte er von alldem nichts mehr wissen und erinnert sich an nichts mehr – vor allem nicht an das zertrümmerte Baby, das so gar nicht in die »Sexualrausch-Strategie« passte.

Die Medien wandten viel Energie auf, sich in den Täter einzufühlen. Von den Opfern war wenig die Rede. Auch im *Spiegel* nicht, wo die Tradition des Gerichtsreporters Gerhard Mauz inzwischen von Kollegin Friedrichsen fortgeführt und übertroffen wird. Die widmete dem »Menschen«, der so »Schreckliches getan« hatte, fünf selbst für ihre Verhältnisse extrem parteiliche Seiten und den Opfern je fünf Zeilen.

Sicher, die Toten können nicht mehr reden. Aber die zwei damals 12-jährigen Mädchen, die überlebt haben, die redeten – auch vor Gericht. Doch selbst sie waren der Gerichtsreporterin nur wenige Zeilen wert. Dabei wäre so einiges zu sagen gewesen zur Charakterisierung dieses spektakulären Falles von pathologischem Frauenhass. Zum Beispiel die Tatsache, dass Ex-Hauptwachtmeister Schmidt von der Volkspolizei unehrenhaft entlassen worden war, weil er am 20. April mit »Kameraden« Hitlers Geburtstag gefeiert hatte. Oder auch, dass Schmidt ein Waffenfan war und aus der CDU ausgetreten ist wegen zu lascher Ausländerpolitik. Oder auch einfach nur, dass für Schmidt nicht nur die Frauen, sondern auch die Ausländer an allem schuld sind, weil »die Fidschis uns plattmachen«.

Doch die *Spiegel*-Reporterin lauscht lieber den Worten eines Frauenmörders nach, der vor Gericht über die von ihm vergewaltigten Leichen sensibel murmelt: »Für mich leben all diese Frauen noch ...« Zu guter Letzt zitiert die beflissene Gerichtsreporterin auch noch den verstorbenen Sexualwissenschaftler Schorsch, der 1977 über diese Art von Tätern treffend schrieb: »Verstehen heißt nicht Nachsicht, Verharmlosung und Entschuldigung, sondern rationales Erfassen und Begreifen, was vorlag.«

Vor liegt, Frau Kollegin, ein Fall von pathologischem, mit an Sicherheit grenzender Wahrscheinlichkeit unheilbarem Frauenhass, vor dem die weibliche Hälfte der Menschheit eigentlich für den Rest des Lebens des Menschen Schmidt geschützt werden müsste. Denn am Tag nach der Freilassung könnte Wolfgang Schmidt auch Ihnen begegnen, Frau Friedrichsen.

Veröffentlicht im Dezember 1992 in *EMMA* (1/1993)

PS: Wolfgang Schmidt wurde in die psychiatrische Abteilung der Brandenburger Landesklinik eingeliefert, in der 920 Menschen untergebracht sind, darunter auch Frauen und Kinder. Bereits wenige Monate nach der Verurteilung erhielt der Serien-Mörder Freigang in dem offenen Klinikgelände und durfte bald darauf auch die Klinik für »Einkäufe« verlassen – unbegleitet, wie die Lokalpresse bewies. Wolfgang Schmidt trug bei seinen Spaziergängen gern Frauenkleider und kaufte beim Freigang am liebsten Pornos.

EINE TÖDLICHE LIEBE: KELLY / BASTIAN – 1993

Der Auslöser für mein Buch über Petra Kelly und Gert Bastian war für mich nicht der Tod, es waren die Reaktionen auf den Tod. Da wird eine weltberühmte Pazifistin im Schlaf und ohne ihr Wissen erschossen, doch es empört sich niemand. Nur ganz wenige sprechen von Mord, das abwiegelnde Schlagwort vom »Doppelselbstmord« macht die Runde. Und die Tat passiert nicht etwa in Teheran oder Neu-Delhi, wo untreue Frauen gesteinigt und Witwen lebendig begraben werden. Nein, sie passiert in Bonn. Der in der ganzen Welt bekannten Trägerin des »Alternativen Friedensnobelpreises« ist durch einen Mann das Leben genommen worden, ohne dass dies als Unrecht empfunden wird. Wie ist das möglich?

Hätte ein fremder Mann Petra Kelly auf der Straße erschossen, die Tat wäre als Verbrechen, als Wahnsinnstat, ja als Politikum begriffen worden. Der Mörder wäre – auch wenn er sich wie Bastian selbst hingerichtet hätte – einhellig verurteilt worden. Aber dieser Mörder war kein Fremder, es war der Mensch, der Kelly am nächsten stand. Und genau dieser Umstand gab ihm das Recht, zu töten. Denn die eigene Frau ist vogelfrei, auch noch im 20. Jahrhundert, und auch mitten in Europa.

Ich übertreibe? Kaum. Ein täglicher Blick auf die Zeitungsseite *Vermischtes* genügt: Da wimmelt es nur so von Berichten, in denen Männer im Suff oder aus gekränkter »Männerehre« (Hauptmotiv) ihre Töchter oder Frauen totschlagen und dafür fast immer verständnisvolle Richter finden – und das im Namen eines fortschrittlichen Verständnisses für den Täter und seine psychosozialen Hintergründe. Allerdings: ganz auf Kosten der weiblichen Opfer. Allein in Deutschland sind es jährlich Hunderte von Frauen, die so ihr Leben lassen – und das wird nicht als Skandal, sondern als Kavaliersdelikt empfunden.

Nur zwei beliebige Beispiele von vielen möglichen. An dem Tag, an dem Petra Kelly ermordet wurde, verurteilte das Koblenzer Landgericht den Türken Ali C. zu verhältnismäßig milden zwölf Jahren (von denen bei »guter Führung« bis zur Hälfte erlassen werden). Ali C. erwürgte seine 18-jährige Tochter, weil die nicht länger zu Hause wohnen wollte. Der Staatsanwalt plädierte nicht etwa auf »Mord«, sondern nur auf »Totschlag«. Begründung: »Der Vater hat die erhebliche Ehrverletzung als glaubwürdig dargestellt.« Die Richter stimmten zu: »Subjektiv sind dem Täter keine niedrigen Beweggründe vorzuwerfen.«

Es ist also subjektiv nicht niedrig, seine Tochter unter dem Vorwand einer Familienaussprache zu einem Parkplatz zu locken und zu erwürgen. Und ist es nicht etwa eine Ehrverletzung für eine volljährige junge Frau, wenn sie ihr eigenes Leben nicht leben darf. (Haben Frauen überhaupt eine Ehre?) Es ist im Gegenteil eine Ehrverletzung für den Vater, wenn die Tochter gehen will. Schließlich ist sie sein Besitz. »Andere Völker, andere Sitten«, befinden deutsche Gerichte in solchen Fällen. Sie wissen sich bei dieser multikulturellen »Toleranz« für frauenmordende Männer in bester Gesellschaft, in Männergesellschaft. Denn Männerehre ist international.

Während ich diesen Text schreibe, wird in Köln der 44-jährige Horst Witt zu drei Jahren Gefängnis verurteilt (unter Anrechnung der Untersuchungshaft ist er in ein paar Monaten wieder frei). Der Gattinnenmörder zerstückelte die Leiche seiner Frau und transportierte sie per Straßenbahn in verschiedene Vorstadtwälder. Die zierliche Frau war von ihrem Zwei-Zentner-Mann erwürgt worden, doch für das Gericht ist es weder »Mord« noch »Totschlag«, sondern lediglich »Körperverletzung mit Todesfolge«. Denn Witt habe im »Affekt gehandelt«, da seine Frau ihn drangsaliert, ja sogar »mit dem Bügeleisen bedroht« habe. Der »fleißige Mann« sei von seiner »exzentrischen Frau dauernd gereizt und provoziert« worden und habe mit der Tat »seiner erlittenen Demütigung Ausdruck geben wollen«. Denn er habe sich bis dahin »alles gefallen lassen, wie ein Pantoffelheld«. Die Einschätzung des psychologischen Gutachters: »Der Täter hat ein unglaublich niedriges Aggressionspotential.« Für seine Frau hat es gereicht …

Selbst die besonders brutale Zerstückelung der Leiche, normalerweise strafverschärfend, zählt in diesem Fall nicht, denn der Täter war mit dem Opfer verheiratet und hatte deshalb nach dem Tode seiner Frau juristisch quasi das Verfügungsrecht über ihren Körper. – Solche Urteile fällen deutsche Gerichte täglich.

Lebensgefährlich kann es für eine Frau auch sein, wenn sie sich trennen will, er aber nicht. Der »Totschlag im Affekt«, vor oder nach der Trennung, ist ein Klassiker. Lebensgefährlich aber scheint es ebenso zu sein, wenn sie sich nicht trennen will, siehe Kelly.

Dennoch: In den Monaten, in denen ich mich mit dem Fall Kelly/Bastian beschäftigte, stieg von Tag zu Tag mein Verständnis für die Verzweiflung Bastians und mein Befremden über das Verhalten Kellys. Ja, Kelly hat genervt. Aber – seit wann steht auf Nerven Todesstrafe? Und wie nett und bedauernswert war dieser General – der schon so oft getötet hatte und noch immer »gerne Soldat« war – eigentlich wirklich?

Die Geschichte dieser »tödlichen Liebe« ist besonders und exemplarisch zugleich. Sie zeigt, dass Petra Kelly und Gert Bastian nicht nur an ihrer Frauenrolle und Männerrolle, sondern vor allem auch an der Halbherzigkeit ihres Ausbruchs aus dieser Rolle gescheitert sind: an der Halbherzigkeit ihrer Emanzipation. Da hat eine Frau es nicht ausgehalten, stark zu sein und einen Mann zu dominieren, ohne sich permanent dafür zu entschuldigen und klein zu machen. Und da hat ein Mann es nicht ausgehalten, schwach zu sein und sich einer Frau unterzuordnen, ohne Aggressionen deswegen zu entwickeln – bis hin zum tödlichen Hass.

Einem anderen Menschen das Leben nehmen, das ist der höchste Akt der Aggression. Kann das aus Mitleid oder gar Liebe geschehen? Oder geschieht es nicht immer aus Verachtung und Hass? Ich meine, dass man überhaupt erst in der Lage ist zu töten, nachdem man sein Gegenüber degradiert, zum »anderen«, zum »Fremden« gemacht hat. Der Mensch schlägt, foltert und tötet nicht seinesgleichen, sondern nur den anderen, den Minderen. Auch Bastian hat als Soldat immer nur »den anderen«, »den Feind«, »den Untermenschen« getötet, nie die eigenen Kameraden.

Und später? Da hat er dasselbe getan. Er hat als Mann eine Frau getötet; also einen Menschen, der ihm trotz der Symbiose zutiefst fremd war. Eine Frau, für die er Feuer gefangen hatte wegen ihrer Stärke – und deren Schwäche und Auslieferung er verachten musste.

Auch die Fremdheit zwischen diesem einen Mann und dieser einen Frau war groß. Auch diese Frau griff zum Psychoterror (der Waffe der Schwächeren, der Sklaven) – und der Mann schlug zu, final. Ja, Gert Bastian hat Petra Kelly aus Rache und Hass getötet. Er hatte viele gute Gründe zum Hass, den er zwölf Jahre lang unterdrückte. Aus seiner Sicht muss es so ausgesehen haben, als hätte sie sein Leben ruiniert (auch wenn er jederzeit hätte gehen können). Auch die Tatsache, dass sie von Anfang an an sein Mitleid und seine Gnade appellierte – ihn immer wieder beschwor: »Ich kann ohne dich nicht mehr leben« –, muss ihn aggressiv gemacht haben. Eine Aggression, die er vermutlich noch nicht einmal sich selber eingestand – und die sich dann umso furchtbarer Bahn brach.

Ich kann ohne dich nicht mehr leben. Dieser Satz ist als Unterwerfungsgeste gedacht; doch wenn es dem Adressaten passt, kann er zur Aufforderung zum Töten werden. In der Tat bedeuten diese Worte nichts anderes als: Ich bin nichts ohne dich, ich begebe mich ganz in deine Hand. Genau das gilt als Gipfel »weiblicher« Liebe: die totale Selbstaufgabe und völlige Auslieferung.

Petra Kelly hatte es sich erlaubt, »männlich« und »weiblich« zugleich zu sein. Aber diese beiden Seiten kommunizierten in ihr nicht miteinander, ergaben kein Ganzes. Sie strebten eher auseinander und zerrissen sie. Kelly scheiterte auch an dem für sie unauflösbaren Widerspruch zwischen ihrer »männlichen« Existenz in der Welt und ihrer »weiblichen« Existenz im Privaten. Sie scheint, wie viele Frauen, die Tendenz gehabt zu haben, sich für ihre öffentliche Stärke durch private Unterwerfung zu entschuldigen. Was sie wiederum tyrannisch werden ließ.

Umgekehrt wäre es vermutlich nie zu diesem Drama gekommen. Eine das Geben gewohnte Frau Bastian wäre nicht depressiv geworden, sondern geschmeichelt und geehrt gewesen, einem so wichtigen Mann wie Kelly dienen zu dürfen. Ein das Nehmen gewohnter Herr Kelly hätte sich nicht durch demonstratives Leiden bis hin zur Hysterie für seine Stärke entschuldigen müssen und die Dienste einer Frau Bastian ohne zu zögern ganz selbstverständlich in Anspruch nehmen können.

Sie wollte von seinen Widersprüchen, seinem Konflikt und seiner Verzweiflung nichts wissen. Und er hat sie nie wirklich ernst genommen: Sie war für ihn immer nur das »Petralein« (und wollte das ja auch sein). Seine Bewunderung war letztendlich nur die Kehrseite seiner Verachtung. Er nahm sie hin wie eine Schicksalsfügung – aber nicht wie einen Menschen, mit dem man sich auseinander setzt, liebevoll oder auch kritisch. Die Fremdheit gipfelt darin, dass die frenetische Pazifistin duldete, dass der Mann an ihrer Seite schwer bewaffnet war und sein Leben lang ein »Waffennarr« blieb.

Petra Kelly ist ermordet worden, sie wollte nicht sterben. Aber – sie hat so getan, als wäre sie aus Liebe dazu bereit. Ich kann ohne dich nicht mehr leben. Diese sieben Worte hat sie teuer bezahlt.

Warum niemand in die tödliche Eskalation der Hassliebe zwischen den beiden eingegriffen hat? Weil wir den Alltagskrieg zwischen den Geschlechtern gewohnt sind.

Auszug aus dem Nachwort in »Eine tödliche Liebe. Petra Kelly und Gert Bastian« (Kiepenheuer & Witsch, 1993)

DIE GOTTESKRIEGER & DER SCHLEIER

■ ■ ■ Seit meiner Reise in den Iran 1979, zwei Wochen nach der Machtergreifung durch Ayatollah Khomeini, hat mich die Sache nicht mehr losgelassen. Hinzu kommen, aufgrund meiner Jahre in Paris, meine engen Kontakte zu Nordafrika, zu Algerien oder Ägypten. Anfang der 90er Jahre erreichten *EMMA* dann die ersten Hilferufe aus Afghanistan.

Doch wer verstehen wollte, konnte das schon lange vor dem 11. September 2001 tun: Die islamistischen Fundamentalisten haben von Anfang an keinen Hehl aus ihren Absichten gemacht, so wenig wie die Nationalsozialisten ein halbes Jahrhundert zuvor aus den ihren. Auch Hitler hatte in *Mein Kampf* bereits alles angekündigt, ganz wie Khomeini.

Dennoch war es über 20 Jahre lang völlig tabu in Deutschland, auch nur ein einziges kritisches Wort über diese neuen antisemitischen und sexistischen, ja generell menschenfeindlichen Kreuzzügler und ihre bärtigen und verschleierten AnhängerInnen zu sagen, die auch mitten in Deutschland agitieren. Tut man es doch, wurde und wird man des „Rassismus" bezichtigt – und wer will schon ein Rassist sein im Nach-Nazi-Deutschland?

Das Makabere ist nur, dass genau diese Islamisten die Nachfolger der Nazis, die Faschisten des 21. Jahrhunderts sind, aber diesmal wirklich im Weltmaßstab. Auf ihrer Fahne steht statt Blut & Boden nun Blut & Koran. Ihre Elite ist nicht die Volksgemeinschaft, sondern die Glaubensgemeinschaft. Und auch ihre Opfer sind als Erstes die eigenen Leute – und sodann der Rest der „ungläubigen Welt".

Auffallend gerade bei dieser Problematik ist die Kluft zwischen Medien und Menschen. Die Mehrheit der Medien ist gerade in Deutschland auch nach dem 11. September weiterhin um eine falsche Toleranz bemüht. Die Mehrheit der Menschen ist beunruhigt – aber wagt das nicht laut zu sagen, eingeschüchtert von hier den Pseudoliberalen und da den Gnadenlosradikalen. ■ ■ ■

IRAN: DIE BETROGENEN – 1979

Die jungen Männer strahlen. Guerilla-Look mit Blumen in den Gewehrläufen – so ziehen sie vorbei: Helden der Revolution, zu Tausenden auf dem Weg zum ersten großen Militäraufmarsch. Die alte Diktatur ist tot, die neuen Herren demonstrieren ihre Macht. Ganz ähnlich muss das ausgesehen haben in Portugal, in Kuba, in Algerien.

Sie waren meine erste Begegnung auf dem Weg vom Teheraner Flughafen zum Hotel. Als ich sie sah, musste ich daran denken, dass es noch vor wenigen Wochen Frauen waren, die bei Demonstrationen in den vordersten Reihen gingen. Tief verschleiert. So auch am 8. November 1978, dem berüchtigten »Schwarzen Freitag«, wo allein an diesem Tag 4.000 Schahgegner auf der Straße erschossen wurden, darunter 700 Frauen.

Damals stand in Springers *Welt* übrigens nicht: »Jetzt schießen sie auch auf Frauen.« Damals waren Menschenrechtsverstöße des prowestlichen Schahs, waren Folter und Benachteiligung kein Thema für weite Teile der westlichen Presse.

Nun machen die »armen iranischen Frauen« und ihr »verzweifelter Protest« plötzlich Furore in einer Presse, der einheimischer Frauenprotest sonst keine Zeile, geschweige denn eine Schlagzeile wert ist. Warum? Um uns zu zeigen, dass wir Frauen hier froh sein können, nicht verschleiert gehen zu müssen? Um ein Regime zu diskreditieren, unter dem die Menschen auch nicht frei sein werden, schon gar nicht die Frauen, das aber für viele bedeutend lebbarer sein wird als das vorhergehende?

Diese Frage und noch viel mehr stellten sich mir vor der Reise. Doch so schwer es schien, die Dinge aus der Ferne zu beurteilen, so sicher war es, dass hier etwas Unerhörtes passierte: Zum ersten Mal in der jüngeren Geschichte stellten Frauen noch in der Stunde null auch die Frage nach ihrem Schicksal! Zum ersten Mal in einem so dramatischen historischen Augenblick demonstrierten Frauen öffentlich: Wir sind nicht bereit, bei der Verteilung der gemeinsam erkämpften Freiheiten zurückzustehen! Und wir sind schon gar nicht bereit, zusätzliche Unfreiheiten hin zu nehmen!

Der Schleier wurde zum tragischen Symbol: Einst Zeichen des Kampfes gegen die Zwangsverwestlichung, ist er jetzt Zeichen einer neuen Unterwerfung. So kommt es, dass Frauen, die früher aus Protest gegen den Schah den Schleier trugen, jetzt aus Protest gegen den Schleier auf die Straße gingen.

Das sind Dinge, die wir in diesen drei Tagen begriffen haben. Wir: die 18 Frauen des zu diesem Anlass hastig in Paris gegründeten *Komitees zur Verteidigung der Rechte der Frauen*. Eingeladen von niemandem, gekommen aufgrund der Hilferufe einiger iranischer Frauen.

Schon am Flughafen empfing uns eine Gruppe erstaunter Auslandskorrespondenten. Bis zuletzt hatten sie nicht damit gerechnet, dass wir überhaupt ins Land gelassen würden. Schon gar nicht an diesem Morgen des 19. März, an dem am selben Ort und zur selben Stunde Kate Millett nach einer Abschiebehaft von 20 Stunden zwangsweise via Okzident geschickt worden war.

Bei ihrer Ankunft in Paris sprach die amerikanische Feministin, die – eingeladen von iranischen Feministinnen – zehn Tage lang streitbar am Frauenprotest, an meetings und Demonstrationen teilgenommen hatte, dann von der »schrecklichsten Erfahrung« ihres Lebens und vom »Polizeistaat« Iran (so zitiert vier Tage später in der internationalen Ausgabe des *Kayhan*, der größten Tageszeitung des Landes).

Harte Worte, die vielleicht auch dazu beitrugen, dass wir Frauen vom Komitee zwar zunächst reserviert, dann aber plötzlich auffallend zuvorkommend behandelt wurden – bis hin zum Empfang bei den politischen und religiösen Führern des Landes, bei Ajatollah Taleghani und Khomeini sowie dem Ministerpräsidenten Bazargan.

Was uns denn die Herren gesagt hätten, wurde ich nach meiner Rückkehr oft gefragt. Nun, das Übliche. Wobei es zwei Sorten von Patriarchen gibt im Iran: die Hemmungslosen, nämlich die Religiösen, die uns wie Taleghani auf die Frage nach den Rechten der Frau schlicht antworteten: »Das erste Recht der Frau ist das auf einen Ehemann, das zweite das auf die Mutterschaft«; und die Taktischen wie Ministerpräsident Bazargan, der grundsätzlich »selbstverständlich« für die Gleichberechtigung ist, konkret in allem ausweicht und sich ansonsten gern auf den »natürlichen Unterschied« beruft: »Mann und Frau sind komplementär.« Das klingt in Teheran nicht anders als in Bonn.

Das Bemerkenswerte an diesen Begegnungen waren wohl nicht die gewechselten Worte, sondern war die Tatsache, dass sie überhaupt stattfanden: dass Regierungschefs in bewegten Krisenzeiten 18 Ausländerinnen empfangen, die öffentlich im Ausland verkündet hatten, sie kämen aus Sorge um die Lage der Iranerinnen.

Eine Geste, die ohne Zweifel nicht nur der ausländischen Imagepflege, sondern auch der inländischen Beruhigung galt. Denn die neuen Herrscher waren ein wenig voreilig gewesen, hatten gar zu rasch Platz genommen im Herrensattel und den Frauen die Steigbügelhalter-Position zugewiesen.

Und sie, die iranischen Frauen selbst? Nur eine Minderheit ist beunruhigt, die Mehrheit vertraut den neuen Machthabern. Das wurde uns klar in diesen drei Tagen, in denen wir zahlreiche Frauen aus verschiedensten politischen Lagern trafen.

Da ist Kateh, die Feministin, die schon jetzt Angst hatte, in unser von Khomeini-Garden bewachtes Hotel zu kommen. Wir trafen sie und ihre Freundinnen versteckt, in wechselnden Wohnungen. Diese Frauen sind fast ausnahmslos vor wenigen Wochen oder Monaten aus dem Exil zurückgekommen, ihre Vorstellung von Emanzipation ist importiert. Und dennoch sind auch sie pro Khomeini (»Wir verehren ihn alle sehr für das, was er für den Iran getan hat«) und halten auch sie die Befreiung der Frau und den islamischen Glauben für vereinbar (»Im Koran steht nichts gegen Frauen«).

Da ist die europäisch gekleidete Studentin, der wir auf dem Universitätsgelände begegneten und die uns auf die Frage nach dem Schleier antwortet: »Na und? Wenn's den Frauen gefällt ... Was jetzt zählt ist die Revolution und sonst nichts.«

Da ist die persische Französischlehrerin, zufällig auf der Straße kennen gelernt, deren Mutter schon keinen Schleier mehr getragen hatte und die selbst den Schador nur bei Protestdemonstrationen gegen den Schah trug. Am 8. März war sie eine der Frauen, die spontan auf die Straße gingen: gegen den Schleierzwang und die neue Einschränkung von Frauenrechten. Nun aber sagt sie zögernd: »Das ist jetzt alles nicht mehr so wichtig. Wir müssen erst unser Land aufbauen.«

Da sind die kichernden jungen Mädchen auf der Straße, unter deren knöchellangem schwarzen Schador gerade noch die Jeans und die bunten Tennisschuhe vorblitzen. Daneben in der Zeitung die Meldung, die Ehefrauen der Minister Bazargans hätten erklärt, sie hätten den Schleier nie getragen und hätten auch in Zukunft nicht die Absicht, es zu tun.

Und da sind die tief verschleierten Frauen der gerade gegründeten Islamischen Frauenunion. Auch sie erkämpften den Umsturz, nicht selten mit der Waffe in der Hand. Auch sie hoffen auf volle Gleichberechtigung im politischen und beruflichen Leben (»Wir können uns sehr gut vorstellen, dass eine Frau eines Tages Ministerpräsident unseres Landes wird!«). Und dennoch halten sie, ganz nach der offiziellen Männerversion, die Frauenproteste des 8. März für Komplotte der Savak (Geheimdienst des Schahregimes) und der CIA.

Und sie alle – egal ob sie jetzt für oder gegen den Schleier kämpfen –, sie alle werden betrogen werden! Sie werden ein weiteres tragisches Exempel liefern dafür, dass Menschen, die nicht für ihre eigenen Rechte kämpfen, vergessen werden. Doch wenn sie es merken, wird es zu spät sein. Denn sie haben sich ihren Protest zu gutgläubig wieder ausreden lassen. Und sie haben keine eigene Organisation, ihre Ohnmacht zeigt sich schon jetzt.

Bereits Wochen vor dem endgültigen Sturz des Schahs stellten Perserinnen öffentlich die Frage: Was wird danach mit uns Frauen? Die Antwort ließ nicht lange auf sich warten. Vor dem Machtwechsel noch um diplomatische Formulierungen bemüht, verloren die Ajatollahs danach keine Zeit mehr. Ajatollah Schiriat Madari, als »liberal« bekannt, führte den ersten Schlag: Im *Kayhan* erklärte er, in einer islamischen Republik könnten Frauen nicht mehr Richter sein, denn sie seien bekannterweise zu emotional.

24 Stunden später widersprachen zehn Richterinnen in derselben Zeitung energisch. Und wenige Tage danach veröffentlichte die winzige Teheraner Feministinnengruppe, die maximal einige Dutzend Aktivistinnen zählt, eine Anzeige im *Kayhan.* Zum »internationalen Tag der Frau« suchte das frisch gegründete *Komitee zur Organisation des 8. März* Mitstreiterinnen. Kateh: »Wir dachten, das könnte ein Anfang sein.«

Reaktion: zirka 40 Briefe, 300 Frauen beim ersten Treffen am 24. Februar und – die ersten Schwierigkeiten. Für eine zweite Versammlung bekamen die Frauen schon keinen Raum mehr. Argument: »Der Koran verbiete den 8. März.«

Und schon erfolgte der bisher spektakulärste Angriff auf die Frauen. Aus der »heiligen Stadt« Chom verkündete Khomeini erneut den Schleierzwang, die Aufhebung der Koedukation und die Annullierung des Familiengesetzes, das unter dem Schah zumindest theoretisch die Scheidung möglich gemacht, die Vermögensverhältnisse zwischen den Geschlechtern einigermaßen gerecht geregelt und dem Mann statt vier »nur noch« zwei Frauen zugestanden hatte.

Von diesem Tag an sprachen die Ansagerinnen im Fernsehen die Nachrichten verschleiert ...

Zur Explosion fehlte nur noch ein Funke. Der flog am Morgen des 8. März. Ausgerechnet. Tausenden von weiblichen Bankangestellten wurde an diesem Tag der Zugang zu ihren Arbeitsstellen verweigert: »Geht erst mal nach Hause und zieht euch anständig an, statt so nackt herumzulaufen.« Nackt meint: ohne Schleier. Manche Frauen wurden auch tätlich angegriffen. Eiferer schnitten ihnen die Haare ab.

Schon einige Stunden später zogen 20.000 bis 30.000 Frauen durch die Straßen Teherans. Sie skandierten: »Wir sind Iranerinnen und lassen uns nicht länger an die Kette legen!« und »Ohne die Frauenbefreiung ist die Revolution sinnlos gewesen!« und »Wir haben nicht gegen die alte Diktatur gekämpft, um uns einer neuen Diktatur zu beugen!«.

Die Khomeini-Garden schossen. Allerdings nicht auf die Frauen, wie in der Presse fälschlicherweise behauptet wurde, sondern in die Luft und zum Schutz der Frauen, die von einzelnen Männern angegriffen, geschlagen und an den Haaren gezerrt wurden. Die Antwort: »Wir haben keine Angst!«

Dieser erste Protest war noch ganz euphorisch: heiter in der Sicherheit, dass sie, die alten Kampfgefährtinnen, Gehör finden würden.

Am nächsten Morgen, Freitag, Sit-in im Universitätsgelände. Trotz Regen trägt keine Frau ein Kopftuch. Am Samstag 50.000 Frauen bei der Demonstration. Viele rauchen, auch Nichtraucherinnen. Protest gegen Ajatollah Khomeinis Ermahnung: »Eine iranische Frau raucht nicht auf der Straße« (vertraute Töne in deutschen Ohren ...).

Am Montag, dem 12. März, hat der Frauenprotest bereits die Provinzstädte erreicht, bis hin in den Kurdistan. Und siehe da, dieselben Männer, deren Differenzen sich in Ermangelung des gemeinsamen Außenfeindes in den ersten Wochen nach der neuen Machtverteilung rasch gezeigt hatten, sie alle, vom Mullah (islamischer Priester) bis zum Fedayin (nichtreligiöse Revolutionäre), waren sich plötzlich einig: »Der Frauenprotest muss aufhören! Er schadet der islamischen Revolution und nutzt nur der Savak und dem CIA.« (Auch das vertraute Töne in den Ohren derer, die unbequem und konsequent sind in den Stunden der Veränderung: egal, ob es sich bei der russischen Revolution um die Matrosen von Kronstadt oder beim iranischen Umsturz um die Frauen in Teheran handelt.)

Doch: eine Männergesellschaft, ein Wort. Und die Frauen? Sie gehorchten. Wieder einmal. Sie, die Kampfgewohnten, waren überzeugt oder eingeschüchtert. Einige auch verzweifelt. So wie die Schülerin, die sich am Morgen des 13. März die Pulsadern aufschnitt. Oder die geschiedene Sekretärin, die auf dem Rückflug neben mir saß und mir über Athen anvertraute: »Ich bin auf der Flucht. Ich gehe nicht zurück. Ich habe Angst.«

Nur eine verschwindende Minderheit, ein paar Tausend Frauen vielleicht, begreift die Hoffnungslosigkeit der Lage. Sie lassen sich auch von der taktischen Abwiegelung der vom heftigen Protest überraschten Ajatollahs keinen Sand in die Augen streuen: Nicht der Schleier sei Zwang, sondern nur »die züchtige Kleidung« – was immer das sein mag.

Hunderttausende sind, wie die Französischlehrerin, halb optimistisch, halb resigniert. Die weite Mehrheit der Perserinnen aber ist tief im islamischen Glauben verwurzelt und hat volles Vertrauen zu den neuen Herren. Noch.

Sie werden repräsentiert von der Islamischen Frauenunion, mit deren Vertreterinnen wir uns einen Vormittag lang unterhielten. In diesem Kreis gehört den Traditionellen das Wort. Wortführerin ist die schador-gewandete Azam Taleghani, Tochter des Ajatollah und Heldin des bewaffneten Widerstandes. Zahrah Hejazi, Tochter Bazargans, die im Gegensatz zu den meisten Iranerinnen in dieser Runde europäisch gekleidet ist und das bunte Kopftuch sichtbar improvisiert umgeschlungen hat, ist auffallend zurückhaltend und ergreift das Wort nur zum Übersetzen.

Fast alle diese Frauen sind übrigens berufstätig, sind Ärztinnen, Lehrerinnen, Chemikerinnen. Auch das wurde deutlich: Bei der Frauenfrage teilen sich die Lager im Iran weniger nach Gebildeten und Analphabeten oder nach Stadt und Land, sondern eher nach westlich Infizierten und im Orientalischen Verhafteten.

In so vielem haben sie mir imponiert, diese Frauen der Union, so wie sie vor mir saßen mit ihren würdigen und starken Gesichtern. Sie glauben an die Verwirklichung einer klassenfreien Gesellschaft im Iran, an das Ende von Unterdrückung und Ausbeutung. Sie glauben an ihre maßgebliche gesellschaftliche Beteiligung auch in der Zukunft.

Tahez Labaf, Ärztin und Mutter zweier Kinder, beruft sich bei ihrer Definition von der Freiheit des Menschen allein dreimal auf Jean-Paul Sartre. Gleichzeitig aber verteidigt sie ungebrochen das Recht des Mannes auf Polygamie (zum Teil mit fast rührenden Rechenexempeln, Stil: Wenn nach einem Krieg weniger Männer … Oder: Kinder müssen dann nicht mehr ins Waisenhaus. Oder: Alternde Frauen sind nicht so einsam …).

Tahez ist es auch, die uns freundlich die Exekution der ersten Homosexuellen bestätigt. »Homosexualität verstößt gegen den Islam, weil sie gegen die Gesellschaft gerichtet ist: Sie ist nur Begierde und nicht Ausdruck eines Kinderwunsches.«

Diese Frauen, die nicht selten in den Kerkern des Schahs gefoltert wurden, erläutern uns detailliert, wie in Zukunft »beim einmaligen

Vorkommen« von Homosexualität die Prügelstrafe angewandt wird, und »wenn es zur Gewohnheit wird«, die Todesstrafe. Bei Männern und Frauen. Ganz gleichberechtigt.

»Die Unterdrückung des Schah kam für uns Iraner von außen und war so offensichtlich und gewalttätig, dass man sich dagegen wehren konnte. Die religiöse Unterdrückung kommt vom Volke selbst und wird von der Mehrheit der Iraner selbst blindwütig gutgeheißen, denn sie fanden nur diese Form der Auflehnung gegen die Schreckenstyrannei.« Das schrieb die Iranerin Anoucha Hodes in der April-*EMMA* 1979. Wie Recht sie hat.

Sie glauben sich so fest auf der Seite der Gerechten, dass sie Unrecht noch nicht einmal mehr erkennen. Und sie haben vom Westen nie Alternativen geboten bekommen. Die scheinbare Liberalisierung unter dem Schah-Regime war nicht mehr als eine Fratze. Wenn der Schah-Vater den Frauen einst durch Soldaten gewaltsam den Schador vom Körper reißen ließ, so ist das nicht besser als Khomeinis neues Diktat.

Wie überhaupt die Arroganz der Christen, die alles Islamische schlicht als »mittelalterlich« abtun wollen, schwer erträglich ist. Denn es ist nicht alles schlecht, was islamisch ist. So einfach ist das nicht.

Farideh Ahmadian von der Frauenunion erzählt mir von ihren Erfahrungen in Frankreich, wo sie zusammen mit ihrem Mann vier Jahre lang gelebt hat. Die tief gläubige 26-Jährige hat auch dort ihren Schador nicht abgelegt. Zum Hohn und Spott ihrer Umwelt. »In der Mensa haben sie mir sogar einmal Joghurt auf den Kopf gegossen und an meinem Schleier gerissen.«

Warum Farideh so daran festhält? »Weil Allah es so will« – eine Antwort, der wir an irgendeinem Punkt der Gespräche immer wieder und überall begegneten ... Und Farideh weiter: »Weil ich kein sexuelles Objekt sein will! Ich möchte von den Männern respektiert werden!«

Bei Farideh bin ich am nächsten Tag, dem islamischen Neujahrstag, zum Mittagessen eingeladen. Ihr Mann, ein Physiker, ist auf Dienstreise. Sie ist Hausfrau und Mutter zweier Kinder. Ihr einstöckiges lichtes Haus liegt im privilegierten Norden der Stadt. Sie muss nicht, wie so viele in diesem vom Schah erbarmungslos ausgebeuteten Land, zu acht, zwölf Personen in einem 20-Quadratmeter-Raum hausen.

Farideh ist sehr heiter an diesem Tag. »Das ist unser erstes islamisches Neujahrsfest! Vor einem Jahr sprach zu dieser Stunde noch der Schah, und mein Bruder war im Gefängnis ...« Farideh war eine der Frauen, die am Schwarzen Freitag in der ersten Reihe gingen – im Arm ihre kleine Tochter, und unter dem Schador ein Küchenmesser.

Farideh sagt: »Mein Haus ist ein Paradies« und – ich glaube es ihr. Sie glaubt so tief und ist so unberührt von Zweifeln, dass sie wahrscheinlich dieses ihr Leben in Hingabe und Demut und dennoch auf ihre Weise glücklich verbringen wird. Oder wird sie zu denen gehören, die eines Tages aufwachen, erkennen werden, dass sie betrogen wurden? Und die sich dann auf ihre alte Kampftradition besinnen?

Farideh glaubt an das Recht von Frauen auf Berufstätigkeit und würde doch nie darauf drängen. Sie sieht auch nicht die ökonomischen Interessen des Irans, der schon jetzt drei Millionen Arbeitslose hat und schon darum versuchen wird, die Frauen ins Haus zu drängen.

Und wer soll das verhindern? Das Sagen haben in diesem Land heute weder die Frauen noch die Arbeiter, noch die Intellektuellen. Das Sagen haben die Baazaris – die kleinen Kaufleute – und die Religiösen. Mullahs besetzen alle strategischen Posten, Mullahs sind auch Vorsitzende der neu gegründeten Arbeiterzellen, in denen übrigens ausschließlich Männer sind, versteht sich. Obwohl es heute zwei Millionen Arbeiterinnen im Iran gibt.

Ich verbringe trotz alledem heitere Stunden mit Farideh. In vielem kann ich sie so gut verstehen, in anderem ist sie entwaffnend: Was soll ich entgegnen auf das Argument »Allah will es so«?

An der Tür sagt sie mir zum Abschied dreimal »Allah ist groß« – Allah o Akbar. Und ich weiß, dass auch sie von Allahs Jüngern betrogen werden wird. Denn Farideh und ihre Schwestern waren gut genug, um für die Freiheit zu sterben. Sie werden nicht gut genug sein, in Freiheit zu leben.

Veröffentlicht im April 1979 in *EMMA* (5/1979)

ZUM BEISPIEL ALGERIEN – 1990

Die Lage der Algerierinnen ist ernst – und kann nur noch ernster werden. Denn nach den sozialistischen Helden drängen jetzt die islamistischen Helden an die Macht – wobei es sich nicht selten um ein und dieselben Personen handelt.

Das, was Jahrzehnte sozialistischer Einheitspartei nicht ganz geschafft haben, werden wenige Jahre fundamentalistischen Eiferns jetzt wohl vollenden. Bei den ersten freien Wahlen, zumindest frei für Männer, erhielt die FIS (Islamische Heilsfront) im Herbst vergangenen Jahres auf kommunaler Ebene auf einen Schlag 53 %. Nach dem Angriff der USA auf den Irak kann das bei den in Kürze bevorstehenden Parlamentswahlen nur noch mehr werden. Denn eine gewaltige Mehrheit des algerischen Volks steht – wie fast alle Araber und Moslems – hinter Saddam Hussein. Allen voran die FIS, die zum Krieg gegen die »Ungläubigen« aufruft.

Zum Beispiel Algerien. Wer in den letzten zehn, zwanzig Jahren mit Araberinnen oder anderen Frauen aus Befreiungsbewegungen oder linken Parteien in der Dritten Welt gesprochen hat, bekam wieder und wieder diesen einen Satz zu hören: Wir wollen nicht, dass es uns ergeht wie den Algerierinnen! Und wie ist es den Algerierinnen ergangen? Sie sind verraten worden, von allen. Von den Linken wie den Konservativen, von den Ungläubigen wie den Gläubigen, von den Männern – wie von manchen Frauen.

Dabei hatte alles so hoffnungsvoll angefangen. Im Befreiungskrieg (1954–1962) kämpften die Frauen an der Seite der Männer gegen die französischen Kolonialherren. Sie wurden wie sie getötet und gefoltert – und vergewaltigt noch dazu. Diese »Heldinnen des Widerstandes« hätten sich damals nicht träumen lassen, dass man ihren gebildeten und bewussten Töchtern eines Tages in den Straßen von Algier ins Gesicht spucken würde, nur weil sie keinen Schleier tragen. Schon gar nicht ahnten sie, dass ihre Enkelinnen, die jungen Mädchen von heute, sich hinter dem Schleier verstecken lassen würden.

Denn vor allem die ganz Jungen scheinen den religiösen Fanatikern zu glauben, da sie unter der Militärherrschaft der rigiden sozialistischen Einheitspartei (FLN) nicht zum kritischen Denken erzogen wurden. In diese Lücke konnte die systematische Gehirnwäsche der Fundamentalisten dank dem mit den Petrodollars von Saudi-Arabien unterwanderten Bildungs- und Sozialsystem stoßen. 80 % aller LehrerInnen sollen AnhängerInnen der FIS sein.

Die neuen Verführer setzen auf die Jugend, und die ist in der Mehrheit: Zwei von drei AlgerierInnen sind heute unter 25, jedeR zweite sogar unter 15. Von den Frauen dieser Generation sind nur 3,5 % berufstätig, 57 % sind Analphabetinnen. Bei den Männern sind 75 % arbeitslos oder unterbeschäftigt, vor allem die jungen. Sie sind es, die scharenweise die Reihen der FIS verstärken.

Bereits im vergangenen Jahr wurden die inoffiziellen FIS-AnhängerInnen auf drei Millionen geschätzt (bei einer Gesamtbevölkerung von 25 Millionen), 570.000 sind eingeschriebene Mitglieder. Eine Zahl, die seit Beginn des Golfkrieges sprunghaft in die Höhe gegangen sein muss. Denn die fundamentalistischen Moslembrüder sind jetzt in allen arabischen Ländern die Anführer des Widerstandes gegen die »Ungläubigen«, sind die Helden des »heiligen Krieges«.

Zum Beispiel Algerien. Im algerischen Befreiungskrieg brachten die Franzosen von zehn Millionen AlgerierInnen eine Million um. Also jeden zehnten Menschen. Die vergewaltigten und gefolterten Überlebenden nicht mitgezählt. Was war vorher? Vor der Kolonialisierung dieses Teils von Nordafrika durch die Franzosen (1830) existierte kein Land Algerien. Algerien ist ein Kunstprodukt der Kolonialherren (genau wie Kuwait und Irak). Das frühere Osmanische Reich ging von Konstantinopel bis Tunis. Und westlich von Tunis, also im heutigen Algerien, lebten am Meer und in der Wüste die Araber und in den Bergen die Berber, Algier war ein Piratennest.

In 132 Jahren Kolonialherrschaft degradierten die Franzosen die Einheimischen zu Sklaven. Sie erlaubten nur der mit ihnen kollaborierenden Ober- und Mittelschicht den geraden Gang. Als die Franzosen 1962 endlich gingen, ließen sie ein zerstörtes Land zurück. Und zerstörte Seelen.

Nun hoben die Algerier den Kopf und fragten sich: Wer sind wir? Auf diese Frage erhielten sie eine rasche Antwort. Nach fast anderthalb Jahrhunderten unter den glänzenden Stiefeln der französischen Herren und ihrer einheimischen Kollaborateure gerieten sie jetzt für Jahrzehnte unter die Kommissstiefel der FLN (Nationale Befreiungsfront), im Widerstand Sammelbecken der Résistance, einmal an der Macht ein pseudo-sozialistisches Militärregime.

Die feudalen Kolonialherren hatten den AlgerierInnen eine Weltsicht aufgezwungen, in der sie Untermenschen waren. Die sozialistischen Befreier aus den eigenen Reihen proklamierten eine bürokratische Heilslehre, in der sie funktionierende Rädchen für eine realitätsferne Utopie zu sein hatten. Und die importierte Industrialisierung verschärfte die Verelendung des einstigen Agrarlandes.

Jetzt verspricht die fundamentalistische FIS diesen immer wieder betrogenen Algeriern »die Wahrheit«: zurück zu den Wurzeln – doch zu welchen?; zurück zum wahren Islam – doch zu welchem?; zurück zur wahren arabischen Identität – doch zu welcher?

Zum Beispiel Algerien. Ben Bella, der erste Präsident des autonomen Algeriens (gegen den Oberst Boumedienne 1965 erfolgreich puschte), galt als Freund der Frauenemanzipation. Als er am 15.9. 1963 an die Regierung kam, gingen zu seiner Unterstützung Tausende von Frauen mit auf die Straße. Viele von ihnen überlebten diese selbstbewusste Demonstration ihres neuen Bürgerinnenbewusstseins nicht: Als sie nach Hause zurückkehrten, wurden sie von ihren eigenen Männern, Vätern, Brüdern eingesperrt, geschlagen, in den Tod getrieben.

Schon wenige Jahre nach der Revolution erfuhr die Welt, dass Mädchen – vor allem auf dem Land – im sozialistischen Algerien von ihren Brüdern und Vätern daran gehindert wurden, zur Schule zugehen. Die Frauen fielen zurück in alte Abhängigkeiten. Sie zerfielen dabei, en gros, in drei Blöcke: Den ersten Block bilden die Proletarierinnen auf dem Land und in der Stadt, die vor Arbeit eh kaum den Kopf heben können. Den zweiten Block, der sich zum Teil mit dem ersten überschneidet, bilden die traditionellen Frauen, die weder vor noch nach der Befreiung den Schleier je ablegten und ihre Rolle als unterwürfige Dienerinnen nicht infrage stellen. Den dritten Block bilden die Emanzipierten, geprägt von westlichen Idealen, aber auch bewusste Araberinnen. Sie sind es, auf die es die FIS-Brüder heute abgesehen haben: die Lehrerin, Journalistin und Ärztin, die Bankerin, Künstlerin oder Taxifahrerin. Sie gehören entweder noch zur alten Generation der Moudjahidates, der »Heldinnen des Widerstandes«, oder sie sind die Töchter des Widerstandes. Sie waren und sind oft Sozialistinnen und/oder Feministinnen. Und sie sind manchmal auch gläubige Musliminnen.

Diese Emanzipierten sind es, die über Jahre versucht haben, das neue Familienrecht zu verhindern, das ein Frauenunrecht ist und flagrant gegen die algerische Verfassung verstößt, in der die Gleichberechtigung von Frau und Mann verankert ist. Doch trotz des jahrelangen massiven und öffentlichen Widerstandes der Frauen (und einer Minderheit männlicher Weggefährten) verabschiedete die Boumedienne-Regierung 1984 das neue Familienrecht.

Schon 1966 hatte das sozialistische Regime die ersten Anläufe gemacht, den »code familial« zu ändern. Es scheiterte am Widerstand der Frauen, die jahrelang immer wieder gegen dieses geplante Gesetz auf die Straße gingen. Allen voran die Moudjahidates, die alten Heldinnen. Dieser Widerstand scheint gebrochen zu sein.

Dieses seit sieben Jahren geltende algerische Familienrecht besagt unter anderem: Polygamie ist erlaubt; jeder Mann kann bis zu vier Frauen heiraten. Bei Scheidung hat die Frau mit ihren Kindern die gemeinsame Wohnung zu verlassen. Seither hat sich die Scheidungsrate verdoppelt: Einfach immer neu heiraten ist billiger als mehrere Frauen auf einmal haben. Vor allem aber: Eine Algerierin bleibt ihr Leben lang unmündig. Sie hat immer einen männlichen Vormund: den Vater, den Ehemann oder den nächsten männlichen Verwandten. Lässt sie sich scheiden, fällt sie automatisch unter die Vormundschaft des Vaters zurück. Und ohne Erlaubnis des Vormunds darf sie, zum Beispiel, weder berufstätig sein noch Verträge schließen und nicht das Land verlassen.

Das gerade vom Parlament verabschiedete neue Wahlgesetz setzt dem die Krone auf. Das Gesetz legalisiert jetzt in aller Form, was schon lange üblich war: nämlich, dass jeder wählende Mann stellvertretend für bis zu fünf weitere Familienmitglieder die Kreuzchen in der Wahlkabine machen darf. Frauen, die trotzdem selbst wählen wollen, werden von ihren Männern nicht selten dabei überwacht oder aber von fanatischen Moslems einfach am Wählen gehindert. Kein Wunder also, dass die FIS bei den letzten Wahlen 53 % Ja-Stimmen erhielt.

Zum Beispiel Algerien. Die sozialistischen Machos hatten also schon reichlich vorgearbeitet, die »Bärtigen« (wie die FIS genannt wird) säen ihren Frauenhass auf fruchtbaren Boden. Wer soll da jetzt noch Einhalt gebieten, wenn berufstätige Frauen von ihren Stellen weggeekelt oder einfach entlassen werden, weil sie nicht verschleiert sind? Wer, wenn Frauen verboten wird, nach 18 Uhr auf die Straße zu gehen? Wer, wenn einer Journalistin auf Reportagereise im Hotel das Zimmer verweigert wird, weil jede allein reisende Frau eine »Nutte« ist.

Unfassbar aber wahr: Drei Jahrzehnte nach der Befreiung sind die Algerierinnen unfreier, als sie es unter der Kolonialherrschaft waren. Der letzte Stoß wird nun die so genannte Arabisierung den Algerierinnen versetzen. Dieses Gesetz zur Abschaffung der französischen und Einführung der arabischen Sprache bis 1992 wurde Ende letzten Jahres verabschiedet. Auch die Protestdemonstration von einer halben Million Menschen in Algier konnte das nicht mehr verhindern.

Was bedeutet diese sprachliche Gleichschaltung? Nur »die Abschaffung der Sprache der Kolonialherren«, wie einige Kommentatoren hierzulande lässig anmerkten? Schön wär's. Die Arabisierung ist die Ausschaltung fast aller Intellektuellen und gebildeten StädterInnen über 30 (und übrigens auch der 20 bis 30 % BerberInnen, deren Muttersprache Berberisch ist).

Die neuen Herren, Pseudo-Sozialisten und/oder Real-Fundamentalisten, bauen offen auf die noch formbare – oder schon verformte – Jugend. Gebildete sollen mundtot gemacht werden. Denn die von den Kolonialherren einst importierte französische Kultur ist in diesem Land ohne Wurzeln natürlich trotz alledem ein realer Bestandteil der existierenden Kultur. Sie ist nicht per Dekret auszulöschen. Über Jahrzehnte gab es Unterricht und Bildung nur auf Französisch, die Studierenden gingen ebenso selbstverständlich auf die Universität von Algier wie auf die von Paris. Die Muttersprache der Mehrheit der Gebildeten ist auch heute noch Französisch; Arabisch sprechen sie schlecht oder gar nicht. Und die Frauen werden durch die Zwangsarabisierung noch stärker von den emanzipatorischen Impulsen und der Solidarität aus dem Westen abgeschnitten: Wie sollen wir dann noch miteinander reden?

Schon jetzt wird an den Schulen und Universitäten (bis auf wenige Spezialfächer) nur noch auf Arabisch unterrichtet, neue Zeitungen dürfen nicht mehr auf Französisch erscheinen, Arabisch ist Amtssprache und nicht arabischsprachige Verträge sind ungültig. Schreibmaschinen und Computer dürfen nur noch mit arabischen Schriftzeichen eingeführt werden. Das heißt: Algerien baut mit der Arabisierung eine kulturelle Mauer gegen den Westen und gegen die westliche Kultur.

Für bewusste Algerierinnen gibt es schon heute nur noch zwei Möglichkeiten – Unterwerfung oder Exil.

Veröffentlicht im März 1991 im *EMMA*-Sonderband Krieg

PS: Im Dezember 1991 gewann, wie befürchtet, die islamische FIS die Mehrheit im ersten Wahlgang (die Algerier haben das französische System mit zwei Wahlgängen). Im Januar 1992 verbot die sozialistische Militärregierung die FIS und erklärte den Notstand. Die Islamisten griffen zu den Waffen und stürzten das Land in einen Bürgerkrieg. Hunderttausende von Toten waren in den zehn Jahren darauf die Folge, darunter Tausende in die Berge entführte »Revolutionsbräute«, die vergewaltigt und, wenn schwanger, geschächtet werden. Das alles zehn Jahre lang unbeachtet vom Westen und begrüßt als »Volksaufstand« von weiten Teilen der westlichen Linken. Deutschland ist seit Jahren die »Drehscheibe islamischer Terroristen« und Tummelplatz algerischer Islamisten, die Asyl als »politische Verfolgte« haben. Darunter nicht nur die Mitglieder der FIS-Partei, sondern auch die Mörder aus den Bergen: Insgesamt 30.000 deklarierte aktive Islamisten leben laut Verfassungsschutz heute in Deutschland.

DIE FALSCHE TOLERANZ – 2002

Man hätte es wissen können, aber man wollte es nicht wissen. Vor allem in Deutschland nicht. Jetzt, nach einem Vierteljahrhundert ungehinderter islamistischer Agitation – gefördert nicht nur von den Gottesstaaten, sondern auch von so mancher westlichen Demokratie – lässt es sich nicht länger leugnen: Diese islamistischen Kreuzzügler sind die Faschisten des 21. Jahrhunderts – doch sind sie vermutlich gefährlicher als sie, weil längst global organisiert.

Allein aus den seit Jahren bekannten Trainingslagern von al-Qaida strömten in den vergangenen Jahren mindestens 70.000 Gotteskrieger aus 50 Nationen in die ganze Welt; etliche Staaten sind ganz in der Hand der Fundamentalisten, wie der Iran; einige halb, wie Pakistan; und so manche zittern unter ihrer Faust, wie Algerien. Jetzt geht auch im Westen die Angst um. Denn über das »Einfallstor Balkan« sind die in Bosnien, Albanien und dem Kosovo wütenden islamistischen Söldner in das Herz von Europa gedrungen, mit der Unterstützung des Westens. Die selbst ernannten Gotteskrieger haben Italien zu ihrer »logistischen Basis«, England zu ihrer »propagandistischen Zentrale« und Deutschland zu ihrer »europäischen Drehscheibe« gemacht. Längst haben die pseudoreligiösen Terroristen mafiöse Strukturen, schaufeln sie ihre Dollars mit Drogen- und Frauenhandel.

Ist es noch fünf vor zwölf – oder schon später? Sind die Kreuzzügler auf dem Weg zur islamistischen Weltherrschaft noch zu stoppen – und ist die aufgeklärte Welt überhaupt noch zu retten? Optimisten weisen darauf hin, dass der Unmut der Bevölkerung in den real existierenden Gottesstaaten wachse und die Terroristen unter den Muslimen im Westen in der Minderheit seien. Was stimmt. Nur will das nicht viel besagen. Denn wo die Schriftgläubigen die Macht haben, herrscht echter Terror; und wo sie agitieren, dümpelt falsche

Toleranz. Verschärfend hinzu kommt, dass so mancher Mächtige auch im Westen geglaubt hat, mit dem Geist in der Flasche spielen, ihn für eigene Interessen benutzen zu können – gegen Kommunisten oder für Pipelines –, doch ist dieser Geist schon längst der Flasche entkommen.

Die Parallelen zu 1933 drängen sich auf. Und auch damals handelte es sich um (zunächst) reine Männerbünde, waren von 42.000 NSDAP-Mitgliedern 1933 93 Prozent männlich, die Mehrheit im Alter von 27 bis 29 Jahren. Auch damals handelte es sich (zunächst) um eine Minderheit, die von einer gleichgültigen oder sympathisierenden Mehrheit toleriert wurden. Auch damals waren (zunächst) die Juden im Visier – und die Frauen. Und nicht zufällig war eine der ersten Maßnahmen sowohl in Hitlers wie auch in Khomeinis Regime das Berufsverbot für weibliche Juristen. In beiden Fällen treibt die Männerbünde ein explosives Gemisch aus Nationalismus und Sozialismus, aus Rassismus und Mystik.

Drei Fragen stellen sich nun seit dem 11. September endlich auch im Westen mit Dringlichkeit: 1. Ist der Geist wieder in die Flasche zurückzutreiben? 2. Wie konnte es überhaupt so weit kommen? 3. Was sind die wahren Ursachen? Genau diese Fragen bewegen mich seit über 20 Jahren. Genau gesagt: seit meiner Reise im März 1979 in den Iran.

Doch all das wurde im Westen über Jahrzehnte ignoriert. Das Drama der entrechteten Frauen im Iran der 80er – ausgeblendet im Namen der »revolutionären Volksbewegung«. Das Leid der von den islamistischen Söldnern in blutige Bürgerkriege gestürzten Länder, wie Algerien oder Tschetschenien – geleugnet im Namen der »gerechten Sache der Entrechteten«. Die Warnung vor einer Unterwanderung Deutschlands und der internationalen Vernetzung der Islamisten in den 90ern – abgetan als Hirngespinste.

EMMA, in all den Jahren eine der raren Stimmen im deutschsprachigen Raum, die kontinuierlich über die Gefahr des islamischen Fundamentalismus berichteten, bezahlte 1994 dafür sogar mit der einzigen physischen Attacke ihrer Geschichte: Maskierte Frauen stürmten die Redaktionsräume, zerstörten die Computer und hinterließen einen Haufen realen Mistes. Dazu Flugblätter, die den »Rassismus von *EMMA*« anklagten und sich auf ein im Juli 1993 veröffentlichtes Dossier über die steigende Macht der Islamisten »mitten in Deutschland« beriefen. Das Ganze war feministisch signiert, aber trug, laut der erstaunten Polizei, »die Handschrift der PKK«. Ich staunte weniger, denn mir waren die Verwicklungen zwischen »Befreiungsbewegungen« wie der kurdischen PKK oder der palästinensischen Hamas einerseits und revolutionsschwärmerischer deutscher Linker beider Geschlechter andererseits schon länger klar ...

Nach solchen Erfahrungen haben mich auch die Reaktionen beim Friedenspreis des deutschen Buchhandels im Herbst 1995 an die Orientalistin Annemarie Schimmel nicht mehr wirklich überrascht. Da antworteten mir Professoren und Schriftsteller bei meiner Suche nach Verbündeten: *Ich bin ganz Ihrer Meinung, aber bitte haben Sie Verständnis, dass ich nicht unterzeichne – ich habe Angst.* So weit war es also schon, dass selbst Nicht-Muslime mitten in Deutschland Angst hatten, die Islamisten öffentlich zu kritisieren. Ein Professor erzählte mir gar von Morddrohungen nach einem kritischen Seminar über die Muslimbrüder.

Mit eben diesen ägyptischen Muslimbrüdern, die Ende der 20er Jahre entstanden und heute als ideologischen Ursprung des internationalen islamischen Terrors gelten, sympathisierte die Friedenspreisträgerin Schimmel ganz unverhohlen, ebenso mit dem Gottesstaat Iran. Und nicht zufällig ist im fundamentalistisch unterwanderten Pakistan gleich eine ganze Allee nach der deutschen Professorin benannt: die Annemarie-Schimmel-Allee in Lahore – über die die verschleierten Frauen wohl nur noch in männlicher Begleitung huschen dürfen.

Dennoch: Hätte es den damals von *EMMA* initiierten Intellektuellen-Protest gegen diesen Preis nicht gegeben – niemand hätte auch nur darüber nachgedacht, wie fragwürdig es ist, ausgerechnet eine Freundin der islamischen Kreuzzügler und der iranischen Ajatollahs zur Friedenspreisträgerin zu machen – und damit auf den Fundi-Trick hereinzufallen, eine Sympathisantin auf den Posten der (pseudo)neutral-wissenschaftlichen »Botschafterin« im strategisch nicht unwichtigen Deutschland hieven zu wollen. Nur dank des aufklärenden Protestes wurde dieser Friedenspreis wohl schon bei seiner

Verleihung auch von den Verleihern selbst als unpassend empfunden – doch bis heute wurde nicht analysiert, wie es eigentlich dazu kommen konnte und wer dahinter steckte. Warum zum Beispiel hat bei der durchaus auch innerhalb der Jury stark umstrittenen Entscheidung ausgerechnet das Jury-Mitglied Prof. Wolfgang Frühwald, ein bekennender christlicher Fundamentalist, eine so entscheidende Rolle gespielt?

Auf der internationalen Ebene probten die christlichen und die islamischen Fundamentalisten bereits 1985 den Schulterschluss: erstmals bei der 3. Weltfrauenkonferenz in Nairobi, im Visier die Emanzipation der Frauen. Zehn Jahre später gingen sie dann auf der Weltfrauenkonferenz in Peking in die Offensive. Und auf der Nachfolgekonferenz im Jahre 2000 in New York trat die Vatikan-Iran-Connection unverhüllt als der entschiedenste Gegner der Frauen auf: gegen Verhütung, Abtreibung oder freie Sexualität und für Verschleierung und Klitorisverstümmelung.

Auch die Querverbindungen zwischen den jüdischen Ultraorthodoxen und den palästinensischen Fundamentalisten sind seit langem bekannt. Den Palästinenserinnen ist es ergangen wie den Algerierinnen und allen Frauen in den Freiheitsbewegungen der Ex-Kolonien, die sich auf ihre angeblichen »Wurzeln« berufen, dieses Gebräu aus Nationalismus und Religion. Einst kämpften diese Frauen mit dem Maschinengewehr in der Hand: für Freiheit für alle. Heute sind die Männer an der Macht und die Frauen unsichtbar geworden: unter den Schleier gezwungen von ihren einstigen Weggenossen.

Diese Genossen sind offensichtlich überfordert durch den doppelten Verlust von männlicher Autorität: in der Welt *und* im Haus. Ihre Intellektuellen und meist im Westen ausgebildeten Anführer wissen nur zu gut um die »Bedrohung« ihrer patriarchalen Überlegenheit durch die Frauenemanzipation; und die von ihnen verführten arbeitslosen jungen Männer haben endlich wieder eine Perspektive: das Paradies; und einen, der noch unter ihnen ist: die Frauen.

Denn es geht hier nicht um Glauben, es geht um Macht. Der Frage, wieweit sich unter den drei großen monotheistischen Religionen der Islam besonders zum politischen Missbrauch eignet, wird nicht nachgegangen. Eine fatale Rolle bei der Verschleierung dieser

Frage und der Verwischung von Islam und Islamismus hat bisher auch im Westen die dafür zuständige Wissenschaft, die Orientalistik, gespielt. In Deutschland wird dazu noch immer geschwiegen, in Ländern wie den USA oder Frankreich ist die Kritik an den Islamwissenschaften inzwischen lauter geworden. Die Orientalisten werden bezichtigt, den Gegenstand ihrer Forschung idealisiert zu haben und darüber hinaus nur allzu oft abhängig zu sein von den Gnaden islamischer Länder, wenn nicht sogar von ihren Zuwendungen.

Die Folge ist nicht nur eine weitgehend unkritische Islamwissenschaft, die vom 11. September wie aus heiterem Himmel getroffen zu sein scheint, sondern auch eine unkritische Berichterstattung der Medien. Die lag nämlich bisher in den Händen von »Experten«, soll heißen: von IslamwissenschaftlerInnen und KonvertitInnen (nicht selten in Personalunion beides) – Letztere aber spielen vermutlich nicht nur in Deutschland eine besonders problematische Rolle.

Die meisten deutschen Konvertiten kommen, laut dem Mitbegründer des *Zentralrats der Muslime* und Konvertit Murad Wilfried Hofmann, »aus den Kreisen der Grünen«. Nachdem eine verunsicherte westliche Linke ihren Glauben an die Revolution und ihre Halbgötter à la Mao oder Che Guevara verloren hat, sucht sie anscheinend nun ihr Heil in einem neuen Glauben, neuen Göttern und neuen Helden: was einst die Vietcong oder die Revolutionären Garden waren, sind ihnen heute die Gotteskrieger.

Warum aber ist die Sympathie für die Islamisten gerade in Deutschland so besonders groß? Einige Gründe liegen auf der Hand, über andere muss noch genauer nachgedacht werden. Klar ist, dass die Deutschen seit der Nazizeit ganz besonders bemüht sind, über dem Verdacht des Rassismus zu stehen und Fremdes demonstrativ zu tolerieren. Klar ist ebenfalls, dass der Protestantismus ein besonderer Nährboden zu sein scheint für geißelnde Selbstverleugnung und adorierende Fremdenliebe. Aber da sind auch noch andere Motive, die nicht ganz so eindeutig sind. Zum Beispiel das der Überheblichkeit, für die Fremde die »anderen« sind, Menschen mit anderen Sitten und einer anderen Kultur, für die uns elementar und unverzichtbar scheinende Werte wie Menschenrechte und Freiheit des Individuums einfach nicht gelten. Oder auch das des Machotums, bei dem eine klammheimliche Freude aufkommt angesichts der brutal entrechteten Frauen – geht es denn den hiesigen Frauen dagegen nicht noch gold? Unterstützt wird dieses Denken von einem pseudofeministischen Differenzialismus, der schon immer der Überzeugung war, dass Frauen eigentlich »anders« seien als Männer und es Zeit sei für eine Rückbesinnung auf die »wahren weiblichen Werte«.

Das war in der ersten Frauenbewegung nicht anders, auch da mussten nur die Radikalen, die Universalistinnen, vor den Nazis ins Exil fliehen – die Differenzialistinnen bzw. Biologistinnen glaubten zunächst, mitmischen zu können bei den Männerbünden. Die allerdings verwiesen selbst die willigsten Komplizinnen rasch auf ihre Plätze. Und wo im Namen einer »Natur der Frau« argumentiert wird, da ist selbstverständlich auch die »Natur des Juden« oder des »Negers« nicht weit. Sexismus und Rassimus sind zwei Seiten einer Medaille.

Auch heute argumentieren vor allem die übereifrigen Konvertitinnen auch im Namen der Emanzipation. Ist es denn nicht besser, eine verschleierte Frau zu sein, als ein nacktes Objekt? Nein. Denn Verhüllung und Entblößung sind nur zwei Seiten ein und derselben Medaille, auf der da geschrieben steht: Frauen sind der Besitz der Männer, sie gehören einem (bei Verhüllung) – oder allen (bei Entblößung).

Von Anfang an war das Kopftuch darum das Symbol, die Fahne des Feldzuges der Gotteskrieger. Am Kampf für das Kopftuch sind sie zu erkennen: die Islamisten und ihre, bestenfalls, naiven FreundInnen. Der deutsche Paradefall dafür ist Fereshta Ludin, die per Gerichtsbeschluss erzwingen will, dass sie ihr »privates Kopftüchlein« auch in deutschen Schulen tragen kann. Von der *taz* (»Recht auf Toleranz«) über die *Süddeutsche Zeitung* (»nicht reduzieren auf ein Stück Stoff«) bis zur *Zeit* (»wie das Kreuzlein an der Kette«) ging ein Aufschrei der Empörung durch das Land, als Ludin ihren von den Gewerkschaften unterstützten Prozess in erster Instanz verlor.

Aber wer ist diese Fereshta Ludin, die mit einem deutschen Konvertiten verheiratete Afghanin wirklich? Diese heute 29-Jährige, die die Tochter eines Botschafters und einer emanzipierten, unverschleierten Mutter ist, in Saudi-Arabien zur Schule ging, seither plötzlich das Kopftuch trägt und noch 1997 zusammen mit ihrem bärtigen Mann gern gesehener Gast der Taliban war. Der »Fall Ludin« zeigt, wie in Deutschland mit dem Kopftuch Politik gemacht wird – und wie fast alle dabei mitmachen, auch die potentiellen Opfer einer solchen Politik.

Dabei hätte spätestens seit 1979, als die »revolutionären Garden« Khomeinis den Frauen verrutschende Kopftücher auf dem Kopf festnagelten, klar sein müssen, dass das Kopftuch alles andere ist als eine »religiöse Sitte« (schließlich leben Millionen gläubiger Musliminnen ohne) oder »Privatsache«, sondern ein Politikum. Das Kopftuch ist die Flagge des islamischen Kreuzzuges. Und seither tobt auch der »Kampf der Kulturen« – aber nicht etwa zwischen Christen und Muslimen, sondern unter Muslimen. Denn die nicht fundamentalistische islamische Mehrheit ist ja das erste Opfer der Fanatiker.

Doch vor allem in Deutschland war jegliche Kritik an den religiösen Eiferern und ihrer Kopftuch-Propaganda jahrzehntelang tabu: Das ging so weit, dass selbst etwas so Handfestes wie der Jahresbericht des Verfassungsschutzes (dessen Aufgabe es ja ist, ihm »verfassungsfeindlich« dünkende Kräfte zu beobachten) als Larifari abgetan wurde. Als der damalige Präsident des Verfassungsschutzes, Peter Frisch (SPD), im Herbst 1996 seinen Jahresbericht vorstellte und den islamischen Fundamentalismus als »Sicherheitsproblem Nr. 1 für Deutschland« und »größte Gefahr für das 21. Jahrhundert« benannte – da fragte kein einziger Journalist auch nur nach. Und berichtet wurde darüber schon gar nicht. Die deutschen Journalisten wollten einfach viel lieber über »Neonazis« reden – dass hier eine ganz neue Art von Nazis im Namen Allahs die Welt verbessern und erobern wollen, übersahen sie geflissentlich. Im besten Falle. Meist trugen die Medien nicht nur zur Ignorierung, sondern sogar zur Idealisierung der Islamisten bei. Fragen nach dem, was da eigentlich wirklich in den (in der weltlichen Türkei verbotenen) Koranschulen in Deutschland gelehrt und in den (von den Gottesstaaten finanzierten) Moscheen gepredigt wird, wurden mit dem Hinweis auf die »Religionsfreiheit« und die »Toleranz« abgetan. Man war ja auch selbst nicht Opfer. Noch nicht. Über 20 Jahre lang waren in erster Linie die Frauen im Visier – genauer: die Musliminnen. Und die waren weit weg.

Ja, die Frauen. Mit ihnen fängt es immer an. Sie sind immer die Ersten, die von allmachtssüchtigen Männerbünden entrechtet werden. Dann folgen die Juden (wo noch welche sind); sodann die Intellektuellen (von denen so manche bis dahin selber kräftig dazu beigetragen haben); und dann alle und alles, was den neuen Herren so nicht passt. Doch wenn es schon nicht das Mitgefühl für die weibliche Hälfte der Menschheit ist, so sollte es wenigstens die Erkenntnis sein, dass Menschenrechte unteilbar sind und das Los der Frauen schon immer der Gradmesser für Recht und Gerechtigkeit einer Gesellschaft war. Eine Gesellschaft, in der ein männlicher Mensch den anderen erniedrigen kann, nur weil der weiblich ist – eine solche Gesellschaft ist im Keim eine Unrechtsgesellschaft. Ein Mann, der es gewohnt ist, die eigene Mutter, Schwester, Frau zu verachten – der kann auch kein Mitgefühl für seine Nächsten haben und schon gar nicht für Fremde.

Seit dem 11. September 2001 geht nun ein Schrecken durch die westliche Welt. Ein später Schrecken. Ob dieser Schrecken dem Westen wirklich die Augen geöffnet hat, ist zu bezweifeln. Verdächtig ist, dass bei dem Versuch, Psychologie und Motive der Täter zu begreifen, vieles in Erwägung gezogen wird, nur eines, das Sichtbarste, nicht: der Faktor Männlichkeit. Diese Männlichkeit – und vor allem: die verunsicherte Männlichkeit – ist der Stoff, der aus dem wirren Gebräu überhaupt erst ein explosives macht. Der Männlichkeitswahn mit seinem pathologischen Narzissmus und Fremdenhass, der zu Beginn des 21. Jahrhunderts leider nicht nur in den orientalischen Gottesstaaten, sondern auch in westlichen Demokratien grassiert, ist der entscheidende Faktor.

Auszug aus dem Vorwort in »Die Gotteskrieger und die falsche Toleranz« (Kiepenheuer & Witsch, 2002)

DIE SERIE »JA ODER NEIN?« – 1989-1996

■ ■ ■ Als Blacky Fuchsberger mich zum ersten Mal anrief und mir die Teilnahme an dem Ratespiel vorschlug, sagte ich spontan Nein. Es schien mir eine so ganz andere Welt. Doch als er dann insistierte und argumentierte, das sei doch eben der Witz an der Sache, dass niemand mit Alice Schwarzer in so einer Sendung rechnet – leuchtete mir das ein. Und da ich mich eh gerade ein wenig langweilte, reizte es mich, Ja zu sagen. (Ich sah vor meinem geistigen Auge schon die hämischen Kommentare so mancher intellektueller Kollegen: Was denn noch ...! Und genau so kam es.)

Doch dann passierten Dinge, mit denen ich gar nicht gerechnet hatte. Nachdem die ersten Monate für mich etwas anstrengend gewesen waren, weil ich immer die Sendung verbessern wollte, ließ ich mich irgendwann einfach darauf ein. Und das war richtig, für alle Beteiligten: für die Sendung, für das Publikum und für mich.

Gerade das Medium Fernsehen hat über die Jahrzehnte die Rezeption meiner Person zweifellos stark beeinflusst: Da konnten die Menschen ganz direkt überprüfen, was denn von dieser Alice Schwarzer zu halten ist, die sie in den Medien oft in einem bis zur Unkenntlichkeit verzerrten Klischee präsentiert bekamen. Aber vermutlich hat keine Sendung so stark zu einer Image-Korrektur meiner Person beigetragen wie diese. Ach, die kann ja lachen – schon das eine gewaltige Überraschung. Ach, die hat ja Humor – noch überraschender. Ach, die albert ja mit Sepp (Maier) rum – damit hatte nun kaum einer gerechnet. Schon gar nicht in Bayern.

Sepp und ich, wir haben uns über diese Sendung übrigens regelrecht befreundet, uns verbindet der gleiche Sinn für Humor. Immer, wenn's ein bisschen durchhing, zwinkerten wir uns zu – und dann spielte ich die intellektuelle Domina und er den bayerischen Trottel.

Übrigens: Die Sendung hatte beachtliche Einschaltquoten, aber wurde irgendwann zu unser aller Überraschung ganz plötzlich eingestellt. Schade eigentlich. ■ ■ ■

Alice
DM 1280.- NEIN 9
Alice
Sepp
Sepp
Alice
Alice

FRAUEN & BUNDESWEHR

■ ■ ■ Es ist schon nicht ohne Komik: Über 20 Jahre lang wurde so getan, als würde die Welt untergehen, wenn das passiert – und jetzt ist es passiert, und alle tun so, als sei es selbstverständlich. Seit dem 1. Januar 2001 haben endlich auch deutsche Frauen einen uneingeschränkten Zugang zum freiwilligen Dienst beim Militär, inklusive Ausbildung an der Waffe. Jetzt, wo Deutschland nach langer Pause erstmals wieder mit in den Krieg zieht, scheint das sogar willkommen. Da sollen ausgerechnet die Frauen dem unmenschlichen Krieg ein „menschliches Gesicht" geben.

Für Jüngere wird es schon heute schwer vorstellbar sein, was für einen Wirbel meine Forderung zu eben dieser Selbstverständlichkeit 1978 ausgelöst hat. Von nun an war ich vor allem für die Mehrheit der Linken und Feministinnen „das Flintenweib". Dass ich mich mit meiner Position – für Soldatinnen, gegen Krieg, aber auch gegen Pazifismus um jeden Preis – einfach zwischen alle Stühle setzen musste, das ist mir im Rückblick noch klarer geworden.

Damals hatte ich meinen ersten Kommentar – gegen die Wehrpflicht für Männer *und* gegen das Berufsverbot für Frauen beim Militär – ehrlich gesagt aus reinem Übermut verfasst. Aus intellektuellem Übermut. Ich fand die Frage so heikel wie spannend, doch außer mir interessierte sich bis dahin niemand dafür.

Aber dann ging's los. Sogar eine ganze so genannte „Bewegung" wurde gegen meinen kleinen Kommentar ins Leben gerufen: die ausgerechnet von der kommunistischen DKP inspirierte Initiative „Frauen in die Bundeswehr – nein danke". Dabei brauchten die Frauen sich gar nicht zu bedanken, es wollte sie eh niemand.

Selbst die Tatsache, dass jetzt endlich und sehr spät klar gleichberechtigte Verhältnisse geschaffen wurden, ist weniger Deutschland und mehr der Europäischen Union zu verdanken. Die sprach ein Machtwort für die Gleichheit der Geschlechter in der Kaserne. Nun bin ich mal gespannt, wann meine – mir ebenfalls sehr logisch erscheinende – Forderung aus dem Jahr 2002 Realität wird: nach einem wahlweise militärischen oder sozialen Pflichtjahr für *beide* Geschlechter. ■ ■ ■

FRAUEN INS MILITÄR? I – 1978

Zu der Fernseh-Debatte *Pro und Contra* versammelten sich – unter großzügigem Verzicht auf die Alibifrau – exklusiv männliche Diskutanten. Nur auf den Zuhörerbänken lockerten einige wenige Frauen die Mannschaft auf, sichtbar in ihrer Funktion als Gattinnen. Männer unter sich. Diesmal beim männlichsten Thema überhaupt: beim Soldatentum.

Anlass war die jüngste Entscheidung des Verfassungsgerichtshofes gegen die Erleichterung der Wehrdienst-Verweigerung. Den Debattierenden ging es um die Frage, ob der Ersatzdienst nun noch zu verschärfen sei. Nun, wäre ich ein Mann, ich wäre auch Wehrdienst-Verweigerer. Schon als junges Mädchen empörte mich die Wiederaufrüstung, schockierten mich Kasernendrill und Waffengeprotze. Genauso fühle ich auch heute noch. Aber – ich habe seither dazugelernt.

Ich habe begreifen müssen, dass Ideal nicht immer gleich Realität ist; dass, wer den Frieden will, ihn notfalls auch verteidigen oder gar erkämpfen können muss. Und ich habe auch gelernt, dass Waffen Macht sind, und wie sehr Waffengewalt und Männlichkeitswahn miteinander verquickt sind. Die Amerikanerin Susan Brownmiller beweist in ihrer Analyse der Funktion von Vergewaltigungen (*Gegen unseren Willen*), dass Vergewaltigungen auch in Kriegszeiten nicht die Untat Einzelner, sondern systematisch eingesetzte Waffe eines Männerbundes in höchster Potenz ist.

Und über die Macht der Bundeswehr heute sagt schon die folgende Zahl einiges aus: Fast ein Fünftel des gesamten Haushalts-Budgets, nämlich 35 Milliarden Mark, gehen in die Verteidigung. Sicher, der Kampf auf der Bewusstseinsebene ist wichtig – nur: er allein, ohne Macht, reicht nicht. Denn was nutzt schon das schönste Bewusstsein angesichts blanker Gewehrläufe? Und was nutzt der lauterste Friedenswille, wenn der, der die Waffen hat, nicht mitspielt?

Es ist also kein Zufall, dass das Thema Frauen und Waffen so tabuisiert ist. Die Ausschaltung der Frauen aus diesem Bereich ist nicht etwa Galanterie, sondern eine reine Machtfrage. Das signalisiert schon die Art der Argumentation. Frauen und Waffen? – lächerlich. Flintenweiber. Frauen seien von Natur aus friedfertig, heißt es.

Der SPD-Verteidigungsminister Leber leitet die Broschüre *Bundeswehr 77* mit den hehren Worten ein: »Wir wollen nichts anderes, als in Freiheit und in Frieden unser Leben nach unseren eigenen Vorstellungen ohne Druck und Nötigung von außen gestalten.« – Das wollen Frauen auch. Nur wird uns das Recht auf vorsorgliche Verteidigungsmaßnahmen als »widernatürlich« qua Gesetz versagt. Mehr noch: Frauen wird, wider alle Erfahrung, die Fähigkeit zur Verteidigung und zum Kampf überhaupt abgesprochen. In Kriegs- wie in Friedenszeiten. Dabei beweisen Frauen ohne Unterlass, dass sie – im Guten wie im Bösen – durchaus so handeln können wie Männer. Denn an den »Heimatfronten« halten Frauen die Stellung und dürfen, wenn sie die Bombardierungen und Vergewaltigungen überleben, die Trümmer wieder aufschichten. Und im Notfall müssen sie sowieso mannhaft ans Gewehr. Von ihrer »natürlichen« Friedfertigkeit und Häuslichkeit redet da dann niemand mehr – die fällt den Männern immer erst nach dem Sieg wieder ein. Nämlich dann, wenn sie mit diesem Argument die Frauen zurück ins Haus schicken wie nach der Französischen Revolution oder nach dem Algerienkrieg.

Linke argumentieren da wie Rechte. Bezeichnenderweise wurde auch in kaum einem sich als sozialistisch begreifenden Land die Frage nach einer gleichberechtigten Integration von Frauen in die Armee auch nur gestellt. Und schon Sozialisten-Vater Bebel räsonierte um die Jahrhundertwende in seiner in vielen Punkten durchaus emanzipierten *Frau im Sozialismus*: »Auch wir glauben, dass es eine zweckmäßige Arbeitsteilung ist, den Männern die Verteidigung des Landes zu überlassen, den Frauen die Sorge für Heimat und Herd.«

Darum: Mit derselben Konsequenz, mit der wir Frauen uns gegen die Festlegung auf den heimischen Herd wehren und Zugang zu allen wesentlichen gesellschaftlichen Bereichen fordern, müssen wir uns darum die Frage nach unserem Zugang zum Militär stellen. Denn der von uns so selbstverständlich hingenommene Ausschluss hat frauenfeindliche Gründe: Erstens geht es um Macht; und da, wo es um Macht geht, glänzen Frauen in Männergesellschaften generell durch Abwesenheit. Zweitens geht es um die ideologische und reale Verfestigung von Männlichkeit (»Der muss zum Bund, damit ein richtiger Mann aus ihm wird«). Drittens ist das Männer-Militär extremster Ausdruck der Aufgabenverteilung zwischen Männern und Frauen: Hier steht ein Jahr Wehrdienst gegen zwanzig Jahre Mutterdienst. Frauen bleibt durch ihren Ausschluss nicht nur der Drill erspart, sie lernen im Gegensatz zu den Männern auch weder Selbstverteidigung noch den Umgang mit Waffen – und bleiben rührend hilflos wie eh und je.

Dennoch kann es uns heute nicht um die Integration von Frauen in diese Männerbünde gehen, nicht um unseren jetzigen Eintritt in diese Bundeswehr, die den Frieden eher schwerer als leichter macht. Aber es muss uns um die *grundsätzliche* Forderung des Zugangs für Frauen zu *allen* Machtbereichen gehen, auch zum Militär. Mir ist klar, wie ungewohnt und schockierend dieser Gedankengang für die meisten ist. Doch ich meine: Frauen und Frieden – ja. Aber die Bemühung um Frieden sollte eine menschliche und nicht nur eine »weibliche« Qualität sein.

Und von der Möglichkeit, auch den eigenen Frieden selbst verteidigen und notfalls sogar erkämpfen zu können – davon können und dürfen Frauen sich nicht länger ausschließen lassen.

Veröffentlicht im Mai 1978 in *EMMA* (6/1978)

FRAUEN INS MILITÄR? II – 1980

Selten habe ich schon im Vorhinein für einen Artikel so viele besorgte Ratschläge von wohlmeinenden Kolleginnen und Freundinnen bekommen, wie für diesen: Du musst unbedingt noch mal sagen, dass ... Und mach unmissverständlich klar, dass ... Und wiederhole ruhig fünfmal, dass ... Selten auch, genauer: nie bin ich wegen einer inhaltlichen Position so viel aus eigenen, aus frauenbewegten Reihen kritisiert, ja angegriffen worden.

So unterstellte mir zum Beispiel *Courage* einfach immer wieder ein glattes Ja zu »Frauen in die Bundeswehr« und attestierte »eine falsch verstandene Emanzipation«. Die *Kölner Frauenzeitung* pflaumte mich in einem offenen Brief an: »Wir wollen nicht mehr nur Kanonenfutter produzieren, wir wollen endlich selber welches sein.« Und die ökologiebewegte *Graswurzel Revolution* rügte: »Solche Probleme verlangen eine politische Position, die in dem Artikel von Alice Schwarzer durchaus fehlt.«

Was ist los? Bin ich so hoffnungslos auf den falschen Weg geraten? Liegen alle anderen schief? Oder ist dies – um's gleich forsch in militärischen Bildern zu sagen – ein besonders vermintes Terrain? Und worum geht es da eigentlich? Um die Frage »Krieg oder Frieden«? Leider nein. Kriege finden, das wissen wir nun seit ein paar Jahrtausenden, so oder so statt, unabhängig davon, ob auch Frauen Zugang zu Waffen haben oder nicht. Denn diese Kriege werden entschieden in Machtsphären, in denen Frauen heute so abwesend sind wie gestern.

Geht es dann um die Frage, ob wir Frauen selbst überhaupt bereit sind, in diesen mörderischen Geschäften unsere Haut zu lassen? Ebenfalls leider nein. Denn zum Opfersein sind wir allemal gut genug – auch ohne das Recht auf Täterschaft. Gestorben wird in der Etappe genauso wie an der Front: Im 2. Weltkrieg gab es 27.843.000

tote Soldaten und 27.157.000 tote Zivilisten. Außerdem: In Anbetracht der rasanten technischen Entwicklung wären wir bei zukünftigen kriegerischen Auseinandersetzungen in Mitteleuropa alle dran; egal, ob wir mitmachen oder nicht.

Geht es dann darum, dass Frauen durch ein Sich-raus-Halten Einfluss ausüben, Kriege verhindern könnten? Leider, leider auch nicht. Sonst wäre ich sofort dabei. Doch die Geschichte lehrt uns, dass Bewusstsein eine Sache, Macht aber – und erst recht Waffenmacht – eine andere ist. Pazifismus um jeden Preis ist unpolitisch, und vor allem bequem für diejenigen, die im Traum nicht daran denken, ihn zu praktizieren.

Übrigens: Eigentlich ist die Sache schon längst entschieden: Frauen arbeiten in der Bundeswehr. Jeder zehnte bei der Behörde Bundeswehr beschäftigte Mensch ist schon heute weiblich. In vielen Ländern in West wie Ost als auch der Dritten Welt sind Frauen ein zunehmend selbstverständlicher (und benötigter) Bestandteil von Armeen. Allerdings nur bis zu dem Punkt, wo es um den direkten Zugang zu den Waffen geht. Dann fängt es an, heikel zu werden. Kein Kombattantenstatus für Frauen: Bewaffnete Frauen sind tabu!

So tabu, dass jede, die wagt, darüber nachzudenken, vehement verteufelt wird. Nur – ich habe keine Lust, mir das Denken verbieten zu lassen. Misstrauisch, sehr misstrauisch macht mich das, wenn von der »Natur der Frau« die Rede ist und der »natürlichen weiblichen Friedfertigkeit«. Mit diesen Argumenten verbietet nämlich das bundesdeutsche Grundgesetz Frauen den Zugang zum Dienst mit der Waffe. Friedfertig sei das Weib.

Völlig überflüssig, Schwestern, unter diesen Umständen laut zu protestieren gegen einen weiblichen Wehrdienst. Ihr heult mit den Wölfen. Niemand will uns Frauen an die Waffe lassen, geschweige denn holen. Auch nicht die, die angesichts der herannahenden geburtenschwachen Jahrgänge mit dem weiblichen Geschlecht als Nachschubtruppe liebäugeln. Auch die denken nur an eine Teilintegration von Frauen in die Armeen und sind strikt gegen Frauen an Waffen und in Generalspositionen. Bei dem Gedanken graut's nämlich den Herren der Schöpfung. Flintenweiber.

Hier geht es um so viel mehr als nur die Auffüllung einiger leer werdender Posten bei der Bundeswehr: Hier geht es um die Frage des Verhältnisses von Frauen zur Gewalt. Das und nichts anderes steht in Wahrheit dahinter, und macht die Diskussion so brisant und – so wichtig für Feministinnen. Denn auch auf die Gefahr hin, niedergeschrien zu werden, wiederhole ich: Ich glaube nicht an die angeborene Friedfertigkeit von Frauen. Ich glaube nicht daran, dass Frauen »von Natur aus besser« sind als Männer. Ich glaube nicht, dass es in einer Gesellschaft, in der Frauen die (oder mehr) Macht hätten, automatisch auch friedfertiger zugehen würde (und die Geschichte bestätigt das: Es hat durchaus auch blutige Frauenstaaten und friedliche Männerstaaten gegeben).

Aber ich halte es für ein durchgängiges Merkmal aller Unterdrückten, dass sie sich haben einreden lassen, von Natur aus »friedfertig« zu sein. Eine Eigenschaft, die an sich sympathisch ist, für die Friedfertigen selbst aber nur dann günstig, wenn auch die Verhältnisse friedfertig sind. Sklaven waren »friedfertig«. Zu lange. Frauen sind »friedfertig«. Zu lange.

Darum dürfen wir Frauen unabhängig davon, wie wir zur Bundeswehr stehen, nicht hinnehmen, im Namen dieser »Friedfertigkeit« ausgeschlossen zu werden. Ob wir dann mitmachen oder nicht, kann jede selbst entscheiden. Das Verdikt jedoch, das den Wehrdienst für Männer zu einer »ehrenwerten Bürgerspflicht« erklärt und für Frauen für unnatürlich, ist eine unzulässige Bevormundung.

Und noch eine Frage sei mir gestattet: Warum sind Männer auf einmal die schlechteren Menschen und gerade gut genug für das dreckige Handwerk des Tötens? Und warum will man ausgerechnet das uns Frauen so galant ersparen, wo wir doch sonst gut genug sind für jede Drecksarbeit in dieser Gesellschaft? Ich bin gegen jede Wehrpflicht. Für Männer wie, versteht sich, für Frauen. Aber ich möchte das *selbst* entscheiden können! Und ich möchte auch in dem Punkt andere Frauen nicht bevormunden. Selbst wenn Kasernen für mich zu den Orten gehören, die ich lieber heute als morgen umgewandelt sähe in Kinderspielplätze oder Tanzsäle.

Im Ernstfall dürfen auch wir Frauen den Heldentod sterben. Nur in Friedenszeiten gilt die Parole: Friedlich sei das Weib. Frauen an

Heim und Herd, Männer an die Macht. Darum geht es. Und darum dürfen wir gebetsmühlenartige Formeln wie »Frauen Nein zur Bundeswehr« nicht so hinnehmen.

Hinter dem Ausschluss von Frauen vom Waffendienst steckt kein Pazifismus, sondern Sexismus. Und es gibt Formen des Pazifismus, die nicht menschliche Güte, sondern politische Dummheit sind. In dieser Unrechtswelt kann Pazifismus wie Feminismus nur militant sein – was nicht unbedingt bewaffnet meint, aber doch angemessen kämpferisch.

Veröffentlicht im November 1980 in *EMMA* (12/1980)

VOR DER KASERNE … 2000

Vor der Kaserne, vor dem großen Tor, da steht eine Laterne und steht sie noch davor. Dort werden wir uns wieder sehen …« Das nostalgische Lied von Lili Marleen und ihrem unbekannten Soldaten brachte im Zweiten Weltkrieg die Soldaten aller Fronten zum Schluchzen. Freund hin, Feind her – das haben sie alle gemein: die Sehnsucht nach Lili Marleen. Und die Lili Marleens dieser Welt haben diese Sehnsucht zu erfüllen, aus Liebe oder für Geld, egal. Worauf es ankommt ist: Töten ist Männersache – und Liebe Frauensache.

Als eines der letzten demokratischen Länder der Welt schließt Deutschland noch immer Frauen vom Dienst an der Waffe aus. Was nicht nur zur Folge hat, dass Frauen in der Bundeswehr keine unbeschränkte Karriere machen können, sondern auch nicht in der Politik. So könnten Frauen schon rein rechtlich nicht Verteidigungsministerin oder Kanzlerin werden – denn beide hätten die Befehlsgewalt über die Waffen, wovon das weibliche Geschlecht bisher im Namen der »Natur der Frau« ausgeschlossen ist.

Das soll nun anders werden. Deutschlands Ausschluss der Frauen vom Waffendienst »verstößt gegen die Gleichbehandlung der Geschlechter«, befand am 11. Januar der Europäische Gerichtshof. Und das finden plötzlich auch der Verteidigungsminister und alle Parteien (außer den Grünen). Dabei waren sie alle, außer den Liberalen, bisher strikt dagegen; wenn auch die Front zu bröckeln begann.

Das Argument der »Unweiblichkeit« der Soldatin war bisher den Konservativen vorbehalten, das der »Unemanzipiertheit« führen jetzt die Grünen ins Feld. »Frauen in die Bundeswehr? Das letzte Wort ist noch nicht gesprochen!«, dräut der grüne Bundesvorstand: »Mit unseren Vorstellungen von Emanzipation hat dies nichts zu tun.

Frauen brauchen eine emanzipierte Gesellschaft ohne Gewalt und Unterdrückung.« – Als bräuchten Männer die nicht.

Ginge es also nach den ex-pazifistischen, neo-militaristischen Grünen, bliebe Krieg also Männersache. Chefsache sozusagen. Dafür haben die Grünen nun das zweite »älteste Gewerbe der Welt« für »emanzipierte Frauen« vorgesehen: das der Prostitution, die für die »Grünen« ein »Beruf wie jeder andere« ist.

Es ist ein zufälliges, aber aufschlussreiches Zusammentreffen, dass die Reformen des Soldatentums und die der Prostitution zur gleichen Zeit diskutiert werden. Dabei plädieren die »Grünen« für einen weiteren Ausschluss von Frauen aus der Armee und für die volle Integration der Prostitution in die Gesellschaft. Die Männer in die Kasernen – und die Frauen unter die Laternen. Das genaue Gegenteil wäre wirkliche Emanzipation: die Frauen raus aus den Bordellen und gleichberechtigt rein in die Kasernen!

Zur Zeit lässt Verteidigungsminister Scharping einen Plan zur Integration des weiblichen Geschlechts in die Kasernen ausarbeiten (Damentoiletten!). Und vorsorglich meldete Scharping »gute Gründe« an, die Frauen auch in Zukunft von »speziellen Bereichen auszunehmen«. Dabei denkt er an »Verwendungen, die besondere körperliche Voraussetzungen erfordern, wie zum Beispiel Kampfschwimmer«. – Kampfschwimmer. Ja, können Frauen denn nicht schwimmen? Oder können sie nicht kämpfen? Oder können sie, aufgrund weiblicher Hormone oder anatomischer Eigenheiten, nicht gleichzeitig schwimmen und kämpfen?

Reden wir Tacheles. Hier geht es darum, auf keinen Fall zuzugeben, dass Frauen im Prinzip alles können, was Männer können, im Guten wie im Bösen. Hier soll der kleine Unterschied um jeden Preis gewahrt bleiben. Und hier wollen ein paar letzte kleine, feine Männerbünde frauenfrei bleiben. Die Marine zum Beispiel, die in den schönen Matrosenanzügen.

Dennoch gibt es inzwischen eine gewisse Versachlichung der früher hochemotionalisierten Debatte. Vom »zusätzlichen Arbeitsmarkt für Frauen« ist nun die Rede. Das Argument ist richtig, doch geht es hier um viel mehr. Eine wirkliche Integration von Frauen in die Armee würde das Herz der Männerbünde und den Kern der

Geschlechterrollen erschüttern: die Rolle vom Mann als wehrhafter Täter und der Frau als wehrloses Opfer. Denn der kriegerische Männerbund ist nicht nur machtpolitisch das Herz des Patriarchats – wo nichts anderes mehr geht, wird einmarschiert –, sondern auch ideologisch. Er ist identitätsstiftend für Männlichkeit. Auch darum gehören Frauen in die Armee: um die Geschlechterrollen aufzubrechen und um wirklich teilzuhaben an den Entscheidungen über Krieg und Frieden.

Dies logisch zu Ende zu denken, war lange tabu. Nicht nur bei den Männerbünden, sondern auch in den Frauenkreisen, die die Jahrtausende währende Verurteilung von Frauen zur Friedlichkeit leider gründlich verinnerlicht haben. So manche Frauen haben eine fatale Neigung, die männlich-weibliche Arbeitsteilung in Krieg & Frieden – zu Hause wie in der Welt – als naturgegeben hinzunehmen.

Doch auch das fängt an zu bröckeln. Die Töchter sehen es schon bedeutend lockerer als ihre Mütter: Für sie ist die Bundeswehr einfach ein Arbeitsmarkt wie jeder andere, wo sie so wie ihre Brüder und Freunde Karriere machen können. Dass man – und demnächst auch frau – bei der seit dem Kosovo »gerechte Kriege« führenden Bundeswehr auch richtig sterben kann, das scheint noch nicht ganz angekommen zu sein.

Doch wer gegen Armeen und Kriege ist, darf nicht im Namen einer »weiblichen Friedfertigkeit« argumentieren, sondern muss an die Menschlichkeit beider Geschlechter appellieren – und Männer vom Antimilitarismus ebenso überzeugen wie Frauen. Das heißt, Männer vor allem.

Ganz und gar tabu scheint heute nur noch die Wehrpflicht für Frauen. Denken wir also erneut das Verbotene. Wie wäre es eigentlich mit einer Wehrpflicht für Frauen? Vielleicht würde das ja auch die so bitter notwendige gerechte Teilung der sozialen Pflichten beschleunigen? Oder, besser noch: Sollten nicht Frauen und Männer in Zukunft wählen können zwischen einem Kasernenjahr und einem Sozialjahr?

Veröffentlicht im Februar 2000 in *EMMA* (2/2000)

RECHTE & PFLICHTEN – 2002

Die einseitige Wehrpflicht für Männer verträgt sich durchaus mit der Gleichberechtigung der Geschlechter – zumindest, was das deutsche Grundgesetz angeht. Das hat 1956 beides, die Männer-Wehrpflicht wie die Frauen-Gleichberechtigung, als »gleichrangig« festgeschrieben. Befangen im Zeitgeist konnten auch die Grundgesetz-Väter (und -Mütter) es sich in den 50er Jahren gar nicht erst vorstellen, dass diese beiden Rechte einmal kollidieren könnten.

Ein knappes halbes Jahrhundert später wiesen die Karlsruher RichterInnen die Klage eines Potsdamer »Totalverweigerers« mit diesem rein formaljuristischen Argument ab und schoben so den Fall an die Berliner PolitikerInnen zurück. Die müssen nun die Frage nach Rechten & Pflichten der Geschlechter und Wehrpflicht selber entscheiden; und das auch noch mit »politischer Klugheit und ökonomischer Zweckmäßigkeit«, hofft Karlsruhe.

Dieses die einseitige Wehrpflicht bestätigende Verfassungsgerichtsurteil vom 10. April löste reichlich Kommentare in alle Richtungen und von allen Richtungen aus. Dabei gerieten erfreulicherweise auch die traditionellen Lager ins Wanken, zumindest leicht. Denn ausgerechnet der Fraktionsvorsitzende von CDU/CSU preschte mit einem beachtlichen Vorschlag nach vorn, der die Geschlechterrollen gründlich infrage stellen könnte: mit einer Dienstpflicht für beide Geschlechter, für den Zivil- oder Wehrdienst. Denn, so Friedrich Merz: »Es gibt gute Gründe, die für einen allgemeinen Dienst auch für Frauen sprechen.« Schließlich wollten Frauen zu Recht genauso behandelt werden wie Männer.

Da der Vorschlag von den Konservativen kommt und wir Wahljahr haben, fühlte sich die *taz* prompt an das Pflichtjahr für deutsche Mädel bei den Nazis und die geschlechterübergreifende Dienstpflicht in der sozialistischen Militärdiktatur Burma erinnert.

Bei den zur Zeit kriegsführenden Grünen jedoch scheint die bisher stramme Anti-Frauen-Wehrdienst-Front zu bröckeln. Zwar argumentiert die Frauensprecherin Irmingard Schewe-Gerigk noch ganz traditionell, Frauen hätten schließlich die Kinder zu erziehen, deshalb sei ihnen auch kein Pflichtjahr zuzumuten. Die einstige Pazifistin und heutige Verteidigungspolitikerin der Grünen, Angelika Beer, orakelte jedoch gleichzeitig, für die »Wehrgerechtigkeit und Gleichberechtigung« müsse ihre Partei noch »Antworten finden«. Eines jedoch bleibt, wie es ist: Grüne wie *taz* sind gegen die Wehrpflicht, auch für Männer.

Seltene Einheitsfront: Auch *EMMA* ist gegen die Wehrpflicht. Ich habe mich zwar seit 1978 für das *Recht* von Frauen zum Dienst an der Waffe eingesetzt, war aber gleichzeitig immer gegen die *Pflicht* zum Wehrdienst, auch für Männer. Mit dem Kampf gegen das Berufsverbot für Frauen in der Bundeswehr stand ich rund 20 Jahre ziemlich allein und nicht gerade unbehelligt da (»Flintenweib«).

Seit dem 1.1.2001 nun ist der uneingeschränkte Zugang zur Bundeswehr, inklusive Dienst an der Waffe, endlich auch für deutsche Frauen eine Selbstverständlichkeit. Der Einzug der Frauen in die männerbündischen Kasernen löste prompt die zu erwartenden Probleme aus.

Doch diesen verspäteten Geschlechterausgleich hat Deutschland keineswegs freiwillig eingeführt. Er ist das Resultat eines Urteils des Europäischen Gerichtshofes, der einer Klage der Elektronikerin Tanja Kreil auf Dienst an der Waffe in der Bundeswehr Recht gab. In Luxemburg ist übrigens schon wieder eine Klage wegen Geschlechtergerechtigkeit in der Bundeswehr anhängig: Die des heute 19-jährigen Jurastudenten Alexander Dory aus Konstanz, der nicht zur Bundeswehr will und mit der Geschlechterungleichheit bei der Wehrpflicht argumentiert. Gut möglich, dass die europäischen Richter auch in dieser Frage – keine Wehrpflicht oder Pflichtjahr für beide? – Deutschland eines Tages gar keine Wahl mehr lassen …

Aber noch schlägt die innerdeutsche Debatte hohe Wellen. Denn auch die SPD hat eine lange Tradition in der Sonderbehandlung von Frauen. So überrascht es nicht, wenn das SPD-Familienministerium den CDU-Vorschlag mit dem Argument abbügelt: Eine »Dienstpflicht für Frauen würde die bestehende Ungleichheit zwischen Frauen und Männern noch verschärfen«. Und der superliberale FDP-Vorsitzende Guido Westerwelle schiebt gleich hinterher: »Zwangsdienste gehören nicht ausgeweitet, sondern abgeschafft.« Er ist eh für eine Berufsarmee.

Real geht der Trend in der Tat in die Richtung, und das nicht nur wegen der unumgänglich notwendigen Qualifizierung einer Interventionstruppe. Denn selbst die Wehrpflicht für Männer ist in Wahrheit ja keine mehr. Von rund 400.000 wehrdienstpflichtigen deutschen Männern pro Jahr verweigert inzwischen knapp jeder Zweite (2001: 182.420); vom Rest ist rund jeder Dritte »wehrdienstuntauglich« (2001: 83.500). Nur etwa jeder vierte junge Mann im Wehrdienstalter rückt also wirklich ein in die Kaserne (2002: 120.000).

Umso unhaltbarer scheint es, dass es ein Pflichtjahr für Männer gibt – aber keines für Frauen. Frauen haben dafür ihre Pflichtjahre im Haushalt? Aber gerade das wollen wir doch abschaffen! Und wenn wir von den Männern ernsthaft erwarten, dass sie die Hälfte des Hauses übernehmen – ja, dann müssen wir Frauen auch die Hälfte der Welt übernehmen.

Ich plädiere darum für eine Art »Gemeinschafts-Pflichtjahr« für beide Geschlechter. Dann könnten die Männer sich nicht länger hinter dem Argument verstecken: »Schließlich leisten wir ja Wehrdienst«, und die Frauen würden entweder auch mal kämpfen lernen (was nicht schaden kann), oder aber früh genug ganz real erleben, was so ein soziales Jahr wirklich bedeutet – bevor sie sich auf 20 soziale (Kinder)Jahre einlassen.

Und zu tun gäbe es in der Gemeinschaft wahrlich genug gegen die Vernachlässigung von Menschen, Tieren und Natur. Prompt aber warnt das Familienministerium, amtszuständig für die Zivildienstleistenden, vor einer drohenden »Entprofessionalisierung« in den sozialen Berufen. Da mag was dran sein, aber das wäre ja auch schon bei den jetzigen 182.420 Zivis der Fall. Von denen aber heißt es, es sei ein Segen für die Sozialarbeit, dass es sie gibt – ohne die Zivis liefe bei der Alten- und Behindertenhilfe nichts mehr.

Sicherlich lösbar wäre auch das Argument, ein Pflichtjahr für beide Geschlechter verstoße gegen »das Grundrecht auf Freiheit vom Arbeitszwang«. Schließlich ist das Grundgesetz keine Gottestafel, sondern ein Menschengesetz, das sich unter veränderten Verhältnissen ändern kann, ja muss. Außerdem: Genau dieses Grundrecht wird bei den zivildienstleistenden Männern ja schon heute eingeschränkt.

Hinzu kommt, dass alle ExpertInnen sich einig sind über das Ende der Freiwilligenarmee und die Zukunft der Berufsarmee (für Männer wie Frauen). Ein Grund mehr, darüber nachzudenken, ob damit die Pflicht nun ganz abgeschafft oder durch ein Gemeinschaft-Pflichtjahr für beide Geschlechter ersetzt werden sollte: je nach Wahl für einen Dienst an der Waffe oder einen Dienst am Menschen.

Auch den jungen Frauen und Männern selbst könnte so ein Gemeinschaftsjahr gut tun. Vielleicht würde es dem im ungezähmten Kapitalismus zunehmenden Trend zur Individualisierung sowie dem im TV/Computer-Zeitalter mitgaloppierenden Realitätsverlust entgegensteuern.

Bleibt noch die Gretchenfrage: Wie vereinbare ich eigentlich mein Engagement für Pflichtjahr und Soldatinnen mit meiner Kritik am Krieg? Ganz einfach: Die Frage von Krieg & Frieden ist eng verknüpft mit den Machtverhältnissen zwischen den Geschlechtern. Je stärker diese Hierarchie durch die Emanzipation der Frauen ins Wanken gerät, umso kriegerischer wird die Stimmung bei den Männern. Es steigt die Bereitschaft, Konflikte mit Gewalt auszutragen – in den eigenen vier Wänden wie im Weltmaßstab. Das beweist die aktuelle Konfliktforschung und dokumentiert das *EMMA*-Dossier in diesem Heft über »Neue Helden«.

Je wehrhafter also die Frauen werden und je einfühlsamer die Männer, umso größer sind die Chancen für Gleichheit und damit Frieden: zwischen den Geschlechtern wie den Völkern.

Veröffentlicht im April 2002 in *EMMA* (3/2002)

KRIEG & FRIEDEN

■ ■ ■ Wer dieses Kapitel liest, wird es vielleicht auf den ersten Blick paradox finden: In Zeiten der Friedenseuphorie kritisiere ich einen allzu blauäugigen Pazifismus – und warne vor einer Befriedung der Frauen. In Zeiten der Kriegsführung kritisiere ich eine allzu rasche Bereitschaft zur gewaltvollen Konfliktlösung – und warne vor einer Militarisierung der Männer.

Doch die Kritik an der Frauen – Schwarzen oder Juden – nur allzu gern zugeschriebenen „natürlichen Friedfertigkeit" einerseits und der allen Männern zugeschriebenen „natürlichen Aggressivität" andererseits gehört natürlich zusammen. Das eine bedingt das andere. Beides hat seine Funktion.

Kriegszeiten sind Männerzeiten, die Sache der Frauen hat da zurückzustehen. Das war schon immer so. Und auch die Mehrheit der Feministinnen hat sich in der Geschichte diesem obersten Befehl gebeugt. Es war immer nur eine Minderheit, die selbst in Zeiten der Kriegseuphorie der Entmenschlichung des „Gegners" ihr Mitfühlen auch mit den „Anderen" entgegensetzte.

Die Pionierinnen dieser feministischen Tradition, in der ich stehe, waren immer militante Kriegsgegnerinnen. Im 1. Weltkrieg war die radikale Feministin Lida Heymann die erste kritische Stimme überhaupt, die sich öffentlich gegen den allgemeinen Kriegstaumel erhob. Sie und ihre Mitstreiterinnen waren, neben einer kommunistischen Minderheit, die Einzigen, die sich über alle Grenzen hinweg weiterhin die Hände reichten und mitten im Krieg „Friedenskongresse" veranstalteten – was damals lebensgefährlich sein konnte.

Was aber nur konsequent ist. Denn wer auf der Mikroebene der Geschlechter gegen Gewalt und für Gleichheit ist, der muss auch auf der Makroebene der Völker gegen Krieg sein. ■ ■ ■

»Eines ist wichtiger als das Bemühen, der Gleichberechtigung der Frauen näher zu kommen: Das ist die Erhaltung des Friedens.« (Egon Bahr, Generalsekretär der SPD, in einer SPD-Anzeige »an die liebe EMMA-Leserin« im Politik-Sonderband 1980).

Im Ersten Weltkrieg meldete sich mein Großvater, Jahrgang 1895, freiwillig: Er wollte unbedingt »allen Franzosen in die roten Hosen schießen«. Und meine Großmutter gab »Gold für Eisen«, lieferte ihren Jungmädchenschmuck ab, damit das Kaiserreich Waffen daraus schmiede. – Im Zweiten Weltkrieg waren beide schon weniger euphorisch. Er entzog sich durch allerlei Köpenickiaden Hitlers Wehrmacht. Sie erwartete mit Sehnsucht den Einmarsch der Alliierten.

Lebten sie noch, sie würden sich mit dieser Kriegsunlust inzwischen beide in großer Gesellschaft befinden: Die Deutschen halten nichts mehr vom Krieg. Dies zumindest haben sie aus ihrer jüngeren Geschichte gelernt. Denn fast alle europäischen Länder hatten vor noch nicht allzu langer Zeit Millionen Tote auf dem Schlachtfeld zu beklagen. Hinzu kommt, bei dem Rüstungsstand wäre ein nächster Krieg, zumindest für Europa, ohne Morgen.

Bei Kriegs- und Rüstungsfragen geht es um Milliardeninteressen und um Macht. Die, die den Kopf hinhielten, hatten noch nie etwas davon, waren bestenfalls Verführte. Doch Menschen zum Krieg verführen scheint heute schwieriger denn je, denn Krieg will niemand mehr – egal ob Frau oder Mann. Doch hat das, was das Volk wollte, noch selten gezählt. Diese Entscheidungen treffen auch in den Demokratien einige wenige.

Wie sieht es also wirklich aus mit der zunehmend beschworenen Kriegsgefahr, in der sich als bester Friedensgarant die SPD zu diesen Wahlen präsentiert? Egon Bahr an die *EMMA*-LeserInnen: »Wer, wenn nicht eine SPD mit der erforderlichen Mehrheit, würde dafür stehen, dass von deutschem Boden keine Kriegsgefahr mehr ausgehen darf? Das steht zur Wahl!«

Seit wann schließen Emanzipation und Frieden sich aus? Und was bezweckt eigentlich das plötzliche Geplauder vom Frieden? Die aus Skandinavien aufgenommene Initiative *Frauen für den Frieden* stellt all diese Fragen nicht – im Gegenteil: Sie verdeckt sie und weckt gefährliche Illusionen. Fünf Millionen Unterschriften wollen die Frauen bis Mai sammeln, um die Liste dann der UNO vorzulegen. Unter dem Titel »Haben wir und unsere Kinder noch eine Zukunft?« schreiben die »Friedensfrauen«: »Wir wollen – zusammen mit der ganzen Welt – unsere Ohnmacht in Stärke verwandeln. Wir wollen nicht länger den Machtkampf zwischen den Großmächten stillschweigend akzeptieren.« Nur wie? Wir fordern: »Abrüsten für einen dauerhaften Weltfrieden! Rüstungsmilliarden für Nahrung aller auf der Welt! Nein zum Krieg!« Mitinitiatorin Janne Houman sinniert, befragt von der *taz*: »Warum sollten Frauen nicht die UNO übernehmen?« Gleichzeitig beteuern die Frauen vor der Presse, ihre Initiative sei ganz und gar »unpolitisch«. Doch was gibt es Politischeres, als in das Geschäft von Krieg und Frieden einzugreifen?

Keine Sorge – niemand stoppt diese Friedensfrauen, solange sie sich so naiv äußern und es bei netten Petitionen belassen. In der Bundesrepublik schon gar nicht, denn da passt eine solche Initiative wie maßgeschneidert in die Wahlkampagne der regierenden Parteien. Das kann Männern an der Macht nur recht sein, denn es belässt Frauen in der Ohnmacht.

Wenn wir wirklich etwas ändern wollen, müssen wir durchsetzen können, müssen wir *stark* sein. Erster Schritt dazu wäre: unsere eigene Emanzipation. Hier aber versuchen Männer, uns genau das Gegenteil einzureden. Wieder einmal wird unsere Sache zur Nebensache, zum Nebenwiderspruch degradiert. Wie lange aber können SPD-Politiker es sich noch erlauben, Frieden gegen Frauenemanzipation auszuspielen?

Friedensfrau Janne Houman vergleicht ihre Initiative mit der Frauenfriedensliga im Ersten Weltkrieg. Dieser Vergleich hinkt. Die Frauenfriedensliga – initiiert von Radikalfeministinnen wie Lida

Gustava Heymann und Anita Augspurg – trat öffentlich für den Frieden ein in einem Moment, in dem fast alle den Krieg wollten und auch bekamen. Ganz im Gegensatz zu den Sozialdemokraten (die damals dem Krieg zustimmten) war die Frauenfriedensliga eine der ganz wenigen politischen Kräfte, die es wagten, der allgemeinen Kriegshysterie der deutschen Nationen entgegenzutreten. Dafür bekam frau damals kein Lob als »Friedensengel«. Dafür geriet man auf die Liste der Vaterlandsverräter. Und diese Liste konnte tödlich sein.

Unter solchen Umständen war es nötig, wichtig, mutig, ja – selbstverständlich, dass Feministinnen ihre Stimme erhoben und Nein sagten: Nein zum Krieg! Heute aber macht nicht ein drohender Krieg, sondern die drohende Nachrüstung uns zu gurrenden Friedenstauben. Netter Nebeneffekt: Wo Frauen Petitionen für den Weltfrieden sammeln, haben sie für den Geschlechterkrieg weniger Zeit. Frieden statt Emanzipation?

Veröffentlicht im April 1980 in *EMMA* (5/1980)

SOLLEN FRAUEN MITGEHEN? – 1982

Für Ostern stehen diesmal nicht nur Ostereier auf dem Programm, sondern auch Ostermärsche. Tausende werden aus Protest gegen die Nachrüstung auf die Straße gehen. Darunter viele Frauen. Frauen aus Bürgerinitiativen, aus Organisationen und Parteien, aus der Frauenbewegung. Kämpfen wir Frauen dabei, Seite an Seite mit den Männern, auf gleiche Weise um die gleiche Sache? Oder ist unser Beitrag ein besonderer? Und unser Frieden ein anderer?

In diesen vergangenen zwei Jahren war *EMMA* von Anbeginn an Forum entschiedenen Protests gegen die »Nachrüstung«. Gleichzeitig aber war *EMMA* Stimme gegen die Parole »Frauen und Frieden«. Auch in den eigenen feministischen Reihen gehörten wir zu der Minderheit, die früh vor der Gefahr warnte, dass bei dieser Art Friedensbewegung die Emanzipation auf der Strecke bleiben könnte.

Erstes Alarmzeichen erschien uns im Frühling 1980 der Wahlslogan der SPD: »Frieden statt Emanzipation«. Schon ein Jahr zuvor hatte der Kanzler persönlich den Genossinnen auf dem ASF-Bundeskongress diesen heißen Tipp gegeben. Und im Sommer 1980 sprach dann eine breite SPD-Wahlkampagne die potentiellen Wählerinnen unter der Schlagzeile »Wir wollen nie wieder Krieg« als Mütter, Ehefrauen und Schwestern an, die um ihre Männer zittern und diese »nie wieder verlieren wollen«.

Ein Jahr später bliesen die Frauen selbst in dieses Horn, erklärten Frauen sich von *Natur aus* und als *Mütter* besonders zuständig für die Erhaltung des Lebens und die Welt von morgen.

Eine Speyerer Frauengruppe 1981 auf dem Saarbrücker Kongress »Frauen und Militarismus«: »Die Frau ist von Natur aus friedfertig, sie hat das Rad erfunden. Der Mann ist aggressiv, er erfand und entwickelte die Waffen.« Männer sind also von Natur aus Monster und

Frauen sind Lämmer? Und alle Männer wollen Krieg, und alle Frauen sind dagegen?

Es stimmt, dass ein so genanntes »männliches« und ein so genanntes »weibliches« Prinzip existieren. Doch ist dieser Widerspruch historisch gewachsen. Gerade diese Polarisierung darf nicht erneut verfestigt oder gar propagiert werden. Die Aufteilung von Menschen in Denkende und Fühlende, in Kriegführende und Kriegserleidende, in Politiker und Mütter ist der Beginn allen Übels. Nicht Biologie korrumpiert, sondern Macht – nicht Gebärfähigkeit macht schwach, sondern Ohnmacht.

Die Psychologin Mathilde Vaerting veröffentlichte 1921 eine von der ersten Frauenbewegung viel beachtete und von der zweiten wieder entdeckte vergleichende historische Geschlechter-Psychologie (»Männerstaat – Frauenstaat«). Sie konstatierte, dass Gesellschaften, in denen Frauen an der Macht waren, durchaus nicht immer friedlich waren, sondern oft auch kriegerisch. Und Gesellschaften, in denen Männer an der Macht waren, nicht immer kriegerisch, sondern durchaus auch friedlich. Sie fand allerdings einen Zusammenhang zwischen dem Grad der Vorherrschaft eines Geschlechtes und dem Grad der Militarisierung des jeweiligen Staates heraus: Je absoluter ein Geschlecht das andere beherrschte (ob nun die Männer die Frauen oder die Frauen die Männer), desto kriegerischer war sein Sinn.

Das leuchtet ein: Was macht selbstgerechter, als die alltägliche Unterwerfung des allernächsten Menschen? Des Menschen, der einen dafür noch nicht einmal hasst, sondern liebt. Das Muster der Unterwerfung von Rassen, Völkern und Klassen beruht auf diesem Grundmuster der Unterdrückung eines Geschlechtes. Das Monster Krieg zwischen Völkern und Systemen kann nicht besiegt werden ohne den gleichzeitigen Kampf gegen das Monster Kleinkrieg zwischen den Geschlechtern.

Wir Frauen sind von entscheidenden Positionen ausgeschlossen, haben kaum wirtschaftliche und politische Macht, haben also weder Prestige noch Pfründe zu verlieren. Aber es mangelt uns darum oft auch an dem notwendigen Durchblick. Wir laufen noch mehr Gefahr als Männer, dem naiven Glauben zu verfallen, Appelle und Proteste allein könnten das Böse aus der Welt treiben.

Gleichzeitig sind Frauen auf eine gewisse Weise tatsächlich eher zum Pazifismus prädestiniert: Weil wir zur Friedfertigkeit erzogen werden, weil unsere übergroße Abhängigkeit kaum den Gedanken an Auflehnung erlaubt, weil unser alltäglicher Umgang mit Kindern und Hilflosen uns sozial und emotional empfindsamer machen kann (nicht muss). Diese Qualität wird aber dann zur Schwäche, wenn sie in Friedfertigkeit um jeden Preis umschlägt und frau sich auch dann nicht wehrt, auch dann nicht kämpft, wenn es angebracht wäre.

Dass Frauen sich so genannte »männliche« Qualitäten aneignen können, ohne ihre historisch gewachsenen »weiblichen« Qualitäten zu verlernen, hat die Geschichte immer wieder gezeigt (für Männer gilt in der Umkehrung dasselbe). Dem Männlichkeitswahn nicht verfallen und sich vom Weiblichkeitswahn befreien; das muss unser Weg sein. Denken lernen, ohne das Fühlen zu vergessen; kämpfen können, ohne das Mitfühlen zu verlernen. Denn was nützt uns ein Paradies ohne Atombombe und Kernkraft, aber mit Vergewaltigern? Wir dürfen nicht versacken in Innerlichkeit oder Mystik. Wir müssen Mitreden, Mitdenken, Mithandeln. Und nicht tagsüber Schulter an Schulter mit Männern demonstrieren, die uns nachts demütigen und vergewaltigen. Der Kampf gegen Vergewaltiger ist untrennbar vom Kampf gegen Atomwaffen! Sollen Frauen also mitgehen auf den Ostermärschen? Ja, aber wir müssen auf der Hut sein: Ihr Friede ist nicht zwangsläufig auch unser Friede.

Veröffentlicht im März 1982 in *EMMA* (4/1982)

DIE MUTTER ALLER SCHLACHTEN – 1992

In den ersten 16 Tagen fliegen sie genau 44.000 Bombereinsätze, jede Minute einen, flächendeckend, so wie damals in Vietnam, und zum Teil mit den gleichen Flugzeugtypen. Allein in der ersten Nacht fallen mehr Bomben auf Bagdad als auf Dresden im ganzen Zweiten Weltkrieg. Am 22. Tag legen sie die dritte Brücke über den Euphrat in Schutt und Asche – am helllichten Nachmittag und just in dem Moment, in dem dort die Männer auf dem Nachhauseweg sind, die Frauen einkaufen und die Kinder spielen. Allein diese Brücke begräbt Hunderte von Toten unter sich. Gegen Ende der dritten Kriegswoche sprechen Experten von mindestens 30.000 Toten – die Verletzten, Hungernden, Heimatlosen, die verendeten Tiere und die zerstörte Natur nicht mitgezählt.

Und das ist erst der Anfang. »Abschneiden und Vernichten«, so lautet die Parole von »Stormin Norman«, dem Krieg führenden US-General Schwarzkopf. Nur drauf mit der westlichen Wunderwaffe auf den arabischen Untermenschen. Das macht Spaß, Mordsspaß.

Wie sie so war, die erste Bombennacht? »Phantastisch! Wie Weihnachten ... Aber jetzt gehe ich erst mal frühstücken und dann mach ich wieder meinen Job« (ein britischer Bomberpilot nach seinem ersten Einsatz über Bagdad). Was vom Feind zu halten ist? »Es ist so, wie wenn man nachts das Licht in der Küche anknipst: Die Kakerlaken fangen an zu rennen, und wir töten sie (US-Luftwaffenkommandant Dick White nach den ersten Luftangriffen auf irakische Bodentruppen). Und warum das alles? »Wir sind hier nicht nur wegen der Benzinpreise. Wir legen die Zukunft der Welt für die nächsten 100 Jahre fest« (US-Hauptfeldwebel J. Kendall).

So ist es, Colonel Kendall. Hier geht es nicht um die Befreiung Kuwaits. Hier geht es um die Eroberung der Welt. Drei Lektionen sollen der Welt dabei eingebombt werden. Erstens: Die USA sind im nächsten Jahrhundert die Führungsmacht. Zweitens: Der Westen hält die Kontrolle über die arabischen Ölfelder. Drittens: Der weiße Mann bleibt der Größte.

Seit dem 17. Januar 1991 befinden wir uns im Dritten Weltkrieg. Nach der Auflösung der Ost-West-Blöcke, deren Satelliten die Dritte-Welt-Länder waren, gilt es die Welt neu aufzuteilen. Der (ex)kommunistische Teufel hat seine Fratze abgelegt und versucht mitzufahren auf dem Karussell der ganz und gar freien Marktwirtschaft. Neue Feindbilder müssen her. Denn nur so kann die pathologisch patriarchalische Weltordnung weiter funktionieren, die vom Oben und Unten, vom Wert und Unwert, vom Gut und Böse. Da bietet sich dem nordischen Herrenmenschen der südliche Bastard an: Schwarze, Asiaten und Araber. Letztere sind eh noch vom Stiefeltritt der Kolonialherren gebeugt.

Und neue Märkte können auch nichts schaden. Am liebsten solche, die man erst für Milliarden aufrüstet, dann für Milliarden zerbombt und sodann für Milliarden wieder aufbaut. Allein für den Wiederaufbau von Kuwait werden 90 Milliarden Dollar geschätzt – dreimal dürfen wir raten, wer daran verdienen wird …

Der Konflikt entzündete sich nicht zufällig in einer Region der Dritten Welt, in der das meiste Öl gepumpt wird. Und er entzündete sich nicht zufällig an einer Nahtstelle: Hier prallen Norden und Süden aufeinander, Christen und Moslems, Abendland und Morgenland. Das ist in der Tat ein »Krieg der Kulturen«.

Bagdad ist die Wiege der morgen- und der abendländischen Kultur. Hier erzählte einst Scheherazade 1001 Nacht lang dem mächtigen Harun al Raschid Geschichten, um ihren Kopf zu retten. Und hier reichte Eva Adam den Apfel. Der Irak, so will es die alttestamentarische Legende, ist das Gebiet, in dem einst das Paradies lag. Jetzt werden die Menschen dort ein zweites Mal vertrieben.

Aber diesmal hat Gott nicht die Hand im Spiel. Diesmal sind es die Herren der Welt, die uns zeigen, wozu so ein echter Kerl fähig ist. Und bevor sie in ihre mit Computern und Videokameras ausgerüsteten Cockpits steigen und aus ihren Spielchen blutiger Ernst wird, nehmen sie einen letzten Schluck Cola und machen sich im Wüstenzelt mit Porno-Videos scharf (diese Information sickerte durch, obwohl die Militärzensur sie gerne als zu »unangenehm« unterdrückt hätte).

Und die Medien? Sie liefern uns seit Wochen einen sauberen Krieg. Das Fernsehen feiert Triumphe über das Kino. Kein Kriegsfilm ist so spannend, wie die Nachrichten von CNN es sind. Alltäglich feiert der Männlichkeitwahn 24-Stunden-Orgien. Und die sich Bekriegenden stehen sich wenig nach in Sachen Selbstgerechtigkeit, Nationalismus und Blutrünstigkeit. Nur einen kleinen Unterschied gibt es da: Präsident Bush scheint stärker – darum hat auch er den Krieg gewollt. Und da Manipulation und Meinungsmache so extrem sind, lohnt es sich, kurz an die Vorgeschichte des Krieges zu erinnern.

Solange Saddam Hussein Krieg gegen den fundamentalistischen Iran führte (1980-1988), war er der Darling von Ost und West. Wie grausam der pseudosozialistische Militärdiktator dabei gegen seine Feinde drinnen und draußen vorging, dass er Oppositionelle folterte und Kurden wie Iraner mit Giftgas erstickte – das störte in all diesen Jahren nicht nur keinen, es galt sogar als förderungswürdig. Der Irak wurde von der Sowjetunion wie vom Westen aufgerüstet – zur viertstärksten Militärmacht der Welt. Allein in der Bundesrepublik kaufte Saddam Hussein im vergangenen Jahr Waren im Wert von über einer Milliarde DM – und die Bundesregierung übernahm dafür auch noch die Bürgschaft.

Nach Beendigung des Iran-Krieges blieb der Irak hochverschuldet zurück. Aber die Gläubiger, darunter die Golfstaaten, drängten auf Zahlung. Am 25. Juli 1990 ließ Saddam Hussein bei der amerikanischen Botschaft in Bagdad vorfühlen, wie die USA wohl auf seinen Einmarsch in Kuwait reagieren würden. Die inzwischen viel zitierte Antwort lautete: »Unsere Seite hat keine Meinung zu innerarabischen Konflikten.« Damit war Saddam grünes Licht gegeben zur Besetzung seines Nachbarn, bei dem der Irak dick in der Kreide stand.

Am 2. August 1990 marschierte Saddam Hussein in Kuwait ein und saß damit in der Falle. Denn ab jetzt gaben die USA ihm nicht mehr die geringste Chance zu einem Kompromiss. Sie waren, darauf deuten einfach alle Informationen, von Anfang an zum Krieg entschlossen. Dass sie so schlecht verhandelten, lag nicht etwa am

Ungeschick der amerikanischen Diplomatie, sondern an der Absicht der Regierung. Die wusste nur zu gut, dass der von ihr geforderte demütigende Rückzug für den Araber Saddam einfach unmöglich war. Am 17. Januar eröffneten die Amerikaner ihren »Blitzkrieg«.

Zwölf Tage später hielt der Präsident eine denkwürdige Ansprache zur »Lage der Nation«: Bush wörtlich: »Heute Abend trete ich vor dieses Haus und vor das amerikanische Volk mit einem Aufruf zur Erneuerung.« Denn »auf dem Spiel steht mehr als ein kleines Land, es ist eine große Idee, eine neue Weltordnung, in der unterschiedliche Nationen in einer gemeinsamen Sache zusammenstehen«. Unter der Führung der USA, denen sich nur noch die Bush-Frage stellt: »Wer von unseren Bürgern wird uns in das nächste amerikanische Jahrhundert führen?«

Bürger Norman Schwarzkopf zum Beispiel. Er ist sozusagen schon familiär vorbelastet. Sein Vater, so berichtet *Time*, brachte als CIA-Mann den Vater des Schahs von Persien an die Macht und baute den folternden Polizeiapparat des letzten Schahs auf. Schon als zehnjähriger Militärkadett träumte Norman jr. davon, ein »zweiter Alexander der Große« zu werden und sein Vaterland in »die Schlacht aller Schlachten« zu führen. Gesagt, Getan!

Ihm gegenüber steht ein Feldherr, der »die Mutter aller Schlachten« führt. Saddam Hussein nämlich war inzwischen auch nicht faul. Der einst »sozialistische« Staatschef hat sich neuerdings zu einem muslimischen Führer gemausert und offeriert sich den gedemütigten Arabern als Rächer gegen die verhassten Imperialisten. Mit Erfolg. Die absolute Mehrheit aller Araber, Männer wie Frauen, stehen heute hinter Saddam Hussein.

Dieser Mann, der heute für die Westler ein »Irrer« ist, ein »Satan«, ja sogar ein »zweiter Hitler« ist, ist für die Araber ein Held. Und das nicht nur in den Augen des verführten Volkes, sondern auch in denen der kritischen Intellektuellen. Wenn also jetzt westliche Intellektuelle hergehen und das demagogische Bush-Wort vom »zweiten Hitler« unreflektiert übernehmen, so zeigt das nur, wie wenig auch sie gewillt sind, ihre privilegierte weiße Position zu hinterfragen und die Dinge einmal nicht nur mit eigenen Augen, sondern auch mit den Augen der anderen zu sehen. Und die Medien spielen mit.

Tröstlich, dass es trotzdem mehr und mehr Deutsche gibt, die das so nicht mehr mitmachen wollen. Vor allem die Jungen – inklusive unserer so sympathischen »unmännlichen« Soldaten – und die Frauen wollen diesen Krieg nicht. Sie erteilen der martialischen Kriegshetze der Konservativen und den intellektuellen Winkelzügen des 68er-Establishments eine klare moralische Absage. Denn für sie, für uns gibt es keinen »gerechten Krieg«. Es gibt nur ungerechtfertigtes Leid.

Aber was ist mit Israel? Richtig, das ist ein Argument, das gerade uns Deutsche angeht. Schließlich ist die Existenz des jüdischen Staates nicht zuletzt Resultat der Ermordung von sechs Millionen jüdischen Menschen. Nur dürfen wir gerade jetzt nicht vergessen: Wir Deutschen sind in Bezug auf Israel Täter, die Araber jedoch sind Israels Opfer. Sie waren es, die einen Teil ihres Landes räumen mussten für die vor dem weltweiten Antisemitismus flüchtenden Juden. Nicht nur darum wäre es von Anfang an klug gewesen, den Judenstaat auf die Koexistenz mit den dort lebenden Arabern aufzubauen. Viele Israelis und Juden in aller Welt haben das so gewollt und wollen es noch. Leider aber haben die Falken auch in Israel gesiegt. Sollte die Existenz Israels eines Tages wirklich gefährdet sein – was schrecklich wäre –, so wäre das vor allem diesen Falken zu verdanken.

»Die Welt steht hinter uns«, verkündet Bush an dem Tag, an dem er den Krieg erklärte. Welche Welt steht hinter Bush? Die der Milliarden Moslems (ein Fünftel der Weltbevölkerung – davon allein in der Sowjetunion 50 Millionen)? Die der Milliarden Schwarzen, Asiaten und Südamerikaner? Wer sind hier »wir«? Und wer sind »die Anderen«?

Die Lage der Frauen in den islamischen, zum Fundamentalismus neigenden Ländern war schon vor Beginn des Krieges dramatisch. Jetzt aber werden die gedemütigten Moslems ihren Hass noch mehr auf die eigenen Frauen abladen – und auch das ist mit die Schuld der weißen Herren.

Veröffentlicht im März 1991 im *EMMA*-Sonderband »Krieg«

19. April 1999. Im Frühstücksfernsehen kann ZDF-Korrespondent Friedrich Kurz in Belgrad dem launigen Ton des Moderatoren in Berlin heute Morgen so gar nichts abgewinnen. Er habe, berichtet er blass, wie alle Menschen in Belgrad heute Nacht nur vier, fünf Stunden geschlafen und heute Morgen mit Schrecken festgestellt, dass der Himmel wolkenlos ist: »Bombenwetter«.

Auch heute Nacht seien wieder 3-4.000 Arbeitsplätze zerbombt worden. Und eine Belgraderin habe gestern zu ihm gesagt: Ich fürchte langsam um die Zukunft unserer Kinder. Von der Gegenwart gar nicht zu reden. Zerbombte Brücken und Züge, Häuser und Fabriken, Wasser- und Heizölspeicher. Und Tote. In den ersten drei Kriegswochen 500 (laut Nato) bis 1.000 Tote (laut Belgrad) und mindestens 4.000 Verletzte allein unter den »unschuldigen Zivilisten«. Die toten Soldaten und Polizisten nicht mitgezählt – als seien das keine armen Schweine.

»Versehentliche« Bombardierungen von Wohnblocks oder auch mal einem albanischen Flüchtlingstreck. Sorry. Für Clinton »bedauerliche Kollateralschäden«, die »leider unvermeidlich« sind. Und das ist erst der Anfang. Denn, so US-Generäle sportlich, dieser »top fight« muss »unbedingt gewonnen werden«. Höchste Zeit für den Einmarsch von Bodentruppen. Das finden wohl auch »Bill« und »Tony«, die täglich in brüderlicher Einigkeit miteinander telefonieren. »This is a buddy movie«, schwärmt ein altgedienter Beamter im Weißen Haus laut *Herald Tribune.*

Doch für die Opfer ist dieser Kumpel-Film blutige Realität. Auch für die Flüchtlinge aus dem Kosovo, die doch geschützt werden sollten. Das Elend dieser Frauen, Kinder und Alten wächst mit jedem Kriegstag. Sie berichten vom Terror einer wütenden serbischen Soldateska, von zerstörten Häusern und Vergewaltigungen – auch in den Flüchtlingslagern.

19. April 1999. Der *Spiegel* enthüllt, dass Joschka Fischer bereits vor Antritt seines Amtes von dem bevorstehenden Krieg wusste. Eingeweiht wurde der zukünftige Außenminister von Clinton bei dem hastigen Washington-Trip des Duos Schröder/Fischer gleich nach der Wahl. Auch ein buddy movie. Und zwei kleine Brüder, die sehr stolz sind, endlich mitspielen zu dürfen. O-Ton Fischer: »Wir standen vor der Frage, ob Rotgrün an der internationalen Konstellation scheitern soll.« Lieber Hinnahme eines Angriffskrieges statt Machtverlust?

Angeblich ging es bei dieser »humanitären Intervention« (Scharping) um Hilfe für die Albaner im Kosovo. Nur: Warum bestärkte dann niemand vorher die innerjugoslawischen demokratischen Kräfte, damit das Land selber mit seinen Problemen fertig werden kann? Und warum dachte niemand vorher an die Folgen für die Kosovoalbaner? Und warum eigentlich wurde ausgerechnet der wichtigste Vermittler, der große geschwächte Bruder Russland, nicht vor Bombardierung des kleinen Bruders konsultiert – und danach auch noch schwer brüskiert, notabene vom deutschen Kanzler?

Und was ist mit den unzähligen Krisenherden auf der Welt, in denen die Menschenrechte tagtäglich mit Füßen getreten werden? Woher eigentlich nehmen die Amerikaner das Recht, sich als Weltpolizei aufzuspielen? Nach Vietnam. Und nach Afghanistan, wo dank amerikanischer Unterstützung wegen Öl die Talibane an die Macht kamen – die Talibane, die nicht nur über alle Frauen, sondern über das ganze Land ein Leichentuch breiteten.

In einem beklemmenden Kontrast zu den Warnungen erfahrener Krisenmanager wie Alt-Bundeskanzler Schmidt, Nato-General a.D. Schmückle oder Ex-US-Außenminister Kissinger – steht die Zustimmung von Medien und Parlament in den ersten Kriegswochen. Die Mediendemokratie schaltete, mit wenigen Ausnahmen, so stramm auf Regierungskurs, dass sogar der *FAZ* Angst und Bange wurde. Ohne den Beitrag von Gregor Gysi wäre die Parlamentsdebatte wohl »geradezu gespenstisch« gewesen, klagte die *FAZ*, weil »alle Fraktionen des Parlaments in einer Frage, die vielleicht sogar schicksalshaft ist (...) konsensbedürftig und einig« waren.

19. April 1999. Neben der PDS, die kurzerhand als »Kriegsgewinnler« abgestempelt wurde, protestierten in den ersten Kriegswochen nur eine Hand voll Sozialdemokraten und, nach langem langem Zögern, erst sieben, dann heute 900 Grüne – erst am Tag danach wird Minister Trittin aus der Deckung treten. In Bonn macht das böse Wort vom »Karriereknick« bei Widerspruch die Runde. Und der Kanzler droht unverhüllt: Wer in dieser Frage »Verunsicherung« nach außen trage, gehöre nicht an den »Kabinettstisch«.

»In Vorkriegszeiten müssen sich jene rechtfertigen, die Krieg nicht für Fortsetzung der Politik mit anderen Mitteln halten. In der Nachkriegszeit ist das umgekehrt.« Diese wahren Worte notierte die Bonner *taz*-Korrespondentin Bettina Gaus am ersten Tag nach Kriegsbeginn. Dabei liegen die Argumente gegen diesen Krieg auf der Hand.

Die destruktiven Folgen und die Toten, die Zerschlagung des Völkerrechts, die drohende Ausweitung des Kriegs, die besondere deutsche Verantwortung. Und die vergewaltigten Frauen. Doch die werden von einer marodierenden, verrohten Soldateska aller Fronten jetzt noch mehr geschändet als zuvor. Und auch die Freundinnen und Ehefrauen dieser »Helden« werden noch ihr blaues Wunder erleben, wenn die Jungs vom buddy movie in das Alltagsleben von Belgrad oder Tirana, Düsseldorf oder Denver zurückkehren. Das werden nicht mehr dieselben Männer sein.

Das sind die Folgen – sind es auch die Ziele? Eines ist sicher: Wenn dieser Krieg, der allein Deutschland täglich fünf Millionen DM kostet, vorbei ist, zieht sich unser amerikanischer Freund auf seinen fernen, sicheren Kontinent zurück. Und dann steht Amerika da als Weltmacht Nr. 1 in der »neuen Weltordnung«, während der Konkurrent Europa vor seinen Scherben steht.

19. April 1999. Bonn zieht nach Berlin, das Parlament in den neuen Reichstag. Als deutsche Parlamentarier dort nach dem Zweiten Weltkrieg 1949 zum ersten Mal wieder tagten, da lautete ihr eherner Vorsatz: »Nie wieder Krieg«.

Veröffentlicht im April 1999 in *EMMA* (3/1999)

STEINE & BOMBEN – 2001

8. Februar 2001. Im Fernsehen läuft eine Dokumentation, die mich den Schlaf kosten wird. Zu sehen sind recherchierende Journalisten, Menschen im Kosovo heute, Bilder des Flüchtlingselends damals, Akteure der Medienschlacht, OSZE-Beobachter, ein Ex-General und ein leibhaftiger Minister. Der Minister macht einen gelassenen Eindruck, sehr gelassen. Ihn scheinen die Fragen der Journalisten kaum zu berühren, geschweige denn zu erschüttern. Stoisch wiederholt er Behauptungen, die wir von ihm seit Jahren kennen, die darum aber nicht wahrer werden: Hufeisenplan, serbische KZs, humanitäre Katastrophe ... Sie werden dem deutschen Verteidigungsminister nicht zum ersten Mal als falsch, ja als wissentliche Lüge vorgehalten. Folgenlos.

Vier Wochen zuvor. Ich bin fern der Heimat, so fern, dass selbst brisante West-Nachrichten mich nur zufällig erreichen. In der Hotelhalle liegt eine *Herald Tribune* von gestern, in der ich so Aufregendes aus Deutschland entdecke, dass selbst die amerikanische Presse es berichtenswert findet. Den deutschen Außenminister und »bestgekleideten Mann Deutschlands« (*Gala*) holt seine Vergangenheit als Streetfighter und Lederjackenträger ein. Die US-Zeitung kommentiert den »unheimlichen Wandel« des Ministers scharf. Diese deutschen Söhne seien ganz wie ihre Eltern: Sie schlüpfen von einem Tag zum anderen in eine neue Haut, sie erinnern sich an nichts – und wenn überhaupt, haben sie alles nur für die gerechte Sache getan.

Wieder zu Hause lese ich ganz andere Töne. In Deutschland selbst wird die Affäre viel, viel milder gehändelt. Die wenigen, denen die Leichen im Keller von Fischer & Genossen stinken, gelten als lächerliche Konservative und Ewiggestrige. Außerdem: Wenn Fischer kippt, dann kippt auch Schröder und die ganze rot-grüne Regierung. Da müssen wir zusammenhalten.

In den regierungsnahen Medien haben Sympathisanten, einstige Kampfgenossen das Meinungsmonopol: Ex-Spontis, Ex-Maoisten, Ex-Trotzkisten oder Ex-Stalinisten aus der WG von nebenan, das Sagen. Die, an deren WG-Wand derselbe Che Guevara pinnte, dieses bärtig-zigarrenpaffende, kubanische Guerillo-Idol mitteleuropäischer Stadtteilrevolutionäre. Tenor der einst Oppositionellen und heute Regierungstreuen: selbst auch mal jung und hitzköpfig gewesen. Oder, um es mit Joschka Fischer zu sagen: Wer hat denn keine Steine geschmissen?

Ich. Und einige andere auch nicht. Vor allem Frauen nicht. Nicht, weil wir die Vorhut von Merz & Merkel gewesen wären. Nein. Wir wollten auch die Welt verbessern und diskutierten nächtelang über »revolutionäre Gewalt«, und ob und wieweit die nun gerechtfertigt sei: nur gegen Sachen oder auch gegen Menschen? Aber wir hatten das Einfühlungsvermögen uns vorzustellen, dass geworfene Steine nicht nur uns selber wehtun, sondern auch anderen. Von »Mollis« ganz zu schweigen.

Natürlich war das mit den Steinen und den Mollis vor allem Männersache. So wie jetzt wieder die Bomben. Auch flammte die Gewalt als Attitüde nicht zufällig in den emanzipationsbewegten 70er Jahren hoch. Sie war in erster Linie eine Antwort auf das neue Selbstbewusstsein der Frauen und die Verunsicherung der linken Häuptlinge durch den Feminismus. Deren Rückzug in die Gewalt war ein Rückzug in frauenfreie Räume und eine Demonstration von Männlichkeit: wie die Lichtungen im Taunus, auf denen Joschkas »Putzgruppe« Randale übte. Auch konnte schwarzes Leder über gespannten Muskeln so manche Semi-Emanzipierte noch beeindrucken. Die damalige Gefährtin von Cohn-Bendit rückblickend: »Wir Frauen fanden Steinewerfer erotisch.«

Der Spiegel hat ein aufschlussreiches Fischer-Zitat aus dem Jahre 1977 ausgegraben, also aus der Zeit, in der der »revolutionäre Kampf« am Ende war und seine Helden mit ihm. Damals war Fischer noch erschrocken. Über sich selbst. Er schrieb: »Ich lernte, in der Gewalt zu leben, mit ihr – erfolgreich! – umzugehen und mich psychisch total darauf auszurichten ... Daraus wurde dann leicht die Lust am Schlagen, ein tendenziell sadistisches Vergnügen.« Und weiter: »Es ist unser und mein dunkelstes Kapitel, ich weiß oder ahne es besser nur, weil ich da selber wahnsinnige Angst vor bestimmten Sachen in mir habe. Bartsch oder Honka sind Extremfälle, aber irgendwie ist das als Typ in dir drin.«

Zu der Zeit saß der Metzgergeselle Honka als Massenmörder von Prostituierten auf der Anklagebank. Und der Metzgerssohn Bartsch war als sadistischer Serienmörder kleiner Jungen verurteilt worden. Irgendwie ist das als Typ in dir drin. Ein sehr ehrlicher und sehr gewagter Satz. Es wäre gut für uns alle gewesen, wenn nicht nur der katholische Metzgerssohn Joschka den Mut gehabt hätte, diesem »dunklen Kapitel« in sich weiter nachzuspüren. Doch leider sind Fischer & Co. die Erkenntnisse der 70er Jahre in den 90ern verloren gegangen, irgendwo zwischen der Toskana und dem Weißen Haus.

Die Lehren aus dem Erbe der Väter wurden von diesen Söhnen nie wirklich gezogen. Die Entmenschlichung des politischen Gegners, die Selbstgerechtigkeit gepaart mit der Gewissheit, der Zweck heilige allemal die Mittel – all das haben diese Söhne wieder reproduziert. Vor 25 Jahren kämpften sie mit Maobibeln oder Maschinengewehren gegen die »Scheißbullen« und das »Schweinesystem« der »alten Nazibonzen«. Heute lassen sie Bomben auf ferne Fremde und »den Schlächter von Belgrad« werfen, um »ein neues Auschwitz« zu verhindern.

Alle haben sie Spaß an Trouble. Alle glauben sie sich im Recht. Und alle greifen sie zur Gewalt im Moment ihrer Verunsicherung. Ihrer Verunsicherung als Männer.

Das war schon mal so. Das Berliner Document Center meldete im letzten Jahr, dass von den 42.000 ersten NSDAP-Mitgliedern im Jahre 1933 genau 93 Prozent Männer waren, die Mehrheit im Alter von 27 bis 29 Jahren. Und das ebenfalls in Zeiten besonderer männlicher Verunsicherung und mitten in einer ökonomischen Krise.

Übrigens hat es immer schon nur »gerechte Kriege« gegeben. Ungerecht finden nur die Opfer den Krieg.

Veröffentlicht im Februar 2001 in *EMMA* (2/2001)

DIE ZUKUNFT IST MENSCHLICH

■ ■ ■ Es gab mal einen Slogan, der hieß: „Die Zukunft ist weiblich". Ich fand den immer schrecklich. Denn so wenig, wie ich die männliche Gegenwart wünschenswert finde, so wenig hoffe ich auf eine weibliche Zukunft. Ich glaube nicht daran, dass Frauen das bessere Geschlecht sind (und Männer das schlechtere). Es sind einfach die (Macht)Verhältnisse, die den einen mehr Gelegenheiten zu Übergriffen geben als den anderen. Ich wünsche mir also ganz einfach eine menschliche Zukunft.

Wir Pionierinnen der Frauenbewegung sind seit Anfang der 70er Jahre gegen Ungleichheit und (Ohn)Macht angetreten. Zehn Jahre später war die Frauenbewegung am Ende. Nicht, weil sie tot oder überholt gewesen wäre – sondern weil es in der Natur einer „Bewegung" liegt, dass sie zeitliche Grenzen hat. Eine Bewegung ist nur eine solche, solange sie in Bewegung ist, gemeinsame Ziele und einen organisatorischen Zusammenhalt hat. Die aber sind Anfang der 80er Jahre auseinander gefallen.

Aus „der Frauenbewegung" wurde ein allgemeiner Bewusstseinszustand, der in die Köpfe und Herzen zog; in die Schulen, Universitäten, Parlamente, Büros, Studios und Schlafzimmer. Der Feminismus ist heute allgegenwärtig. Mehr können wir uns eigentlich nicht wünschen.

Aber: Der Feminismus ist keine organisierte, fassbare, quantifizierbare gesellschaftliche Kraft. Das ist seine Schwäche. Die Frauenbewegung hat die traditionellen Organisationsformen abgelehnt ohne neue einzuführen; sie hat weder Parteien noch Aktiengesellschaften gegründet. Sie hat auf Bewusstseinswandel statt Besitzstände gesetzt. Was nicht falsch war und sehr sympathisch. Was aber nicht genügt.

Jetzt stehen wir da. Wir sind viele. Aber wir haben keine Lobby. Die Stimmen der Frauen wiegen nicht bei Entscheidungen und sind nicht organisiert bei Wahlen.

Die Gretchenfrage, auf die wir bewussten Frauen in den kommenden Jahren eine Antwort finden müssen, lautet darum: Wie können wir einerseits unseren individuellen Weg weitergehen – andererseits aber gleichzeitig den Schulterschluss machen, um zum gesellschaftlichen Machtfaktor zu werden? ■ ■ ■

DIE FRAUENBEWEGUNG IST TOT – ES LEBE DER FEMINISMUS – 1986

Die Frauenbewegung ist tot, es lebe der Feminismus. Alle, die in den letzten zehn Jahren im Namen *der* Frauenbewegung gesprochen haben, wussten es entweder nicht besser oder bedienten sich bewusst einer Chimäre. Denn eine »Frauenbewegung« im politischen Sinne – also eine Bewegung mit organisatorischem Zusammenhalt und gemeinsamen Grundpositionen und Zielen –, die gibt es schon seit Ende der 70er Jahre nicht mehr.

Die Analysen und Forderungen der Frauenbewegung aber existieren weiter. Sie sind längst weit über die feministischen Gruppen hinaus eingedrungen in die Gesellschaft und die Köpfe der Menschen. Was nicht heißt, dass die Frauenbewegung alles erreicht hat. Im Gegenteil: Ihren Zielen drohen neue Gefahren, von außen wie innen, von Männern wie Frauen. Sogar der Feminismus selbst befindet sich nicht selten auf Irrwegen, die bis hin zum Antifeminismus führen können.

Nichts wird uns geschenkt, alles Erreichte haben wir täglich wieder zu verteidigen oder noch immer zu erkämpfen (Beispiel § 218), und mit neuen Chancen und Gefahren haben wir uns zu stellen (Beispiel Pornografie). Denn ein paar Tausend Jahre Macht haben die Männer so sicher und so geschickt gemacht, dass sie die Angriffe auf ihre Privilegien nicht selten in der Luft umdrehen und zum Bumerang machen (Beispiel Quoten). Mit der Männergesellschaft ist es eben wie in der Geschichte vom Hasen und vom Igel: Die Jungs sind immer schon da.

Wir fordern die Vermenschlichung der Geschlechter? Kein Problem. Sie nehmen sich die angenehmen Seiten der Weiblichkeit (Männer sind ja so verletzlich), lassen uns die Arbeit und versperren weiter den Zugang zur Macht. Wir fordern die Hälfte der Welt? Kein Problem. Sie gewähren uns eine Quote, auf die sie Frauen ihrer

Gnade setzen und nach ihrer Pfeife tanzen lassen. Wir sprechen von Lust? Kein Problem. Sie vermarkten mehr denn je unsere Körper und Seelen und fügen den zwei Schichten der Doppelbelastung (Beruf und Haushalt) die dritte Schicht hinzu: den Sexservice nach Pornovorlage, jetzt auch noch gratis und zu Hause! – Moderne Zeiten.

Sicher, wir haben viel erreicht in diesen 20 Jahren. Wir Feministinnen haben eine wahre Kulturrevolution gemacht. Aber die Konterrevolte hat nicht auf sich warten lassen. Von außen ruht auch auf der selbstbewusstesten Frau der zunehmend pornografisierte Blick (vor allem des jungen, indoktrinierten Mannes): In seinen Augen ist sie nicht Subjekt, sondern Objekt. Und von innen richtet sich der Würgeengel »Weiblichkeit«, auch »Andersartigkeit« genannt, wieder auf: Er würgt die Frau, reißt sie runter und verstellt ihr den Griff zur Welt.

Für die frauenbewegte Praxis von Millionen spielt diese Weiblichkeits-Renaissance bisher noch keine große Rolle. Für die feministische Theorie aber wirkt sie sich schon jetzt verheerend aus. Ausgerechnet an den Universitäten ist die Grunderkenntnis des Feminismus in Gefahr, die da lautet: Der Mensch ist frei geboren. Er wird zum »Mann« oder zur »Frau« (oder zum Schwarzen oder Weißen, Juden oder Araber) überhaupt erst gemacht. Heraus kommen zwei verstümmelte Hälften. Nicht zufällig hat sich dabei der Mann die Eigenschaften und Rechte vorbehalten, die Herrschaft sichern (Besitz, Gewalt, Wissen, Zusammenhalt), und die weibliche Hälfte die Eigenschaften, die Ohnmacht und Ausbeutung zementieren (Besitzlosigkeit, Friedfertigkeit, soziale Verantwortung, Isolation). Männer sind nicht von Natur aus böse und Frauen nicht von Natur aus gut. Es sind Macht und Ohnmacht, die die Geschlechter korrumpieren oder lähmen.

Milliarden von Frauen leisten weltweit mindestens zwei Drittel aller Arbeit, bekommen dafür zehn Prozent des Lohns und haben ein Prozent des Besitzes. Das sind keine feministischen Statistiken, sondern UNO-Zahlen. Und die sprechen Bände. Frauen wie Männer sind Produkte dieser Machtverhältnisse. Genau das machte die Frauenbewegung Anfang der 70er Jahre (wieder) öffentlich. Von New York bis Berlin gingen die Frauen zu Tausenden auf die Straße und nannten den Ehekrieg beim Namen. Ihre Forderungen: Das Recht auf erotische, berufliche und gesellschaftliche Teilhabe, auf Gleichheit und Selbstbestimmung! Die Herren der Schöpfung waren zunächst überrascht. Peinlichkeiten, die bis dahin unter einem Mantel des Schweigens verdeckt waren, wurden nun öffentlich bloßgestellt, von Inzest und Vergewaltigung bis zur unbezahlten Haus- und Seelenarbeit.

Wir revoltierenden Frauen standen nicht länger zur Verfügung. Wir sagten nein, wenn wir keine Lust hatten. Wir lächelten nicht, wenn es ernst wurde. Wir kauften nicht länger Liebe mit Dienstleistungen. Wir spielten nicht die Dummen, wenn wir klug waren. Wir baten nicht länger um Gnade, sondern forderten unsere Rechte. Kurzum: Wir verzichteten auf die so genannten weiblichen Waffen, die Waffen von Sklaven, wir integrierten, schmeichelten und manipulierten nicht länger, sondern wagten die offene Konfrontation.

Dabei taten wir uns nicht immer leicht. Denn in uns trugen und tragen wir das Erbe unserer Mütter: Verunsicherung, Demütigung und Zerstörung. Und um uns formierte sich der Widerstand der Väter und Söhne. Wir frühen Feministinnen wurden öffentlich so verhöhnt und durch den Dreck gezogen, dass es ein Wunder war, wenn wir überlebten. Viele Frauen begriffen die Lektion: Sie nahmen sich in Acht. So fanden Ängste und Zweifel auch in uns selbst bald wieder Nahrung.

Schon wenige Jahre nach dem feministischen Aufbruch schlug also das Pendel zurück. Auch innerhalb der eigenen Reihen. Auch Frauen üben sich wieder in Ritualen der Unterwerfung und Rivalität und zelebrieren erneut den Kult der »Weiblichkeit« – jetzt unter modischen Etiketten wie »neue Weiblichkeit«, »neue Mütterlichkeit« oder »neue Lust«. Nicht selten sogar ausgerechnet im Namen des Feminismus.

Hauptfeind dieser »neuen Frauen« und alten Weibchen sind wir Radikalfeministinnen, die weiterhin uneingeschränkte Gleichheit für Frauen und Männer fordern und den Geschlechterkonflikt offen benennen. Denn vor allem in Deutschland grassiert die pseudofeministische Ideologie von der natürlichen »Andersartigkeit« des Weibes. Kein Wunder, schließlich ist die Zeit der drei Ks (Kinder/Küche/Kirche) und ihrer KKF-Variante (Kinder/Küche/Führer) noch gar nicht so lange her.

Wie schon in der ersten Frauenbewegung – in der die radikalen ins Exil flüchteten und die Reformistinnen vom Führer vereinnahmt wurden – driften auch jetzt wieder die Erbinnen der historischen Frauenbewegung in zwei Flügel auseinander. Die Reformistinnen werden mit offenen Armen von der Männergesellschaft wieder aufgenommen und die Radikalen zunehmend abgedrängt und totgeschwiegen. Auch von den Feministinnen selbst.

So sprechen zum Beispiel die *Feministischen Studien* vom »politisch-sozialistischen Feminismus« einerseits und »kulturkritischen Feminismus« andererseits, der unter Weiblichkeit etwas Besonderes verstehe, das »historisch oder/und biologisch begründet wird«. Die Antibiologistinnen – für die immerhin die bedeutendsten Feministinnen stehen von Olympe de Gouges, Hedwig Dohm über Simone de Beauvoir – werden einfach unterschlagen. Doch wir Anti-Differenzialistinnen wollen keine »weibliche« Zukunft – so wenig wie die männliche Gegenwart. Wir wollen eine menschliche Zukunft. Ohne Rollenzwänge, ohne Macht- und Gewaltverhältnisse, ohne Männerbündelei und Weiblichkeitswahn.

Veröffentlicht im Oktober 1991 im *EMMA*-Sonderband »Schwesternlust – Schwesternfrust«

EINE STOLZE BILANZ – **2000**

Ich schreibe diese Zeilen an einem lichten Dezembertag des bald vergangenen Jahrtausends. Fern aller Millenniums-Euphorie und -Hysterie kann auch ich mich nicht ganz der Versuchung entziehen, Bilanz zu ziehen. Was haben wir Frauen erreicht? Und was erwartet uns?

Wir haben unerhört viel erreicht! Innerhalb einer einzigen Generation hat es eine Revolution in den Köpfen gegeben. Die Hälfte der Welt für uns, die Hälfte des Hauses für die Männer – dieser Anspruch wäre noch vor 30 Jahren eine Lachnummer gewesen. Stimmt, er ist auch noch lange nicht Realität – aber wir werden für die Forderung nicht länger verlacht.

Und die Post-Frauenbewegungs-Generation setzt mit großen Schritten nach. Die viel zitierten jungen Frauen, die angeblich so unpolitisch und rückschrittlich sind, denken in Wahrheit fortschrittlicher als ihre Mütter. Bei einer aktuellen Umfrage reagierten 70 Prozent der 16- bis 29-Jährigen »spontan positiv« auf die Emanzipation – und 52 Prozent sagen sogar Ja zu dem viel geschmähten Feminismus.

Sicher, die jungen Frauen sind weniger kämpferisch. Aber warum sollten sie auch gleich wieder kämpfen? Sie wollen die neuen Freiheiten erst einmal einfach genießen. Und sie ahnen (noch) nicht, dass auch bereits Erreichtes wieder zurückgenommen werden kann. Doch sie werden es rascher lernen, als es uns lieb sein kann.

Denn die wachsenden Widerstände gegen die Emanzipation der Frauen – von der Propagierung des sexualisierten Frauenhasses durch die Pornografie bis hin zur völligen Entrechtung der Frauen im Kreuzzug der »Gotteskrieger« – sind eine direkte Reaktion auf den aufrechten Gang der Frauen. 5000 Jahre Patriarchat lassen sich eben nicht so einfach abschaffen. Und wie bei jedem Machtverhältnis ist auch bei dem der Geschlechter die Gewalt der harte Kern der Herrschaftssicherung. Das ist in Diktaturen so, zwischen Völkern oder Klassen – wie auch zwischen Männern und Frauen.

Am friedlichsten ist das Zusammenleben der Geschlechter bezeichnenderweise in Gesellschaften, in denen das Verhältnis zwischen Männern und Frauen maximal gleich – oder maximal ungleich ist. Am höchsten eskaliert die (Sexual)Gewalt immer in Zeiten, in denen das (Ungleich)Verhältnis zwischen den Geschlechtern erschüttert wird. In einer solchen Zeit leben wir.

Zwischen der Salonfähigkeit von Pornografie und der Undurchdringlichkeit der »gläsernen Decke«, die Frauen nicht in die oberen Etagen von Karriere und Macht durchlässt, gibt es einen direkten Zusammenhang. Denn der pornografisierte Blick – die Verknüpfung von Begehren mit Erniedrigung und Gewalt in der männlichen Phantasie – bleibt ja nicht vor dem Hörsaal oder dem Büro. Die Frau, die in der Phantasie von Freund, Chef oder Untergebenem jederzeit in ein wimmerndes Objekt verwandelt werden kann, kann natürlich nicht ernst genommen werden – und ist selbstverständlich auch weniger wert. In jeder Beziehung.

Nach 20 Jahren recht einsamen Kampfes gegen diese Entwicklung sehen wir Feministinnen unsere Warnungen aufs Dramatischste bestätigt. Die Saat der Propagierung von Menschenverachtung und Sexualgewalt geht auf. Freier, die nur noch auf sadomasochistische Praktiken stehen. Vergewaltiger, die sich einen Gruppenspaß daraus machen. Schüler, die auf ihre Mitschülerinnen ballern und ihre Lehrerinnen erstechen. Nette Familienväter, die auf dem Nachhauseweg Mädchen zerstückeln. Das ist der Stoßtrupp der Reaktion. Seine Munition ist die Pornografie.

Gleichzeitig aber gibt es einen wachsenden Stolz bei den neuen Frauen – und ein wachsendes Verständnis bei den neuen Männern. Jeder dritte junge Mann ist für die Frauenemanzipation und jeder vierte findet sogar den Feminismus gut. Das sind die Gefährten, mit denen Frauen eine Zukunft haben.

Doch werden die neuen Männer ihr Versprechen wirklich wahrmachen und auf lieb gewordene Privilegien verzichten? Und werden die neuen Frauen die zu erwartenden Widerstände und den drohenden Liebesverlust aushalten? Werden beide sich nicht verunsichern und einschüchtern lassen von der Wucht der Reaktion?

Wie auch immer. Der Fortschritt ist nicht mehr aufzuhalten. Das Problem ist nur, dass wir es mit einem Fortschritt und Rückschritt zugleich zu tun haben. Beides ist übrigens keineswegs in den klassischen politischen Lagern angesiedelt. So ist so mancher Konservative besorgter über die steigende Sexualgewalt als so mancher Linke, der den Kampf gegen Pornografie als »prüde« und »Zensur« abtut. Und auch der Blick auf den im Weltmaßstab drohenden neuen Faschismus, den Kreuzzug des islamischen Fundamentalismus, ist links noch blinder als rechts.

Die Männer scheinen sich heute, 30 Jahre nach dem (Wieder)Aufbruch der Frauenbewegung, in zwei Hälften zu teilen: Die eine Hälfte ist mehr oder weniger für uns, die andere mehr oder weniger gegen uns. Den harten Kern unserer Gegner können wir nicht überzeugen, ihn können wir nur schachmatt setzen. Den harten Kern unserer Freunde können wir bestärken. Und die schwankende Mehrheit werden wir weniger durch große Töne, gutes Zureden oder Bittebittemachen gewinnen, sondern eher durch gelebte Vorbilder: starke Frauen und menschliche Männer.

Es gibt heute Männer (und vor allem Frauen), die den Feminismus aufteilen in einen Funfeminismus und einen Opferfeminismus. Fun sind sie, Opfer sind wir. Das sind die, die die präfeministischen Verhältnisse, die von vor der Frauenbewegung, wiederherstellen wollen. Verhältnisse, in denen missbrauchte Mädchen sich schämten und schwiegen. Verhältnisse, in denen geschlagene Frauen glaubten, sie seien die Einzigen, denen so was passiert; Verhältnisse, in denen doppelbelastete Frauen mit schlechtem Gewissen versuchten, allein mit Kindern und Küche fertig zu werden; Verhältnisse, in denen die Männer nach ihrem Gusto die Frauen zu teilen pflegten in »begehrt« und »nicht begehrt« (je nach Bequemlichkeitsgrad); Verhältnisse, in denen die wenigen erfolgreichen Frauen stolz darauf waren, Ausnahme- und Alibifrauen zu sein; Verhältnisse, in denen Männer die Welt gehörte und den Frauen das Haus.

Doch diese Zeiten sind vorbei. Wir Frauen wissen um unsere Ohnmacht, aber wir wissen auch um unsere Macht. Wir wissen um unsere Verletzungen, aber wir wissen auch um unsere Stärken. Wir lassen uns nicht länger in Objekt und Subjekt spalten. Wir fügen beide Hälften zusammen: zu ganzen Menschen.

Veröffentlicht im Dezember 1999 in *EMMA* (1/2000)

Frauen nehmen sich selbst nicht so wichtig. Das ist sympathisch. Hat aber auch seine Nachteile. Denn wenn Frauen sich nicht selber wichtig nehmen, nimmt niemand sie wichtig. Auf die Männer dürfen sie da nicht rechnen. Und auf die anderen Frauen schon gar nicht. Oder zumindest nur sehr bedingt.

Auch darum haben Frauen keine Geschichte. Nicht, weil sie keine gemacht hätten. Sondern, weil ihnen keine zugestanden wird. Es fällt auf, dass die jüngste Geschichte der Frauen, die der Neuen Frauenbewegung, auch an den Universitäten nicht Gegenstand angemessener Spurensicherung und Analyse ist, wie es zum Beispiel bei der – so viel folgenloseren – Geschichte der 68er der Fall ist.

Und die Medien? Die feiern zwar im Fünf-Jahres-Takt die großen symbolischen Etappen der 68er (Die Kommune 1, das Attentat auf Dutschke, die Blockade der Springer-Druckerei etc. etc.), doch von der Frauenbewegung, die drei Jahre später mit Aplomb die Bühne der Geschichte betrat, ist mit keinem Wort die Rede. *Der Spiegel* schafft es gar, ganze Titelgeschichten über die »sexuelle Revolution« zu schreiben, ohne die – in dem Bereich entscheidenden – Feministinnen auch nur mit einem Wort zu erwähnen.

Dabei ist die Frauenbewegung objektiv die bedeutendste soziale Bewegung des 20. Jahrhunderts. Niemand hat so das Fühlen, Denken und Leben der Menschen verändert wie sie. Dennoch, ich will mir da gar nichts vormachen, wird *EMMA* vermutlich die einzige öffentliche Stimme sein, die auf dieses so bedeutende Jubiläum aufmerksam macht:

Am 6. Juni jährt sich der Tag der Initialzündung der deutschen Frauenbewegung zum 30. Mal! An dem Tag erschien die ungeheuerliche Selbstbezichtigung der 374 Frauen im *stern*: »Wir haben abgetrieben und fordern das Recht dazu für jede Frau!« Das Geständnis riss tausende, ja hunderttausende Frauen mit. Das Ende der Geduld war gekommen.

Seither haben die Feministinnen der westlichen Welt die Verhältnisse gründlich verändert – wenn auch nicht gründlich genug. Sie versuchen gegenzuhalten gegen die neue Verharmlosung der Machtverhältnisse und die totale Vermarktung der Menschen – wenn auch nicht stark genug. Und sie haben die einst hinter dem Eisernen Vorhang Verschlossenen sowie die Ex-Kolonialisierten mit dem Gedanken der Emanzipation infiziert – wenn auch nicht solidarisch genug.

Dabei ging es uns Feministinnen nie um »Glück«, sondern immer um Gerechtigkeit. Denn »Glück«, das ist keine messbare Kategorie. Glück ist relativ und subjektiv. Für Verona Feldbusch ist es vermutlich »Glück«, wenn sie für den nächsten Werbespot 100.000 DM mehr Honorar rausholt. Für den Filmstar ist es Glück, wenn die zweite Schönheitsoperation so wenig bemerkt wird wie die erste. Und für die Top-Managerin ist es Glück, wenn sie alle Konkurrentinnen hinter sich gelassen hat und endlich die einzige Frau ist unter den wenigen Männern auf der Top-Etage. Nur: Ist es das, was wir gewollt haben?

Der Feminismus ist keine Partei und kein Label. Seine Inhalte können nicht geschützt werden. Und seine ärgsten GegnerInnen kommen oft nicht von außen, sondern von innen. Was alles in den letzten Jahren im Namen des Feminismus erklärt wurde, ist nicht selten der pure Anti-Feminismus. Denn den Pionierinnen der neuen wie der historischen Frauenbewegung ging es von Anbeginn an vor allem um eines: um Gerechtigkeit und Freiheit. Gerechtigkeit für alle Menschen, inklusive Frauen und Kinder. Und Freiheit nicht auf Kosten anderer. Zeit, daran zu erinnern.

Repräsentative Umfragen aus dem Jahre 2000 zeigen: Zwei von drei deutschen Frauen träumen wieder von einer »starken Frauenbewegung«, und jeder zweite Mann träumt mit (Infratest). An der Spitze dieses neuen Unbehagens stehen die viel geschmähten jungen Frauen. So fordern 77 % der jungen Frauen eine »Organisation von Frauen« und 52 % plädieren sogar direkt für die so runtergeredete und -geschriebene »Frauenbewegung« (Allensbach). Doch wie könnte die aussehen, die neue Frauenbewegung?

Am 8. März vergangenen Jahres veröffentlichten junge rot-grüne Politikerinnen einen offenen »Streitbrief an Alice Schwarzer«. Diese Hand voll jüngerer Frauen, die vorgaben, für »die Jugend« zu sprechen (und dabei so unreflektiert die Generationen-Spaltung mitmachen), distanzierten sich von den so genannten »alten Feminismuskonzepten« und forderten einen »modernen Feminismus«. Nur: Was sollen wir darunter verstehen? Sind nach 4000 Jahren Männerherrschaft die wahrhaft umstürzlerischen Ideen der Feministinnen nur 30 Jahre nach Aufbruch der Neuen und 100 Jahre nach dem der historischen Frauenbewegung wirklich schon von gestern?

Nein. Die Forderungen der Feministinnen sind im Gegenteil erschreckend aktuell: vom Recht auf eine selbst bestimmte Mutterschaft, gegen die Vermarktung des Körpers bis zur Hälfte der Welt für die Frauen – und der Hälfte des Hauses für die Männer.

Sicher, erstmals in der neueren Geschichte haben wir Frauen uneingeschränkt gleiche Rechte. Erstmals haben wir Frauen einen, zumindest formal, uneingeschränkten Zugang zu Bildung und Beruf. Und erstmals stellen wir Frauen in den meisten Parlamenten und Regierungen der westlichen Welt ein Drittel und mehr aller Abgeordneten und MinisterInnen. Doch da, wo die Macht heute wirklich spielt, in der Wirtschaft, sind wir weiterhin auf verlorenem Posten (nur acht Prozent der Top-Manager in Deutschland sind Frauen). Und da, wo die Macht so schwer fassbar ist, im Bereich des Symbolischen, sind wir mehr denn je relative Geschöpfe, nun angeblich auch noch gerne. Und da, wo noch immer die Weichen für die Geschlechterrollen gestellt werden, im Privaten, haben wir uns zurückdrängen lassen ins Individualistische. Eine gesellschaftliche Reflexion der Geschlechterbeziehungen findet kaum noch statt. Auch sie gilt als gestrig.

Wie konnte das passieren? Was hat die Frauenbewegung falsch gemacht? Nun, »die« Frauenbewegung gab es in Wahrheit nie. Sie war keine Organisation und keine Partei. Aber sie hatte von Anfang an bestens organisierte Gegner. Sie selbst war jedoch nur ein lockerer Verbund von ein paar tausend Aktivistinnen, die sich in Bewegung gesetzt hatten. Vielleicht zu locker.

Denn diese Aktivistinnen verweigerten jegliche Institutionalisierung und Hierarchisierung – und konnten darum in dieser Welt auch nie die Machtfrage stellen. Ganz im Gegensatz zu ihren damaligen Gefährten, die heute an der Macht sind. Die kehrten ab Anfang der 80er wieder in die weit geöffneten Arme der Männerbünde zurück und machten klassisch Karriere in Medien, Kultur, Politik und Wirtschaft.

Höchste Zeit also, dass wir Frauen uns wichtig nehmen.

Veröffentlicht im April 2001 in *EMMA* (3/2001)

BUCHVERÖFFENTLICHUNGEN VON ALICE SCHWARZER

Als Autorin

Frauen gegen den § 218 (das Abtreibungsgesetz), Protokolle und Essay. Suhrkamp, Frankfurt 1971

Frauenarbeit – Frauenbefreiung, Protokolle und Essay. Edition Suhrkamp, Frankfurt 1973 (Neuauflage unter dem Titel **Lohn: Liebe**, 1985)

Der kleine Unterschied und seine großen Folgen, Protokolle und Essay. Fischer, Frankfurt 1975. Übersetzt in 12 Sprachen (Neuauflage 2002)

So fing es an – 10 Jahre neue Frauenbewegung, Chronik. EMMA Verlag, Köln 1981 (TB bei dtv, München 1983)

Mit Leidenschaft, 1. Textauswahl 1968–1982 mit autobiografischem Vorwort. Rowohlt, Hamburg 1982 (TB 1985). Übersetzt in Holländisch

Simone de Beauvoir heute – Gespräche aus 10 Jahren, Interviews und Essay. Rowohlt, Hamburg 1982 (TB 1986). Übersetzt in 8 Sprachen

Warum gerade sie? Weibliche Rebellen. 16 Begegnungen mit berühmten Frauen, Porträts. Luchterhand, Frankfurt 1989. Übersetzt in Holländisch. (TB bei Fischer, Frankfurt 1991)

Von Liebe + Hass, 2. journalistische Textauswahl 1982–1992 mit autobiografischem Nachwort. TB, Fischer, Frankfurt 1992

Eine tödliche Liebe – Petra Kelly + Gert Bastian, Essay/Fallstudie, Kiepenheuer & Witsch, Köln 1993. Übersetzt in Holländisch und Schwedisch (TB bei Heyne, München 1994. – Neuauflage als TB, KiWi, Köln 2001. – Hörbuch, Verlag für Hörfunkproduktion 2001)

Marion Dönhoff – ein widerständiges Leben, Biografie, Kiepenheuer & Witsch, Köln 1996 und 2002. Übersetzt in Polnisch (TB bei Knaur, München 1997. – Hörbuch, gelesen von Dönhoff und Schwarzer, HörVerlag 1997)

So sehe ich das, 3. journalistische Textauswahl 1992–1996. KiWi, Köln 1997. Übersetzt in Chinesisch

Romy Schneider – Mythos und Leben. Kiepenheuer & Witsch, Köln 1998.

(TB bei Knaur, München 2000. – Hörbuch, gelesen von Hannelore Elsner und Alice Schwarzer, Steinbach Sprechende Bücher, 2000)

Simone de Beauvoir – Rebellin und Wegbereiterin, Interviews und Essay. Kiepenheuer & Witsch, Köln 1999 (aktualisierte Neuauflage von **Simone de Beauvoir heute**, Rowohlt 1983)

Der große Unterschied – Gegen die Spaltung von Menschen in Männer und Frauen. Kiepenheuer & Witsch, Köln 2000. Übersetzt in Chinesisch (TB bei Fischer, Frankfurt 2002. – Hörbuch, gelesen von Alice Schwarzer und Sabine Falkenberg, Hoffmann & Campe, Hamburg 2001)

Als Herausgeberin

Wahlboykott? EMMA-Sonderband, Köln 1980

Das Emma-Buch. dtv, München 1981

Sexualität. EMMA-Sonderband, Köln 1982 (TB bei Rowohlt, Hamburg 1984)

Durch dick und dünn. EMMA-Sonderband, Köln 1982 (TB bei Rowohlt, Hamburg 1986)

Weg mit dem § 218! EMMA-Sonderband, Köln 1986

PorNO. EMMA-Sonderband, Köln 1988 (TB bei KiWi, Köln 1994)

Auf Kosten der Frauen. Frauenrechte im Sozialstaat (ein Forschungsprojekt des Hamburger Instituts für Sozialforschung), Beltz, 1988

Fristenlösung jetzt! EMMA-Sonderband, Köln 1990

KRIEG. Was Männerwahn anrichtet – und wie Frauen Widerstand leisten, gegen Krieg und islamischen Fundamentalismus. EMMA-Sonderband, Köln 1991 (TB bei Fischer, Frankfurt 1992)

Das neueste EMMA-Buch. dtv, München 1991

Schwesternlust + Schwesternfrust. 20 Jahre Neue Frauenbewegung – eine Chronik. EMMA-Sonderband, Köln 1991

Turm der Frauen. Der Kölner Bayenturm. Vom alten Wehrturm zum FrauenMediaTurm. DuMont, Köln 1994

Man wird nicht als Frau geboren – 50 Jahre nach dem „Anderen Geschlecht" von Simone de Beauvoir ziehen Schriftstellerinnen und Politikerinnen Bilanz: Wo stehen die Frauen heute? Kiepenheuer & Witsch, Köln 1999

Die Gotteskrieger – und die falsche Toleranz, Kiepenheuer & Witsch, Köln 2002

Alice Schwarzer
Romy Schneider
Mythos und Leben

Mit zahlreichen Abbildungen
Gebunden

»Ein aufregendes Buch ... ein Stück deutscher Sittengeschichte.« *Der Tagesspiegel*

»Eine neue Sicht auf Romy Schneider.« *Facts*

»Alice Schwarzer stellt die Frage, warum es so war. Sie analysiert ihr Objekt. Immer verständnisvoll. Nie etwas verschweigend.« *Marlene Streeruwitz im Falter, Wien*

»Endlich hat Romy Schneider eine Biographin gefunden. Alice Schwarzers Buch ist ein Lehrbuch für Frauen.«
Julia Onken in der Sonntags-Zeitung, Schweiz

Alice Schwarzer

Der große Unterschied

Gegen die Spaltung von Menschen in Männer und Frauen

Gebunden

25 Jahre nach dem »Kleinen Unterschied« zieht Alice Schwarzer Bilanz und blickt nach vorn. Was hat sich seither getan im Geschlechterkampf? Wie steht es wirklich um die neuen Frauen und neuen Männer? Innerhalb nur einer Generation haben die Frauen mehr erreicht als je zuvor in der Geschichte.
Ein Buch über Frauenpower & Frauenschmerz, Lust & Gewalt, Frauen & Männer. Ein Bick in den Abgrund – und ein Griff nach den Sternen. Werden die Frauen es schaffen, ihren Weg weiterzugehen – oder schlägt das Imperium zurück? Highnoon im Geschlechterkampf.

Alice Schwarzer (Hg.)
Eine tödliche Liebe
Petra Kelly und Gert Bastian

KiWi 640
Mit zahlreichen Abbildungen

Alice Schwarzer analysiert die fatale Symbiose von Liebe und Hass in der Beziehung des bekanntesten politischen Paares der deutschen Nachkriegsgeschichte.
In monatelangen Recherchen suchte sie Antworten auf die Frage, die sich schon wenige Wochen nach Bekanntwerden des Dramas niemand mehr stellte: Warum erschoss Gert Bastian Petra Kelly?

Paperbacks bei Kiepenheuer & Witsch

KiWi

Alice Schwarzer (Hg.)

Die Gotteskrieger und die falsche Toleranz

KiWi 683
Originalausgabe

Auch nach dem Ende des Afghanistan-Krieges wird das Problem brennend bleiben. Längst sind die islamischen Fundamentalisten global vernetzt, was nicht nur die Gottesstaaten, sondern auch westliche Demokratien möglich gemacht haben. Und seit Jahren gilt Deutschland als die »europäische Drehscheibe des islamischen Terrorismus« – unbehelligt dank Ignoranz und falsch verstandener Toleranz. Wie konnte es so weit kommen? Warum hat niemand diesen Kreuzzug unter der Flagge des Kopftuches und im Namen Allahs ernst genommen, so lange »nur« Frauen die Opfer waren? Und was haben die Schläfer in Hamburg eigentlich mit dem Kosovo zu tun?
Die AutorInnen u.a.: Alice Schwarzer, Gabriele Venzky, Johannes von Dohnanyi, Wolfgang Günter Lerch, Bassam Tibi, Elisabeth Badinter.

Paperbacks bei Kiepenheuer & Witsch

KiWi

Alice Schwarzer (Hg.)

Man wird nicht als Frau geboren

KiWi 578
Originalausgabe

Der Kölner Kongress »Man wird nicht als Frau geboren« hat ein Stück Frauengeschichte geschrieben. Feministinnen aus aller Welt kamen 1999 zusammen, um Bilanz zu ziehen und in die Zukunft zu blicken. Dieser Band versammelt die wichtigsten Beiträge u.a. von Elisabeth Badinter, Christine Bergmann, Benoîte Groult, Gerda Lerner, Khalida Messaoudi, Marlene Streeruwitz, Rita Süssmuth und Fay Weldon.

KiWi
Paperbacks bei Kiepenheuer & Witsch

Alice Schwarzer

So sehe ich das!

Über die Auswirkung von Macht und Gewalt auf Frauen und andere Menschen

KiWi 449
Originalausgabe

Alice Schwarzers Essays und Kommentare aus den letzten Jahren – ein Buch von Deutschlands bekanntester und einflussreichster Feministin, bei der sich journalistische Brillanz mit politischem Engagement verbindet.